87

Cuestiones de antagonismo

Diseño interior y cubierta: RAG

Traducción de
Alfredo Brotons Muñoz

Reservados todos los derechos.
De acuerdo a lo dispuesto en el art. 270
del Código Penal, podrán ser castigados con penas
de multa y privación de libertad quienes sin la preceptiva autorización
reproduzcan, plagien, distribuyan o comuniquen públicamente,
en todo o en parte, una obra literaria, artística o científica,
fijada en cualquier tipo de soporte.

Título original: *Sur la reproduction*

© Presses Universitaires de France, 2011

© Ediciones Akal, S. A., 2015
para lengua española
Sector Foresta, 1
28760 Tres Cantos
Madrid - España
Tel.: 918 061 996
Fax: 918 044 028
www.akal.com

ISBN: 978-84-460-4229-7
Depósito legal: M-24.785-2015

Impreso en España

Sobre la reproducción

Louis Althusser

Prefacio de Étienne Balibar
Introducción de Jacques Bidet

ARGENTINA / ESPAÑA / MÉXICO

Prefacio
Althusser y los «aparatos ideológicos de Estado»

ÉTIENNE BALIBAR

Jacques Bidet y las Presses Universitaires de Francia me proponen contribuir con un texto de presentación adicional a la reedición de la obra póstuma de Althusser, Sobre la reproducción, *que ellos editaron en 1995 y cuya demanda nunca se ha interrumpido desde entonces. Esta propuesta me ha emocionado y honrado, y estoy muy contento de que hayan aceptado, a modo de contribución a su empresa editorial, un texto no absolutamente nuevo, sino que data de algunos años atrás y ya publicado, aunque inédito en francés. Se trata del prefacio que había redactado para la traducción al hebreo del capítulo «De la ideología» de esta misma obra, a cargo de Ariella Azoulay*[1]*. No quiero cambiarlo, pues en el fondo ya en él trataba yo de expresar las preguntas que me planteo a propósito de la construcción y las implicaciones de un conjunto cuyos desarrollos sobre los «aparatos ideológicos de Estado» forman, se quiera o no, la parte más relevante, al mismo tiempo que informaba lo mejor que sabía de las circunstancias de su redacción y de su publicación parcial, en las cuales casualmente tuve bastante que ver. Aprovecho igualmente esta ocasión de asociar a nuestras lecturas de la obra de Althusser a una colega cuya obra personal (que se ocupa en particular del «modo de producción» de las artes visuales) ocupa un lugar importante en el campo de la «teoría» contemporánea y cuyo combate por la justicia junto al pueblo palestino oprimido por el Estado de Israel me parece del todo admirable. Que algunos trabajos fechados hace 40 años y referidos a un contexto totalmente distinto aparezcan aquí o en otros lugares de todo el mundo como un recurso intelectual, moral y político me parece verdaderamente una hermosa lección de la historia*[2]*.*

---

[1] Ediciones Resling, Tel Aviv, 2003.
[2] Léase en especial, de Ariella Azoulay: *The Civil Contract of Photography* (Londres, Zone Books, 2008); *Atto di Stato. Palestina-Israele,* 1967-2007; *Storia fotografica dell'occupazione* (Roma, Bruno

En esta breve introducción no quiero comentar en detalle el texto de Althusser sobre los Aparatos ideológicos de Estado, hoy traducido por primera vez al hebreo, sino simplemente aportar algunas indicaciones sobre su estatuto y las condiciones en que fue redactado, a petición de mi amiga Ariella Azoulay, a la cual agradezco muy vivamente habérmelo solicitado y haberme esperado.

Creo posible decir que este texto se ha convertido en uno de los textos importantes de su autor, y lo seguirá siendo: uno de aquellos a los que uno se refiere para caracterizar su pensamiento, uno de los que activan conceptos «firmados» con su nombre propio e inmediatamente reconocibles como tales (aquí «aparatos ideológicos de Estado», «interpelación ideológica», en otras partes «ruptura epistemológica», «lectura sintomática», etc.); uno, en fin, de aquellos en los que la filosofía contemporánea continúa trabajando cuando se inscribe en una descendencia del estructuralismo y del postestructuralismo[3]. Sin embargo, su estatuto –incluso considerado en el marco de una obra fragmentaria, inacabada, en buena parte póstuma– es del todo paradójico.

Y, en primer lugar, ¿de qué texto se trata? Las modalidades de su edición y de su reedición hacen hoy en día imposible atribuirle una identidad única e indicar con certeza sus fronteras. En cambio, es necesario evocar su historia e inscribirla en diferentes conjuntos parcialmente concurrentes, a fin de comprender por qué los comentarios de los que ha sido objeto, y que ahora acompañan o prescriben su lectura, pueden ser tan divergentes. El texto hoy traducido constituye el «capítulo XII: De la ideología» (*infra,* pp. 209-245) del volumen póstumo editado por Jacques Bidet y publicado en 1995, cinco años después de la muerte de Louis Althusser. Se trata de una elección racional, pues con ello se pone a disposición del lector una versión a la vez coherente y completa del desarrollo autónomo de Althusser específicamente referido a la ideología. Pero no es en absoluto bajo esta forma como el texto fue puesto inicialmente en circulación, y luego reeditado y traducido a diversos idiomas, y como ha sido leído y discutido. La primera edición, como artículo en la revista *La Pensée* (n.º 151, junio de 1970) y luego como capítulo en la obra *Positions* (Éditions Sociales, 1976), con el título «Ideología y aparatos ideológicos de Estado (Notas para una investigación)»[4], era a la vez más larga, puesto que hacía que a la teoría del «mecanismo ideológico» la precediera un desarrollo «sobre la reproducción de las

---

Mondadori Editore, 2008); y el poema «Nous sommes tous des palestiniens», escrito en el momento de la invasión de Gaza en 2008-2009 (http://www.mediapart.fr/club/blog/ariella-azoulay/230209/nous-sommes-tous-des-palestiniens).

[3] Véase, por ejemplo, el libro de Judith Butler *The psychic life of power. Theories in subjection* (Londres, 1997) (traducción francesa: Léo Scheer, 2002).

[4] *Idéologie et Appareils Idéologiques d'État (Notes pour une recherche)* [ed. cast.: Buenos Aires, Nueva Visión, 1988]. *[N. del T.]*

condiciones de la producción», y al tiempo abreviada en el curso de su propio desarrollo. Se presentaba como «constituida por dos extractos de un estudio en curso», que se ofrecían para su debate. Como el estudio en curso nunca se acabó ni publicó en vida del autor ,y el debate sobre el artículo ha sido, por el contrario, muy vivo y abundante en diferentes países, es de suponer que es a esta versión «histórica» a la que seguirán refiriéndose la mayor parte de los comentaristas. Recordaré, pues, las circunstancias y las causas de este embrollo.

En su introducción crítica y filológica, Jacques Bidet indica que existen dos versiones del manuscrito completo, titulado «De la superestructura», del que estos desarrollos se extrajeron. Ambas están inacabadas. La primera, de unas 150 páginas, se escribió en marzo-abril de 1969; la segunda, de unas 200 páginas, sin fecha, corrige y aumenta la primera. El artículo de 1970, formado por extractos del capítulo III («De la reproducción de las condiciones de la producción»), del capítulo IV («Infraestructura y superestructura»), del capítulo VI («El Estado y sus aparatos»), del capítulo IX («De la reproducción de las relaciones de producción») y del capítulo XII («De la ideología»), se situaría en «alguna parte entre las dos versiones», independientemente de los cortes, empalmes y añadidos que comporta. Todo esto es ininteligible si no se explica lo que condujo a Althusser a entregar semejante montaje parcial en lugar de un texto «completo» pero inacabado y de hecho inacabable.

Para ello hay que remontarse a la intrincación de la enfermedad de Althusser (llamada por los psiquiatras «psicosis maníaco-depresiva») y a las circunstancias políticas del momento. En mayo-junio de 1968, en el momento de los «acontecimientos» que él mismo intentará caracterizar a toro pasado como «revuelta ideológica de masas de la juventud escolarizada»[5], y no por casualidad, sin duda, Althusser se encontraba en tratamiento por un episodio depresivo en una clínica de la región parisina, sin comunicación con el exterior. En los meses siguientes, tras haberle tomado la medida al considerable cambio de la situación social y de la atmósfera política en Francia y en el extranjero, e intentado explicar su significación en el curso de debates a veces difíciles con un cierto número de sus amigos y alumnos, algunos de los cuales habían tomado parte más o menos activa en el movimiento, Althusser había propuesto contribuir, por su parte, a las reflexiones en curso mediante una vuelta a las cuestiones de la teoría marxista referentes a las relaciones entre «base y superestructura». Un grupo del que yo formaba parte (con Pierre Macherey, Roger Establet, Christian Baudelot y Michel Tort) se había puesto a trabajar, sobre la base

---

[5] Louis Althusser: «À propos de l'article de Michel Verret sur Mai étudiant» [«A propósito del artículo de Michel Verret sobre el Mayo estudiantil»], *La Pensée*, n.º 145, junio de 1969, así como las cartas a Maria Antonietta Macciocchi publicadas por esta en su obra *Lettere dall'interno del PCI a Louis Althusser* (Roma, Feltrinelli, 1969) (no incluidas en la edición francesa de la misma obra).

de notas e intervenciones públicas del periodo precedente, en la redacción de una obra colectiva (que se quería de gran amplitud) sobre la teoría de la escolarización en la sociedad (el «modo de producción») capitalista. Habíamos decidido en particular emplear una terminología que comportaba las nociones de «forma escolar» (sobre el modelo de la «forma mercancía», en la primera sección del *Capital*) y de «aparato escolar» (sobre el modelo del «aparato de Estado» en *El Dieciocho Brumario de Luis Bonaparte* y las otras «obras políticas» de Marx). Se entendía que estas dos reflexiones (la nuestra, la de Althusser) debían juntarse y dar lugar a una confrontación para desembocar en una doctrina común. Nosotros teníamos la sensación de formar una especie de escuela de pensamiento original en el interior del marxismo «occidental». Las huelgas de masas y los movimientos sociales de 1968 y los meses siguientes habían extendido en la izquierda marxista la idea de que se entraba en un nuevo ciclo revolucionario susceptible de llevar a transformaciones fundamentales. En relación con los modelos clásicos, sin embargo, saltaban a la vista unas cuantas diferencias (que ponían a los marxistas «ortodoxos», ligados a la primacía de la lucha de clases y del movimiento obrero políticamente organizado, entre ellos Althusser mismo, en una situación delicada). Las luchas de 1968 no solamente afectaban a la vez a los países del «campo socialista» y del «campo capitalista», desde China a Polonia y desde los Estados Unidos a Brasil, pasando por Checoslovaquia, Francia, Alemania e Italia, sino que otorgaban un papel protagonista, al menos en apariencia, a «nuevos movimientos sociales», entre ellos el de los estudiantes (e incluso de los alumnos de las escuelas), en conexión con la crisis abierta en grandes instituciones «autoritarias» como la Escuela y la Familia. La importancia que, desde sus primeros resonantes ensayos[6], Althusser había concedido al desarrollo o incluso a la forja a partir de cero de una teoría «marxista» de la ideología para refundir o reconstruir el materialismo histórico le daba, ciertamente, la sensación de poder dar cuenta de la novedad de los fenómenos políticos contemporáneos. Pero lo colocaba también (y a nosotros con él) ante un desafío al que no era fácil hacer frente en un entorno intelectual en el que se agravaba la escisión de las organizaciones políticas que se reclamaban del marxismo en tendencias incompatibles y en el que muchas teorías «críticas» se alejaban cada vez más de las referencias a Marx[7].

---

[6] Ante todo *Pour Marx*, 1965 [ed. cast.: *La revolución teórica de Marx*, México, Siglo XXI, 1978], que reunía artículos del periodo 1961-1965.

[7] La evolución de Michel Foucault, que desembocó en formulaciones inequívocamente antimarxistas en los años setenta (véase, por ejemplo, *Histoire de la sexualité, I: La volonté de savoir* (1976) [ed. cast.: *Historia de la sexualidad. 1. La voluntad de saber*, Madrid, Siglo XXI, 1980], así como el curso del mismo año hoy publicado bajo el título «Hay que defender a la sociedad», que comporta una crítica transparente de las nociones de ideología, de aparato y de aparato ideológico), es a este respecto absolutamente característica. Hoy en día es sin embargo posible no relativizar, pero sí situar en una evolu-

Ninguno de estos planes iba a realizarse según lo previsto. Trabajando, como siempre, en un estado de gran excitación tras sus fases depresivas, Althusser redactaba en algunas semanas un manuscrito que tenía ya la forma de un libro, pero inacabado, y lo comunicaba al «grupo escuela» que se había puesto en camino anteriormente, e independientemente de él, si bien avanzaba muy lentamente, en medio de lecturas críticas de Bourdieu, de Durkheim, de Freinet o de Kroupskaïa, así como de las tablas estadísticas de escolarización de los hijos de obreros y de burgueses. Ahora se trataba de saber cómo se iba a efectuar la «sutura» entre los análisis del aparato escolar a los cuales habíamos llegado por nuestro lado, y la idea general de los «aparatos ideológicos de Estado» y de su función reproductora de las relaciones de producción capitalistas, que proponía Althusser. Ahora bien, pese a la proximidad de las ideas y de la terminología, no conseguíamos ponernos de acuerdo, y el resultado era una parálisis general. A lo cual se añadían tensiones políticas producidas por el hecho de que algunos de entre nosotros se sentían más próximos a los grupos maoístas (UJCML, luego Izquierda Proletaria), mientras que otros (con Althusser mismo) consideraban necesario quedarse «en el interior del partido» (es decir, del Partido Comunista oficial)[8]. La «autonomía de la teoría» saltó en pedazos... Por su parte, Althusser no tardó en enfermar de nuevo: tal vez no sólo a causa de los contragolpes de estas tensiones y, más en general, de la prueba a la que lo sometía su apego al partido (que hacía que se le acusara de maestro de pensamiento de los izquierdistas en el momento en que muchos de sus discípulos más allegados se pasaban a la disidencia y exigían que él les acompañara, tras lo cual acabaron por acusarlo de revisionismo y de traición), sino debido a un deterioro general de su estado físico, que venía de muy lejos y que no haría sino agravarse en el curso de los años siguientes. En consecuencia, el conjunto de los trabajos emprendidos se interrumpió y quedó inacabado[9]. El manuscrito de Althusser *Sobre la reproducción* acababa de añadirse a una serie de

---

ción más larga y más compleja la cuestión de las relaciones de Foucault con el marxismo, entre las cuales su relación a la vez personal, intelectual e institucional con Althusser no es el único factor, pero sí ciertamente un factor constante.

[8] En su libro «autobiográfico» de 1984, publicado póstumamente en 1992 (en Stock-IMEC), *L'avenir dure longtemps* [ed. cast.: *El porvenir es largo*, Barcelona, Destino, 1992] Althusser dio de esta «táctica» una presentación conspirativa que yo no suscribo, pero es cierto que el intento de mantener un grupo de trabajo común con intelectuales leales a organizaciones rivales, y obligados por eso mismo al secreto (lo cual, retrospectivamente, yo encuentro ridículo), acabó por demostrarse irrealizable.

[9] En el curso del periodo siguiente, Christian Baudelot y Roger Establet «salvaron» una parte del manuscrito colectivo sobre la escuela, lo completaron según sus propias opiniones, y extrajeron un libro con el título *L'École capitaliste en France* (Éditions Maspéro, 1971) [ed. cast.: *La escuela capitalista en Francia*, Madrid, Siglo XXI, 1976], y Michel Tort publicó, como contrapunto, *Le Q.I.*, París, Éditions Maspéro, 1974 [ed. cast.: *El Cociente Intelectual*, Madrid, Siglo XXI, 1979].

otros textos más o menos avanzados, redactados entre 1968 y 1980, a menudo bajo la forma de «tratados» o de ensayos «populares», según el modelo de las exposiciones marxistas clásicas del materialismo histórico, emprendidos en los periodos de remisión de la enfermedad y dejados sin acabar, algunos de los cuales se hallan hoy en día publicados en los volúmenes de obras póstumas.

En 1970, sin embargo, con ocasión de un retorno a la vida activa, Althusser había solicitado a través de amigos, y especialmente de Marcel Cornu, secretario de redacción de la revista *La Pensée*, mostrar algo de sus trabajos en curso al público, y había pensado que un desarrollo sobre la ideología relanzaría un debate del que él mismo esperaba aprovecharse para reanudar el trabajo. De ahí la realización del «montaje» de extractos publicados bajo el título «Ideología y aparatos ideológicos de Estado», solución provisional a la que el destino iba a conferir una trascendencia definitiva o al menos de larga duración. Pues es sobre la fe de las impresiones provocadas por el acercamiento de dos desarrollos fundamentalmente discontinuos, uno centrado en la cuestión de la «reproducción de las relaciones de producción», el otro sobre el mecanismo «ideológico» de la interpelación, del reconocimiento y de la garantía, sobre la que se iban a establecer los comentarios, las utilizaciones y las críticas. Y, en el punto de encuentro aporético de ambos, se situaría la noción o la expresión cabalística de los «AIE»[10].

En la edición original (así llamo al artículo de 1970), los extractos conservados y retocados están separados por líneas de puntos suspensivos. Estas líneas, en particular la que separa los dos desarrollos principales, adquieren una función imprevista: materializan una ausencia (un «vacío», diría uno de los mejores comentaristas y editores de Althusser, François Matheron, llevando así al extremo una de las expresiones favoritas del filósofo)[11] que provoca también los más importantes y temibles problemas. Yo siempre he sentido que la fecundidad intelectual del texto de Althusser estaba ligada

---

[10] Para corregir la impresión que esta rápida presentación pudiera dar de un periodo totalmente negativo de crisis intelectual y de proyectos abortados, conviene señalar que, en la misma época, Althusser estaba ocupado en otro proyecto, de alguna forma «privado», del que hoy en día se conoce el resultado, absolutamente admirable, pero del que la mayor parte de sus colaboradores no tenía conocimiento: el de un libro sobre Maquiavelo (y, dando este rodeo, sobre el concepto mismo de la política). Véase «Machiavel et nous», en *Écrits philosophiques et politiques,* París, Éditions Stock-IMEC, volumen II, 1995 [el ensayo sobre Maquiavelo ha sido objeto de una edición separada en diversos idiomas, entre ellos el inglés y el italiano (ed. cast.: *Maquiavelo y nosotros,* Madrid, Akal, 2004); hoy en día está igualmente disponible en una edición de bolsillo francesa: Louis Althusser, *Machiavel et nous*, seguido de dos ensayos de François Matheron (París, Tailandier, 2009) y con prefacio de Étienne Balibar].

[11] F. Matheron, «La recurrence du vide chez Louis Althusser», en *Lire Althusser aujourd'hui,* París, Éditions L'Harmattan, «Futur Antérieur», 1997, pp. 23-48 [cfr. Louis Althusser, *Machiavel et nous,* cit.].

justamente a esta suspensión del pensamiento al aproximarse a la articulación definitiva, a la vez señalada y escamoteada, que los puntos suspensivos materializaban. Los lectores se veían inducidos a buscar por su propia cuenta la «solución» del problema, bien imaginando que el mismo Althusser la poseía y por alguna razón misteriosa no quería revelarla, bien comprendiendo que él mismo de hecho no la tenía y buscando cómo desarrollar y transformar cada uno de los esbozos disponibles para conseguirla ellos mismos. Lo que evidentemente no podían saber, y la publicación integral del manuscrito permite descubrir hoy en día, es qué constituía el «eslabón perdido» en Althusser: esencialmente un desarrollo sobre el *derecho* y un desarrollo sobre la *revolución*, separados por la proposición de una «ampliación» del concepto marxista «clásico» del Estado. En el primero, Althusser partía de tesis bastante próximas al fondo de la tradición del positivismo jurídico (y, tras ella, de la definición kantiana del derecho y de su diferencia en relación con la moral), para insistir en el carácter «represivo» del derecho: concluía en su insuficiencia para garantizar la reproducción o estabilización de las relaciones sociales dominantes, esto es, en la necesidad «funcional» de un suplemento de eficacia ideológica. En el segundo se esforzaba (en medio de un sinfín de precauciones) por explicar cómo se puede pensar a la vez la perpetuación de las condiciones de la explotación y la necesidad de su interrupción: *quid* habitual de los intentos marxistas de articular la teoría y la práctica. Lo más interesante era, sin duda, la vuelta a consideraciones anteriormente desarrolladas sobre la *diferencia en las temporalidades* de la lucha política: una temporalidad «corta», la de las luchas de clases que se libran en la vida pública y donde está en juego la posesión del poder del Estado, y una temporalidad «larga», la de las luchas de clases que traspasan la barrera de lo privado y lo público, y que se libran en la *materialidad de la ideología*[12]. Pero este esbozo no hacía sino subrayar (pese a lo farragoso de su redacción) la aporía con la que se tropezaba Althusser: la «lucha de clases ideológica» de la cual depende la eficacia de la lucha política misma, puesto que prepara las condiciones para esta y moviliza a sus portadores (la «clase revolucionaria»), no podía ser ella misma la «última instancia» histórica de la política. Su propia eficacia es remitida al enigmático cortocircuito de dos materialidades «heterogéneas»[13]. «Es la infraestruc-

---

[12] Althusser se apoyaba aquí en los filósofos del siglo XVIII francés, que él conocía bien (Montesquieu y Rousseau), para sugerir que en esta materialidad o en este carácter «práctico» de la ideología (formalizado por los «aparatos ideológicos de Estado») se viera el equivalente de la teoría clásica de las «costumbres» por oposición a una teoría «idealista» de la ideología como reino de las ideas o de la opinión.

[13] A decir verdad, ahí no se trata más que de la repetición de una aporía constantemente presente en Marx, especialmente en el famoso texto del Prefacio de la *Contribución a la crítica de la economía política* (1859) [ed. cast.: *Contribución a la crítica de la economía política*, Madrid, Alberto Corazón, 1970], sólo que Marx hablaba del «encuentro» en la coyuntura revolucionaria de la materialidad de las

tura la que es determinante en última instancia.» El conocimiento por los lectores contemporáneos de los desarrollos intermedios de Althusser no habría, por tanto, atenuado en nada su perplejidad. En cambio, habría paralizado su imaginación teórica, al sustituir la evidencia de un vacío con la apariencia de un relleno. Por eso, pese a las deprimentes circunstancias e incluso –a fin de cuentas– trágicas a las que se debe, yo considero como un extraordinario «azar objetivo» el hecho de que Althusser se viera obligado a publicar su ensayo bajo la forma no de un (pseudo) tratado del materialismo histórico, sino de un *collage* de dos proposiciones heterogéneas, «abierto» a lo desconocido.

Queda por preguntarse, antes de dejar al lector ante las palabras del mismo Althusser, cómo se pueden pensar hoy en día los efectos de esta heterogeneidad. A mi parecer, se pueden postular dos hipótesis. Por una parte, la historia (política, social, intelectualmente) ha roto por completo la unidad, incluso problemática, de los dos discursos que el «marxismo estructural» de Althusser tenía proyectado combinar y apuntalar el uno con el otro, y los ha devuelto a contextos que prácticamente ya no se comunican. Lo cual no significa lo absurdo del intento, pues esto nos enseña mucho sobre las exigencias teóricas de su época y atestigua una notable seriedad (o «espíritu de consecuencia»), cuya lección no se ha perdido. Por otra parte, la disyunción de los contextos atestigua a su manera la omnipresencia de una cuestión multiforme: la cuestión del «sujeto» e, indisociablemente, la cuestión de la «subjetivación» política, que claramente ocupa siempre su lugar en varios horizontes de pensamiento a la vez.

Los desarrollos de Althusser sobre la «reproducción de las relaciones de producción» se basan en un concepto de estructura del que se ha podido decir que era esencialmente «funcionalista», y de ello se vio él mismo obligado a defenderse constantemente[14]. Se trata más bien de inscribir la posibilidad, y hasta la necesidad, de

---

«fuerzas productivas» y de la idealidad de las «formas de consciencia social». Al insistir en el hecho de que la ideología misma es material y –en su mayor parte– inconsciente, Althusser intentaba desplazar esta dificultad clásica en filosofía, pero verdaderamente no conseguía hacer comprender cómo el mismo concepto formal de la «lucha de clases» se aplica de un extremo a otro de la materialidad histórica. El mismo problema se abordaba en una «Nota sobre los AIE» añadida por Althusser en diciembre de 1976 para las traducciones extranjeras (española [«Nota sobre los aparatos ideológicos de Estado (AIE)», en *Nuevos escritos,* Barcelona, Laia, 1978, pp. 83-105] y alemana) de su ensayo (publicada por J. Bidet al final del presente volumen), sobre la cual voy a volver.

[14] Especialmente en la «Nota sobre los AIE» más arriba citada, que concluye con una larga reflexión sobre el estatuto del «partido revolucionario», a la vez esencialmente «al margen del Estado» por su base de clase y sus objetivos históricos, y sin embargo estructuralmente «sujeto» a la clase dominante por intermediación de los Aparatos Ideológicos de Estado. La nota comporta repetidas alusiones a la práctica contemporánea de los partidos comunistas europeos (francés e italiano) entrados en la vía parlamentaria del «eurocomunismo» en nombre de la idea gramsciana de la «guerra de posiciones», y enuncia de modo transparente la necesidad de una «ruptura» con esta lógica política.

la *ruptura* con el sistema capitalista dominante en el punto mismo de «fragilidad» constitucional de este sistema (es decir, en cierto sentido, como más tarde dirá Althusser, su punto de «contingencia»), que la lectura de los textos de Marx sugiere identificar con una noción amplia de la «reproducción» social. En estos ensayos, todos más o menos inacabados y muy sobrecargados del lenguaje tradicional del «materialismo histórico», Althusser se aplica, por tanto, a concentrar estratégicamente en este punto todos los elementos de *acción retroactiva* de la estructura sobre ella misma, a fin de hacer de ellos los lugares y los objetos privilegiados de la lucha de clases. Podría decirse que su inspiración es ultraleninista en el sentido de que no se contenta con definir el objetivo de la lucha de clases organizada como «poder de Estado» y «aparato de Estado», sino que esta última noción la desdobla de modo que se puedan incluir en ella la «dominación ideológica» y la centralización latente de las prácticas y de las representaciones ideológicas sobre la base de una «ideología de Estado» (que es probablemente para él, en la época burguesa, la ideología *jurídica*). Todo pasa, pues, como si Althusser intentara *reforzar* y acentuar la imagen «totalitaria» de la dominación burguesa y del poder oculto del Estado, para llegar a fin de cuentas, de manera oximórica, a la posibilidad de su derrocamiento. El eslabón «más fuerte» es también virtualmente «el más débil». De ahí también su desacuerdo con Gramsci, que cristaliza en el rechazo por Althusser de la noción gramsciana de «hegemonía» y en su insistencia en la *exterioridad del partido* (o del movimiento) revolucionario en relación con todo el sistema de las «superestructuras» burguesas, correlato de su interioridad y de su inmanencia crítica en relación con las prácticas de las masas populares y de la clase obrera. Pero eso no hace sino desplazar el problema. Y la idea de una organización exterior a las formas ideológicas de la organización, que evidentemente también son formas de aparato, es, convengamos en ello, sumamente enigmática[15].

El otro aspecto de las investigaciones de Althusser sobre la ideología pertenece, de hecho, a un contexto totalmente distinto. La idea de una estructura de la «ideología en general» no solamente no depende de la tradición marxista, por más que Althusser mostrara afinidad con ciertas observaciones de Marx, en particular en *La ideología alemana* («la ideología no tiene historia propia»[16]), de las cuales hace una lectura «sintomática» –lo cual simplemente prueba que Marx y el marxismo no son la misma cosa–, sino que remite en realidad a otra idea de la «estructura». Se trata, por lo que concierne a la obra de Althusser mismo, de una serie de textos que se

---

[15] Esta idea no es muy diferente de la idea leninista de un «Estado–no-Estado» (en *El Estado y la Revolución* [ed. cast.: Barcelona, Ariel, 1981]; es decir, *nombra la transición,* anticipándola o haciéndola «remontarse» más acá de la toma del poder, y forma algo así como su condición.

[16] Cfr. K. Marx y F. Engels, *La ideología alemana,* Madrid, Akal, 2014, p. 21. *[N. del T.]*

escalonan entre el ensayo de 1964 «Freud y Lacan» (reeditado en 1976 en *Positions*) y el texto de 1976 (o 1977)[17] «Sobre Marx y Freud» (publicado en las Actas del Congreso de Psicoanálisis de Tiflis)[18], pasando especialmente por los dos ensayos reunidos en *Pour Marx*: «Le Piccolo, Bertolazzi y Brecht» (1962) y «Marxismo y humanismo» (1963)[19]. En ellos Althusser lleva a cabo un estudio de la *constitución imaginaria del sujeto* como «efecto ideológico» fundamental o, mejor, como *efecto de estructura de la ideología* (pero, evidentemente, aquí hay un elemento de circularidad, pues el efecto de estructura de la ideología por excelencia es justamente la constitución de los «sujetos» –a lo cual se puede añadir que si el objetivo esencial del movimiento estructuralista, en el cual Althusser participó a su manera[20], ha sido pensar la *constitución del sujeto* en lugar del «sujeto constituyente» de las filosofías trascendentales clásicas, aquí la ideología se convierte simplemente en otro nombre de la estructura–). Este estudio se lleva a cabo (como se verá, en particular, en el momento del paso del primero al segundo y al tercer momento de la «constitución del sujeto»: interpelación, reconocimiento, garantía) mediante un trabajo sobre modelos teóricos tomados en préstamo de Hegel, Freud, Feuerbach y Spinoza (bajo la égida general de este último, al cual se atribuye el mérito de haber inaugurado una filosofía crítica de lo imaginario y de su eficacia social). No se trata, ciertamente, de una teoría «acabada» (pero ¿tiene sentido una demanda como esa?). Una de las claves de interpretación (que se puede juzgar extrínseca, pero que también apunta a la circulación de los problemas y de los conceptos en la coyuntura de la época) reside, evidentemente, en una controversia latente con Lacan (que aún despierta el interés de los estudiantes) sobre la cuestión de lo «simbólico». Los significantes de este último Althusser los toma prestados fundamentalmente del discurso del monoteísmo, especialmente en las dos referencias a su refundación mosaica («Yo soy Moisés, tu servidor») y a su repetición-transformación («Tú eres Pedro»). Puede decirse a este respecto que devuelve brutalmente lo simbólico lacaniano al campo de lo imaginario y de la relación especular que lo caracteriza, para hacer de ello una «función» interior de lo imaginario. Al mismo tiempo, evidentemente, plantea implícitamente la cuestión de saber cómo pensar lo «real» que, en la famosa sistematización

---

[17] Ed. cast.: Buenos Aires, Nueva Visión, 1988. *[N. del T.]*

[18] Véase L. Althusser, «Sur Marx et Freud», en *Écrits sur la psychanalyse*. Textos reunidos y presentados por Olivier Corpet y François Matheron (París, Éditions Stock/IMEC, 1993), pp. 222-245 [ed. cast.: «Marx y Freud», en *Nuevos escritos,* Barcelona, Laia, 2011].

[19] Ed. cast.: *La revolución teórica de Marx,* cit. *[N. del T.]*

[20] Como tantos otros, Althusser practicó con respecto al estructuralismo un movimiento alternante de reconocimiento y desconocimiento, de aproximación y alejamiento. Todos o casi todos los estructuralistas (Lévi-Strauss es la excepción) han dicho en un momento dado «yo no soy estructuralista», o incluso «yo soy todo menos estructuralista».

lacaniana, forma el tercer pilar de la explicación del proceso del inconsciente. Todo parece indicar que Althusser se niega a identificar, como hará por su parte Lacan, lo «real» con la función *negativa* de un imposible o de un acontecimiento traumático, irrepresentable por no-simbolizable; en suma, de una «cosa en sí» trascendental. ¿En qué consiste entonces la *positividad* de lo real, correlativa de la *materialidad* de lo imaginario? En el horizonte del texto, pero ahí, aún de modo muy enigmático, se sugiere que esta cuestión no podría probablemente separarse de la del «mal sujeto», aquel que no consigue «marchar solo» o que se resiste a la interpelación. Podría asimismo decirse que ahí se trata del *exceso de poder* del sujeto, que resulta de su *debilidad* misma, en relación con el bucle de interpelación que, sin embargo, lo constituye o le confiere su «forma». Pero a este propósito se advierte (se ha advertido con frecuencia) en Althusser como una extraña reserva, que se ha creído también poder interpretar como una forma de resistencia o de negación...

Evidentemente, yo no sabría llevar más adelante una presentación y una discusión que produjeran la ilusión del saber acabado. Prefiero quedarme en cuestiones que se habrá comprendido que no datan verdaderamente de hoy. Volviendo, sin embargo, a esta caracterización de la materialidad propia del escrito de Althusser que acabo de intentar para responder a la solicitud de Ariella, veo que, voluntariamente o no, he sugerido al menos un punto de fuga común a las dos «mitades» disjuntas cuyo *collage* he descrito: digamos la cuestión de la *práctica,* nombre común posible para la idea de una «organización sin organización» que haría pensable la revolución, así como para la de una «contrainterpelación del sujeto» susceptible de manifestar, en las formas mismas de lo imaginario, la exterioridad (o la positividad) con la que sin saberlo guarda relación de constitución. A decir verdad, esta sugerencia huele al impenitente «sesentayochista» en que ciertamente me he quedado confinado y, no haciendo más que nombrar, no resuelve nada. Es de desear que los lectores actuales del libro de Althusser, en una u otra de sus configuraciones, encuentren aún otras claves para darle sentido.

Ithaca, 29 de junio de 2003
Irvine, 14 de enero de 2011

Introducción
Una invitación a releer a Althusser

JACQUES BIDET

He aquí por fin a disposición del público «La reproducción de las relaciones de producción», el manuscrito del que Althusser extrajo su célebre texto, aparecido en *La Pensée* en 1970, «Ideología y aparatos ideológicos de Estado».

El autor expone en él de modo ordenado su concepción del materialismo histórico, de las condiciones de la reproducción de la sociedad capitalista y de la lucha revolucionaria, con vistas a poner fin a la primera. Así reubicadas en el conjunto del proyecto y en el contexto del pensamiento político del autor, las proposiciones concernientes a la ideología y a los «aparatos» revelan su objetivo y sus presupuestos.

Este escrito tal vez parezca surgir de otra época. Da en efecto testimonio, por una parte, de opiniones ahora imposibles. Conserva sin embargo, a 25 años de distancia, una singular fuerza de provocación teórica. Y nos enfrenta a una pregunta que menos que nunca podría considerarse como superada: ¿en qué condiciones, en una sociedad que proclama los ideales de libertad y de igualdad, la dominación de unos sobre otros se reproduce incesantemente de nuevo?

El manuscrito se presenta en primer lugar como un texto didáctico militante que es también una introducción, la mejor que hay, al pensamiento de Althusser. Pero revela progresivamente su carácter de elaboración conceptual original. Llama, pues, a una lectura en varios niveles: texto político que da testimonio de una época, presentación de las categorías althusserianas de análisis del capitalismo, teoría (nueva) de los «aparatos ideológicos de Estado» y de la «interpelación» ideológica.

Texto político, texto teórico

Recorre todo el texto el hálito de Mayo de 1968, de un mayo obrero tanto como estudiantil, el de la mayor huelga de la historia del país. La memoria comunista se encuentra entonces vivificada por las perspectivas de cambios radicales que parecen en el orden del día. Althusser vive este momento con pasión y lo inscribe en la larga duración de la revolución socialista. Tiene aquí a la vista «un siglo de lucha de clase del Movimiento Obrero en toda la superficie del globo» (los «cientos de miles de militantes obreros anónimos», etc., p. 174). Y un futuro inevitable: «Estamos entrando en un siglo que verá el triunfo del socialismo en toda la tierra. [...] *la Revolución está ya en el orden del día. Dentro de cien años,* o incluso dentro de cincuenta años tal vez, la faz del mundo habrá cambiado: la Revolución se impondrá en toda la tierra» (p. 38). Althusser piensa «en numerosos jóvenes militantes que afluyen o van a afluir» a la lucha política (pp. 171-172), y es a ellos a los que indirectamente se dirige.

Los lectores que no conocieran de Althusser más que sus escritos filosóficos no dejarán de sorprenderse. La referencia esencial es al leninismo, «el leninismo del señor Thorez» (p. 171), en la concepción de la lucha sindical y política bajo el capitalismo, en el esquema de la toma del poder por el «proletariado y sus aliados», y de la dictadura del proletariado. Se expresa en la recuperación del vocabulario de la revolución bolchevique y de la II Internacional: «las masas», «organizadas en el sindicato», «debe dirigirlas sobre objetivos verdaderamente revolucionarios» «el Partido de la vanguardia del proletariado» (p. 173). Althusser se sitúa expresamente en la línea que él designa como la de los «clásicos del marxismo». «Aquí vamos a avanzar con prudencia por un terreno en el que *de hecho* Marx, Lenin, Stalin y Mao nos precedieron hace mucho tiempo, pero sin haber sistematizado, bajo una forma teórica, los progresos decisivos que sus experiencias y sus enfoques implican. ¿Por qué? Porque estas experiencias y estos enfoques se quedaron ante todo *en el terreno de la práctica política*» (p. 112). «Stalin descuidó estas cuestiones» (p. 128) Uno cree soñar. El nombre de Stalin desaparecerá del artículo de *La Pensée*. Sigue habiendo algo de surrealista en esta repetición imaginaria del leninismo en un lugar totalmente distinto y un tiempo totalmente distinto. En un tiempo, especialmente, en el que el partido del que Althusser se reclama propone, como una evidencia, una estrategia totalmente distinta, basada en la idea de la marcha hacia el socialismo a través de un proceso progresivo y legal de apropiación pública de los grandes medios de producción.

El *pathos* político, con su parte de exaltación, de fidelidad proclamada o de ostentosa lealtad, así como de irrealismo, no debe, sin embargo, impedir avanzar en la obra y percibir que también vehicula una investigación teórica de gran trascendencia. Lo cual no quiere tampoco decir que no haya relación estrecha entre esta visión particular de la historia y la conceptualidad que propone para la comprensión de la estructura, del ser social del capitalismo. Pero, sea lo que sea de la enfática referencia a la «filosofía marxista-leninista» (p. 34), «nuestra filosofía» (p. 36), rápidamente se comprenderá que, si aquí se trata de marxismo y de leninismo, el pensamiento de Althusser no depende en nada del «marxismo-leninismo» en el sentido vulgar de una ortodoxia. Y que hoy en día merece ser reconsiderado como un foco autónomo de estimulación intelectual.

La trascendencia de la intervención teórica se anuncia cada vez que Althusser subraya el carácter simplemente «descriptivo» de la teoría tradicional: topografía de infraestructura / superestructura (p. 90), correspondencia entre fuerzas productivas y relaciones de producción (pp. 55, 102), la «teoría» marxista del Estado (p. 108), del derecho (pp. 204-205), de la ideología (pp. 212 ss.). Sobre todos estos temas, es decir, sobre el conjunto de la doctrina, propone superar la forma de la «descripción» (pp. 90-91), forma por naturaleza «inestable», para llegar a una «teoría a secas» (pp. 108 ss., 199). Bajo la apariencia de la modestia –no aportará más que «precisiones aún inéditas» sobre «ciertos puntos limitados» (p. 41)–, en definitiva se trata de producir, allí donde aún no haya más que una descripción, una teoría en el verdadero sentido del término.

Para una relectura de la teoría de los AIE

El primer capítulo introduce su tesis sobre la filosofía como forma que presupone el conflicto social y el trabajo científico, sobre la historia de la filosofía como secuencia de coyunturas en las cuales lo que es nuevo emerge en la conjunción «de acontecimientos económico-políticos y científicos decisivos» (pp. 49-50). La aportación de Marx la sitúa en el orden «científico»: descubrimiento del «continente-historia» (p. 40), constitución de una teoría capaz de procurar un pedestal para las diversas ciencias sociales.

Los capítulos siguientes suministran, aunque se trata por una parte de evocaciones de «tesis clásicas» (p. 55), una presentación articulada de las grandes categorías que gobiernan la interpretación althusseriana del materialismo histórico. Toda «formación social» depende de un «modo de producción dominante». En la relación entre las relaciones de producción y las fuerzas productivas que forma la infraestructura son las primeras las que desempeñan el papel determinante (este punto lo desarrolla en el Apéndice). Y, en el conjunto del modelo, es la infraestructura, y no la superestructura («Derecho, Estado, Ideologías»), la que es «determinante en última instancia» (p. 56).

La aportación específica de este manuscrito reside, por supuesto, en los desarrollos de los capítulos V al XII, que se ocupan de los «aparatos ideológicos de Estado» y la «ideología».

La publicación del presente volumen debe dar ocasión para repasarlos y sin duda también reconsiderarlos. La reinserción de los fragmentos incluidos en el artículo de *La Pensée* en el conjunto del discurso pone, en efecto, de manifiesto una estrecha conexión entre la tesis de Althusser sobre la ideología (y su aparataje) y la idea que él se hace del curso de la historia moderna. La cosa es en sí muy lógica. Una teoría de la reproducción estructural tiene por corolario una teoría de la transformación de la estructura: tiende a mostrar las condiciones invariantes en las que se produce la variación... que pondrá finalmente fin a lo invariante. La idea que Althusser se hace de la variación en curso, como la del paso al socialismo, repercute en su concepción de las condiciones de la reproducción del capitalismo, en la idea de lo invariante estructural. Se trata, en definitiva, de una sola teoría, con doble entrada: reproducción y revolución. De ahí la iluminación que aportan aquí las partes inéditas.

Conviene, a mi parecer, comprender que el pivote de este dispositivo teórico lo constituye la cuestión del derecho, objeto de los capítulos V y XI, y de su supuesta extinción, correlativa de la de las relaciones mercantiles, en el proceso de la revolución socialista. Querría sugerir que las cuestiones que Althusser ha hecho surgir no han perdido nada de su actualidad ni encontrado en nuestros días respuesta pertinente en el nivel en el que él las planteó.

El derecho y su anunciada extinción

La idea de derecho, introducida antes que la de Estado, es sin embargo dependiente de la teoría del Estado como instrumento de la dominación de la clase dominante. Lejos de estar «atravesado por la lucha de clases», el aparato de Estado, repite Althusser, es enteramente un aparato de dominación. Vale para el capitalismo lo que vale para los modos de producción precedentes: el poder lo ejerce la clase dominante. La lucha de la clase dominada produce, ciertamente, un impacto sobre la sociedad. Pero el «poder» solamente lo ejerce la clase dominante. El poder se ha, en efecto, de comprender –tal como Althusser escribirá un poco más tarde– como el «exceso» de su fuerza en relación a la de la clase dominada: «la dominación de clase se encuentra sancionada en y por el Estado en cuanto que *sólo la Fuerza de la clase dominante entra y es reconocida ahí...* y, lo que es más, es el único "motor" del Estado, la única energía que ahí se ha de transformar en poder, en derecho, ley y normas» («Marx en sus límites» (1978), *Écrits philosophiques et politiques* [*Escritos filosóficos y políticos*], Stock-IMEC, 1994, tomo I, p. 468). El derecho, lejos de contradecir la dominación, no es, por tanto, él mismo más que un momento de esta. Tal es la tesis extrema, la de la producción del derecho por transformación de la violencia en poder dentro de la máquina del Estado, que gobierna la problemática de los aparatos ideológicos.

El capítulo V, el Derecho, del que nada se incluye en el artículo de *La Pensée*, formula dos enunciados. Uno es bastante clásico, pero le da una claridad notable. Es la idea de que el contenido (ausente) del derecho son las relaciones de producción. El derecho, que no existe más que en función de las relaciones de clases, no conoce, sin embargo, más que individuos (p. 95). Las relaciones de producción no son, por tanto, relaciones jurídicas; no son definidas por el modo de «propiedad». Y la revolución no es una modificación de las relaciones jurídicas, un paso de la propiedad privada a la propiedad colectiva de los medios de producción. Consiste en una «apropiación» práctica común por los hombres libremente asociados. Pero esto conduce a Althusser a un enunciado más problemático, según el cual esta revolución significa, todo a la vez y como un solo proceso, extinción del derecho y extinción de los intercambios de tipo mercantil: «Extinción del derecho no puede significar más que extinción de los intercambios de tipo mercantil, de los intercambios de bienes como mercancías, [...] y sustitución de los intercambios mercantiles por intercambios no mercantiles» (p. 98).

Althusser asume a este respecto, y expresa en toda su coherencia, la tradición del comunismo, que fue la de la II y luego de la III Internacional. Rechaza, ciertamente, la idea de que la alternativa al orden del mercado pueda encontrarse en la planificación. Y trata, por el contrario, de definir un tercer término, exterior, que aparece especialmente bajo la forma de la «intervención de las masas» y cuya planificación no es más que un «medio subordinado» (p. 99, n. 8). «Los Sóviets + la electricidad» los traduce como «la intervención política + la planificación de las fuerzas productivas» (*ibid.*). Le falta, a mi parecer, representarse que el orden planificado, en la medida en que abre específicamente el camino hacia una apropiación a partir del centro, no es reducible a una determinación de las «fuerzas productivas» (o de la racionalidad tecnológica), sino que constituye en sí mismo, a semejanza del orden mercantil, una configuración de «relaciones de producción», es decir, potencialmente, de relaciones de clase.

Se vuelven a encontrar aquí ciertas ambigüedades de Marx con respecto a la relación entre la cuestión del derecho y la del mercado. No se puede, escribe Althusser (en un pasaje, es cierto, tachado, pero que atestigua tanta más incertidumbre en el propósito; p. 96, n. 3), hablar de derecho socialista, pues «el derecho que subsiste [...] sigue siendo el derecho burgués, pues no es sino derecho mercantil y por consiguiente burgués. El modo de producción socialista suprimirá todo derecho, como Marx había perfectamente visto [...]». Althusser parece incluso ir aquí más allá de Marx. Presenta en efecto el derecho, en la medida en que es puesta en marcha de las relaciones de clase, como pura condición de la dominación. Igualmente, la democracia burguesa no es, a sus ojos, más que «la dictadura de la burguesía bajo las formas de un aparato democrático parlamentario o presidencialista» (p. 142), por más que la lucha de clases se libra «en lo esencial fuera de las formas legales democrático-burguesas» (p. 142).

El aparataje ideológico y la maquinaria del Estado

Un tema central de este escrito es que la topografía, la metáfora de la infraestructura y la superestructura, no basta y es engañosa. Pues sugiere que la base económica determina todo el resto, cuando son, a sus ojos, las relaciones sociales de producción las que caracterizan en última instancia un modo de producción, y su reproducción la asegura el conjunto del Aparato Represivo de Estado + Aparatos Ideológicos de Estado.

Lo que confiere su fuerza a la tesis de los aparatos ideológicos de Estado es, en primer lugar, que procede de una interpretación de la sociedad como imbuida, saturada por las relaciones de clase, sometida a un poder de clase que se ejerce a través del conjunto de las instituciones. No solamente a través de las instituciones estatales, en el sentido en que estas configurarían la esfera pública, oponible a la esfera privada, lugar de encuentro de las personas privadas, sino en la misma medida a través de las instituciones privadas, tales como las iglesias, los partidos, los sindicatos, la familia, la escuela privada, las asociaciones culturales, etc. El artículo de 1970 no ha contribuido poco a esta formidable (y efímera) toma de consciencia del hecho de que las grandes instituciones de la sociedad eran partes integrantes de las relaciones de dominación de clase.

Es sabido que aquí Althusser encuentra una parte de su inspiración en Gramsci, que designa con el nombre de «sociedad civil» –opuesta a «sociedad política», es decir, a los órganos estatales en sentido estricto– el conjunto de las instituciones, privadas o públicas, a través de las cuales se realiza la «hegemonía» de las clases dirigentes, la preeminencia de su ideología. Pero Gramsci, que da a esta noción de ideología el amplio sentido de concepción del mundo, de saber, de cultura y de ética, considera que la sociedad civil es también el terreno en el que se libra la lucha progresista de la clase ascendente, el proletariado, y por tanto el proceso revolucionario mismo, asimilado a la conquista de la hegemonía. Althusser da, pues, la vuelta a esta concepción, al presentar el conjunto de las instituciones como los elementos de la maquinaria estatal mediante la cual la burguesía asegura su dominación.

Evidentemente, no ignora el potencial de emancipación inherente al derecho burgués y a la democracia burguesa: da de ello testimonio en primer lugar la referencia a Kant y a Hegel que abre el capítulo sobre el derecho (p. 94). Tampoco ignora el impacto democrático del movimiento socialista sobre el conjunto de la sociedad (e invita enfáticamente a un compromiso político en el terreno institucional). Pero de alguna manera suspende esta consideración. E intenta, en una tensión paroxística, demostrar el hecho, que no se revela, en efecto, más que cuando se lo piensa en el extremo, de que las instituciones públicas son los órganos de una «lucha de clases» en la que una se impone a la otra y asegura la reproducción de esta dominación. Se está aquí muy cerca de Hobbes, con la diferencia –de calado, es cierto– de que, para Hobbes, el Estado realiza la pacificación efectiva de la sociedad, el final de la violencia comprendida como la guerra de todos contra todos, mientras que para Althusser asegura el ejercicio mismo de la violencia social, comprendida como la guerra de una clase contra otra.

Guerra de sujeción de una clase a la otra a través de la puesta en marcha de las relaciones mercantiles, además del derecho, el cual las «sanciona» (p. 204). La tesis no es sin embargo funcionalista, como subraya Althusser en la «Nota sobre los AIE» que figura al final del presente volumen. Pues los aparatos no son más que los instrumentos de la lucha de clases: primacía, pues, de la lucha de clases sobre la ideología dominante, sobre los aparatos. Ciertamente, «la política del Estado la determinan en último término los intereses de la clase dominante» (p. 262). Pero «la lucha de clases no cesa jamás». No se la puede circunscribir a los aparatos que reproducen la dominación. La lucha de clases es más fuerte que los aparatos.

A lo cual Althusser añade que las disposiciones del derecho no se apoyan en la represión más que como último recurso. Y que por regla general la norma está interiorizada: bajo la forma de la ideología moral, se da a través de una voz (interior) que me interpela. Como sujeto precisamente.

Interpelar la interpelación

Althusser subvirtió significativamente la problemática tradicional del marxismo, invitando a reconsiderar la manera clásica de hablar de la ideología junto a otros elementos de la superestructura, e implicándola estructuralmente en el Estado como ideología de Estado. El gran interés de su análisis estriba en que confiere a la ideología un estatuto de realismo materialista, un estatuto de ontología social, al mismo tiempo que la plantea como una «interpelación» por la cual todo el mundo es convocado y socialmente constituido como sujeto. O sea, tendríamos estas dos tesis: 1/ la ideología no tiene «existencia ideal, de ideas, espiritual, sino material», pues «una ideología siempre existe en un aparato», y los aparatos ideológicos de Estado son el lugar de «materialización» de la ideología (p. 223); 2/ «toda ideología tiene por función (que la define) "constituir" individuos concretos en cuanto sujetos» (p. 227).

Me gustaría sugerir aquí, remitiendo a los textos en los que me explico más extensamente[1], que se trata de una aportación teórica fundamental, incluso si requiere, a mis ojos, una inmensa recomposición conceptual. Y esta aportación estriba muy precisamente en la estrecha relación entre estas dos tesis.

Permítaseme prolongar el discurso de Althusser, subvertirlo de nuevo y sugerir que nos conduce a otro lugar de aquel al que nos convoca.

Pues no es una «voz interior», una voz de la conciencia, la que me interpela, sino una voz pública. La cual me declara sujeto libre. Este discurso es el mismo de la constitución moderna, de su preámbulo necesario: la declaración de los derechos del hombre, que proclama a todo el mundo «libre-e-igual», declara al sujeto soberano y al soberano sujeto, y a mí mismo sujeto a mí mismo como soberano. La existencia material de este discurso interpelador no se compadece con el acontecimiento que lo hace emerger históricamente, ni con la forma en que se encuentra transcrito, ni con el lugar en el que se interpone. Su estatuto ontológico, en el sentido del ser social, se encuentra definido por las formas institucionales que impone, las prácticas que son una y la misma cosa con estas y, *por el mismo motivo,* por la lucha de clases constitutiva de la modernidad y para la cual esta declaración de libertad-igualdad constituye la referencia esencial. En cada momento de la lucha de clases se recuerda, en efecto, esta referencia a la interpelación, a la cual, en cuanto promesa que, como tal, debe mantenerse, apela expresamente.

La ideología y la interpelación son «eternas» en el sentido en que lo entiende Althusser, es decir, constitutivas de la humanidad, pero presentan formas históricas diversas, según la diversidad de las formas de constitución de la subjetividad. Y hay que reconocer toda la importancia que tiene la interpelación «moderna».

En cuanto interpelación humana, proclamación suprema, no es más que una promesa, una promesa de todos a todos, que todos hacen suya en cuanto que se reconocen como ciudadano. Un pacto, sólo un pacto.

Que este pacto no se respeta es lo que en general se les ha escapado a los teóricos contractualistas del Estado. Y a Marx se debe la formulación dialéctica de esta falla: la relación contractual libre-igual «se transforma en su contrario» por cuanto, materializándose en la forma del mercado, concede a los que lo dominan, especialmente mediante la propiedad de los medios de producción, la facultad de disponer de los que no disponen más que de su fuerza de trabajo o de medios de producción insuficientes. La interpelación del hombre libre, libre de presentarse en el mercado, se

---

[1] [2011] Véase *Théorie générale,* París, PUF, 1999; *Explication et Reconstruction du Capital,* París, PUF, 2007; *L'État-monde,* París, PUF, 2011.

convierte (siempre ya) en un cebo, en un mandamiento a conformarse al orden social, a las formas jurídicas que lo regulan, a las representaciones que lo justifican y a las prácticas a las que apelan.

Se mantiene sin embargo la promesa, la interpelación del dominado como libre, como socio del pacto de «libertigualdad». Mandamiento de obediencia al orden natural, y por tanto legítimo, del mercado, pero que afirma al mismo tiempo que esta libertad del orden mercantil es la misma del ciudadano. Lo cual implica también, contradictoriamente, que juntos los ciudadanos disponen libremente del orden social y son por tanto invitados asimismo –en esta interpelación mutua y sin embargo «unívoca» que es la *interpelación*– a forjar libremente el mundo a imagen de su libertad. Los que han intentado la aventura, a partir especialmente de 1917, se han encontrado con el otro límite: el discurso público de la libertad, en cuanto deja de presentarse en la forma de la contractualidad y de la racionalidad social mercantiles, vira en el extremo a la otra forma, que en primer lugar se da como la de la voluntad general por fin encontrada, pero que, en cuanto tal, se arriesga también a declinarse en los términos de la racionalidad social de la razón administrada y planificada, con otros efectos de sujeción.

Las grandes formas de la relación «de clase» en la época moderna –de esta relación de clase que Althusser muestra que constituye para el derecho, que no habla de ella, su objeto mismo en última instancia– no pueden, pues, interpretarse más que a partir de la interpelación. Interpelación solamente humana, pacto, pues, que posee, en las formas institucionales en las que se presenta, un estatuto de ontología social análogo al de las relaciones de clase en las que «se transforma en su contrario».

Extraña paradoja: hoy en día no cabe hablar de la explotación y de la miseria de las masas, de la esclavización de las periferias, de la exterminación de los pueblos, sin partir de lo que se afirma como interpelación de libertad y de igualdad. Conviene señalar que esto es precisamente lo que hace Marx en *El capital,* que comienza –no con fines didácticos, sino de conformidad con lo que exige un «pensamiento» del mundo moderno– por la presentación del Edén mercantil, en el cual los individuos se reconocen libres-iguales.

Pero esto significa que tampoco están ya sujetos a este orden. Por eso esta «paradoja» aparente es también aquella por la que sigue abierta –boquiabierta e insondable– la perspectiva de la emancipación, la del cumplimiento de la promesa[2].

Nanterre, 1995

---

[2] [2011] Propongo una interpretación ulterior de la tesis althusseriana de la «interpelación» en un libro en preparación: *Althusser et Foucault: Révolution et Résistance, Interpellation et biopolitique.*

Nota editorial

JACQUES BIDET

1. El manuscrito «Sobre la reproducción de los aparatos de producción» que aquí se publica por primera vez es aquel del que Althusser extrajo los fragmentos cuyo conjunto constituye su célebre ensayo «Ideología y aparatos ideológicos de Estado», aparecido en *La Pensée,* n.º 151, en junio de 1970. La obra debía inicialmente llevar por título «¿Qué es la filosofía marxista-leninista?», luego «De la superestructura», e incluirse en la colección «Théorie» de la editorial Maspéro. El cambio de título pone de manifiesto que por el camino el proyecto se transforma y desemboca en la exposición de una teoría de la reproducción de la sociedad capitalista.

2. De este manuscrito existen dos versiones sucesivas, que se pueden consultar en el IMEC[1]. La primera forma un texto mecanografiado de 150 páginas, fechado en marzo-abril de 1969. La segunda, base de la presente edición, comporta un conjunto de correcciones y de añadidos que aumentan este texto en alrededor de un tercio. Así, especialmente el capítulo II ha sido totalmente refundido. Esta revisión quedó, sin embargo, inacabada. Hasta el capítulo VI, Althusser integra sus modificaciones entre las hojas y en los márgenes de una fotocopia de la primera versión. Introduce entonces un capítulo suplementario, «Capítulo VII. Breves observaciones sobre los AIE político y sindical de la formación social capitalista francesa». Para el capítulo siguiente, el capítulo VIII, redacta otro nuevo § 1, que sustituye a los §§ 1 y 2 del antiguo capítulo VII. A partir de ahí, sin embargo, debido a la inserción de un nuevo capítulo VII, los capítulos VIII a XI del manuscrito dejado por Althusser pasan a ser los capítulos IX al XII.

---

[1] IMEC: Institut Mémoires de l'Édition Contemporaine [Instituto Memorias de la Edición Contemporánea], con sede en St. Germain la Blanche Herbe, en las afueras de Caen. *[N. del T.]*

El autor había, obviamente, aportado al conjunto del texto sus últimas correcciones. Aparte de las restituciones necesarias, bastante numerosas a decir verdad (errores gramaticales evidentes, palabras omitidas, referencias textuales imprecisas), respetamos sin embargo rigurosamente el texto, incluidas las imperfecciones debidas a su estado inacabado y sus particularidades gráficas, especialmente su abundante empleo de las mayúsculas, que las más de las veces subraya que los términos se han de tomar en sentido técnico.

3. El artículo de *La Pensée* se sitúa en alguna parte entre las dos versiones, pero con traslapos en relación con la segunda. No integra todas las modificaciones que aporta esta, la cual parece haber sido revisada ulteriormente. Por contra, comporta mejoras estilísticas, omisiones significativas (referencias históricas y alusiones políticas), y sobre todo desarrollos autónomos, especialmente en relación con los capítulos VI, § 3, XII, §§ 1 y 7.

Pero el hecho más importante, que justifica la presente publicación, es el carácter fragmentario del artículo de 1970 con respecto al conjunto del que se extrajo y que constituye su contexto inmediato de interpretación. En efecto, en su integridad no reproducía más que los capítulos III, IV y IX, y sólo en parte repetía los capítulos VI y XII. Dejaba, pues, de lado la Advertencia, que explicita el propósito del autor; el capítulo I, consagrado a la filosofía; el capítulo II, que trata del «modo de producción»; los capítulos V y XI, que se ocupan del derecho; los capítulos VII y VIII, que abordan la cuestión del sindicato y del partido proletarios como aparatos ideológicos de Estado; el capítulo X, sobre la reproducción y revolución, así como los capítulos VI, §§ 1 y 2, y XII, § 3, que tratan de la ideología y los aparatos ideológicos.

4. Se ha de advertir que el tomo II de la obra, anunciado desde la primera página de la Advertencia al lector y de nuevo al final del manuscrito, quedó en estado de proyecto y nunca se escribió.

5. El presente volumen, para el cual hemos escogido el título *Sobre la reproducción,* presenta la segunda versión del manuscrito en su integridad; incluye las notas, a veces bastante largas, que faltan en el artículo, así como el Apéndice previsto en el manuscrito. Se ha añadido, además del artículo aparecido en *La Pensée,* un escrito posterior, titulado «Notas sobre los AIE», fechado en diciembre de 1976 e inédito en francés, en el cual Althusser vuelve sobre el debate al que ha dado lugar este artículo. Estas «Notas...» han sido objeto de una publicación en español, en *Nuevos escritos* (Barcelona, Laia, 1978), así como alemán, en *Ideologie und ideologische Staatsapparate* (Hamburgo / Berlín, VSA, 1977).

6. Este manuscrito se puede comparar con otros escritos contemporáneos también marcados por la intensa efervescencia teórico-política del periodo. Por una parte, «La filosofía como arma de la revolución», entrevista concedida a *L'Unità* en febrero de 1968. Por otra parte, «¿Cómo leer *El capital*?», aparecido en *L'Humanité*

el 21 de marzo de 1969, extracto de un manuscrito más largo, igualmente disponible en el IMEC, a partir del cual Althusser proyectaba escribir una obra que habría titulado «Una ciencia revolucionaria». Por fin, «Marxismo y luchas de clase», fechado en enero de 1970, prefacio al libro de Marta Harnecker *Los conceptos elementales del materialismo histórico*[2]. Estos tres escritos reaparecerán en *Positions* (Éditions Sociales, 1976).

7. Se ha igualmente de subrayar que Althusser guarda entonces estrecha relación con un grupo de licenciados de la calle Ulm[3], especialmente con Étienne Balibar, Pierre Macherey, Michel Tort, Christian Baudelot, Roger Establet, que colaboran en un proyecto sobre la Escuela (en el que interviene también Renée Balibar) al cual el manuscrito hace alusión en varias ocasiones. En su espíritu, las proposiciones a las que llega en este texto, las cuales les transmite, constituyen de alguna forma la teorización de su investigación. Esta se desarrolla bajo la forma de la redacción de una obra colectiva de la que existen, disponibles en el IMEC, esbozos muy sustanciales, redactados especialmente por Étienne Balibar y por Pierre Macherey. El grupo acabó por disolverse y la obra quedó inacabada. Pero es en este contexto en el que tomó cuerpo el libro de Christian Baudelot y Roger Establet *L'Ècole capitaliste en France [La escuela capitalista en Francia],* aparecido en 1971, cuyo trabajo de redacción Althusser siguió atentamente y del que tenía pensado escribir el prefacio.

El tema de la «reproducción» ocupa entonces el centro de los debates de la sociología crítica de inspiración marxista. Pierre Bourdieu y René Passeron, que publican en 1971 *La reproduction [La reproducción],* son, a lo largo de los años sesenta, invitados por Althusser a la Escuela Normal Superior, y su enfoque es conocido de sus alumnos y colaboradores. Estos tienen precisamente a la vista el desarrollo de una formulación alternativa, en paralelo con la problemática althusseriana.

A este contexto pertenecen también los trabajos de otros autores con los que Althusser mantiene relaciones epistolares (véanse asimismo los fondos del IMEC) y cuyos nombres aparecen en el manuscrito «Sobre la reproducción...», especialmente: Emmanuel Terray, Nicos Poulantzas y Charles Bettelheim.

8. Doy las gracias al señor François Boddaert, así como al señor Olivier Corpet, administrador del Institut Memoires de l'Édition Contemporaine (IMEC), que han aceptado que este manuscrito lo publicaran las PUF[4] en la serie *Actuel Marx Confrontation,* en la cual aparecerá igualmente, en 1996, una recopilación de textos teóricos de Althusser, bajo la responsabilidad de Yves Sintomer.

---

[2] Ed. cast.: *Los conceptos elementales del materialismo histórico,* Madrid, Siglo XXI, 1975, pp. XIII-XVII. *[N. del T.]*

[3] Calle Ulm: calle en la que tenía su sede la Escuela Normal Superior de París. *[N. del T.]*

[4] Presses Universitaires de France [Imprentas Universitarias de Francia]. *[N. del T.]*

Expreso mi agradecimiento muy particularmente a François Matheron, responsable del Fonds Louis Althusser y editor de los *Écrits philosophiques et politiques* (Stock / IMEC, 1994), que ha seguido de cerca este trabajo y lo ha iluminado con sus consejos.

Mi gratitud se dirige también a Sonia Feltesse, que se ha ocupado vigilantemente del desciframiento y la edición de los manuscritos.

Jacques Bidet

*La reproducción
de las relaciones de producción*

Advertencia al lector

I

Querría atraer la atención del lector sobre ciertos aspectos de una obra que puede, por no pocos motivos, sorprenderlo y desconcertarlo.

1/ Este librito es el tomo I de un conjunto que debe constar de dos tomos.

El tomo I trata de la Reproducción de las relaciones de producción capitalistas. El tomo II tratará de la lucha de clases en las formaciones sociales capitalistas.

Me he decidido a publicar sin demora este tomo I, que en cierta manera (si se exceptúa su «entrante» sobre la filosofía) constituye un todo en sí mismo, por razones de urgencia teórica y política evidentes para todos. Aunque el fondo de este tomo I no se ha improvisado, estas doscientas páginas he tenido que escribirlas en un lapso sumamente breve, a fin de que este texto pudiera aparecer rápidamente.

He pensado que tal vez fuera útil recordar los principios fundamentales de la teoría marxista-leninista sobre la naturaleza de la explotación, de la represión y de la ideologización capitalistas. Me ha parecido sobre todo que era indispensable mostrar cuál era el sistema que aseguraba la reproducción de las condiciones de la producción capitalista, la cual no es más que el medio de la explotación capitalista, pues, en un régimen capitalista, la producción de los bienes de uso obedece a la sola ley del beneficio, esto es, de la explotación.

Habría sido menester tratar 1/ la reproducción de las Fuerzas productivas; y 2/ la reproducción de las relaciones de producción.

Como Marx trata por extenso la reproducción de las Fuerzas productivas en el Libro I (teoría del salario: reproducción de la fuerza de trabajo) y en el Libro II del

Capital[1] (teoría de la reproducción de los medios de producción), he sido muy breve sobre esta cuestión. En cambio, me he extendido mucho sobre la *reproducción de las relaciones de producción,* sobre la cual Marx nos dejó importantes indicaciones, pero no sistematizadas.

El sistema que asegura la reproducción de las relaciones de producción es el sistema de los aparatos de Estado: aparato represivo y aparatos ideológicos.

De ahí el título de este tomo I: «*La reproducción de las relaciones de producción capitalistas*» (explotación, represión, ideología).

Como se verá, he corrido un grandísimo riesgo al postular, sobre dos puntos, tesis que, aun siendo perfectamente conformes con la teoría y con la práctica del Movimiento Obrero marxista-leninista, no habían sido todavía enunciadas bajo una forma teórica sistemática. He propuesto, así, el esbozo de una teoría de lo que yo llamo los *Aparatos ideológicos de Estado* y del funcionamiento de la *Ideología en general*.

Como en ciertos casos los análisis de este tomo I se apoyan en principios que no se desarrollarán más que en el tomo II, pido que se me conceda una especie de «crédito» teórico y político que trataré de saldar en el tomo II.

En el tomo II intentaré abordar los problemas de la *Lucha de clases en las formaciones sociales capitalistas.*

2/ Este tomo I comienza con un capítulo que podrá sorprender: sobre la «naturaleza» de la filosofía. Podrá sorprender tanto más por cuanto, tras haber puesto algunos primeros jalones, dejo en suspenso la cuestión de la filosofía para emprender un larguísimo rodeo, donde entonces se trata la cuestión de la Reproducción de las relaciones de producción capitalistas.

¿Por qué, pues, haber comenzado por este primer capítulo sobre la filosofía, cuando habría podido simplemente comenzar por el capítulo II, que trata del modo de producción? Por razones teórica y políticamente muy importantes, que aparecerán al final del tomo II, cuando estemos en condiciones de responder a la pregunta: ¿qué es la filosofía marxista-leninista[2], en qué consiste su originalidad y por qué es un arma de la revolución?

Si esta exposición de la Reproducción de las relaciones de producción capitalista se coloca así bajo la égida de la cuestión de la filosofía no es por simples razones de exposición.

Es, en efecto, bien cierto que no se puede responder a la pregunta *¿en qué consiste la filosofía marxista-leninista?* sin dar el gran rodeo del tomo I (Reproducción de las relaciones de producción) y el tomo II (Lucha de clases).

---

[1] Ed. cast.: *El capital,* Madrid, Akal, 2000. *[N. del T.]*

[2] [Nota tachada:] Empleo a propósito, por el momento, la expresión «filosofía marxista-leninista». Al final de este ensayo propondré otra formulación más precisa. *[N. del A.]*

Pero ¿por qué plantear así en primer lugar la cuestión de la filosofía marxista-leninista y, puesto que la precede, la cuestión de la filosofía a secas? (tomo I, capítulo I).

No he procedido de este modo porque sea, universitariamente hablando, filósofo, esto es, por razones de especialista que tiende bien a hablar de lo que conoce un poco, bien a «alabar su mercancía». Lo hago por razones teóricas y políticas, en cuanto comunista.

En dos palabras, estas son las razones.

Todo lo que deriva de la ciencia fundada por Marx (en particular, en el tomo I, la teoría de la reproducción de las relaciones de producción) depende de una ciencia revolucionaria, la cual Marx no pudo fundamentar más que *sobre la base* de lo que se llama, en la tradición marxista, la filosofía del materialismo dialéctico, muy precisamente, como mostraremos y demostraremos, sobre la base de una posición de clase proletaria filosófica. No es, pues, posible –y Lenin lo comprendió y mostró admirablemente– ni comprender ni, con mayor razón, exponer y desarrollar la teoría marxista, incluso sobre tal o cual punto limitado, si uno no adopta posiciones de clase proletarias en el dominio de la teoría. Ahora bien, lo propio de toda filosofía es representar, en la teoría, una posición de clase dada. Lo propio de la filosofía marxista-leninista es representar, en la teoría, la posición de clase proletaria.

De ahí la importancia primordial de la filosofía materialista dialéctica, es decir, del punto de vista de la clase proletaria en cuanto filosofía, para toda exposición y todo desarrollo de la teoría marxista. En el tomo II mostraremos que el papel de la filosofía marxista-leninista no es solamente indispensable para el desarrollo de la ciencia marxista y de los «análisis concretos de las situaciones posibles» (Lenin) que sólo la ciencia marxista hace posibles, sino que es igualmente indispensable para la práctica política de la lucha de clases.

Si es así, no sorprenderá que nuestro tomo I comience planteando la pregunta ¿qué es la filosofía?, ni que nuestro tomo II termine con una definición del carácter revolucionario de la concepción marxista-leninista de la filosofía, y de su papel en la práctica científica y en la práctica política. Se comprenderá entonces por qué y cómo la filosofía es realmente un arma de la revolución.

II

Si lo que acabo de enunciar sobre la importancia de la filosofía marxista-leninista en la práctica científica (ante todo en la teoría de la Historia fundada por Marx, pero también en las demás ciencias) y en la práctica comunista de la lucha de clases puede serme concedido de entrada, al menos por mis camaradas comunistas, con todo, incluso desde el punto de vista marxista se me puede hacer una objeción.

Se me puede objetar que hace mucho tiempo que se dijo y escribió lo esencial sobre la filosofía marxista-leninista, llamada, en la tradición clásica, materialismo dialéctico. Todo el mundo sabe, en efecto, que existen muchos textos célebres que tratan de la filosofía fundada por Marx y sus sucesores.

Por ejemplo, las *Tesis sobre Feuerbach* (1845)[3] y el postfacio a la segunda edición alemana del *Capital* de Marx; la primera parte del *Anti-Dühring* (1877)[4] y el *Ludwig Feuerbach* (1888)[5] de Engels; *Materialismo y empiriocriticismo* (1908)[6] y los *Cuadernos sobre la dialéctica* (1914-1915)[7] de Lenin; el artículo de Stalin *Materialismo dialéctico y materialismo histórico* (1938)[8]; *De la práctica* y *De la contradicción* (1937)[9], y *¿De dónde proceden las ideas correctas?*[10], de Mao.

En estas condiciones, ¿por qué volver a plantear la cuestión de la filosofía marxista-leninista?

1/ Digamos: para hacer balance, y también para aportar ciertas indispensables precisiones importantes y para mejor poner de relieve el carácter político-teórico de nuestra práctica de clase en filosofía.

2/ Pero no podemos quedarnos en este punto de vista de exposición aún especulativo. No se trata solamente de «hacer ver y comprender» la especificidad y la novedad de nuestra filosofía. Se trata, desde ahora, de ponerla prácticamente en marcha; en suma, de «hacerla trabajar» sobre problemas científicos.

Vamos a ver, sin demora, desde nuestro simple análisis de la unidad que constituye un modo de producción (la unidad Fuerzas productivas / Relaciones de producción), así como en todo lo que sigue, que no podemos en absoluto ver claro en estas cuestiones científicas y por tanto hacer avanzar nuestros conocimientos sin la intervención directa de nuestra filosofía.

Por eso decimos –y lo decimos por todas las razones históricas, teóricas y prácticas citadas– que el momento ha llegado y que el momento es oportuno para, entre nosotros al menos, hacer balance de la filosofía marxista-leninista, mostrar su carác-

---

[3] Ed. cast.: *Tesis sobre Feuerbach,* Barcelona, Grijalbo, 1970. *[N. del T.]*

[4] Ed. cast.: *La subversión de la ciencia por el señor Dühring. «Anti-Dühring»,* Barcelona, Grijalbo, 1974. *[N. del T.]*

[5] Ed. cast.: *Ludwig Feuerbach y el fin de la filosofía clásica alemana,* Madrid, Editorial Ricardo Aguilera, 1968. *[N. del T.]*

[6] Ed. cast.: *Materialismo y empiriocriticismo,* Barcelona, Grijalbo, 1975. *[N. del T.]*

[7] Ed. cast.: *Obras completas,* vol. XLII, Madrid, Akal, 1987. *[N. del T.]*

[8] Ed. cast: *Sobre el materialismo histórico y el materialismo dialéctico,* Buenos Aires, Anteo, 1945. *[N. del T.]}*

[9] Ed. cast.: *Sobre la práctica* y *Sobre la contradicción,* Madrid, Akal, 2010. *[N. del T.]*

[10] Ed. cast.: *¿De dónde proceden las ideas correctas?,* Buenos Aires, La Rosa Blindada, 1969. *[N. del T.]*

ter revolucionario, precisar determinados aspectos y «hacerla trabajar» sin demora sobre problemas científicos, algunos de los cuales afectan directamente a la práctica de las luchas de clases hoy mismo.

1. El momento ha llegado *porque tenemos que hacer balance y estamos en condiciones de hacer balance*

Hemos aprendido muchas cosas nuevas desde Marx y Engels, e incluso desde *Materialismo y empiriocriticismo* de Lenin.

Hoy en día disponemos de las extraordinarias experiencias de la Revolución Soviética y de la Revolución china; de las lecciones de las diferentes formas de la construcción del socialismo y de sus resultados diversos; de las enseñanzas de todas las luchas obreras contra la burguesía capitalista, así como de las luchas populares (lucha contra el fascismo, movimientos de liberación de los países del «Tercer Mundo», lucha victoriosa del pueblo vietnamita contra el Imperialismo francés y luego estadounidense, lucha de los negros americanos, revueltas estudiantiles, etc.).

Disponemos no solamente de la experiencia de las grandes victorias del Movimiento obrero, sino también de la experiencia de sus fracasos y de sus crisis[11]. Lenin nos lo dijo veinte veces: cuando se sabe analizar a fondo sus causas para extraer la lección, un fracaso es siempre más rico en enseñanzas que una victoria, pues sus consecuencias fuerzan a ir *al fondo de las cosas.* Con más razón una crisis grave.

Cuando se piensa en lo que Marx extrajo de las iniciativas de las masas populares bajo la Comuna[12] y del análisis de las causas del fracaso de la Comuna, cuando se medita sobre todo lo que Lenin extrajo de la invención de los Sóviets por las masas populares durante la revolución de 1905[13] y del fracaso de este «ensayo general», nos vemos obligados a decir: ¿*y nosotros* qué vamos a extraer de todas las experien-

---

[11] La crisis actual está dominada por dos acontecimientos capitales: 1/ el XX Congreso[a] y sus consecuencias, que pusieron en tela de juicio una parte de la política de Stalin desde los años treinta; 2/ la escisión del Movimiento comunista internacional, que puso en tela de juicio la línea política resultante del XX congreso. [N. del A.] – [a] XX Congreso del Partido Comunista de la Unión Soviética, con el que en 1956, tres años después de la muerte de Stalin, se emprendió la revisión crítica de la figura y la obra de este. [N. del T.]

[12] Comuna: nombre adoptado por el gobierno revolucionario en Francia tanto durante la Revolución de 1789 como durante la de 1871 (también llamada «Comuna de París»). [N. del T.]

[13] Revolución de 1905: primera revolución «democrática burguesa» rusa, que estalló en 1905 y duró hasta 1907, cuando el régimen zarista volvió a ser una autocracia pura y simple. Más allá de su fracaso, Lenin consideró esta revolución como un ensayo general de la que en 1917 triunfaría. [N. del T.]

cias sin precedentes, derrotas, fracasos y victorias que están ahora «a nuestra disposición», así como de la crisis que estamos viviendo?

¿Puede esta prodigiosa experiencia dejar indiferente a la filosofía? ¿No debe esta, por el contrario, iluminar, nutrir y enriquecer a la filosofía revolucionaria transmitida por el Movimiento obrero marxista?

2. *Creemos también que* el momento es oportuno para hacer balance de la filosofía marxista-leninista

El momento es oportuno, pues es urgente dar o devolver a la filosofía marxista-leninista toda su fuerza revolucionaria entre nosotros, para que esté en condiciones de cumplir su función ideológica y política de *arma de la revolución,* incluso en la crisis que estamos viviendo. Pues la que estamos viviendo no debe enmascarar otra, infinitamente más importante.

No nos engañemos: basta con tomar consciencia de la crisis sin precedentes en la que ha entrado el Imperialismo, cogido del cuello por sus contradicciones y sus víctimas, y asediado por los pueblos, para concluir que no sobrevivirá a ella. Estamos entrando en un siglo que verá el triunfo del socialismo en toda la tierra. Basta con observar el curso irresistible de las luchas populares para concluir que más o menos pronto, y a través de todas las peripecias posibles, incluida la gravísima crisis del Movimiento Comunista Internacional, *la Revolución está ya en el orden del día. Dentro de cien años,* o incluso dentro de cincuenta años tal vez, la faz del mundo habrá cambiado: la Revolución se impondrá en toda la tierra.

Por eso es urgente dar a todos los que llegan al comunismo, cada vez más numerosos, sobre todo entre la juventud de las fábricas, los campos y las escuelas, los medios para armarse con la teoría marxista-leninista y con la experiencia de la lucha de clases. La filosofía del marxismo-leninismo es uno de esos medios, pues es una filosofía revolucionaria: es la *única* filosofía revolucionaria.

Hacer balance de la filosofía marxista-leninista quiere decir simplemente esto: comprender claramente, y de la manera más profunda posible, cuál es esta filosofía, cómo actúa y cómo debe utilizarse a fin de que sirva, según la fórmula de Marx, no para «interpretar el mundo», sino para «transformarlo».

Hacer balance de la filosofía marxista-leninista es también, para explicarla y comprenderla, recordar los logros fundamentales de la nueva ciencia fundada por

Marx, el Materialismo Histórico, *sin la cual la filosofía marxista-leninista no existiría.* Es también recordar que si Marx no hubiese adoptado una posición de clase proletaria (materialismo dialéctico) en filosofía, la ciencia fundada por Marx, el materialismo histórico, no existiría. Es, pues, concluir que debemos «hacer trabajar» esta filosofía para precisar y hacer avanzar nuestros conocimientos en la ciencia marxista, a fin de poder analizar más claramente la situación concreta actual.

En aras de la claridad de la exposición anunciamos el plan que se va a seguir. Para saber en qué es revolucionaria la filosofía marxista-leninista hay que saber lo que la distingue de las filosofías anteriores.

Y para poder hacer esta distinción hay que saber en primer lugar qué es en general la filosofía.

De ahí la secuencia de preguntas:

Primera pregunta: ¿qué es la filosofía?

Segunda pregunta: ¿qué es la filosofía marxista-leninista?

Es indispensable, se ve a simple vista, plantear estas dos preguntas en el orden que se acaba de indicar.

Sin embargo, estas dos preguntas no definen *el plan* de nuestro estudio. ¿Por qué?

Porque, nos vamos a percatar de ello enseguida, es imposible dar una respuesta a la segunda pregunta, ¿qué es la filosofía marxista-leninista?, sin dar *un gran rodeo,* es decir, sin pasar por la exposición de los resultados fundamentales de la ciencia marxista de la historia, cuya teoría general es el materialismo histórico.

En efecto, y contrariamente a lo que piensan espontáneamente todos los filósofos, incluidos muchos filósofos marxistas, la pregunta ¿qué es la filosofía? *no compete a la filosofía, ni siquiera marxista-leninista.* Si competiese a la filosofía, querría decir que es a la filosofía a la que correspondería dar una definición de la filosofía.

Esto es lo que ha pensado y hecho constantemente, *con algunas raras excepciones,* la filosofía en toda su historia pasada. Y es por eso por lo que ha sido fundamentalmente *idealista,* pues si es la filosofía, y ella sola, la que tiene en última instancia el deber de y el derecho *a definirse a sí misma,* cabe pues suponer que puede conocerse a sí misma, que es Saber de Sí, es decir, Saber absoluto, bien emplee abiertamente (como hace Hegel) este término, bien lo practique con vergüenza, sin decirlo (como toda la filosofía hizo, con algunas excepciones, antes de Hegel).

No sorprenderá, pues, que si queremos proponer una definición de la filosofía que no repita la simple «consciencia de sí» subjetiva, esto es, idealista, esto es, no científica de la filosofía, sino que sea un conocimiento objetivo, esto es, científico, de la filosofía nos veamos obligados a recurrir *a algo distinto de la filosofía misma:* a los principios teóricos de la ciencia o de las ciencias, capaces de proporcionarnos el conocimiento científico de la filosofía en general que estamos buscando. Como se va a ver, habremos por fuerza de precisar algunos de estos principios y hacer avanzar, en la medida de nuestros medios, ciertos conocimientos.

Como se va a ver, esta ciencia, y las ciencias que de ella derivan, dependen todas del descubrimiento sin precedentes con el que Marx abrió al conocimiento científico un nuevo «Continente», el Continente-Historia. La teoría general de este descubrimiento científico se llama *Materialismo Histórico*.

Por eso nos vamos a ver forzados a dar un gran rodeo por los resultados científicos, nacidos del Materialismo Histórico, que hemos menester para poder alcanzar nuestro objetivo: una definición *científica* de la filosofía.

Es, en último término, este gran rodeo el que va a explicar el carácter del plan en nuestro estudio, del cual doy aquí los títulos de los capítulos en su orden de sucesión[14]:

Capítulo I: ¿Qué es la filosofía?
Capítulo II: ¿Qué es un modo de producción?
Capítulo III: De la reproducción de las condiciones de la producción.
Capítulo IV: Infraestructura y Superestructura.
Capítulo V: El Derecho.
Capítulo VI: El Estado y sus aparatos.
Capítulo VII: Los aparatos ideológicos de Estado político y sindical.
Capítulo VIII: La reproducción de las relaciones de producción.
Capítulo IX: Reproducción de las relaciones de producción y Revolución.
Capítulo X: El Derecho como aparato ideológico de Estado.
Capítulo XI: La ideología en general.

Antes de empezar deseo prevenir al lector, prevenirlo de algún modo *solemnemente*, a fin de evitar todo desprecio, todo malentendido y todo reproche no fundado, de que el orden de exposición que adopto presenta un grave inconveniente, que ningún otro orden de exposición diferente puede evitar.

En efecto, este tomo I se propone tratar ante todo del modo de funcionamiento de la Superestructura (Estado, aparatos de Estado) como Reproducción de las Relaciones de producción. Ahora bien, es imposible hablar del Estado, del Derecho y de la Ideología sin hacer intervenir la Lucha de clases. En buena lógica, parecería que se hubiera debido adoptar un orden de exposición inverso y comenzar hablando de la Lucha de clases antes de hablar del Estado, del Derecho y de la Ideología. Sin embargo, este segundo orden de exposición tropezaría con la misma dificultad inversa: en

---

[14] En la segunda versión del manuscrito que sirve de base a la presente edición Althusser introdujo un capítulo suplementario. Los números de los capítulos se alteran, por tanto, a partir del capítulo VIII. Véase la nota editorial más arriba. *[N. del E.]*

efecto, es imposible hablar de las clases y de la Lucha de clases sin hablar antes del Estado, del Derecho y de la Ideología. Nos vemos, pues, en un círculo, dado que habría que *hablar de todo al mismo tiempo*. Y por una razón muy simple: en la realidad las cosas de las que queremos tratar van juntas, todas dependen, aunque de una manera muy precisa, la una de la otra, y se burlan completamente de su complejo funcionamiento, de las distinciones que nos vemos obligados a hacer para comprenderlas y, con mayor razón, del *orden de exposición* que adoptamos para explicarlas.

Como lo esencial de lo que tenemos que decir afecta, en cuanto precisiones sobre ciertos puntos limitados, aún inéditas, a la Superestructura, es pues legítimo, porque de todos modos hay que elegir, que elijamos el orden de exposición que presente el máximo de ventajas teóricas y pedagógicas. Porque (de ello se nos podrá convencer en lo que sigue) es también por razones de principio por lo que pensamos que hay que adoptar el orden de exposición que hemos escogido.

La *lucha de clases* intervendrá, pues, constantemente, a partir de un cierto momento, y muy pronto, en nuestro análisis, por toda una serie de efectos que son ininteligibles fuera de su realidad y de su presencia *fuera* de los objetos, pero también dentro de los objetos que analizamos. Sin embargo, como antes –y por una buena razón– no habremos podido presentar ninguna teoría de la lucha de clases, nos veremos forzados a hacer intervenir constantemente sus efectos sin haber expuesto a fondo sus causas.

Esta precisión es tanto más importante cuanto que la lucha de clases *desborda infinitamente, en su realidad, los efectos de la lucha de clases con que nos vamos a encontrar en los objetos analizados en este tomo I*. Este principio lo postulamos nítidamente y de antemano, a fin de que no se nos dirijan reproches que no pueden basarse más que en la inevitable unilateralidad del orden de exposición. De haber escogido el otro orden de exposición (comenzando por hablar de la Lucha de clases antes de hablar del Estado), se podrían hacer exactamente los mismos reproches, pero en sentido inverso. Sobre este punto pedimos, en consecuencia, al lector no su indulgencia, sino su simple comprensión: materialmente no se puede tratar todo a la vez si se quiere poner en la exposición un poco de orden y de claridad.

Dos últimas observaciones.

Nos vamos a esforzar, justamente, por ser tan claros como sea posible.

No obstante, prevenimos a nuestros lectores de que, para no traicionar a nuestro objeto, nos vamos a ver forzados a entrar en explicaciones a veces complejas y que exigen una atención sostenida. No es culpa nuestra. Las dificultades de nuestras explicaciones tienen que ver con la complejidad objetiva de la naturaleza de la filosofía, del Derecho, de sus aparatos y de la ideología.

Rogamos finalmente a nuestros lectores que tomen este libro como lo que es, sin pedirle lo imposible (para nosotros): es un simple ensayo, el inicio de una investigación que, aunque no improvisada, sino reflexionada, no puede, evidentemente, evitar los riesgos de insuficiencia, de aproximación y, por supuesto, de errores que comporta toda investigación. Pedimos una cierta indulgencia para quien corre estos riesgos, pero al mismo tiempo pedimos el auxilio de la crítica más severa, a condición, por supuesto, de que sea una *crítica real,* es decir, seriamente argumentada y convincente, y no un simple juicio sin considerandos.

Última «puesta en guardia», si puedo decirlo: nada de lo que se va a postular aquí debe ser bajo ningún concepto tomado como «palabra de Dios» en el sentido que sea. Marx exigía de sus lectores que «piensen por sí mismos». Esta regla vale para todos los lectores, sea cual sea la calidad del texto que se les proponga.

Louis Althusser

I ¿Qué es la filosofía?

I. Filosofía del sentido común y filosofía

Todo el mundo cree saber espontáneamente qué es la filosofía, y sin embargo la filosofía pasa por ser una actividad misteriosa, difícil e inaccesible al común de los mortales. ¿Cómo explicar esta contradicción?

Examinemos sus términos un poco más de cerca.

Si todo el mundo cree espontáneamente saber qué es la filosofía ello se produce en base a la siguiente convicción: todos los hombres son más o menos *filósofos,* aun cuando no lo sepan (como el señor Jourdain[1]: haciendo prosa sin saberlo).

Esta es la tesis que sostiene el gran teórico marxista italiano Gramsci[2]: «*todo hombre es filósofo*». Y Gramsci da detalles interesantes. Él observa que en el lenguaje popular la expresión «tomarse las cosas con filosofía» designa una actitud que contiene en sí misma una cierta noción de la filosofía ligada a la idea de *necesidad racional*.

---

[1] El señor Jourdain: personaje de la obra teatral de Molière *El burgués gentilhombre*. [N. del T.]

[2] Antonio Gramsci (1891-1937): teórico y político italiano. Militante socialista en su juventud, muy pronto tomó posición contra las interpretaciones reformistas y mecanicistas del marxismo. Vio en la Revolución soviética el modelo de toda revolución y desde 1920 elaboró la doctrina de los consejos (sóviets) de fábrica, primeras células del Estado proletario. Contribuyó a la formación del Partido Comunista italiano (1921), cuya dirección asumió en 1923. Desde su escaño de diputado (1924), intentó, junto con los socialistas, luchar contra el fascismo, y, aunque prestó su adhesión a la mayoría estalinista, trató de evitar las medidas excesivas. Detenido en 1926, prosiguió en la cárcel (donde murió) su obra de teórico del marxismo. Filósofo de la praxis, para él la tarea de los dirigentes y teóricos marxistas consistía en promover entre las masas la ideología revolucionaria frente a la burguesa, en busca de un cambio radical e integral no sólo en la organización práctica, sino en la concepción global del mundo. [N. del T.]

Quien, ante un acontecimiento doloroso, «se toma las cosas con filosofía» es un hombre que toma perspectiva, domina su reacción inmediata y se comporta de manera racional: comprendiendo y admitiendo la *necesidad* del acontecimiento que le afecta.

Por supuesto, dice Gramsci, en esta actitud hay un elemento de pasividad («ser filósofo» es «cultivar el jardín de uno», «no meterse en camisa de once varas», «ocuparse de los asuntos propios»; en suma, la mayor parte de las veces es también resignarse a la necesidad y replegarse sobre esta resignación: sobre la vida privada de uno, interior, sobre sus pequeños quehaceres, esperando que «amaine»). Gramsci no lo niega; pero insiste en el hecho de que esta pasividad contiene, paradójicamente, el reconocimiento de un cierto orden de las cosas necesario, inteligible.

Sin embargo, en la representación popular (y Platón ya lo dijo) se encuentra al mismo tiempo otra idea de la filosofía, encarnada en el personaje del filósofo que vive con la cabeza en las nubes o en la abstracción y que «se cae en los pozos» (en Grecia no había brocales, como entre nosotros) porque tiene los ojos puestos no en la tierra, sino en el cielo de las ideas. Esta misma caricatura, gracias a la cual el «pueblo» puede reírse de los filósofos, es ambigua. Por un lado, representa una crítica irónica del filósofo: un ajuste de cuentas, afectuoso o amargo, a la filosofía. Pero, por otro lado, contiene el reconocimiento del hecho singular de que los filósofos practican una disciplina fuera del alcance de los hombres corrientes, de las personas sencillas del pueblo, y al mismo una disciplina que comporta graves riesgos.

Gramsci tiene solamente en cuenta el primer elemento de la contradicción, pero no el segundo.

No es un buen método cortar las cosas en dos para quedarnos con lo que nos conviene. Debemos tener en cuenta *todos* los elementos de la representación popular de la filosofía.

Parece, pues, que en la expresión popular «tomarse las cosas con filosofía» lo que salta a la vista es ante todo la *resignación* ante lo necesario concebido como lo inevitable («uno espera a que amaine» o a que llegue la muerte: «filosofar es aprender a morir» –Platón–). El reconocimiento de una «necesidad racional» pasa, así, a un segundo plano. Por lo demás, puede ser también una necesidad sin más (cuyas *razones* no se conocen: no es, pues, *racional*), es decir, una fatalidad («no se puede hacer de otro modo»): tal es por lo general el caso. Esta observación es capital.

En primer lugar, porque hace hincapié en la idea *filosofía = resignación*. No se puede decir que esta identidad contenga, de hecho y como a pesar de ella, una idea de la filosofía con valor *crítico*. Efectivamente, mostraremos cómo la inmensa mayoría de las filosofías son formas de la *resignación* o, para ser más precisos, de la *sumisión* a las «ideas de la clase dominante» (Marx), esto es, a la dominación de clase.

Luego, porque contiene de hecho una distinción entre dos tipos completamente diferentes de *filosofía*. Está por una parte la «filosofía» pasiva y resignada de quien «se toma las cosas con filosofía» «cultivando su jardín» y «esperando a que amaine» (a esta «filosofía» la llamaremos *la filosofía del sentido común*). Pero por otra parte está la filosofía *activa* de quien se somete al orden del mundo porque le es familiar mediante la Razón, bien para conocerlo, bien para transformarlo (a esta filosofía la llamaremos la *Filosofía* a secas, escribiendo su nombre con mayúscula). Por ejemplo, un filósofo estoico: es «filósofo» en la medida en que se adapta activamente al orden del Mundo, y este orden racional es racional porque él lo conoce mediante el ejercicio de la Razón. Por ejemplo, el filósofo comunista: es «filósofo» en la medida en que milita para acelerar el advenimiento del socialismo, cuya necesidad histórica él conoce (mediante la razón científica). Diremos que todos los discípulos del estoicismo y todos los militantes comunistas son, a este respecto, *filósofos* en el segundo sentido de la palabra, en el sentido fuerte. «Se toman», si se quiere, «las cosas con filosofía»; pero en su caso esta expresión guarda relación con el conocimiento de la necesidad racional del curso del Mundo o del desarrollo de la Historia. Por supuesto, hay una gran diferencia entre el discípulo de los estoicos y el militante comunista, pero por el momento esta diferencia no nos interesa. Hablaremos de ello a su debido tiempo.

Lo esencial por ahora es darse buena cuenta de que no hay que confundir la filosofía del sentido común, de la que se trata en la expresión popular, con la *Filosofía* en el sentido fuerte del término, la filosofía *«elaborada» por filósofos* (Platón... los estoicos, etc., Marx, Lenin), que puede o no difundirse, o más bien ser difundida, entre las masas populares. Cuando hoy en día se encuentran elementos filosóficos en la representación popular de las grandes masas hay que explicarlos teniendo en cuenta esta *difusión*, pues de lo contrario se pueden confundir con la consciencia popular *espontánea* elementos Filosóficos en el sentido fuerte *«inculcados»* (Lenin, Mao) a las masas por la unión de la teoría marxista y el Movimiento obrero.

A/ Que la Filosofía puede ser algo totalmente diferente de la «filosofía» del sentido común, la representación popular de la Filosofía lo reconoce, por lo demás, explícitamente cuando nos muestra irónicamente al filósofo con la cabeza «en las nubes». Esta ironía, que es un ajuste de cuentas indulgente, irónico o severo con la Filosofía *especulativa*, incapaz de ocuparse de los problemas terrenales, contiene al mismo tiempo un «grano de verdad» (Lenin), a saber, que el verdadero filósofo se «mueve» en «un Mundo distinto» al mundo de la consciencia popular espontánea (digamos, provisionalmente, el mundo de las «Ideas»). El filósofo «sabe» y dice ciertas cosas que los hombres corrientes no saben; debe recorrer las difíciles vías de la abstracción para llegar a este elevado «conocimiento» no *inmediatamente* dado a todos los hombres. En este sentido, no se puede decir que todo hombre es espontáneamente filósofo, a menos de jugar, como hace Gramsci, con el sentido de la palabra «filósofo»: a menos de confundir filosofía del sentido común y Filosofía (a secas).

Volvemos, pues, a nuestra pregunta: *¿qué es la filosofía?* Pero al mismo tiempo advertimos que nuestra primera pregunta ha engendrado otra: ¿qué es la filosofía *del sentido común*?

Para responder a esta doble pregunta vamos a desarrollar por su orden un cierto número de Tesis que nos harán descubrir un cierto número de realidades. Sólo cuando hayamos puesto en su lugar estas realidades podremos volver a nuestras preguntas para darles una respuesta.

II. La filosofía no ha existido siempre

Comencemos por esta sencilla observación: si la filosofía del sentido común, al parecer, ha existido siempre, la Filosofía no ha existido siempre.

Es sabido cómo inicia Lenin su célebre obra sobre el Estado y la Revolución[3]. Lenin señala: el Estado no ha existido siempre. Y añade: la existencia del Estado solamente se observa en *sociedades* que comportan la existencia de *clases sociales.*

Vamos a hacer un comentario del mismo género, pero será un poco más complicado.

Diremos: la Filosofía no ha existido siempre. La existencia de la Filosofía se observa en las sociedades que comportan:

1. la existencia de clases sociales (y por tanto del Estado);
2. la existencia de ciencias (o de una ciencia).

Precisemos: por ciencia entendemos no una lista de conocimientos empíricos (que puede incluso ser muy larga; así, los caldeos y los egipcios conocían una cantidad considerable de recetas técnicas y de resultados matemáticos), sino una disciplina abstracta e ideal (o más bien de las ideas), que proceda por *abstracción y demostraciones:* así, las Matemáticas griegas fundadas por Tales o aquellos designados por este nombre, sin duda mítico.

Si nos atenemos a nuestra observación, parece, efectivamente, que los hechos nos dan la razón. Podemos constatarlo a la vez en el pasado y en el presente.

Es un hecho que la Filosofía tal como la conocemos comenzó para nosotros con *Platón,* en Grecia, en el siglo V antes de nuestra era. Ahora bien, nosotros observamos que la sociedad griega comportaba clases sociales (1.ª condición), y que es poco antes del siglo V cuando la primera ciencia conocida en el mundo, a saber, las Matemáticas, comienza a existir como ciencia (2.ª condición). Estas dos realidades: clases sociales y ciencia matemática (demostrativa), se registran en la Filosofía de Platón y están unidas en esta. Platón había escrito sobre el pórtico de la Escuela en la que

---

[3] Ed. cast.: *El Estado y la revolución,* cit. *[N. del T.]*

enseñaba la Filosofía: «Nadie entre que no sea geómetra». Y se servía de la «proporción geométrica» (en la que se fundamentaba la idea de igualdad proporcional, es decir, de desigualdad) para establecer entre los hombres relaciones de clase concordantes con sus convicciones de aristócrata reaccionario (hay hombres hechos para trabajar y otros para mandar; otros, finalmente, para hacer que impere, sobre los esclavos y los artesanos, el orden de la clase dominante).

Pero no corramos demasiado.

Constatamos, en efecto, este otro hecho. Mucho antes de la Grecia del siglo V existieron otras sociedades de clases; pero no poseían la idea de una ciencia demostrativa y, efectivamente, no tenían la idea de la Filosofía. Ejemplos: Grecia misma antes del siglo V, los grandes Reinos del Oriente Medio, Egipto, etc. Bien parece que para que exista la Filosofía se requieren las dos condiciones que hemos citado: la condición necesaria (la existencia de clases) y la condición suficiente (la existencia de una ciencia).

Se nos objetará: pero antes de Platón había hombres que se decían «filósofos», por ejemplo los Siete Sabios, los «filósofos jonios», etc. A esta objeción responderemos un poco más adelante.

Volvamos a las condiciones que hemos definido y prosigamos nuestras observaciones.

Esta disciplina *sin precedentes* que es la Filosofía, fundada por Platón, no se detuvo con la muerte de Platón. Le sobrevivió en cuanto disciplina, y siempre se han encontrado hombres para practicarla, como si hubiese una necesidad de la existencia de la Filosofía: no solamente existe, sino que se perpetúa de una manera singular, como si *repitiera* algo esencial en sus mismas transformaciones.

Ahora bien, ¿por qué razones ha continuado y se ha transformado, perpetuándose?

Observamos que esta continuación y este desarrollo han tenido lugar en lo que llamamos el «mundo occidental» (relativamente aislado, hasta el capitalismo, de las otras partes del mundo): un mundo en el que las clases y el Estado han seguido existiendo, y donde las ciencias han conocido grandes desarrollos, pero donde la lucha de clases ha conocido también grandes transformaciones.

¿Y qué ha pasado con la Filosofía?

Pues bien, constatamos esto.

III. Conjunciones político-científicas y Filosofías

Observamos que también la Filosofía ha conocido importantes transformaciones. Aristóteles no es lo mismo que Platón, el estoicismo no es lo mismo que Aristóteles, Descartes no es lo mismo que Santo Tomás, Kant no es lo mismo que Descartes, etc. ¿Han tenido lugar estas transformaciones sin razón, sin otra razón que la inspiración de estos grandes autores? O, si se quiere formular la pregunta de otro modo, ¿por qué estos autores han sido *grandes* autores, mientras una multitud de otros filósofos, que han escrito una gran cantidad de libros, se han quedado por así decir en la sombra, sin desempeñar un papel *histórico*?

También ahí, observemos.

Constatamos, tal vez para nuestra sorpresa, que todas las grandes transformaciones en la filosofía intervienen en la historia, *sea* cuando se producen modificaciones notables en las relaciones de clase y en el Estado, *sea* cuando se producen grandes acontecimientos en la historia de las ciencias; con esta precisión: las modificaciones notables en la lucha de clases y los grandes acontecimientos en la historia de las ciencias parecen la mayor parte del tiempo reforzarse en su encuentro para producir efectos relevantes en la Filosofía.

Demos algunos ejemplos, que nos vemos obligados, vistos los rudimentarios datos que hemos aportado hasta aquí, a presentar bajo una forma *sumamente esquemática* (véase la tabla adjunta). La modificaremos ulteriormente, cuando estemos en posesión de otros principios de análisis.

A propósito de la mayoría de los grandes «autores» de la Filosofía podemos en efecto observar, en la coyuntura bajo la cual piensan y escriben, la conjunción de acontecimientos *políticos y científicos* que representan modificaciones importantes de la coyuntura anterior.

Dejamos al lector la tarea de hacer «elocuentes» los elementos contenidos en esta tabla esquemática. Nosotros nos contentaremos con orientarlo mediante simples comentarios también sumamente esquemáticos sobre un solo ejemplo, el de Descartes.

Léase así: la Filosofía de Descartes, que marca un momento capital en la historia de la Filosofía, pues inaugura lo que podemos llamar la «Filosofía moderna», adviene bajo la *conjunción* de modificaciones importantes en las relaciones de clase y el Estado, por una parte, y en la historia de las ciencias, por otra.

En las relaciones de clase: aludimos al desarrollo del derecho burgués, él mismo sancionador del desarrollo de las relaciones mercantiles en el periodo de las manufacturas *bajo* la Monarquía absoluta, forma de Estado nueva que representa una forma estatal de transición entre el Estado feudal y el Estado capitalista.

En la historia de las ciencias: la fundación de la ciencia física por Galileo, que representa el gran acontecimiento científico de los Tiempos Modernos, únicamente comparable, por su importancia, a los otros dos grandes descubrimientos que conocemos, aquel por el cual se fundaron las Matemáticas en el siglo V, y aquel que con Marx iba a establecer las bases de una Ciencia de la Historia a mediados del siglo XIX.

Acontecimientos políticos	Acontecimientos científicos	Autores
Constitución del Imperio macedonio (fin de la ciudad)	Idea de una ciencia biológica[4]	Aristóteles
Constitución del Imperio Romano esclavista Derecho romano	Idea de una nueva física	Los estoicos
Feudalismo + primeros signos de una recuperación del Derecho Romano	Divulgación de los descubrimientos científicos de los árabes	Santo Tomás
Desarrollo de las relaciones jurídicas mercantiles bajo la Monarquía absoluta	Fundación de la Física matemática por Galileo	Descartes
Ascenso de la burguesía Revolución francesa	Reforma de la Física por Newton	Kant
Contradicciones de la Revolución francesa (amenaza del «Cuarto Estado» conjurada por Termidor y Napoleón: el Código Civil)	Primeras gestaciones de una teoría de la Historia	Hegel
Nacimiento, crecimiento y primeras luchas, fracasos y victorias del Movimiento Obrero	Ciencia de la historia fundada por Marx	Marx-Lenin (materialismo dialéctico)
Imperialismo (ascenso de la «pequeña burguesía»)	Axiomatización en Matemáticas. Lógica Matemática	Husserl
Crisis del Imperialismo	Desarrollo de la tecnología	Heidegger
etcétera		

No pretendemos, entiéndasenos bien, que la filosofía de Descartes se pueda *deducir* de la conjunción de estos dos decisivos acontecimientos económico-políticos. Solamente decimos que la *coyuntura* bajo la cual Descartes piensa está *dominada* por esta *conjunción,* que la distingue radicalmente de la coyuntura anterior, por ejemplo aquella bajo la cual los Filósofos italianos del Renacimiento tenían que pensar.

Nos contentamos por el momento con poner la Filosofía de Descartes en relación con esta coyuntura (y esta conjunción). Los que nos interesa en tal coyuntura es esta *conjunción,* que al parecer verifica la doble condición que hemos enunciado

---

[4] A partir del momento en que una ciencia existe (la matemática), se puede considerar que la *idea* de la ciencia extraída de ella puede servir de autorización para construcciones teóricas, aún no científicas, aplicadas a hechos empíricos. De ahí la «idea» de una «ciencia» biológica, que la Filosofía de Aristóteles toma como su autorización. [*N. del A.*]

para comenzar a dar cuenta de lo que puede ser la Filosofía. Por el momento no decimos más[5].

Si los otros ejemplos de nuestra tabla se *leen* así constatamos que las transformaciones de la Filosofía guardan, al parecer, relación con un *juego complejo* pero incontestable entre transformaciones en las relaciones de clase y sus efectos, por una parte, y grandes acontecimientos en la historia de las ciencias, por otra parte. No pedimos más para que se nos conceda que las condiciones de la existencia de la Filosofía que hemos definido son *verosímiles*. Hasta aquí sobre el pasado.

Pero ¿y el presente?

Lo invocamos para hacer aún más verosímil nuestra definición. Porque no aludimos al presente de las únicas sociedades en que existe la Filosofía, sino al presente de las sociedades sin Filosofía.

Pues en nuestro mundo aún existen sociedades o agrupamientos humanos en el seno de los cuales la Filosofía, tal como nosotros la conocemos, no ha llegado nunca a nacer. Por ejemplo, las sociedades llamadas «primitivas», cuyas huellas aún subsisten. Estas no comportan ni clases sociales ni ciencia: ignoran la Filosofía. O bien grandes sociedades en las que aún podemos aislar lo que se les ha aportado desde el exterior, para considerarlas, por así decir, en el estado en el que estaban *antes* de esta importación (importación de ciencias y de Filosofía). Puede pensarse, por ejemplo, en India, y en la China del siglo XIX, y preguntarse si estas sociedades, que comportaban clases sociales (aunque disimuladas en forma de castas, como en India), pero (hasta donde sabemos, salvo error de nuestra parte) *no ciencia,* conocieron lo que nosotros llamamos *filosofías* en sentido estricto.

Se habla sin problemas de la Filosofía hindú y de la Filosofía china. Mas puede que ahí se trate de disciplinas teóricas que no tienen de la Filosofía más que las apariencias y que mejor valdría, sin duda, llamar de otro modo. Después de todo, incluso nosotros poseemos una disciplina teórica, la teología, que aun siendo teórica no es, *en su principio,* una Filosofía. Provisionalmente podemos afirmar que esta cuestión de la naturaleza de la llamada Filosofía hindú o china es del mismo orden que la cuestión de las «filosofías» griegas anteriores a Platón. Ulteriormente intentaremos darle una respuesta.

Para resumir, esto es con lo que nos hemos «encontrado» a partir de esta constatación de *que la filosofía no ha existido siempre:* nos hemos encontrado (empíricamente) con que la existencia de la filosofía y de sus transformaciones parece estar en relación estrecha con la *conjunción* de acontecimientos importantes en las relaciones de clase y del Estado, por una parte, y en la historia de las ciencias, por otra parte.

---

[5] Iremos mucho más lejos, llegado el momento, al final de nuestro estudio. *[N. del A.]*

Que no se nos haga decir lo que no decimos. En el punto al que hemos llegado solamente hemos constatado la existencia de una *relación* entre estas condiciones y la filosofía. *Pero aún no sabemos nada de la naturaleza de esta relación.* Para ver claro en dicha relación nos vamos a ver obligados a postular nuevas tesis, dando un larguísimo rodeo. Este rodeo pasa, como anuncié, por la exposición de los resultados científicos del materialismo histórico, de los que tenemos necesidad para poder producir una definición científica de la filosofía. Y, en primer lugar, por la pregunta: ¿qué es una sociedad?

II ¿Qué es un modo de producción?

Con su descubrimiento, Marx abrió el «continente Historia» al conocimiento científico. Él puso las bases de una teoría que constituye el fundamento de todas las ciencias que tratan de objetos pertenecientes al «continente Historia», no solamente a lo que se llama la historia, la sociología, la geografía humana, la economía, la demografía, sino también a la psicología, la «psicosociología», y en general a las disciplinas llamadas «Ciencias sociales» y, más generalmente aún, a las «Ciencias humanas» mismas. Que estas ciencias Sociales y Humanas no reconozcan en la teoría de Marx el fundamento de su verdadera existencia científica, que persistan en nociones ideológicas que hacen de ellas semiciencias, falsas ciencias o simples técnicas de la adaptación social, se debe a la influencia dominante de la ideología burguesa, que les impide reconocer en Marx al fundador de su verdadera teoría. Dejemos eso.

Lo que nos interesa aquí es que, con su descubrimiento, Marx nos suministró por primera vez los conceptos científicos capaces de hacernos comprensible lo que son las «sociedades humanas» y su historia; es decir, hacernos comprensible su estructura, su subsistencia, su desarrollo, su estancamiento, su degeneración... y las transformaciones de las que han sido escenario.

No es que antes de Marx no se hubiera dicho nada importante sobre la naturaleza de las «sociedades humanas»: por ejemplo, por «filósofos» como Spinoza, Hobbes, Rousseau, etc.; por historiadores (feudales o burgueses) que descubrieron la realidad de la lucha de clases; o por economistas como Smith y Ricardo. Pero todos sus intentos, hasta en sus partes más positivas, seguían dominados por nociones ideológicas, y dependían siempre de una «filosofía de la Historia», explícita o implícita, idealista... y no de una verdadera teoría científica de la historia.

Sobre las «sociedades» humanas.

Señalemos de inmediato que Marx rechazó muy pronto (en su polémica con Proudhon[1], en 1847, en la *Miseria de la filosofía*[2]) la noción de «sociedad», como no científica. De hecho, este término está sobrecargado de resonancias morales, religiosas, jurídicas; en suma, es una noción ideológica que es menester reemplazar por un concepto científico: el concepto de *formación social* (Marx, Lenin).

No se trata de reemplazar simplemente una palabra por otra. El concepto de formación social es un concepto científico en tanto que forma parte de un *sistema teórico* de conceptos completamente ajeno al sistema de nociones ideológicas al que se refiere la noción idealista de «sociedad». No podemos desarrollar ahora este sistema de conceptos, en el cual el concepto de modo de producción desempeña el papel central.

Digamos simplemente, para que nos comprenda todo el mundo, que una formación social designa a toda «sociedad concreta» históricamente existente e *individualizada,* distinta, por tanto, de sus contemporáneas y de su propio pasado por el modo de producción que en ella domina. Es así como se puede hablar de formaciones sociales llamadas «primitivas»[3], de la formación social romana esclavista, de la formación social francesa servilista («feudal»), de la formación social francesa capitalista, de tal formación social «socialista» (en vías de transición hacia el socialismo), etcétera.

Precisamente Marx nos mostró que para comprender cómo funciona una formación social dada y lo que en ella ocurre (incluidas las transformaciones revolucionarias que la hacen pasar de un modo de producción a otro) era menester hacer intervenir el concepto central de *modo de producción*.

---

[1] Pierre-Joseph Proudhon (1809-1865): filósofo y político revolucionario francés. Tras unos primeros escritos en los que abogaba por la abolición sin más de la propiedad privada, pasó a preconizar la atenuación de sus abusos y la conciliación entre la burguesía y el proletariado. Estas ideas, expuestas en *La miseria de la filosofía* (1846), propiciaron la contundente respuesta mencionada por Althusser. En 1848 se opuso a Luis Napoleón Bonaparte, pero tras *La idea general de la revolución en el siglo XIX* (1851), considerada como una de las actas fundacionales del anarquismo, pareció creer en la posibilidad de un acercamiento entre Napoleón III y la causa de la reforma social *(Revolución social demostrada por el golpe de Estado del 2 de diciembre de 1852)*. Padre del anarquismo (al que Bakunin debe mucho), fundador del sistema mutualista, del sindicalismo obrero y del federalismo, su figura aparece a la vez como la de un revolucionario y, según Marx, como «un conservador pequeñoburgués constantemente debatiéndose entre el Trabajo y el Capital, entre la economía política y el comunismo». En la I Internacional, sus partidarios se opusieron a los representantes del socialismo marxista. [N. del T.]

[2] Ed. cast.: *Miseria de la filosofía,* Barcelona, Folio, 2002. [N. del T.]

[3] Cfr. E. Terray: *Le marxisme devant les societés «primitives»,* París, Éditions Maspero, 1968. [N. del A.]

I. Cuatro Tesis clásicas

Recuerdo aquí cuatro Tesis clásicas para mostrar cómo «interviene» este concepto central de modo de producción en la teoría marxista:

1. Toda formación social concreta es el resultado de un modo de producción *dominante*. Lo cual implica de entrada que en toda formación social existe más de un modo de producción: al menos dos, y a veces más[4]. En el conjunto de estos modos de producción, a uno de ellos se lo llama *dominante* y a los otros dominados. Los modos dominados son los que subsisten del pasado de la antigua formación social, o bien *aquel* eventualmente naciente en el presente mismo de la formación social. Esta pluralidad de modos de producción en toda formación social, la dominación actual de un modo de producción sobre los modos en vías de reabsorción o de constitución, permite dar cuenta de la complejidad contradictoria de los hechos empíricos observables en toda formación social concreta, y también de las tendencias contradictorias en ella enfrentadas y traducidas en su historia (sus transformaciones reales, observables en la economía, la política y la ideología).

2. ¿Qué constituye un modo de producción? La *unidad* entre lo que Marx llama las Fuerzas Productivas, por una parte, y las Relaciones de Producción, por otra. Cada modo de producción, sea dominante o dominado, posee, pues, en su unidad, sus Fuerzas Productivas y sus Relaciones de Producción.

¿Cómo pensar esta unidad? Marx habló de «correspondencia» entre las Fuerzas Productivas y las Relaciones de Producción. Ese es un término que sigue siendo descriptivo. La teoría de la muy particular «naturaleza» de la *unidad* entre las Fuerzas Productivas y las Relaciones de producción de un modo de producción determinado aún está por elaborar.

Esta primera teoría exige a su vez la teoría de un problema completamente distinto, con demasiada frecuencia confundido con el primero: la teoría de otra «unidad», totalmente diferente por cuanto necesariamente «contradictoria», entre el modo de producción dominante y el (o los) modo(s) de producción dominados existentes en una formación social dada. Cuando, por ejemplo, se dice que las Relaciones de Producción ya no «corresponden» a las Fuerzas Productivas y que esta contradicción es el motor de toda revolución social[5], no se trata ya, o no solamente

---

[4] ¡En su análisis de la formación social rusa de finales del siglo XIX, Lenin distinguía cuatro! *[N. del A.]*

[5] Véase el célebre prefacio a la *Contribution à la Critique de l'Économie Politique* (1859) de K. Marx, París, Éditions Sociales, 1972 [ed. cast.: *Contribución a la crítica de la economía política*, cit.]. *[N. del A.]*

ya, de la no correspondencia entre las Fuerzas productivas y las Relaciones de Producción de *un* modo de producción dado, sino también, y sin duda esto es lo más frecuente, de la contradicción existente en una formación social sometida a consideración entre, por una parte, *las Fuerzas productivas del conjunto de los modos de producción* existente en la formación social y las Relaciones de producción *del modo de producción entonces dominante,* por otra. Esta distinción es capital, salvo que hablemos a tontas y a locas de «correspondencia» y «no correspondencia», confundiendo dos tipos de unidad muy diferentes: por una parte, la unidad interior a un modo de producción entre sus Fuerzas productivas y sus Relaciones de producción, y por otra la «unidad» (siempre contradictoria) entre los modos de producción dominados y el modo de producción dominante.

3. Si se considera un modo de producción en la unidad Fuerzas Productivas / Relaciones de Producción que lo constituye, esta unidad posee una base material: las Fuerzas Productivas. Pero estas fuerzas productivas no serían nada si no se las pusiese en condiciones de funcionar. Ahora bien, no pueden funcionar más que *en* y *bajo* sus Relaciones de Producción. Lo cual lleva a decir que, sobre la base y *dentro de los límites* de las Fuerzas Productivas existentes, *son las Relaciones de Producción las que desempeñan el papel determinante.* Esta Tesis, que los marxistas no siempre han reconocido, es comentada por el *Capital* entero, así como por toda la obra de Lenin y de Mao. Sobre esta decisiva tesis, véase el *Apéndice del presente volumen.*

4. Esta última Tesis, que concierne al elemento determinante *en* la unidad Fuerzas productivas / Relaciones de producción, esto es, en la «base» o «infraestructura» económica, no se ha de confundir con otra Tesis clásica, que afirma que en otra unidad muy compleja, la que une la Superestructura (Derecho, Estado, Ideologías) a la Infraestructura (unidad de las Fuerzas productivas y de las Relaciones de producción), es la infraestructura la que resulta *«determinante en última instancia».*

La tercera Tesis que acabo de exponer está, pues, ella misma incluida en la presente Tesis. La tercera Tesis puede, por consiguiente, enunciarse así: en la Infraestructura, que determina en última instancia todo lo que ocurre en la Superestructura, en la Infraestructura, es decir, en la unidad Fuerzas productivas / Relaciones de producción, son las Relaciones de producción las que, sobre la base y dentro de los límites materiales de las Fuerzas productivas existentes, resultan determinantes.

Atención aquí.

Basta comparar entre sí estas cuatro Tesis para ver que identificamos prácticamente el modo de producción con la unidad Fuerzas productivas / Relaciones de producción, de modo que ponemos el modo de producción del lado de la Infraestructura.

Para aludir a una cuestión que es objeto de debates teóricos[6] aún no cerrados, diremos que dejamos de lado provisionalmente la cuestión de saber si es menester definitivamente caracterizar un modo de producción «en sentido estricto» *(como hacemos aquí)*, haciendo intervenir solamente sus Fuerzas productivas y sus Relaciones de producción, o si no hay que considerar, por el contrario, que todo modo de producción «induce» o comporta necesariamente su propia Superestructura.

Durante un cierto tiempo, nos hemos decantado por esta última hipótesis. *Provisionalmente* preferimos conservarle al concepto de modo de producción su sentido «estricto» (unidad de las Fuerzas Productivas y de las Relaciones de Producción que son las suyas), considerando, siempre provisionalmente, que la cuestión de la Superestructura depende más bien de la naturaleza de la *formación social* concreta, en la cual se combinan, bajo la dominación de un modo de producción, al menos dos modos de producción. En el estado actual de los conocimientos de los que disponemos, nos parece preferible mantener la presente hipótesis, sin perjuicio de modificarla en caso de necesidad.

II. Las Fuerzas productivas

En lo que sigue consideraremos solamente lo que ocurre en *un* modo de producción.

Como su nombre indica, un modo de producción es una manera, una forma (un modo) de producir... ¿qué? Los bienes materiales indispensables para la existencia material de los hombres, mujeres y niños que viven en una formación social dada.

Una forma de «producir» es una forma de «atacar a la naturaleza», pues es de la naturaleza, y sólo de la naturaleza, de donde toda formación social, que no vive del aire ni de la palabra de Dios, extrae los productos materiales necesarios para su subsistencia (alimentación, abrigo, ropa, etc.), para su estancamiento o para su «desarrollo».

Una forma de atacar a la naturaleza para *arrancarle* bienes de subsistencia (recolección, caza, pesca, extracción de minerales, etc.) o *hacérselos producir* (ganadería, agricultura) no es una disposición de espíritu, un estilo de comportamiento o un estado de ánimo. Es un conjunto de *procesos de trabajo* cuyo sistema constituye el proceso de producción del modo de producción bajo consideración.

Un proceso de trabajo[7] es una serie de operaciones sistemáticamente reguladas, efectuadas por los agentes del proceso de trabajo, que «trabajan» *un objeto de traba-*

---

[6] Su huella se encontrará en Poulantzas y Terray. [*N. del A.*]

[7] Sobre el análisis del proceso de trabajo, véase *Le Capital,* Livre I, tome I, pp. 180-186, París, Éditions Sociales, 1950 [ed. cast.: *El capital,* cit., Libro I, tomo I, pp. 241-252.] [*N. del A.*]

jo (materia bruta, materia prima, animales domésticos, tierra, etc.), empleando para este fin *instrumentos de trabajo* (útiles más o menos elaborados, luego máquinas, etc.), a fin de «transformar» el objeto de trabajo por una parte en *productos* adecuados para satisfacer las necesidades humanas directas (alimentación, ropa, abrigo, etc.), y por otra en *instrumentos de trabajo* destinados a asegurar la prosecución ulterior del proceso de trabajo.

En todo proceso de trabajo, los agentes del proceso deben estar «cualificados», es decir, ser capaces de utilizar bien, según las reglas técnicas propias, los instrumentos de trabajo. Deben, pues, poseer una experiencia técnica, rigurosamente *definida en tanto que exigida* por los instrumentos de trabajo existentes; de otro modo, estos instrumentos serían mal empleados o quedarían sin uso.

Cada generación de individuos encuentra siempre ante sí los instrumentos de trabajo existentes: puede mejorarlos o no. De todas formas, los límites de estas mejoras (o innovaciones) dependen del estado de los instrumentos existentes heredados por dicha generación, que ella misma no ha inventado. El nivel técnico de los agentes de un proceso de trabajo siempre está, pues, *determinado* por la naturaleza de los instrumentos de trabajo y, más en general (véase más abajo), de los *medios de producción* existentes. De ahí la importante Tesis marxista siguiente: en las Fuerzas productivas, en las que los hombres figuran como agentes de los procesos de trabajo, *el elemento determinante* no son los hombres, sino *los medios de producción*. Marx siempre fue taxativo sobre este punto.

Sólo hace 200 años que, bajo el efecto del modo de producción capitalista, se observa una constante revolución en los medios de producción, bajo el efecto del desarrollo de la tecnología, ella misma ligada al desarrollo de las ciencias de la naturaleza. Pero durante milenios las modificaciones en los medios de producción han sido o casi nulas o casi insensibles. Las renovaciones constantes en la tecnología, que son lo propio del modo de producción capitalista[8], comprendidos los espectaculares desarrollos que observamos desde hace 30 años (ante todo la energía atómica y la electrónica), no cambian ni una jota en la Tesis de Marx[9].

---

[8] Marx señaló en muchas ocasiones que una de las características esenciales del modo de producción capitalista, que lo distingue de los modos de producción anteriores, era la «*revolución*» incesante en los medios de producción existentes. De modo que lo que sucede actualmente casa con una tesis clásica de Marx. *[N. del A.]*

[9] Señalo la actualidad inatacable de esta Tesis de Marx en un momento en el que la conjunción de la ola de la interpretación «humanista» del marxismo, por una parte, y del lirismo tecnocrático desbocado que inspira en ciertos marxistas «el impetuoso desarrollo de las ciencias y de las técnicas» los conduce a enunciar tesis que tienden a afirmar la primacía del «hombre» sobre los medios de producción. Tesis acuñadas bajo una fórmula confusa, como: «papel cada vez más determinante de los intelectuales en cuanto miembros del trabajador colectivo en la producción»; o –en la tesis revisionista–

En todo el proceso de trabajo, los agentes del proceso de trabajo trabajan de un modo no cooperativo (pescador o cazador aislado, pequeño productor «independiente»), o bien cooperan. La introducción de la cooperación, y sobre todo de *sus diferentes formas,* depende también en último término del estado de los medios de producción existentes. Con caña o con redecilla, uno puede pescar solo. Pero, cuando se dispone de bous de gran radio de acción y de inmensas redes, la pesca que entonces se practica exige una forma definida de cooperación.

Las relaciones de producción dominantes existentes, y la política que les corresponde, pueden bien imponer, bien permitir formas de cooperación que *con las mismas fuerzas productivas* permitan resultados que las antiguas relaciones de producción y la antigua política hacían imposibles. Por ejemplo, la cooperación del «trabajo forzado» colonial (en grandes plantaciones de los blancos o para la construcción de carreteras y otras obras) permitió, con los mismos instrumentos de producción de antes u otros instrumentos casi igual de rudimentarios, resultados previamente imposibles para las «formaciones sociales» colonizadas. Por ejemplo, la cooperación a muy gran escala practicada en China tras la Revolución, especialmente en las comunas populares, para la construcción de gigantescos diques de tierra (para no poner más que este solo ejemplo), sin cambiar nada en los instrumentos de producción existentes (las pequeñas cestas llevadas en balancín, las azadas y las palas), permitió resultados imposibles e impensables en las formas de la antigua cooperación familiar (de los campesinos individuales) o en la forma de la cooperación sobre la base de una sola aldea.

Señalemos aún simplemente esto: todo proceso de producción de un modo de producción implica *varios* procesos de trabajo que entonces se trata de combinar con cuidado a fin de que la mano de obra requerida según los trabajos (estacionales o no) sea suficiente para asegurar todos los procesos de trabajo requeridos por un mismo modo de producción. Esta sola exigencia implica necesariamente, incluso en formas rudimentarias, una *división del trabajo.*

Para poner un ejemplo sumamente simple: en las formaciones sociales llamadas «primitivas» africanas que todavía sobreviven se observan divisiones del trabajo entre diferentes procesos de trabajo: por su parte, los hombres cazan y construyen las chozas en formas de cooperación reguladas, mientras que a su vez las mujeres cultivan el «huerto» o crían a los pequeños animales de corral, muelen el grano, etc. Se observan también fenómenos de alternancia entre los diferentes procesos de trabajo: los mismos hombres pasan de un proceso a otro según las estaciones.

«la ciencia se ha convertido en una fuerza productiva directa». Tiempo tendremos para explayarnos sobre estas cuestiones de apariencia «teórica». [*N. del A.*]

Este simple ejemplo da una idea de la suma complejidad que reina ya en el proceso de producción de una formación social «primitiva». De donde se sospecha que esta complejidad se hace infinitamente más grande en nuestras «sociedades modernas», altamente industrializadas.

Dejémoslo ahí y volvamos a nuestros conceptos esenciales.

Diremos que las Fuerzas Productivas de un modo de producción están constituidas por la *unidad* de un juego complejo y regulado que pone en escena: *el objeto de trabajo,* la naturaleza, bajo diferentes formas (incluida la «energía natural» que de todas maneras hay siempre que «captar», trátese del simple viento o de una corriente de agua, o utilizar –la gravedad–), pero ante todo la materia prima, pasiva (mineral) o activa (ganado, tierra)[10];

- los *instrumentos de producción;*
- los *agentes de producción* (o fuerza de trabajo).

Marx llama *Medios de Producción* al conjunto objeto de trabajo + instrumentos de trabajo (o de producción). Asimismo, llama *Fuerza de Trabajo* al conjunto de las diferentes formas de gasto de actividad (física u otra) del conjunto de los agentes de los procesos de trabajo; por tanto de los individuos técnicamente aptos para utilizar los Medios de Producción existentes en las formas requeridas de no cooperación o de cooperación.

Recapitulando estos términos, tenemos entonces la famosa ecuación: *Fuerzas Productivas = (Unidad) Medios de Producción + Fuerzas de Trabajo.*

Todo esto para *un* modo de producción dado.

La ventaja teórica de esta ecuación es que hace evidente el conjunto *Medios de Producción,* es decir, los separa del conjunto *Fuerzas de Trabajo,* lo cual es esencial para la comprensión de lo que ocurre en toda «sociedad de clases», por ejemplo en una formación social capitalista, donde los *Medios de producción* no están en posesión de quienes poseen la *Fuerza de Trabajo,* sino de personajes exteriores a los procesos de trabajo: los explotadores capitalistas.

Antes de ir más lejos, señalo al lector, incluidos aquellos que tendrían aclaraciones que proponer, una dificultad teórica de gran trascendencia.

Se habrá comprendido que ya es sumamente importante distinguir bien las Fuerzas productivas propias de *un* modo de producción definido, por una parte, y el *conjunto de las Fuerzas Productivas* existentes en una formación social concreta, por

---

[10] El estatuto del ganado y de la tierra es doble: son a la vez objetos de trabajo (hay que «criar» el ganado y «cultivar» la tierra), pero también y al mismo tiempo especies de «máquinas» que trabajan por su lado con un «objeto de trabajo» que se les proporciona: los pastos o el forraje para el ganado, simientes para la tierra. El doble aspecto del ganado y de la tierra es absolutamente determinante para comprender la naturaleza muy particular de los procesos de trabajo agrícola... y la intervención del concepto de «fertilidad» diferencial de las tierras en la teoría de la renta del suelo (cfr. *Le Capital,* cit., Livre III, tome III [ed. cast.: *El capital,* cit.]. [*N. del A.*]

otra, donde «coexisten», bajo la dominación de un modo de producción, varios modos de producción. El conjunto de estas últimas Fuerzas productivas es el conjunto de las Fuerzas productivas de los diferentes modos de producción que coexisten en esta formación social, bajo la dominación de uno de entre ellos. En este caso, el plural «Fuerzas productivas» parece estar justificado por la pluralidad de los modos de producción, por más que el conjunto de estas Fuerzas Productivas no pueda ser, evidentemente, un simple agregado, una simple adición, sino que debe poseer, en sus contradicciones mismas, una especie de unidad: la que le confiere la dominación del modo de producción predominante sobre los otros. Este es un problema para el cual no tenemos aún una verdadera teoría.

Pero la dificultad central afecta al plural de las «Fuerzas productivas» que son las de *un* modo de producción dado. Hemos, en suma, descrito las Fuerzas productivas, y representado su unidad, bajo la forma de una enumeración y de una adición: objeto de trabajo + instrumentos de producción + fuerza de trabajo[11]. Hegel ya nos había advertido de que una adición no es más que una adición, es decir, para ser muy severos, la ausencia de un concepto o, como decía Spinoza con otro propósito, «el asilo de la ignorancia». Para ser menos severos diremos: el indicio de alguna laguna provisional que será menester rellenar.

Pues nosotros «sentimos» claramente que las Fuerzas productivas puestas en acción en los diferentes procesos de trabajo del proceso de producción de *un* modo de producción no son simplemente, ni de cualquier manera, *adicionadas*. La adición es la constatación de una observación que «hace la cuenta», de la cual ciertamente hay que partir, pero en la que no nos podemos quedar. Sospechamos que lo que describimos como una adición no es un agregado al azar, sino una combinación específica que posee, para cada modo de producción, una *unidad específica* que fundamenta justamente la posibilidad material de esta combinación, de esta *conjunción* que nosotros captamos empíricamente bajo la forma de la descomposición de elementos que *adicionamos*. En el rango de las cuestiones teóricas importantes por elucidar hay, pues, que incluir la cuestión de la unidad típica que organiza en formas específicas, para cada modo de producción, sus Fuerzas Productivas[12].

---

[11] Esta forma enumerativa se encuentra en Stalin: *Matérialisme dialectique et matérialisme historique*, París, Éditions Sociales, 1955 [ed. cast.: *Sobre el materialismo dialéctico y el materialismo histórico*, cit.]. [*N. del A.*]

[12] En *Lire le Capital*, tomo II de la pequeña colección Maspéro [ed. cast.: *Para leer El capital*, México, Siglo XXI, 1972], É. Balibar ha emprendido esta investigación para el paso de la manufactura a la gran industria. A los que lo hayan leído o lo lean señalo que lo que aporta, aunque conforme al espíritu del *Capital, no está en el Capital*: es una «contribución» original y fecunda. No es inútil recordarlo para distinguir a los que hacen el esfuerzo, arriesgado, de *buscar*, de los que se contentan con *repetir* lo que deben a otros, a fin de evitarse «pensar por ellos mismos». [*N. del A.*]

Resulte lo que resulte de esta última dificultad, al hacer intervenir el concepto de Fuerzas Productivas comenzamos a ver un poco claro en uno de los dos elementos del modo de producción. Después de todo, esos son hechos que todo el mundo puede, con un poco de espíritu de observación y de método, si no descubrir, al menos reconocer. No es sobre ello sobre lo que se entablará con Marx una disputa mínimamente seria. La inmensa mayoría de los «especialistas» (los «Economistas») se mostrarán de acuerdo, aunque diciendo que todo eso cae por su propio peso, e incluso añadirán: «Nosotros hemos comprendido lo que es un modo de producción: fuerzas productivas puestas en acción por agentes especializados en procesos de trabajo».

Un buen número de entre ellos extraerán la conclusión de que 1/ Marx no inventó nada nuevo, pues todo eso salta a la vista (sin sospechar que esto salta a la vista desde Marx), pero sobre todo 2/ que en todo eso no tenemos que ver más que con la pura y simple *técnica,* técnica material (útiles, máquinas); formación técnica de la mano de obra; organización técnica de los procesos de trabajo. Y se sentirán reconfortados en su tendencia «espontánea», tecnicista o tecnocrática. Y como, por desgracia, ciertos marxistas les acompañan en este asunto, todo será para ellos lo mejor en el mejor de los mundos (burgueses).

En verdad, han de ser rebatidos en toda la línea: las Fuerzas productivas no bastan para dar cuenta de un modo de producción, pues no son más que *un* elemento suyo, estando el otro representado por las Relaciones de Producción.

Marx nos mostró, en efecto, en *El capital* (y Lenin en toda su obra) que la puesta en acción de las Fuerzas productivas (Medios de producción + Fuerza de trabajo) era ininteligible si no se comprendía que tiene lugar bajo Relaciones de Producción definidas que desempeñan el papel determinante en la unidad Fuerzas Productivas / Relaciones de producción.

III. Las relaciones de producción

¿Qué son las relaciones de producción?

Son relaciones de un tipo muy particular, que existen sea (Sociedades sin clases) entre los agentes de la producción cuando todos los miembros de una formación social son agentes de la producción, sea (Sociedades de clases) entre, por una parte, los agentes de la producción y, por otra, otros personajes *que no son agentes de la producción* y que sin embargo intervienen en la producción.

Estos personajes *detentan* los medios de producción y *se apropian* sin «contrapartida» de una parte de los productos del trabajo de los agentes de la producción: una parte del Sobre-trabajo. Se encuentran, pues, *por así decir,* en los «extremos» del proceso de producción, puesto que *detentan* la propiedad de los medios de producción *antes* del proceso de producción y puesto que tras este proceso se *apropian* de su producto, del cual ceden *una parte* solamente a los agentes de la producción para que estos puedan vivir y reproducirse. El resto (que es, en el régimen capitalista, la plusvalía) lo guardan para sí.

Por supuesto, todo este resto no lo «consumen» en festines u otras fantasías personales. *Una parte* de este resto (= del sobretrabajo) se ven obligados a dedicarla a la renovación proporcional de los medios de producción, pues los medios de producción se agotan (una mina) o se deterioran (los útiles, las máquinas)[13]. Y si los que detentan los medios de producción no procuraran renovarlos, un buen día acabarían por no poseer medios de producción en absoluto y se verían obligados a descender al nivel de aquellos individuos que no tienen otra cosa que vender que sus brazos, cuando no sus cuerpos. (En Balzac y Zola se pueden encontrar historias de hijos de buena familia que se «comen» la fortuna paterna y acaban como asalariados en la que fue su propia fábrica, o en el arroyo.)

Podemos, pues, en el punto al que acabamos de llegar, definir, en las Sociedades de clase, las relaciones de producción como relaciones de *reparto* unilateral de los medios de producción entre quienes los detentan, por una parte, y los desprovistos de ellos, por otra, donde este reparto de los medios de producción determina el reparto de los productos.

Pero aquí debemos prestar mucha atención.

Pues podemos, en efecto, sentirnos tentados a pensar que hay personas que detentan los medios de producción y otras desprovistas de estos. Cuestión de *«propiedad»*. ¿Y después? ¿Qué cambia eso en el proceso de trabajo, por ejemplo del acero y, de una manera general, en la puesta en acción de las fuerzas productivas? Se nos ha explicado que estos personajes que detentan los medios de producción y acaparan el sobre-trabajo están *«por así decir» en los dos extremos del proceso: antes y después*. Pero el proceso de producción sigue siendo lo que es: puesta en acción de las fuerzas productivas y punto. Una vez más, nuestros «Economistas» concluirán: Proceso de producción = Reino de la *técnica,* repitiendo[14] los «asuntos de propiedad» de esto o aquello en un segundo plano.

Justamente: nosotros hemos escrito que estos personajes están, «por así decir», en los dos extremos del proceso de producción. Tomando las cosas en su pura apariencia, nuestros «economistas» (incluso «marxistas») tienen razón: la posesión o no posesión de los medios de producción es simplemente cláusula *jurídica,* un asunto

---

[13] Las máquinas no se deterioran sólo «material», sino también «históricamente» cuando son superadas por nuevas máquinas, más perfeccionadas, producidas por los progresos de la tecnología. [N. del A.]

[14] Repitiendo [*répétant*]: ¿relegando? [N. del T.]

de «*propiedad*». «*Yo*», dice el capitalista, «poseo la propiedad de los medios de producción y, por vía de consecuencia jurídica (véase el Código Civil), poseo también la propiedad de los productos... con libertad para ceder una parte de ellos a mis obreros en forma de salario, como es por lo demás "normal", a cambio de su "trabajo"». Pero nosotros hemos escrito: «por así decir». Una forma de sugerir que no es cierto. Ahora podemos mostrar por qué.

Las relaciones de producción capitalistas son las relaciones de la explotación capitalista.

Para mostrarlo, a partir de ahora nos vamos a limitar al análisis de lo que sucede en el modo de producción capitalista, muy precisamente en una formación social como la Francia contemporánea (estamos en 1969), dominada por el modo de producción capitalista.

Que el modo de producción capitalista sea ahí dominante significa que en Francia aún existen elementos de uno o varios modos de producción anteriores; en este caso hablaremos de «sectores» en los que subsisten elementos de descomposición del modo de producción «servilista» o feudal: en primer lugar, la gran propiedad terrateniente (fundamento de la renta del suelo)[15], luego los «pequeños productores independientes», artesanos urbanos o rurales (las llamadas pequeñas explotaciones familiares), etcétera.

Pero el modo de producción capitalista domina estas formas arcaicas no solamente por la transformación de la renta del suelo «natural» en renta del suelo capitalista, sino por la dominación casi total del mercado capitalista sobre los «pequeños productores independientes» que subsisten.

En cuanto a las cooperativas de compraventa o de producción (estas últimas rarísimas), forman incontestablemente parte del modo de producción capitalista, y no son «la anticipación» directa del modo de producción socialista más que en el espíritu de algunos utopistas rezagados o de algunos oportunistas.

Que la Francia de 1969 sea una formación social dominada por el modo de *producción* capitalista significa que la producción (de bienes socialmente útiles, o valores de uso, puestos en el mercado como mercancías, o valor de cambio, por tanto la producción real y efectiva de objetos de utilidad social real) tiene lugar bajo Relaciones de producción capitalistas.

---

[15] Recuerdo que, en efecto, esta «supervivencia» (= la «clase» de los grandes propietarios terratenientes) no depende del modo de producción capitalista.

Se sabe que Lenin sostuvo además la tesis («imaginaria» pero teóricamente interesante) de que en una formación capitalista «pura» (sin residuos del modo de producción «feudal») la tierra podría o incluso debería ser... «nacionalizada», esto es, propiedad del Estado, el cual la arrendaría (según una «renta» puramente capitalista, es decir, según una renta diferencial liberada de la renta absoluta) a empresarios-agricultores capitalistas. [*N. del A.*]

Ahora bien, estas relaciones de producción capitalistas son al mismo tiempo las relaciones mismas de *la explotación* capitalista. Dentro de un instante veremos que hay que ir aún más lejos.

Atención aquí. No se trata de confundirlo todo y, en cuanto se ha comprendido que la producción capitalista era al mismo tiempo la explotación capitalista, se pasa de tapadillo la producción para sólo tomar en consideración la explotación.

El modo de producción capitalista tiene, entre otros, el efecto de *producir* realmente objetos de utilidad social que se consumen sea «individual» o «colectivamente»[16] (pan, azúcar, automóviles, aparatos de radio, aviones, y también... armas), sea «productivamente» (medios de producción). Todo modo de producción, en toda formación social, comporte esta o no clases sociales, tiene, entre otros, este efecto material de base. Y, bajo este aspecto, en función de la tecnología existente, actualmente internacional[17], el trigo «soviético» o chino es *trigo* cabal, idéntico al trigo «capitalista», y un automóvil «soviético» o «chino» es cabalmente idéntico a un automóvil «capitalista», sencillamente porque las categorías sociales y políticas (socialista, capitalista) no se aplican a los objetos de utilidad social, ni siquiera a los Medios de producción. Por supuesto, los que quieren suprimir toda diferencia entre los regímenes sociales invocan el carácter internacional (en tanto que físico) de los productos de utilidad social (de la inmensa mayoría de ellos) y de la tecnología para fundamentar sus teorías de las «sociedades industriales» u otras patrañas.

Podemos incluso hacerles el favor de darles, gratuita y aparentemente, un argumento complementario, diciendo que efectivamente todo proceso de trabajo idéntico, o incluso todo proceso de trabajo en general, con independencia del modo de producción o «régimen» bajo el que se produzca, presenta sus elementos inmutables: objeto de trabajo, instrumentos de trabajo, fuerza de trabajo. Aquí la imaginación de nuestros utopistas, apologetas del neocapitalismo o reformistas se pone en marcha y nos promete el oro y el moro (bien el fin de las clases, bien el comunismo) cuando la automatización se generalice... pues suprimirá, «por así decir», casi toda intervención de la *Fuerza de trabajo*... esto es, ¡su explotación!

Seamos serios. Si el modo de producción capitalista produce objetos de utilidad social cabales, no los produce sino bajo relaciones de producción muy particulares (hemos visto brevemente cuáles, de una forma muy provisional), que al mismo tiempo hacen de ellas relaciones de *explotación*. Es cierto de toda sociedad de clases,

---

[16] Hago notar asimismo que *El capital* no contiene ni la teoría de la unidad de producción ni la teoría de la unidad de consumo. Estas están por elaborar. [N. del A.]

[17] No siempre lo ha sido. Se volvió internacional tras la constitución del «*mercado mundial*» o de la «historia universal», que en verdad sólo data de la constitución del modo de producción capitalista. [N. del A.]

pero estas relaciones de explotación adoptan una forma específica en las formaciones sociales capitalistas.

He aquí en qué las relaciones de producción capitalistas son relaciones de la explotación capitalista. En principio, esto se traduce muy concretamente de la manera siguiente.

Los Medios de producción: la materia prima tratada en una fábrica, sus edificios, sus instrumentos de producción (máquinas), etc., pertenecen exclusivamente a un propietario capitalista (o a una Sociedad anónima, eso no cambia nada en el asunto). Que el propietario capitalista dirija el proceso de producción de su empresa en persona, como su «director de orquesta» (Marx), o delegue esta función en un Director tampoco cambia nada en el asunto.

En cambio, la *Fuerza de trabajo* pertenece en cada una de sus parcelas a un número muy elevado de individuos que no poseen ningún medio de producción, sino solamente su «fuerza de trabajo» personal, diversamente cualificada, cuyo uso venden por un tiempo determinado al propietario de los Medios de producción. Se les contrata por una jornada, por una semana y, en ciertos casos, por un mes, a cambio de un salario. Como ha mostrado Marx, los asalariados siempre *adelantan* el uso de su fuerza de trabajo, pues se les paga *al final* de la jornada, de la semana o del mes. Entre los asalariados figuran diferentes categorías de «personal»: en la base, los operarios, los obreros especializados, luego los obreros profesionales, luego los técnicos, de nivel más o menos elevado, cuadros de diversos órdenes, luego ingenieros de producción, y directores diversos. Además, un personal de oficina (mecanógrafos, contables, etcétera)[18].

Como todo el mundo sabe, la «producción» real no puede tener lugar más que cuando los Medios de producción (que no «trabajan» solos) son puestos en relación con –y en acción por– la Fuerza de trabajo, a saber, los trabajadores *asalariados*. Pero justamente esta puesta en contacto de los Medios de producción, que no les pertenecen, sino que pertenecen a su propietario capitalista, con los obreros asalariados, la cual permite que la producción material tenga lugar, esta puesta en contacto tiene lugar en un régimen capitalista, y no tiene lugar más que bajo estas relaciones

---

[18] Dejo aquí de lado dos cuestiones actualmente «a la orden del día» –¡y por buenas razones!–: la de la diferencia entre trabajadores productivos y trabajadores improductivos, y la del «Trabajador colectivo». Este último concepto de «Trabajador colectivo» hace correr actualmente tanta tinta que hace «germinar la esperanza». Señalo que para poner en juego el concepto de trabajador colectivo desde un punto de vista teórico conveniente hay que acoplarle un concepto inédito que sugiero a la reflexión de los amantes del «Trabajador colectivo», el concepto de «Explotador colectivo», que porta un nombre conocido en Marx mismo: *los detentadores y los agentes o auxiliares, directos o indirectos, del capital*. [N. del A.]

de posesión de los Medios de producción por una parte y de no posesión de los mismos medios de producción por otra parte (no poseyendo los no posesores de los Medios de producción más que su fuerza de trabajo individual), *las cuales convierten ipso facto las relaciones de producción capitalistas en relaciones de explotación.*

Hemos visto dónde residía (es el gran descubrimiento de Marx) esta explotación: en el valor cedido por el capitalista al trabajador «libre» a cambio de la compra del uso de su fuerza de trabajo. El capitalista no cede (por contrato) a su asalariado más que su salario, es decir, una *parte* solamente del valor producido por el trabajo del asalariado. El capitalista posee jurídicamente todos los productos, cuyo valor representa: 1/ el valor de las mercancías gastadas, como materia prima, desgaste de las máquinas, etc., en la producción asegurada por el trabajador; y 2/ un sobre-producto él mismo dividido (desigualmente) en dos porciones, el salario cedido al trabajador por una parte y la «plusvalía» arrebatada al trabajador por otra parte, que el capitalista se lleva sin otra forma de proceso. Y «todo el mundo está contento», dice el capitalista, pues él ha «arriesgado» su capital y es menester que se lleve un «beneficio» que pague su... «riesgo», así como el trabajo del obrero se ha pagado a «su valor».

La desgracia para este «razonamiento», que Marx hizo añicos, es que: 1/ ninguna categoría jurídica u otra puede registrar la «necesidad» de dar a quien tiene la suerte de poseer un capital un beneficio «a cambio... del riesgo» que ha corrido y que por lo general no corre en absoluto; y 2/ el valor cedido al trabajador individual en forma de salario no representa para nada el «valor de su trabajo», sino solamente el valor necesario para la reproducción de su fuerza de trabajo individual, valor que no tiene nada que ver con el «valor del trabajo», el cual por lo demás carece, propiamente hablando, de todo sentido teórico[19].

He ahí por qué las relaciones de producción capitalistas que aseguran la producción real de los valores de uso (o productos de utilidad social) aseguran al mismo tiempo, inexorablemente, la explotación de la Fuerza de trabajo por el Capital. He ahí por qué las relaciones de la producción capitalista son al mismo tiempo las de la explotación capitalista.

A lo cual hay que añadir un factor que pertenece exclusivamente al régimen capitalista.

Una cierta cantidad de lectores se mostrarán de acuerdo con la realidad del análisis que se acaba de presentar. Pero añadirán: vale, el modo de producción capita-

---

[19] El trabajo, cuya «cantidad» sirve para medir-comparar los valores de los productos, no puede, por definición, «tener valor». (Marx) [logaritmo amarillo][a] *[N. del A.]* – [a] Logaritmo amarillo: expresión con la que Marx llamaba a algo irracional, un absurdo teórico, una contradicción en los términos, como hablar del «precio del trabajo» (cfr. *El capital,* ed. cast. cit., Libro III, tomo III, p. 270). *[N. del T.]*

lista es cabalmente un modo de producción que produce objetos de utilidad social, pero *con motivo* de esta producción el capitalista se las arregla para sustraer a los trabajadores la plusvalía. En suma, el capitalista sería un hombre lo bastante maligno para «hacer su agosto» con la producción real de los objetos de utilidad social requeridos por las necesidades «de los hombres».

Mas no lo es para nada. Marx mostró que, al contrario que la mayor parte de los modos de producción anteriores, para los cuales esta explicación es tal vez válida, el capitalismo es un modo de producción que tiene por objetivo n.º 1 no la producción de los objetos de producción social, sino la producción de la plusvalía y la producción del capital mismo. Esto es lo que expresa la expresión corriente: el motor del régimen capitalista es la «búsqueda del beneficio». Hay que decir más rigurosamente: el motor del capitalismo es la producción de la plusvalía *por medio* de la producción de los objetos de utilidad social, es el acrecentamiento *ininterrumpido, por tanto ampliado*[20], de la explotación *por medio* de la producción.

En el modo de producción capitalista, la producción de los objetos de utilidad social está enteramente subordinada a la «producción» de la plusvalía, es decir, a la producción ampliada del capital, a lo que Marx llama «la puesta en valor del valor». Los bienes de utilidad social (los «valores de uso») el modo de producción capitalista los produce, ciertamente, pero no los produce en cuanto objetos de utilidad social, destinados a este «fin» aparentemente primordial: satisfacer las necesidades sociales. Los produce en cuanto mercancías, producidas por la compra de esa mercancía que es la fuerza de trabajo, con un solo y único fin: «producir», es decir, arrebatar la plusvalía a los obreros, por el juego desigual entre estos dos valores: el valor del sobre-producto y el valor del salario.

En unos tiempos en los que tanto los ideólogos del neocapitalismo como los neoanarquistas pasan de tapadillo la explotación, los primeros defendiendo la idea de que ya no hay economía capitalista, sino una «Economía de los servicios», los segundos declarando que la esencia de la explotación es la represión, hay que recordar esta verdad que Marx sacó a la luz. Todo lo que ocurre en una formación social capitalista, comprendidas las formas de la represión de Estado de las que se acompaña (y veremos cuáles y por qué), *está enraizado en la base material de las relaciones de producción capitalistas, que son las relaciones de la explotación capitalista, y en un sistema de explotación en el que la producción misma está subordinada a la explotación y por tanto a la producción ampliada del capital.*

Pero antes de llegar a estas famosas formas de represión de Estado hay que ver de más cerca, siquiera en algunos ejemplos limitados, cómo esta primacía de las re-

---

[20] El término «ampliación» desempeña un papel absolutamente esencial en la teoría del modo de producción capitalista. Tendremos ocasión de verificarlo. *[N. del A.]*

laciones de explotación capitalistas se expresa y se ejerce en las formas mismas, incluidas las formas técnicas, de la producción capitalista.

IV. La división social es la realidad de la división «técnica» del trabajo: producción, explotación y lucha de clases en la producción

La tesis que vamos a defender es completamente clásica, y sus fundamentos se pueden encontrar por doquier en el *Capital* de Marx y en la obra de Lenin y de sus continuadores. Esta es.

1/ Las relaciones de producción determinan radicalmente *todas* las relaciones aparentemente «*técnicas*» de la división y de la organización del trabajo.

2/ En virtud de lo antedicho, siendo las relaciones de producción las relaciones de la explotación capitalista, las relaciones de la explotación capitalista determinan radicalmente, no en general e indistintamente, sino *bajo formas específicas,* todas las relaciones aparentemente «técnicas» que intervienen en la producción material misma.

Dicho de otro modo, las relaciones de explotación no se traducen solamente en la extorsión de la plusvalía, consagrada por el salario y todos los efectos de la economía de mercado. Es en el salario donde la explotación ejerce su efecto número uno, pero ejerce otros efectos específicos en la práctica de la producción misma, bajo el disfraz de la división del trabajo.

Para patentizar la existencia de algunos de estos efectos, recientemente[21] hemos introducido, en un sentido diferente del sentido en que Marx lo emplea, el concepto de *división social* del trabajo, oponiéndolo a la división técnica del trabajo. En efecto, en el *Capital* Marx emplea el término «*división social del trabajo»* para designar lo que nosotros proponemos llamar la división del trabajo social, a saber, la división de la producción social entre diferentes ramas de la industria. Por la comodidad del término, que nos parece muy «elocuente», proponemos mantener la innovación terminológica que hemos introducido, y designaremos, pues, por *división social* del trabajo el efecto de las relaciones de producción en cuanto relaciones de explotación en el seno mismo del proceso de producción. Nuestro «adversario» es una vez más el mismo: la ideología tecnicista-tecnocrática, que podemos caracterizar llamándola *«economista».* Hemos visto que todo modo de producción pone en acción una combinación de procesos de trabajo que exigen que ciertas operaciones

---

[21] En un artículo en la *Nouvelle Critique,* «Problèmes étudiants» [«Problemas estudiantiles»], n.º 152, enero de 1964 [pp. 80-111; ed. cast.: *Documentos Políticos,* n.º 74 (Bogotá, 1968), pp. 56-91], del cual rectificamos aquí la tendencia «tecnicista» y «teoricista» que marcaba algunos de sus desarrollos. [*N. del A.]*

definidas las lleven a cabo agentes cualificados, en un orden rigurosamente definido y en formas rigurosamente definidas. Lo cual implica, para cada proceso de trabajo, una división técnica en diferentes *puestos* definidos y una organización, esto es, una dirección de la organización de la división del trabajo definida. Eso para cada proceso de trabajo; con mayor razón cuando un proceso de producción comprende, como es siempre el caso, un número elevado de procesos de trabajo.

De ahí, nuestros buenos «economistas» extraen inmediatamente una conclusión sencillísima, a saber, que en el proceso de producción no ocurren más que fenómenos *puramente técnicos:* división puramente técnica del trabajo, organización puramente técnica del trabajo y dirección puramente técnica del trabajo. Invocarán las exigencias mismas de la producción, y dirán que, a fin de asegurar la producción, es menester que haya división, organización y dirección del trabajo; que es menester, por consiguiente, que haya «trabajadores manuales» y «trabajadores intelectuales», es decir, por un lado obreros y técnicos de diversas cualificaciones, y por el otro toda la jerarquía de los directores, administradores, ingenieros, técnicos superiores y cuadros. Estas son «evidencias cegadoras». ¿No lo ha reconocido el mismo Marx? Son menester jefes de taller y un director de orquesta para organizar la división del trabajo y dirigir esta organización. A lo cual nuestros buenos «economistas» añaden que basta con «humanizar» las relaciones entre cuadros, ingenieros y directores, por una parte, y obreros por la otra, en la empresa. Prueba cotidiana de que la ideología «economista» y la ideología «humanista» son los dos rostros de una y la misma ideología: basta con leer a Louis Armand[22] o a Bloch-Laîné[23].

Ahora bien, toda la obra de Marx es un comentario de esto, y toda la experiencia práctica –la ruda y despiadada experiencia cotidiana que los obreros extraen de las relaciones reales que dominan y regulan la división y la organización «técnicas» del trabajo– constituye la prueba, a saber, que estas «evidencias» de la división, de la organización y de la dirección puramente técnicas del trabajo son una pura y simple ilusión; peor aún, una pura y simple impostura, utilizada a fondo por la lucha de clases capitalista contra la lucha de clases obrera, a fin de mantener a los obreros en su condición de explotados[24].

---

[22] Louis Armand (1905-1971): ingeniero y administrador francés. Fue presidente de la SNCF (Sociedad Nacional de Ferrocarriles) entre 1955 y 1958 y del Euratom (agencia atómica europea) en 1958-1959. Se le debe la puesta a punto del tratamiento integral de las aguas de alimentación de las calderas. *[N. del T.]*

[23] François Bloch-Laîné (1912-2002): economista francés. Fue inspector de Hacienda (1936), director de la Caisse des Dépôts et Consignations [Caja de Depósitos y Consignaciones] y presidente del banco Crédit Lyonnais [Crédito Lionés] (1967). *[N. del T.]*

[24] Que ingenieros, incluso jóvenes, formados académicamente por la inyección de una alta dosis de ideología «economista-humanista», «vivan» realmente (para ellos), incluso con la mejor voluntad de

Es, en efecto, en la producción misma donde está arraigada, puesto que está presente en ella a cada instante, la lucha de clases inexorable entre explotadores y explotados.

En este nivel, el argumento número uno de la lucha de clase capitalista consiste en la impostura ideológica de la naturaleza «puramente técnica» de la división, de la organización y de la dirección del trabajo. Ahora bien, nosotros defendemos, con Marx, lo contrario de esta mistificación y declaramos que todas las formas en las que se ejercen las funciones presuntamente «técnicas» de la división del trabajo son el efecto directo e indirecto de las relaciones de producción dominantes, aquí y ahora de las relaciones de producción capitalistas. En virtud de lo cual afirmamos que toda división técnica del trabajo es en realidad una *división social del trabajo*. En cuanto marxistas debemos considerar que todo argumento o toda presentación de las formas actuales de la división del trabajo como puramente técnicas se han de recusar y denunciar como puros y simples argumentos de la lucha de clase capitalista.

Para probarlo, me contentaré con desarrollar tres puntos.

1/ Todo proceso de producción implica la existencia de varios procesos de trabajo, esto es, de un número definido de puestos de trabajo cualificado, incluidos puestos necesarios para la organización, la coordinación y la dirección del proceso de producción. Es en última instancia el estado de los medios de producción, ante todo la unidad tecnológica objeto de trabajo-instrumentos de trabajo[25], la que determina la definición de estos puestos.

Ahora bien, en nuestra sociedad de clases capitalista estos puestos se proveen sobre la base de una división de clases implacable e insuperable. Los puestos del «trabajo manual» obrero y ciertos puestos de técnicos y de cuadros bajos (capataces y, si acaso, jefes de talleres) son *ocupados vitaliciamente* por miembros de la clase obrera. Los otros puestos, de organización un poco superior, luego de «concepción» y de dirección parcial del proceso de trabajo, son monopolizados por miembros de otras capas sociales, ingenieros y técnicos, cuadros medios y superiores. Finalmente, los puestos más importantes lo son por los capitalistas mismos o sus representantes directos.

«hacerlo bien», su condición y su trabajo como *puramente técnicos* no cambia nada en este asunto. Formados por sus escuelas en una ideología que, casualmente (no siempre es el caso, razón por la cual se producen «fricciones» que con ayuda de las «circunstancias» –Mayo, por ejemplo– pueden llegar bastante lejos), impera en la empresa en la que están empleados, ¿cómo se quiere que no «vivan» su ideología como si fuera la «naturaleza de las cosas»? Son menester fenomenales experiencias para desengañarlos, suponiendo que tengan deseos de serlo a falta de interés. [*N. del A.*]

[25] Cfr. la demostración de Balibar, *Lire le Capital*, tomo II, pequeña colección Maspéro [ed. cast.: cit., pp. 217-333]. [*N. del A.*]

La división en clases sociales está, pues, presente en la división, la organización y la dirección del proceso de producción, *por la distribución de los puestos en función de la pertenencia de clase* (y la «formación» escolar más o menos «corta» o larga correspondiente) de los individuos que los ocupan.

Que la mayoría de estos individuos, ingenieros, cuadros superiores e incluso Directores, sean cada vez más simples asalariados[26] no cambia nada en el asunto. Entre los asalariados existen diferencias de clase, pues no es el origen de la renta lo que determina la pertenencia de clase[27]. Que esta división en clases ejerce estos efectos implacables en la división del trabajo se manifiesta de modo palmario en el hecho de que sólo algunos *raros* obreros llegan a subir algunos peldaños, a cualificarse un poco mejor gracias a esfuerzos muy arduos… pero el obrero que se convierte en ingeniero y, con mayor razón, en director es en nuestra sociedad una pieza de museo que se exhibe para hacer creer en la «posibilidad» de lo imposible, para hacer creer que las clases sociales no existen y que cuando uno nace obrero puede «elevarse por encima de su clase».

La inmensa mayoría de los obreros son obreros *vitalicios*. La inversa es aún más cierta: jamás un ingeniero ni un cuadro superior «desciende» a la condición obrera, salvo (¡límite rarísimo y ni aun así!) en los casos de crisis económicas catastróficas. Una línea de demarcación de clase inexorable separa completamente dos categorías de hombres: la división «técnica» del trabajo es simplemente la máscara del «aparcamiento» de los unos en la condición obrera, y de la posibilidad para los otros bien de altos puestos inmediatamente atribuidos, bien de «carreras» bastante o (muy) ampliamente abiertas[28].

---

[26] «Simples asalariados». Incluso en este respecto habría que ver la cosa más de cerca. La renta de un ingeniero le permite, por ejemplo, «colocar sus ahorros» en bolsa, por no mencionar más que este caso. Entonces ya no es, desde el punto de vista de sus rentas, «un simple asalariado», sino que participa en la redistribución de la especulación sobre la plusvalía, en la explotación capitalista. [*N. del A.*]

[27] Las últimas líneas del *Capital,* por desgracia interrumpidas, lo prueban. [*N. del A.*]

[28] Señalo aquí una ilusión sumamente tenaz y nociva desde el punto de vista teórico y político. Lo que sucede en una empresa (puesto que de ella tomamos aquí el ejemplo) no es nunca más que un *efecto* de lo que sucede en el sistema capitalista tomado en su conjunto, esto es, un efecto que, en ciertos casos, puede ser propiamente hablando *indescifrable* en el nivel de la sola empresa. Es el caso mismo de la «distribución-aparcamiento» que denunciamos aquí. Un ingeniero cualquiera dirá: «¿Y qué? Si necesito un fresador, pongo un anuncio. Se presenta un fresador. Lo contrato. ¿Es culpa mía si no es más que fresador?». Tomado al pie de la letra y dentro de sus límites, esto no es «falso». Pero justamente las «capacidades», es decir, la no cualificación o la cualificación, *no son cosa de la empresa,* tomada en sí misma, sino de un sistema exterior a la empresa, el sistema escolar que «forma» más o menos a tales o cuales individuos, en función de su medio de origen, mediante mecanismos que estudiaremos y que redoblan las prohibiciones prácticas, económicas e ideológicas («culturales»: esas las han estudiado Bourdieu y Passeron[a]) que *reparten de antemano,* sobre una base de clase, a los individuos que

2/ Esta línea de demarcación coincide exactamente con otra: la que «justifica» a la primera. Los unos, en efecto, poseen el *monopolio* de ciertos contenidos y de ciertas formas de saber, esto es, de «destrezas»[29] (los ingenieros, cuadros y técnicos superiores, Directores y todos sus auxiliares), mientras que los otros (los operarios, sin o con cualificación) son *aparcados en otros* contenidos y formas de «destreza». El monopolio de los primeros tiene como contrapartida, para la inmensa mayoría de los obreros agotados por los ritmos, y a pesar del mito de todos los «cursos nocturnos» imaginables, *una prohibición práctica:* la prohibición de «salir» de los contenidos y formas de «saber» en los que la explotación los aparca.

Esta segregación, interior a todo proceso de producción, marca profundamente el carácter «social» de toda división presuntamente técnica del trabajo. No siempre resulta ventajosa para los presuntos «sabios» que serían los ingenieros y otros técnicos superiores. Estos ignoran muchas cosas que los obreros aprenden en su práctica o por sus esfuerzos personales, y esto no les pasa desapercibido a los obreros, a ellos, que «resuelven» a menudo «problemas» que ponen en graves aprietos a ciertos ingenieros a los que los obreros juzgan en consecuencia. También esto, junto con la experiencia del «aparcamiento», contribuye a la consciencia de clase y a la lucha de clases obrera.

Pero, en el *conjunto de sus efectos,* el monopolio oficial de ciertos saberes y la prohibición práctica de los mismos «saberes» para los obreros mantienen en las relaciones de una «división del trabajo» declarada puramente técnica todo el poder de la división social de las relaciones de producción gracias a la *autoridad* de los primeros sobre los segundos. En efecto, no hay división, ni organización, ni dirección del

---

reclutan las empresas. A este respecto, el razonamiento del empresario no es «falso»: prueba simplemente que el empresario está «sobrepasado» por los acontecimientos. Pero, como por casualidad, estos acontecimientos «que lo sobrepasan» se ajustan *de antemano* admirablemente a la distribución-aparcamiento cuyo dispositivo siempre está ya preparado en su empresa, justamente para la explotación de los obreros. Y es que el sistema escolar, que proporciona una predisposición cabal en el plano nacional para la distribución-aparcamiento que se va a realizar en la empresa, es el sistema escolar capitalista correspondiente al sistema de la explotación de clase capitalista, *y no otro:* y no puede ser otro que el que es, a pesar de ciertos soñadores, mientras se mantengan incólumes las bases de la explotación capitalista, es decir, las relaciones de producción capitalistas. [N. del A.] – [a] Pierre Bourdieu (1930-2002) y Jean-Claude Passeron (1930): sociólogos franceses. Juntos escribieron *Les héritiers: les étudiants et la culture* (1964) [ed. cast.: *Los herederos. Los estudiantes y la cultura,* Buenos Aires, Siglo XXI, 2009]; *La Réproduction. Éléments pour une théorie du système d'enseignement* (Les Éditions de Minuit, 1970) [ed. cast.: *La reproducción. Elementos para una teoría del sistema de enseñanza,* México, Laia, 1996] y –con Jean-Claude Chamboredon– *Le métier de sociologue* (1968) [ed. cast.: *El oficio de sociólogo,* Madrid, Siglo XXI, 2013]. [N. del T.]

[29] «Destreza»: *«savoir-faire»,* literalmente «saber-hacer». Véase en la nota 8 de p. 85 la explicación del término que ofrece Althusser. [N. del T.]

trabajo sin *relaciones jerárquicas de autoridad*. Ahora bien, la autoridad está siempre del mismo lado, y son siempre los mismos quienes la ejercen y siempre los mismos quienes la sufren, *prácticamente de por vida*.

3/ La prueba: no hay organización del proceso de trabajo en ninguna fábrica sin el ejercicio de la *sanción* de esta dominación de clase, sin una *represión* que no debe nada a los policías, pues es ejercida en el interior mismo de la división del trabajo y por sus propios agentes. Nada puede hacer, suponiendo que la empresa no comporte un personal «ultramoderno», formado en las técnicas pseudocientíficas de la «psicosociología» de las *«human relations»*, e incluso en este caso, que no existan funciones de supervisión y de represión que puedan o no ser acumuladas por agentes encargados de la organización del trabajo: cuadros, ingenieros, etc. Multas, cambios de puesto, atribución o supresión de primas, despidos son el pan de cada día para los obreros. Una sorda lucha de clases se libra en este nivel. En el límite, en la contratación hay un control más o menos «político», si no policial, y lo que siempre está en tela de juicio es la «supervisión» de los delegados o militantes sindicales y su despido, incluso abusivo. Muchos patrones prefieren, en efecto, ser condenados por la Magistratura de Trabajo a una multa que para ellos entra en los «gastos generales» antes que «tolerar» la presencia de un «elemento indeseable» cuya acción, piensan ellos con razón, podría terminar por costarles más cara que su condena. La mayoría de los inspectores de trabajo, todo el mundo lo sabe, son impotentes contra estos abusos, cuando no cómplices.

En la represión interna ejercida sobre asalariados *por asalariados,* estos últimos a las órdenes de la dirección, la cual es siempre una dirección de clase que practica en la empresa una política de explotación y de sobreexplotación, se completa la demostración práctica de que la división puramente «técnica» del trabajo no es sino la máscara de una división muy distinta, la *división social,* efecto de la división de clases. No es por casualidad que los obreros digan tan bien que el ingeniero es «un pedazo de patrón». Que una cierta evolución esté en curso entre ciertos ingenieros no cambia nada en el fondo del problema, en su conjunto.

Por eso la distinción de clase, mencionada por Marx desde *La ideología alemana,* entre el «trabajo manual» y el «trabajo intelectual», pese al carácter bruto y brutal de la fórmula[30], es una realidad cabal. Esta es la manera de ser de todas las

---

[30] Esta oposición del «trabajo manual» y el «trabajo intelectual» exige manifiestamente una profundización teórica importante, pues es solamente una *primera* expresión que designa una realidad incontestable. Cuando la formuló, Marx tenía, evidentemente, presentes referencias muy «clásicas» en las que quienes no hacían nada (más que gozar de su fortuna) o mandaban a los explotados presumían de creer que «trabajaban» todos con su inteligencia para hacer sentir claramente que las clases inferiores, por estar desprovistas de inteligencia, no podían trabajar más que con «sus manos» (Platón). Tenía también en mente la gran industria, donde el trabajador no es más que un puro y simple anexo (auto-

sociedades de clases, y es siempre, y cada vez más, la manera de ser de la sociedad de clases capitalista moderna, a pesar de los «progresos espectaculares de las ciencias y de las técnicas» y del incremento de los efectivos de nuevas categorías de «trabajadores intelectuales», por ejemplo los «investigadores», de los que hablaremos a su debido tiempo. Por eso, cuando decía que el socialismo «debía abolir la división entre el trabajo manual y el trabajo intelectual», Marx daba en la diana. Por eso la insistencia desesperada de Lenin en poner en pie (por desgracia, con un éxito muy limitado) una nueva formación escolar, *politécnica* y que por añadidura combinara *el trabajo manual en la producción real* y el trabajo intelectual, tenía –y tiene– tanta importancia[31].

Por eso las noticias que nos llegan a través de lo que podemos discernir de ciertas experiencias de la Revolución Cultural (paso obligatorio para «intelectuales» de toda índole por la producción directa, vuelco «regulado» de la distribución de los productores entre diferentes puestos manuales e intelectuales, ascensos reales de las funciones de ejecución a funciones de mayor competencia y responsabilidad) nos parece que guardan alguna relación con la lucha de clases contra la determinación radical, existente entre nosotros, de la «división técnica del trabajo» por la «división social del trabajo».

De que en todo esto se trata de lucha de clases, y de que esta lucha de clases está directamente enraizada en los efectos de las relaciones de producción en el interior mismo del proceso de producción no se ha de hacer ya, pienso yo, la demostración.

Si recapitulamos los resultados de nuestro análisis, podemos decir lo siguiente.

1/ Las relaciones de producción capitalistas son las relaciones de la explotación capitalista. Esta explotación se ejerce por la extorsión de la plusvalía consagrada en los límites del salario. El salario se concede como contrapartida por un trabajo que se lleva a cabo en las empresas de producción.

2/ En el interior de esta producción, las relaciones de producción se traducen en efectos que, recortando y redoblando efectos de clase y de lucha de clases, desembocan en este resultado masivo: la dominación irreductible de la división social so-

---

mático) de la máquina (automática). La realidad es más compleja: ningún trabajo manual es posible sin un mínimo de «trabajo» intelectual. Pero, *en su principio,* la distinción sigue estando perfectamente justificada, por cuanto señala *una distinción de clase real,* cuyas formas y efectos precisos es menester que indaguemos. [N. del A.]

[31] En *Écoles* [Escuelas] (de próxima aparición) publicaremos sobre esta cuestión un largo texto de Kroupskaïa[a] que no deja lugar a ningún equívoco: evoca los intentos casi desesperados de Lenin y el fracaso parcial de su política escolar. [N. del A.] – En realidad, este proyecto no se llevó a cabo. Véase más arriba el prefacio de Étienne Balibar. [N. del E.] – [a] Nadezhda Krúpskaya (1869-1939): pedagoga rusa, sobre todo conocida como militante bolchevique y colaboradora de su esposo, Lenin. [N. del T.]

bre la pseudodivisión «puramente técnica del trabajo». Esta división social, que es un efecto del reparto de los individuos en clases, desemboca en una doble y conjunta demarcación en la empresa misma entre el *monopolio de ciertos empleos* (ligados a ciertos «saberes»), reservados a una parte del «personal», y el *«aparcamiento» en los empleos subalternos* (y la prohibición de «saber») para la otra parte del «personal», los obreros.

3/ En una empresa, el conjunto del personal se puede clasificar en tres grandes categorías:

a. Las categorías de los que aseguran únicamente *funciones de producción:* todos los obreros, operarios, con o sin cualificación, y algunos técnicos (si es el caso): los proletarios en el sentido estricto del término.

b. La categoría de los que aseguran *funciones de explotación,* las cuales son siempre *al mismo tiempo* funciones de producción (ingenieros, técnicos superiores, directores de la producción, etcétera).

c. La categoría de los que aseguran *funciones de represión,* las cuales pueden confundirse con funciones de explotación (cuadros, desde el capataz hasta ciertos ingenieros) o no serlo (cómitres reclutados a este efecto en muchas fábricas para la soplonería y todas las maniobras policiales de lucha antisindical rastrera, etcétera).

Cuando se sepa que todo este personal es *asalariado,* es decir, de un modo u otro «explotado», pero que hay muy grandes diferencias entre los diferentes salarios, por una parte, y las diferentes condiciones de trabajo, por otra (obreros sometidos a ritmos agotadores, mientras los ingenieros trabajan en condiciones totalmente distintas), sin hablar de la diferencia fundamental entre las funciones de producción pura, por una parte, y la combinación muy variada de las funciones de explotación, de producción y de represión, por otra, se convendrá en la *extrema complejidad de las formas,* inconscientes y conscientes, de la *lucha de clases* que reina en el seno mismo del proceso de producción.

4/ Es menester en todos los casos ver que todos los elementos (incluidas las tres funciones) que acabamos de analizar tienen exclusivamente como base y como finalidad la *explotación* de los trabajadores asalariados, ante todo de los «más explotados», cada vez más duramente explotados, de los puros agentes de la producción, los *proletarios*.

Es menester ver que todo el sistema del monopolio y del aparcamiento, todas las diferencias de función, incluidas las funciones de represión (que no son sino uno de los elementos interiores al sistema), convergen únicamente en esta explotación y esta sobreexplotación.

Es un error anarquista pretender que «la producción funciona con la represión», esto es, poner en primer plano del proceso de producción-explotación uno solo de sus elementos, por añadidura subordinado: la represión.

¿Cómo «funciona» la producción-explotación?

De entrada y ante todo «funciona» porque los proletarios y otros asalariados, *no poseyendo ningún medio de producción,* se ven forzados, para simplemente vivir, a contratarse en la producción que los explota. Por eso se presentan «solos» en la oficina de contratación y, una vez contratados, parten «solos» a ocupar su puesto, de día o de noche. Esta es la causa absolutamente determinante, pero no la única.

La producción-explotación «funciona» también gracias al *dispositivo actual de los Medios de producción,* gracias a la «cadena» que atrapa a los trabajadores y les impone de manera implacable su ritmo. Marx ya había hecho hincapié en ello: los obreros han pasado de ser «mano de obra» a simples apéndices automáticos de la máquina.

La producción-explotación funciona asimismo gracias a la *ideología burguesa del «trabajo»,* cuyos efectos los obreros son los primeros en sufrir, pues es una ideología de la lucha de clase capitalista. Esta ideología que «hace funcionar a los obreros» comprende esencialmente los elementos siguientes, que son otras tantas ilusiones e imposturas, pero que «tienen éxito» en tanto en cuanto no son combatidas por la lucha de clases obrera: 1/ La ilusión jurídica burguesa, según la cual «el trabajo es pagado a su valor»; 2/ La ideología jurídico-moral correspondiente, según la cual uno ha de «respetar su contrato» de trabajo y, a través de este, las reglas del orden interior de la empresa; y 3/ La ideología economista-tecnicista, según la cual «ha de haber puestos diferentes en la división del trabajo» y otros tantos individuos para ocuparlos. Esta ideología contribuye mucho más que la represión a hacer «funcionar» a los obreros.

La producción-explotación funciona *finalmente* con el apoyo de ciertas medidas de represión, unas espontáneas, otras muy meditadas (por los «patrones de combate»: cómitres + «sindicatos de empresa», cfr. Simca y Citroën).

Se comprende que, en estas condiciones, la lucha de clase obrera en la producción no se desarrolla sola. Está arraigada y se forma en las realidades cotidianas sumamente duras de la *experiencia* de la explotación; de la demarcación de clase existente entre los trabajadores «manuales» y los no manuales, demarcación en la que no hace mella el comportamiento «liberal» o incluso «progresista» de tal o cual ingeniero o técnico (a menudo la simple máscara del «paternalismo»); del comportamiento real de los cuadros, ingenieros y agentes de la represión. Pero esta misma lucha de clases choca con las armas formidables de la lucha de clase capitalista, tanto más temibles por cuanto no todas son visibles como armas: en primer lugar, tras la detentación de los Medios de producción y la extorsión de la plusvalía, *las ilusiones-imposturas de la ideología burguesa del trabajo* de las que se acaba de hablar. Los militantes sindicales de la lucha de clases lo saben bien: se ven obligados a luchar paso a paso contra esta ideología, y a reanudar día tras día el mismo combate para destruir esta mistificación en su propia consciencia (no es fácil) y en la de sus camaradas. Lucha contra la explotación (salarios, ritmos, desempleo), lucha contra las imposturas de la ideología burguesa del trabajo, lucha contra la represión: esas son las tres formas, *siempre imbricadas,* de la lucha de clases económica en la producción.

Si es así, podemos comprender por qué:

1/ *La lucha de clases* se ejerce fundamentalmente en las condiciones del trabajo y en las formas de la división del trabajo en las empresas, y que *la lucha de clases política está enraizada en la lucha de clases económica.*

2/ La lucha de clases económica es una lucha contra la explotación que no cesa de aumentar: no solamente contra la brutal forma material de la explotación, la tendencia del capitalismo a la disminución del salario, y contra las «técnicas» de clase del aumento de la productividad (ritmos, etc.), *sino también* a propósito de la división social-técnica del trabajo que impera en las empresas, y contra la ideología burguesa y la represión. No es solamente por la experiencia de su explotación material (salario, ritmo), sino también por la experiencia de las formas de su «aparcamiento» en la división del trabajo como se edifica la consciencia de clase de la clase obrera: no puede edificarse más que en una constante lucha ideológica contra la ideología burguesa del trabajo.

Se comprende entonces por qué la clase capitalista y sus ideólogos tienen tanto interés en presentar la división social-técnica del trabajo, que es en última instancia una división de clase del trabajo, como una división *puramente técnica.* Se comprende por qué la lucha abierta contra esta mistificación y esta impostura de la lucha de clase capitalista puede revestir tanta importancia para la lucha de clase revolucionaria del proletariado. El economismo, sea cual sea la forma en que se presente, incluso bajo las formas de las «evidencias» de la «técnica» y de la «tecnicidad», es el peligro número uno que amenaza a la consciencia de clase obrera en su base misma, allí donde se ejerce la explotación capitalista, en la producción.

Se comprende también por qué quienes tienen interés en disfrazar las relaciones de clase de la división social del trabajo como relaciones «neutras» de la presunta «división técnica» del trabajo, que toda la teoría marxista denuncia, tengan tal interés en considerar, por otra parte, las relaciones de producción capitalistas como simples relaciones de *propiedad,* simples relaciones jurídicas. Comenzamos a comprender que entre una interpretación «economista-tecnicista» de la división del trabajo, por una parte, y una concepción jurídica de las relaciones de producción hay una sola y la misma unidad: la de la ideología burguesa de la lucha de clase capitalista. Dentro de un instante veremos cuáles pueden ser sus consecuencias prácticas para el Movimiento obrero mismo.

V. Conclusión

No tomar las relaciones de producción por relaciones puramente técnicas o por relaciones jurídicas.

Si lo que acabamos de decir es cierto, está claro que las relaciones de producción no tienen nada que ver con simples títulos de *propiedad*. Los títulos jurídicos, y por tanto las relaciones jurídicas, no son más que una forma que sanciona un contenido real totalmente diferente de esta forma: las relaciones de producción y sus efectos.

Acabamos de ver con qué profundidad las relaciones de producción y las relaciones de clase, esto es, de lucha de clases, que de ellas derivan actúan en las relaciones reales que imperan en el proceso de producción mismo.

Está claro que la representación con la que por comodidad habíamos comenzado nuestra explicación es insostenible. Las relaciones de producción no intervienen bajo la forma de títulos jurídicos, *antes* y *después* del proceso de producción, solamente para justificar y sancionar jurídicamente la posesión de Medios de producción y la posesión de los productos, esto es, la extorsión de la plusvalía. Las relaciones de producción no son un «paraguas» jurídico bajo cuya protección se efectuaría un proceso de producción perfectamente técnico y puramente técnico.

Por tanto, doble confusión ideológica que se ha de evitar radicalmente:
1/ La confusión técnica:

Las relaciones de producción no son relaciones puramente técnicas, sino relaciones de la explotación capitalista inscritas como tales en la vida concreta de la producción entera, como se acaba de ver.

2/ La confusión jurídica:

Las relaciones de producción no son relaciones jurídicas, sino una cosa muy distinta: son reflejo de las relaciones de clase, en el seno mismo de la producción.

Si es así, comenzamos a entrever lo que hay detrás del concepto científico marxista de modo de producción.

Nosotros lo hemos definido [como] «una manera de atacar a la naturaleza». Hemos visto que este «ataque» consiste en poner en acción Fuerzas productivas bajo Relaciones de producción. En las sociedades de clases, estas relaciones de producción son relaciones de explotación. El modo de producción de una sociedad de clases (formación social dividida en clases) es todo lo contrario de un simple proceso técnico de producción. Es, al mismo tiempo que el lugar de la producción, el lugar de una explotación de clase. Y de una lucha de clase. Es en el proceso de producción del modo de producción mismo donde se anudan las relaciones de clase y la lucha de clase ligada a la explotación. Esta lucha de clase opone la lucha de clase proletaria a la lucha de clase capitalista: es una lucha de clase *económica,* pero desde ahora y al mismo tiempo una lucha de clase *ideológica,* es decir, una lucha de clase que tiene, conscientemente o no, una trascendencia política. Es en esta lucha de clase de base donde están enraizadas todas las demás formas de lucha de clase, incluida la lucha de clase *política* propiamente dicha, en la que todas las formas de lucha de clase se anudan en un nudo decisivo.

Se comprende el interés de los capitalistas en presentar el proceso de producción como lo contrario de lo que es: como un proceso puramente técnico, y no como un proceso de explotación; en presentar las relaciones de producción como algo completamente distinto de lo que son: como relaciones jurídicas, y no como relaciones incluidas en las relaciones de clase y en la lucha de clases.

Se comprende también que la suerte de toda lucha de clase, incluida la suerte de una lucha de clase revolucionaria *victoriosa,* depende en definitiva de una adecuada concepción de las relaciones de producción. Para «construir el socialismo» es menester implantar nuevas relaciones de producción que abolan realmente los efectos de explotación de las antiguas relaciones de producción y todos sus efectos de clase. La construcción del socialismo no puede, por consiguiente, regularse mediante fórmulas puramente jurídicas: *propiedad* de los medios de producción + mejor organización *técnica* del proceso de trabajo. En el límite son fórmulas que, si no son seriamente criticadas y rectificadas, y muy rápidamente, se arriesgan a quedar apresadas en la ideología economista-tecnicista-jurídica-burguesa del trabajo.

Todo malentendido sobre estas fórmulas y su implacable lógica perjudica objetivamente la causa de la revolución y de la construcción del socialismo.

III De la reproducción de las condiciones de la producción

Sin embargo, aún no hemos terminado con el modo de producción.

Debemos ahora hacer patente algo que de refilón hemos entrevisto en nuestro análisis, al hablar de la necesidad de *renovar* los medios de producción para que la producción sea posible. Era una indicación de pasada. Ahora vamos a considerarla en toda su extensión.

Como decía Marx, hasta un niño sabe que si una formación social no *reproduce* las condiciones de la producción al mismo tiempo que produce, no sobrevivirá ni un año[1]. La condición última de la producción es, pues, la *reproducción de las condiciones de la producción*. Esta puede ser «simple» (reproduciendo nada más que las condiciones de la producción anterior) o «ampliada» (extendiéndolas). Dejamos de lado en el tomo I esta última distinción capital, sobre la que volveremos en el tomo II.

¿Qué es, pues, la *reproducción de las condiciones de la producción*?

Advertimos de que aquí nos adentramos en un dominio a la vez muy familiar (desde el Libro II del *Capital*) y singularmente mal conocido. Las tenaces evidencias (evidencias ideológicas de tipo empirista) desde el punto de vista de la sola *producción* y hasta de la simple *práctica* productiva (ella misma abstracta con respecto al proceso de producción) se confunden hasta tal punto con nuestra «consciencia» cotidiana que es sumamente difícil, por no decir casi imposible, elevarse *al punto de vista de la reproducción*. Sin embargo, fuera de este punto de vista todo resulta abs-

---

[1] Carta a Kugelmann del 11 de julio de 1868, en *Lettres sur le Capital,* París, Éditions Sociales, 1964, p. 229 [ed. cast.: *Cartas a Kugelmann,* Barcelona, Península, 1974, p. 74]. *[N. del A.]*

tracto (más que parcial: deformado)... incluso en el nivel de la producción y, con más razón aún, de la simple práctica.

Probemos a examinar las cosas con método y claridad.

Para simplificar nuestra exposición, y si consideramos que toda formación social es el resultado de un *modo de producción* dominante[2], podemos decir que el proceso de producción pone en marcha las *fuerzas productivas* existentes bajo *relaciones de producción* definidas.

Se sigue que, para existir, toda formación social debe, al mismo tiempo que produce, *reproducir* las condiciones de su producción. Debe, por tanto, *reproducir*:

1/ las fuerzas productivas,
2/ las relaciones de producción existentes.

I. Reproducción de los medios de producción

Todo el mundo (incluidos los economistas burgueses que trabajan en la contabilidad nacional, o los «teóricos macroeconomistas» modernos), reconoce ahora, porque Marx lo demostró irrefutablemente en el Libro II del *Capital,* que no hay producción posible sin que esté asegurada, en proporciones necesariamente reguladas, la reproducción de las condiciones *materiales* de la producción: la reproducción de los *medios de producción.*

Cualquier economista, que en esto no se distingue de cualquier capitalista, explica que hay que prever, cada año, con qué *reemplazar* lo que se agota o se usa en la producción: materia prima, instalaciones fijas (edificios), instrumentos de producción (máquinas), etc. Nosotros decimos: cualquier economista = cualquier capitalista, por cuanto que ambos expresan el punto de vista de la *empresa* y se contentan con simplemente comentar los términos de la *práctica* financiero-contable de la empresa.

Pero nosotros sabemos, gracias al genio de Quesnay[3], que fue el primero en plantear este problema que «salta a la vista», así como al genio de Marx, que lo resolvió, que no es en el nivel de la *empresa* donde puede *pensarse* la reproducción de las condiciones materiales de la producción, pues no es ahí donde existe en sus

---

[2] Repetimos *dominante,* pues en toda formación social en vías de desarrollo (o de no desarrollo) histórica existe un modo de producción que *domina* los modos anteriores que «sobreviven» en dicha formación social. Por eso hemos podido escribir que en toda forma social existen, actualmente, al *menos* dos modos de producción (cfr. Terray, *Le Marxisme devant les «Sociétés primitives»,* París, Éditions Maspéro, 1969, p. 169). [N. del A.]

[3] François Quesnay (1694-1774): médico y economista francés, fundador de la escuela de los fisiócratas. [N. del T.]

condiciones reales. Lo que ocurre en el nivel de la empresa es un *efecto* que solamente da *idea* de la necesidad de la reproducción, pero en absoluto permite pensar sus mecanismos.

Basta con un simple instante de reflexión para convencerse: el señor X..., capitalista, que produce en su hilandería tejidos de lana, debe «reproducir» su materia prima, sus máquinas, etc. Ahora bien, no es él quien las produce para su producción, sino otros capitalistas: un gran ovejero de Australia, el señor Y..., un gran metalúrgico productor de máquinas-herramientas, el señor Z..., etc., etc., los cuales *también* deben, para producir estos productos de la reproducción de las condiciones de la producción del señor X..., *reproducir* las condiciones de su propia producción, y así hasta el infinito... todo en proporciones tales que, en el mercado nacional, cuando no en el mercado mundial, *la demanda de medios de producción (para la reproducción) pueda ser satisfecha por la oferta*.

Para pensar este mecanismo, que desemboca en una especie de «tornillo sin fin», hay que adoptar el enfoque «global» de Marx y estudiar las *relaciones de circulación del capital* entre el Sector I (producción de los medios de producción) y el Sector II (producción de los medios de consumo), además de la materialización de la plusvalía, en los Libros II y III del *Capital*.

No entraremos en el análisis de esta cuestión. Nos basta con haber mencionado la existencia de la necesidad de la reproducción de las condiciones *materiales* de la producción.

II. Reproducción de la fuerza de trabajo

Hay, sin embargo, algo que al lector no habrá dejado de chocarle. Hemos hablado de la reproducción de los *medios* de producción... pero no de la reproducción de las *fuerzas productivas*. Hemos, pues, pasado por alto la reproducción de lo que distingue a las fuerzas productivas de los medios de producción, a saber, la *reproducción de la fuerza de trabajo*.

Si la observación de lo que ocurre *en* la empresa, en particular el examen de la práctica financiero-contable de las previsiones de amortización-inversión, podía darnos una idea aproximada de la *existencia* del proceso material de la reproducción, ahora entramos en un dominio en el que la observación de lo que ocurre en la empresa es, si no totalmente, sí al menos casi por entero ciega, y por una buena razón: la reproducción de la fuerza de trabajo ocurre esencialmente *fuera* de la empresa.

¿Cómo se asegura *la reproducción de la fuerza de trabajo*?

Se asegura dándole a la fuerza de trabajo el medio material para su reproducción: el *salario*. El salario figura en la contabilidad de cada empresa, pero como «capital mano de obra»[4] y en absoluto como condición de la reproducción material de la fuerza de trabajo.

Sin embargo, así es como «actúa», pues el salario solamente representa, del valor producido por el gasto de la fuerza de trabajo, *la parte indispensable para su reproducción:* entiéndase indispensable para la reconstitución de la fuerza de trabajo del asalariado (con la cual pagar el alojamiento, la ropa y la comida; en suma, con la cual hallarse en estado de volverse a presentar mañana –todos los mañanas que Dios quiera– en el portillo de la empresa); añadamos: indispensable para la crianza y la educación de los hijos en los que el proletario se reproduce (en x ejemplares, donde x puede ser igual a 0, 1, 2, etc.) como fuerza de trabajo.

Indiquemos a título informativo que esta cantidad de valor (el salario) necesaria para la reproducción de la fuerza de trabajo la determinan no únicamente las necesidades de un SMIG[5] *«biológico»,* sino las necesidades de un mínimo histórico (Marx señalaba: los obreros ingleses necesitan cerveza y los proletarios franceses vino), es decir, históricamente *variable.*

Indiquemos también que este mínimo es doblemente histórico, por cuanto no lo definen las necesidades históricas «reconocidas» por la clase capitalista, sino las necesidades históricas *impuestas* por la lucha de clase proletaria (lucha de clase doble: *contra* el aumento de la jornada laboral y *contra* la disminución de los salarios). Pero podemos dejar este punto capital, que no afecta directamente a nuestra demostración actual.

No basta, en efecto, con asegurarle a la fuerza de trabajo las condiciones *materiales* de su reproducción para que se reproduzca como fuerza de trabajo. Hemos dicho que la fuerza de trabajo disponible debía ser «competente», es decir, apta para funcionar en el complejo sistema del proceso de producción: los puestos de trabajo y las formas de cooperación definidas. El desarrollo de las fuerzas productivas y el *tipo de unidad* históricamente constitutivo de las *fuerzas productivas* en un momento dado[6] producen este resultado de que la fuerza de trabajo debe ser (diversamente) *cualificada.* Diversamente: según las exigencias de la división *social-técnica* del trabajo en sus diferentes «puestos» y «empleos».

Ahora bien, ¿cómo se asegura en un régimen capitalista esta reproducción de la cualificación (diversificada) de la fuerza de trabajo? A diferencia de lo que sucedía en las formaciones sociales esclavistas y servilistas, esta reproducción de la cualificación de la fuerza de trabajo *tiende* (se trata de una ley tendencial) a asegurarse *no ya «en el tajo»* (aprendizaje en la producción misma), sino cada vez más

---

[4] Es a Marx a quien se debe su concepto científico: *el capital variable.* [N. del A.]
[5] SMIG: siglas de Salario Mínimo Interprofesional Garantizado. [N. del T.]
[6] Cfr. É. Balibar, *Lire le Capital,* II, cit. [ed. cast.: cit.]. [N. del A.]

fuera de la producción: por medio del sistema escolar capitalista[7] y de otras instancias e instituciones de las que tendremos ocasión de hablar más por extenso dentro de un instante.

Ahora bien, ¿qué se aprende en la Escuela? Todo el mundo lo «sabe»: uno llega más o menos lejos en los estudios, pero de todos modos aprende a leer, escribir, contar, esto es, algunas técnicas, y no pocas cosas más aún, incluidos elementos (que pueden ser rudimentarios o, por el contrario, profundos) de «cultura científica» o «literaria» directamente utilizables en los diferentes puestos de la producción (una enseñanza para los obreros, otra para los técnicos, una tercera para los ingenieros, una última para los cuadros superiores, etc.). Se aprenden, pues, «destrezas»[8].

Pero lo que todo el mundo «sabe» también, es decir, lo que nadie *quiere saber* es que lo que se aprende en la Escuela, *además* de estas «técnicas» (lectura-escritura-cálculo) y de estos «conocimientos» (elementos de «cultura científica y literaria») que funcionan como «destrezas», *además pero a la vez que* estas técnicas y estos conocimientos, en la Escuela se aprenden las «reglas» del buen uso, es decir, de la conveniencia que debe observar, según el puesto que esté «destinado» a ocupar en ella, todo agente de la división del trabajo: reglas de la moral profesional, de la conciencia profesional, lo cual quiere decir, claramente, reglas del *respeto* hacia la división social-técnica del trabajo y en definitiva reglas del *orden establecido por la dominación de clase*. En ella se aprende también a «hablar francés bien», a «redactar» bien, es decir, de hecho (para los futuros capitalistas y sus servidores), a «*mandar* bien», es decir (solución ideal), a «hablar bien» a los obreros para intimi-

---

[7] Cfr. *Écoles,* que aparecerá en el otoño de 1969. *[N. del A.]* – En realidad, este proyecto no llegó a su término. Véase más arriba n. 31 de la p. 75. *[N. del E.]*

[8] «Destrezas»: pueden ser simples *técnicas* (saber escribir, leer, contar, leer una carta, orientarse en una cronología, reconocer tal o cual objeto, tal o cual realidad, etc.). Pueden ser «saberes», rudimentos o elementos (a veces incluso relativamente profundos) de conocimiento científico (dejemos de lado la literatura). Ahora bien, debemos introducir aquí una distinción muy importante. En la Escuela no se aprende «la ciencia» y en la universidad tampoco, la mayor parte del tiempo. Se aprenden resultados científicos, métodos de razonamiento y de demostración. Se aprende esencialmente a *«resolver problemas»* o a hacer *«trabajos prácticos»*. No se trata de la «ciencia», sino de elementos de método y resultados científicos que son otras tantas *consecuencias* de la ciencia viva. La ciencia viva no existe más que, digamos, en la investigación científica (esta simple frase habría que comentarla largamente): para marcar con una palabra la diferencia, digamos que lo propio de la ciencia viva consiste menos en resolver que en plantear problemas para su resolución. Lo que de la ciencia se aprende en las Escuelas y las Universidades son, pues, técnicas del manejo y de la utilización de ciertos resultados científicos y de ciertos métodos científicos completamente separados de su «vida». Por eso podemos poner bajo un solo concepto: a las destrezas, las técnicas elementales y los elementos, incluso relativamente profundos, de conocimiento científico. *[N. del A.]*

darlos o embaucarlos; en una palabra: «timarlos». Es para eso para lo que sirve, entre otras cosas, la enseñanza «literaria» en la Secundaria y la Superior.

Para enunciar este hecho en un lenguaje más científico diremos que la reproducción de la fuerza de trabajo exige no solamente una reproducción de su *cualificación,* sino, al mismo tiempo, una reproducción de su *sumisión* a estas reglas del respeto del orden establecido; es decir, una reproducción de su *sumisión a la ideología dominante* para los obreros y una reproducción de su *capacidad para manejar bien la ideología dominante* para los agentes de la explotación y de la represión, a fin de que aseguren «mediante la palabra» la dominación de la clase dominante.

En otros términos, la Escuela (pero también otras instituciones de Estado, como la Iglesia, u otros aparatos como el Ejército, que es tan gratuito y obligatorio como la Escuela, sin hablar de los partidos políticos, cuya existencia está ligada a la existencia del Estado) enseña «destrezas», pero bajo formas que aseguran la *sujeción a la ideología dominante* o su «práctica», de la cual todos los agentes de la producción, de la explotación y de la represión, no digamos los «profesionales de la ideología» (Marx), deben estar de un modo u otro «imbuidos» para cumplir concienzudamente (y sin necesidad de un gendarme individual encima) su tarea... sea de explotados (los proletarios), sea de explotadores (los capitalistas), sea de auxiliares de la explotación (los cuadros), sea de sumos sacerdotes de la ideología dominante, sus «funcionarios», etcétera.

La reproducción de la fuerza de trabajo hace, pues, patente, como su condición *sine qua non,* no solamente la reproducción de su «cualificación», sino también la *reproducción de su sujeción* a la ideología dominante o de *la «práctica» de esta ideología.* Precisemos que se ha de decir «no solamente, sino también», porque es *en las formas y bajo las formas de la sujeción ideológica como se asegura la reproducción de la cualificación de la fuerza de trabajo.*

Pero con ello descubrimos una nueva realidad: la *ideología.* Para abordar esta cuestión es necesario un largo análisis. Vamos a presentarla mediante dos observaciones.

La primera observación contribuirá a redondear nuestro análisis de la *reproducción.*

Acabamos de estudiar rápidamente las modalidades de la reproducción *de las formas productivas,* es decir, de los medios de producción, por una parte, y de la fuerza de trabajo, por otra.

Pero todavía no hemos abordado la cuestión de la *reproducción de las relaciones de producción.* Esta cuestión es *la cuestión número uno, la cuestión crucial* de la teoría marxista del modo de producción. Pasarla por alto es una omisión teórica..., peor, una falta política *grave.*

Vamos, pues, a hablar de ella. Pero para procurarnos los medios de hablar de ella hemos de dar, una vez más, un gran rodeo. Quiera el lector seguirnos con atención y paciencia.

La segunda observación se refiere a que para dar este rodeo nos vemos obligados a replantear nuestra vieja pregunta: *¿qué es una sociedad?*

IV Infraestructura y Superestructura

Hemos tenido ocasión[1] de insistir en el carácter revolucionario de la concepción marxista del «todo social» en lo que lo distingue de la «totalidad» hegeliana. Hemos dicho (y esta tesis no hacía sino repetir proposiciones célebres del Materialismo Histórico) que Marx concibe la estructura de toda sociedad como constituida por los «niveles» o «instancias» articulados por una determinación específica: la *infraestructura* o *base* económica («unidad» de las fuerzas productivas y las fuerzas de producción), y la *superestructura,* que comporta a su vez dos «niveles» o «instancias»: el jurídico-político (el Derecho y el Estado) y el Ideológico (las diferentes ideologías, religiosas, morales, jurídicas, políticas, etcétera).

I. Ventajas de una representación topográfica

Aparte su interés teórico-pedagógico (que *hace ver* la diferencia que separa a Marx de Hegel), esta concepción presenta la siguiente ventaja teórica capital: permite incluir en el *dispositivo* teórico de sus conceptos esenciales lo que hemos llamado su *índice de eficacia respectivo.* ¿Qué entender por eso?

Cualquiera puede fácilmente convencerse de que esta representación de la estructura de toda sociedad como un *edificio* que comporta una base (infraestructura) sobre la cual se elevan los dos «pisos» de la superestructura es una metáfora, muy

---

[1] En *Pour Marx* y *Lire le Capital* (París, Éditions Maspéro, 1965) [eds. cast., respectivamente: *La revolución teórica de Marx,* cit., y *Para leer El capital,* cit.]. *[N. del A.]*

precisamente una metáfora *espacial:* la de una topografía[2]. Como toda metáfora, esta metáfora sugiere, hace ver, algo. ¿Qué? Pues justamente esto: que los pisos superiores no podrían «mantenerse» (en el aire) solos si no se sostuvieran precisamente sobre su *base* y sus fundamentos.

La metáfora del edificio tiene, pues, por objeto representar ante todo la «determinación *en última instancia*» por la base económica. Esta metáfora espacial tiene, pues, por efecto, asignar a la base un *índice de eficacia* conocido por los célebres términos: determinación en última instancia de lo que sucede en los «pisos» de la superestructura por lo que sucede en la base económica.

A partir de este índice de eficacia «en última instancia», a los «pisos» de la superestructura se les asignan, evidentemente, índices de eficacia *diferentes*. ¿Qué clase de índices?

Se puede decir enseguida, sin ningún riesgo de error, que los pisos de la superestructura no son determinantes en última instancia, sino que están *determinados* por la *eficacia* de la base; que, si son determinantes a su manera (aún no definida), lo son en cuanto *determinados por la base.*

Su índice de eficacia (o de determinación), en cuanto determinado por la determinación en última instancia de la base, en la tradición marxista se *piensa* bajo dos formas: 1/ hay una «autonomía relativa» de la superestructura con respecto a la base; 2/ hay una «acción de reflujo» de la superestructura sobre la base.

Podemos, pues, decir que la gran ventaja *teórica* de la topografía marxista, esto es, de la metáfora espacial del edificio (base y superestructura), es a la vez la de *hacer ver* que las cuestiones de determinación (o de índice de eficacia) son capitales; hacer ver que es la base la que determina en última instancia a todo el edificio; y, como consecuencia, *obligar a plantear* el problema teórico del tipo de eficacia «derivada» propia de la superestructura y de la acción de reflujo de la superestructura sobre la base.

A cambio, el inconveniente mayor de esta representación de la estructura de toda sociedad en la metáfora espacial del edificio es, evidentemente, que es metafórica; es decir, que no deja de ser *descriptiva.*

Ahora nos parece indispensable representar las cosas de otro modo. Entiéndasenos bien: no recusamos *en modo alguno* la metáfora clásica, pues es ella misma la

---

[2] Topografía [*topique* en el original], del griego *topos:* lugar. Una *topografía* representa, en un espacio definido, los lugares respectivos ocupados por tal o cual realidad: así, el económico está abajo (la base), la superestructura arriba. Hace, pues, visible lo que está en el fundamento (la base) y lo que está determinado por la base (la superestructura) [frase tachada:] Cualquiera «sabe», en efecto, y «ve», que los pisos de una casa no se tienen solos en el aire, sino que se «sostienen» sobre una base y sus fundamentos. [N. del A.]

que nos obliga a superarla. Y no la superamos para rechazarla como caduca. Simplemente querríamos intentar *pensar* lo que nos da en la forma de una *descripción*.

II. Límites de una representación topográfica

Pongamos las cartas sobre la mesa.

Nosotros pensamos que es a partir de la reproducción como es posible y necesario pensar la existencia y la naturaleza de la *superestructura*. Basta con adoptar el punto de vista de la reproducción para que se aclaren varias de las cuestiones cuya existencia la metáfora espacial del edificio *indicaba* sin darles respuesta conceptual.

Aquí se hace necesaria una nueva precisión.

En los textos a los que aludíamos hace un instante[3], siguiendo ciertas indicaciones de Marx y sus sucesores, hemos tenido tendencia a hacer hincapié en la *distinción,* en el seno de la superestructura, entre lo que hemos llamado, por una parte, la superestructura jurídico-política (el Derecho y el Estado) y, por otra parte, la superestructura ideológica (las diferentes ideologías).

Hacer hincapié en esta distinción aún era una manera de *hacer ver* que entre estos dos «niveles» de la superestructura existían también diferencias de índices de eficacia.

La metáfora espacial del edificio todavía nos servía aquí para mostrar que la superestructura jurídico-política es, por regla general, «*más*» eficaz que la superestructura ideológica, por más que también la superestructura ideológica esté dotada, en sus relaciones con la superestructura jurídico-política, de una «autonomía relativa» y sea capaz de una «acción de reflujo» sobre la superestructura jurídico-política.

Pero al hacer hincapié en esta *distinción* (entre las dos formas de la superestructura) nos quedábamos en la lógica de nuestra metáfora y, por tanto, en sus propios límites: los de una *descripción*.

También ahí se hace indispensable representar las cosas de otro modo.

Queremos decir que debemos representarnos *de otro modo,* y no bajo la lógica de la metáfora descriptiva del edificio, las relaciones existentes entre el Derecho-Estado, por una parte, y las ideologías, por otra.

Llegamos al final de nuestro pensamiento: debemos también representarnos *de otro modo* a como lo hacemos lo que se refiere a la singular díada designada por nuestra expresión superestructura *jurídico-política;* debemos dar cuenta de este *guion* que une al Derecho y al Estado en la expresión jurídico-política, y preguntarnos exactamente lo que podemos y debemos *pensar* para justificar (o poner en tela de

---

[3] *Pour Marx, Lire le Capital,* cit. [eds. cast. cit.]. *[N. del A.]*

juicio) este *guion;* también debemos preguntarnos por qué (y si es legítimo) emplear una expresión que pone al Derecho *delante* del Estado y si no convendría, por el contrario, poner al Derecho *detrás* del Estado; o si estas preguntas acerca de si delante o detrás, lejos de ser una solución, no son solamente el indicio de un problema que habría entonces que plantear en términos totalmente distintos.

Todas estas preguntas, que nosotros planteamos de una manera expeditiva pero, creemos, adecuada, pueden resumirse bajo la forma de los problemas siguientes: ¿qué es el Derecho?

¿Qué es el Estado?

¿Qué es la ideología?

¿Qué relaciones mantienen entre sí el Derecho, el Estado y la ideología?

¿Bajo qué tipo de «agrupamiento» (Derecho-Estado, o Estado-Derecho, etc.) podemos figurarnos estas relaciones para pensarlas?

Nuestra tesis fundamental es que estos problemas no es posible plantearlos (ni por tanto resolverlos) *más que desde el punto de vista de la reproducción.*

Vamos a analizar brevemente el Derecho, el Estado y la ideología *desde este punto de vista*. Y vamos a intentar hacer patente a la vez lo que sucede desde el punto de vista de la práctica y de la producción, por una parte, y de la reproducción, por otra. Solamente la toma en consideración de esta *diferencia* entre la reproducción y la producción puede aportar la solución de los problemas que estamos planteando.

Una última observación antes de emprender estos análisis: puesto que estamos a la búsqueda de respuestas a preguntas complejas, que afectan al *orden* mismo que implican, y puesto que nos encontramos en la ignorancia provisional de este orden, vamos a seguir un orden *provisionalmente arbitrario,* que habrá, naturalmente, que rectificar una vez llevados a cabo estos análisis. Nos proponemos, pues, seguir el orden arbitrario siguiente: el Derecho, el Estado y la Ideología. Vamos a comprobar que, a lo largo del camino, nos veremos forzados a modificar este orden por una razón inesperada: vamos a descubrir una realidad nueva.

V   El Derecho

Examinaremos lo que se designa con este nombre en las formaciones sociales que resultan del modo de producción capitalista. Prevenimos de que vamos a proceder por el momento a un análisis solamente *descriptivo.* Volveremos sobre la cuestión, de una forma más teórica, cuando hayamos adquirido los medios para ello (cfr. capítulo XI).

Este es *un sistema de reglas* codificadas (cfr. Código Civil, código de Derecho penal, de Derecho Público, de Derecho comercial, etc.) que se *aplican,* es decir, se respetan y eluden en la práctica cotidiana. Para la simplificación de la exposición, consideramos ante todo el *Derecho privado* (contenido en el Código Civil), que es por lo demás la base jurídica a partir de la cual los otros sectores del Derecho intentan sistematizar y armonizar sus propias nociones y sus propias reglas.

Diremos muy esquemáticamente esto.

El Derecho privado enuncia de forma sistemática reglas que rigen los intercambios mercantiles, es decir, la venta y la compra, en última instancia basadas en el «derecho de propiedad». El derecho de propiedad mismo se explicita a partir de los principios generales jurídicos siguientes: la *personalidad* jurídica (personalidad civil que define a los individuos como personas de derecho, dotadas de capacidades jurídicas definidas); la *libertad* jurídica «de usar y abusar» de los bienes a los que alcanza la propiedad; y la *igualdad* jurídica (par todos los individuos que están dotados de personalidad jurídica: en nuestro Derecho actual, lo están todos los hombres salvo un cierto número de «residuos» excluidos de la igualdad jurídica[1]).

---

[1] Por razones patológicas –enfermos mentales internados de oficio–, o por razones penales, o por razones «infrajurídicas»: los niños, menores, extranjeros y en parte las mujeres, etcétera. *[N. del A.]*

Dicho esto, ¿qué es el Derecho?

Tres características, sobre las cuales Marx y Engels (por lo demás, en la estela de Kant y, paralelamente, de Hegel) insistieron, deben retenerse.

I. Sistematicidad del Derecho

El Derecho adopta necesariamente la forma de un *sistema* que tiende naturalmente a la no contradicción y a la saturación internas. Nos disculpamos por introducir aquí estos dos conceptos de apariencia técnica. Son fáciles de comprender.

En la medida en que el Derecho es un sistema de reglas que se aplican, es decir, a la vez respetadas y eludidas, debe imperar entre todas las reglas de este sistema una *coherencia* tal que no se pueda *invocar* el beneficio de una regla contra otra, pues, de lo contrario, el efecto de la primera regla quedaría destruido por el efecto de la segunda. Por eso el Derecho tiende a eliminar en él toda posibilidad de *contradicción,* y por eso los juristas despliegan esta extraordinaria actividad de sistematización que siempre ha provocado la admiración del común de los hombres y que los constituye en juristas, maníacos de las reglas y de los casos de aplicación.

Pero al mismo tiempo el Derecho debe estar *saturado,* es decir, debe presentar un sistema de reglas que *tiendan* a abarcar todos los casos posibles que se presenten en la «realidad», de manera que no le coja de improviso un «descubierto» jurídico de hecho por el que podrían introducirse en el Derecho mismo prácticas no jurídicas que atentarían contra la integridad del sistema.

De ahí este otro aspecto de la «admirable» actividad de los juristas constantemente dedicados a la vez a hacer que vuelva a entrar la diferencia del «derecho consuetudinario» y los desvíos de la *jurisprudencia* (aplicación de las reglas existentes a los casos «concretos» que, a menudo, las exceden) en el Derecho mismo.

La actividad misma de sistematización se ha de comprender entonces no solamente como reducción de las *contradicciones* posibles entre las reglas del Derecho existente, sino también y sobre todo como reducción de las contradicciones posibles entre las reglas ya definidas en el sistema interno del Derecho y las prácticas fronterizas, parajurídicas, de la jurisprudencia, lo propio de las cuales es reconocer los «casos» que el Derecho aún no ha integrado y sistematizado verdaderamente. A este respecto, evidentemente la jurisprudencia se ha de vincular a este *exterior* del *Derecho* cuya existencia la historia del Derecho reconoce bajo la forma de lo que se llama, a diferencia del Derecho *escrito* (todo sistema de reglas jurídicas da lugar a una consignación escrita), el Derecho llamado *«consuetudinario».* Pero dejemos este punto, que nos interesa solamente en cuanto que indica, desde el punto de vista de la seguridad del Derecho mismo, la existencia de un *fuera del Derecho* más o menos amenazante.

II. Formalidad del Derecho

El derecho es necesariamente *formal* por lo que respecta no al *contenido* de lo que intercambian las personas jurídicas en los contratos de compraventa, sino a la *forma* de estos contratos de intercambio, forma definida por los actos (formales) de las personas jurídicas formalmente libres e iguales ante el Derecho. Es en la medida en que el Derecho es *formal* como puede ser *sistematizado* como tendencialmente no contradictorio y saturado. La formalidad del Derecho y su sistematicidad correlativa constituyen su *universalidad* formal: el Derecho vale para –y puede ser invocado por– *toda* persona jurídicamente definida y reconocida como persona jurídica.

Se acostumbra a considerar y criticar la formalidad del Derecho como un «formalismo», es decir, un punto de vista moral. Un punto de vista *moral* es un punto de vista moral: produce aprobaciones o condenas. El Derecho se burla de ser condenado o aprobado: existe y funciona, y no puede existir y funcionar más que *formalmente*.

Su formalidad tiene, evidentemente, por efecto poner entre paréntesis, *en el Derecho mismo,* los contenidos a los cuales se aplica la forma del Derecho. Pero no tiene en modo alguno por efecto hacer desaparecer por encanto estos contenidos. Todo lo contrario: el formalismo del *Derecho* no tiene sentido más que en cuanto se aplica a contenidos definidos, necesariamente *ausentes del Derecho mismo*. Estos contenidos son las *relaciones de producción y sus efectos*[2].

Por lo cual se puede comenzar a entrever que:

1/ el Derecho no existe más que en función de las relaciones de producción existentes.

2/ el Derecho no posee la forma del Derecho, es decir, su sistematicidad formal, más que a condición de *que las relaciones de producción,* en función de las cuales existe, *estén completamente ausentes del Derecho mismo*.

Es esta situación singular del Derecho, que no existe *más que en función de un contenido del que hace en sí mismo totalmente abstracción* (las relaciones de producción), la que explica la fórmula marxista clásica: el derecho «expresa» las relaciones de producción, aunque sin hacer ninguna mención, en el sistema de sus reglas, de dichas relaciones de producción; todo lo contrario, *escamoteándolas*.

---

[2] El Derecho reconoce a todos los hombres, sujetos jurídicos iguales, el derecho de propiedad. Pero ningún artículo reconoce el hecho de que ciertos sujetos (los capitalistas) sean propietarios de los medios de producción y otros (los proletarios) estén desprovistos de todo medio de producción. Este contenido (las relaciones de producción) está, pues, ausente del Derecho que, al mismo tiempo, lo garantiza. Cfr. el capítulo I. [N. del A.]

La distinción entre las relaciones de producción, por una parte, y el Derecho, por otra, es fundamental en la teoría marxista. Su confusión es la fuente no solamente de gravísimos errores teóricos, sino también de gravísimas faltas políticas, que son su consecuencia[3].

Esta distinción es, en efecto, no solamente indispensable para analizar lo que sucede en el modo de producción capitalista, sino también para anticipar lo que sucederá en el modo de producción socialista.

Es absolutamente evidente, para no tomar más que este ejemplo, que es falso definir el modo de producción socialista por la *propiedad* colectiva, o socialista, de los medios de producción. Es falso definir la revolución socialista como el «paso» de una *propiedad a la otra:* de la propiedad de los medios de producción por individuos o Grupos monopolistas (reducidos a un «puñado») a la propiedad de los mismos modos de producción por *la* colectividad... es decir, el Estado, por una parte, y las cooperativas, por otra.

Pues al hablar de la *propiedad* colectiva de los medios de producción no se habla de las relaciones de producción socialistas, sino, digamos, del Derecho socialista. Y entonces se toma el Derecho (llamado) Socialista por las relaciones de producción socialistas. Si uno se atiene a esta definición puramente jurídica del modo de producción socialista, se corre el riesgo de gravísimas equivocaciones: la experiencia está ahí para probarlo.

---

[3] [Pasaje tachado:] Por ejemplo, una fórmula que quisiera definir el socialismo como basado en la «*propiedad colectiva*» de los medios de producción (opuesto a la propiedad *individual* –capitalista– de los medios de producción) sigue presa de las relaciones jurídicas (*propiedad* colectiva), por cuanto conserva el principio de base del derecho burgués: la *personalidad jurídica* (la personalidad *colectiva* –el Estado– o de las colectividades –los koljoses–, en lugar de la personalidad *individual*).

Esta definición puede prestar algunos servicios aproximativos cuando trata de anticipar, a partir del Derecho burgués, lo que «pasará» en el modo de producción con las relaciones jurídicas (burguesas); mas yerra completamente en cuanto a su objeto: *las relaciones de producción socialistas*.

Se comprenderá fácilmente a qué aberraciones teóricas y prácticas puede arrastrar una tal fórmula a quienes tienen que construir el socialismo, pues si ya las relaciones de producción capitalistas no pueden en ningún caso confundirse con el Derecho burgués, con más razón es un escándalo definir las relaciones de producción socialistas no solamente en términos de Derecho, sino por encima del mercado en términos de *Derecho burgués*.

Téngase mucho cuidado con una trampa que puede acechar aquí a la imaginación del lector, que estaría tentado de decir: sea, hay que abandonar el punto de vista del Derecho burgués y adoptar el punto de vista del *Derecho socialista*. Eso es simplemente repetir el mismo error en otro lenguaje: en efecto, si en el periodo de transición del capitalismo al socialismo el Derecho debe necesariamente subsistir, el Derecho que subsiste, incluso si se lo llama «socialista» porque las personas jurídicas son «colectivas», sigue siendo el *Derecho burgués, pues no es sino Derecho mercantil y por consiguiente burgués*. El modo de producción socialista *suprimirá* todo derecho. Marx lo había visto perfectamente y dicho con sus propios términos en un pasaje a menudo citado, pero raramente comprendido, de su *Crítica del Programa de Gotha* [ed. cast.: Madrid, Editorial Ricardo Aguilera, 1971]. *[N. del A.]*

Sabemos, en efecto, que Marx siempre definió las relaciones de producción que constituyen el modo de producción socialista no por la *propiedad* colectiva (socialista) de los medios de producción, sino por su *apropiación* colectiva o común por los hombres libremente «asociados». Rechazo, por tanto, de una definición por el Derecho de lo que no puede ser definido por el Derecho, incluso llamado socialista. Este rechazo va muy lejos en Marx, pues manifiestamente a sus ojos todo Derecho, siendo en última instancia el Derecho de relaciones *mercantiles,* queda definitivamente marcado por esta tara burguesa: pues todo Derecho es por esencia, en último término, no igualitario y burgués. Véanse sobre esto las admirables pero demasiado breves notas de la *Crítica del Programa de Gotha.*

¿Qué entender entonces por la *apropiación* colectiva, común, de los medios de producción por los «hombres», libremente «asociados»? Está claro que en esta fórmula que excluye toda referencia y toda dominación jurídica, en esta fórmula programática, si el problema se plantea, lo que no se da es la solución. Es sabido a qué debates ha dado lugar, y todavía da lugar (y esto no ha terminado), este problema en la historia del Movimiento obrero marxista. Los unos se quedan en la propiedad de Estado, la propiedad cooperativa de los medios de producción, y el socialismo se convierte entonces en una cuestión de planificación económica. Declaran que un buen Derecho socialista y una buena Planificación realizan espontánea y realmente esta «apropiación» de los medios de producción de la que hablaba Marx. Los otros quieren pasar enseguida a la apropiación directa por los agentes de la producción e implantan la «autogestión», que es para ellos esta apropiación misma. Consignas como «poder obrero», como «democracia *económica*»[4], son o han sido el resultado de esta misma tendencia. Las cosas no son simples.

No son simples porque no hay que confundir las relaciones de producción *socialistas* de apropiación común de los medios de producción, más tarde las relaciones de producción *comunistas,* con las relaciones que se han de implantar en la *fase de transición* hacia el socialismo: porque, si no hay que confundir el socialismo y el comunismo, *con mayor razón* no hay que tomar la fase de transición hacia el socialismo (fase de construcción del socialismo) por el socialismo.

En la fase de transición en cuestión, que es la de la Dictadura del Proletariado, Lenin lo repitió mil veces, no se trata todavía de relaciones de producción socialistas, sino de relaciones de transición en las que el Derecho llamado Socialista sigue siendo aún por su forma un Derecho no igualitario y por consiguiente burgués, en el que la propiedad de Estado y la propiedad de las cooperativas no son más que

---

[4] La consigna «democracia económica» es socialdemócrata. Desde el punto de vista teórico marxista, es un sinsentido. Lenin lo recordó: la democracia es un concepto *político* que concierne a la política... y no tiene nada que ver con la economía. *[N. del A.]*

formas transitorias que la Dictadura del Proletariado debe utilizar como transitorias *a fin* de preparar, larga, paciente y tenazmente, la constitución de las futuras relaciones de producción socialistas. Esto es lo que Lenin recordaba sin cesar contra quienes, quemando las etapas y proponiendo además soluciones pequeñoburguesas muy clásicas en el Socialismo utópico, querían instaurar el «poder obrero», la «autogestión» y la «democracia económica» o «democracia de la producción»[5].

Pero si se quiere dejar a la fase de transición de la dictadura del Proletariado sus propios problemas (el primero de los cuales es saber si se ha o no superado la fase de la Dictadura del Proletariado...)[6], y no confundirlos con los problemas del socialismo *construido,* se puede plantear por sí misma la cuestión de la naturaleza de la *apropiación* colectiva, socialista, de los medios de producción, y preguntarse, para empezar, a qué se refería Marx con este término programático.

Marx se refería manifiestamente a la extinción del Derecho, correlativa de la extinción del Estado. Extinción del Derecho no puede significar más que extinción de los intercambios de tipo *mercantil,* de los intercambios de bienes como mercancías (incluida, naturalmente, en primer lugar esta mercancía que es la fuerza de trabajo en las relaciones mercantiles capitalistas), y sustitución de los intercambios mercantiles por intercambios no mercantiles. Se desemboca entonces inevitablemente en la pregunta: ¿cómo asegurar estos intercambios *no mercantiles*? Respuesta clásica: mediante la planificación socialista. Pero ¿qué es la planificación socialista?

Es evidente que se trata de una cuestión hoy en día candente, pero terriblemente marcada *por la forma muy particular* que la política de Stalin imprimió a la planificación soviética desde los años treinta: *planificación estatal* diremos nosotros, más que «burocrática» (siendo el efecto burocrático un efecto secundario de una política más general).

Es dentro de los límites de esta forma muy particular donde debaten una y otra vez actualmente todos los que, en la URSS, Checoslovaquia, Hungría, etc., intentan «atemperar» la planificación con medidas «liberales» que tienen por efecto reconocer y extender las relaciones mercantiles en el seno mismo de la economía de estos países.

---

[5] Aquí, texto de Lenin, *Oeuvres,* tomo XXXII, p. 19 (Moscú, 1962) [ed. cast.: *Obras completas,* Madrid, Akal, 1978]. *[N. del A.]*

[6] Kruschev[a] ha declarado muy imprudentemente que esta estaba superada en la URSS, y que la URSS iniciaba la construcción del comunismo. *[N. del A.]* – [a] Nikita Kruschev (1894-1971): político soviético. A la muerte de Stalin (1953) ocupó la secretaría del Partido Comunista, cargo que desde 1958 compatibilizó con la presidencia del Consejo de Ministros. En el XX Congreso del Partido (1956) denunció las purgas y la política de «culto a la personalidad» de Stalin. El fracaso de su política agrícola y la retirada de los lanzamisiles instalados en Cuba tras la Crisis de los Misiles, fueron algunos de los hechos que en 1964 precipitaron su sustitución por Brezhnev al frente del partido y por Kossiguin como presidente del Consejo de Ministros. *[N. del T.]*

Es también dentro de los límites de esta forma muy particular donde se plantean los problemas «teóricos» sobre los cuales los teóricos locales se rompen la cabeza y se dividen, acerca de los métodos de resolución de las cuestiones clave: por ejemplo, la cuestión de la fijación de los «precios»[7]. La teoría del valor-trabajo, situada, en buena doctrina marxista, en el corazón de estas cuestiones «teóricas», es, si me atrevo a decirlo, ¡sometida a una dura prueba!

En el límite, se invoca el doble mito de la automación y de la electrónica, que deben permitir, gracias a una hipercentralización de ordenadores gigantes, «resolver», mediante una Planificación matemáticamente mágica[8], todos los problemas, con el pequeño «sostén» (como por casualidad indispensable) del «criterio de la rentabilidad» de las empresas... Dudo de que esta solución tecnicista, atemperada por una dosis (incontrolable a largo plazo) de liberalismo económico y una buena ideología «humanista» de rigor (contrapunto obligado), nos aporte la planificación

---

[7] Sobre estos debates, sus presupuestos y su punto muerto, véase el artículo de Ch. Bettelheim «Les problèmes des prix dans les pays socialistes d'Europe» [«Los problemas de los precios en los países socialistas de Europa»], *La Pensée* n.º 133, junio de 1967, y n.º 134, agosto de 1967. [N. del A.]

[8] Para llegar al fondo de la cuestión aquí abordada, y más allá de todas las discusiones teórico-técnicas sobre los medios de asegurar la Planificación, se ha de hacer, me parece a mí, la observación siguiente. Se piensa en el fondo, o más bien se espera, que la Planificación tiene por objeto esencial materializar, constituir, en suma crear las relaciones de producción socialistas, las famosas relaciones de apropiación real. De hecho, en la medida en que tiene tendencia a hacerse cargo, bien solamente, bien de manera prevalente, de este gigantesco problema, uno se engaña sobre su función real, que no es tanto crear las Relaciones de Producción socialistas como organizar, de la manera más «racional», las *Fuerzas productivas* existentes, y prácticamente ellas solas. Nos volvemos a encontrar aquí una política de la que he hablado en el Anexo: la de la primacía de las Fuerzas productivas sobre las Relaciones de producción. Política falsa en su principio, política contraria a la célebre consigna de Lenin: «El Socialismo son los Sóviets + la electrificación». En esta lacónica frase, Lenin expresa una tesis justa, fundamental, y el descuido de la cual no se perdona: en ella afirma la primacía de los Sóviets sobre la electrificación y, por intermediación de esta primacía de los Sóviets, la primacía *política* del problema de las Relaciones de Producción sobre las Fuerzas Productivas. Digo bien: primacía política. Pues los Sóviets son las organizaciones políticas de las masas. Y las relaciones de producción socialistas no se implantarán como un efecto derivado de la Planificación de las Fuerzas Productivas (aquí simbólicamente representadas por la electrificación), sino por la *intervención política de las masas* (aquí los Sóviets). La Planificación (que tiene ante todo por objetivo la organización de las fuerzas productivas) es *uno de los* medios de la intervención política y de la línea política que debe constituir, «inventar» (las masas «inventaron» los Sóviets en 1905) las nuevas Relaciones de Producción socialistas. La Planificación, incluida su concepción, incluidos sus métodos (no hablo ni siquiera de sus objetivos: esto cae por su peso), es, pues, no la solución, sino *un medio subordinado* a una línea política basada en la Primacía de las Relaciones de producción que la Dictadura (política) del Proletariado debe instaurar. Asunto de largo aliento y de lucha de clases. Aún es menester que la cuestión se plantee en sus justos términos y que, contra la tendencia al economismo-humanismo, la política sea situada en el puesto de mando para que la Primacía de las Relaciones de Producción se asegure en los hechos. [N. del A.]

socialista capaz de dar cuerpo a las relaciones de *apropiación* de los medios de producción por los «hombres libremente asociados».

Será bueno, pues, tomar seriamente cierta distancia histórica, política y teórica en relación con la forma de planificación impuesta por la política de Stalin, que comporta siempre estos «problemas»... y reexaminar las cosas desde un punto de vista adecuado. Esta es al menos mi opinión personal, y como tal la ofrezco. Pero este distanciamiento y sus efectos suponen condiciones políticas y teóricas que, a juzgar por el curso actual de las cosas, no van a sobrevivir de un día para otro ni a materializarse sin serias transformaciones de doloroso alumbramiento. Pues detrás de todos estos problemas hay –incluso en los países socialistas– cuestiones muy serias: cuestiones de clase y de lucha de clases, lo cual no debería sorprender a los marxistas.

Sea como sea, está claro que, a través de las diferentes experiencias en curso –la yugoslava, de la que ahora mismo se puede extraer la conclusión segura de que no es más que una fase de transición-regresión hacia el capitalismo; la planificación soviética, marcada por la concepción de Stalin; la planificación china (de espíritu y forma sensiblemente diferentes)–, en estas diferentes experiencias de lo que se trata cabalmente es de la búsqueda de las *formas* inéditas en las que podrán existir un día estas famosas relaciones de producción socialistas como relaciones de *apropiación real*. Está claro también que la búsqueda de estas formas no es una simple cuestión teórica, incluso si la teoría tiene en ella un papel muy importante que desempeñar (la teoría de Marx y Lenin, se entiende), sino una cuestión eminentemente política y que no puede regularse más que tras luchas políticas (en su fondo luchas de clase económicas, políticas e ideológicas) de las que nosotros no estamos viviendo más que sus inicios.

He ahí por qué, entre otras cosas, es tan importante la distinción marxista entre las relaciones de producción y las relaciones jurídicas.

III. Represividad del Derecho

El Derecho es necesariamente *represivo*. Eso Kant ya lo había visto y expresado muy bien en su *Metafísica de las costumbres (primera parte: Doctrina del Derecho)*, una obra muy poco metafísica a pesar de su título. A este respecto, la concepción hegeliana del Derecho va muy por detrás, por su delirante idealismo, de la concepción kantiana del Derecho.

El Derecho es represivo en tanto en cuanto no podía existir sin un sistema correlativo de sanciones. Dicho de otro modo, no hay Código Civil posible sin un Código Penal, que es su materialización en el nivel mismo del Derecho. Eso se comprende fácilmente: no puede existir contrato jurídico más que a condición de que se *apli-*

que, es decir, se respete o eluda el Derecho. Puede, pues, existir un Derecho de la aplicación (y de la no aplicación) *del Derecho,* es decir, del respeto (y del no respeto) de las relaciones del contrato jurídico.

En un contrato, dos personas jurídicas se *comprometen* a cumplir prestaciones de intercambios definidas. Se *comprometen* al mismo tiempo a ser *sancionadas* si no respetan las cláusulas del contrato[9].

Con este esencial complemento jurídico del Derecho que es el sistema de reglas jurídicas de sanción del (no) respeto de las cláusulas suscritas en un contrato, con el complemento jurídico del Código Civil que es el Código Penal, el Derecho reconoce en su propio seno que no podría «existir», es decir, ser practicado por las personas jurídicas, sin reglas de una *coacción represiva*.

Esto es lo que Kant había visto perfectamente en su *Metafísica de las costumbres* (Primera Parte: Doctrina del Derecho): *el Derecho implica la coacción*. Pero, naturalmente, lo había visto desde el punto de vista de la *moralidad,* esto es, como diferencia entre el Derecho (sistema formal no contradictorio-saturado *represivo*) y la Moralidad (sistema formal no contradictorio-saturado que comporta una *obligación* –el Deber– *sin sanción,* por tanto *sin represión*). No sorprenderá que nuestro punto de vista sobre el Derecho no sea el de Kant (el punto de vista de la diferencia con respecto a la moral), sino un punto de vista totalmente distinto (el punto de vista de la diferencia con respecto a las relaciones de producción).

Las cosas son entonces simples. Quien dice coacción dice sanción; quien dice sanción dice represión, por tanto necesariamente *aparato de represión*. Este aparato existe en el *aparato represivo de Estado* en el sentido estricto del término. Se llama: cuerpo de policía, tribunales, multas y cárceles. Con eso es con lo que el derecho *hace causa común con el Estado*.

Pero al mismo tiempo está claro que la práctica del Derecho no se basa exclusivamente en la represión *in actu*. La represión es la mayor parte de las veces, como se dice, *«preventiva»*. No interviene en las formas jurídico-estatales más que en un pequeño número de casos en relación con el infinito número de los contratos respetados, sin que intervenga en persona el aparato represivo y sin que se desencadene un proceso de represión. En la inmensa mayoría de los casos, las cosas suceden sin historia: las cláusulas de los contratos son *respetadas*.

Pero aquí hay que prestar mucha atención.

---

[9] A menos, evidentemente, de encontrar el medio (jurídico) de eludirlas, bien porque descubran (gracias a los expertos jurídicos con este fin retribuidos) una regla jurídica que «cubra» su operación; bien porque descubran (id.) una ausencia de reglas jurídicas, una laguna en el Derecho, que les ponga al abrigo de todo recurso jurídico, sea cual sea (del Derecho propiamente dicho o de la jurisprudencia). [N. del A.]

IV. Derecho, ideología jurídica y suplemento de ideología moral

El sentido común (este *Almanach Vermot*[10] de las necedades públicas) prorrumpirá en una gran risotada: es el «miedo al gendarme» el que hace que las partes contratantes respeten los compromisos suscritos en las cláusulas del contrato. Pues, como todo el mundo «sabe», el miedo al gendarme es «el comienzo de la sabiduría».

A lo cual las «personas decentes» responderán, con todas las apariencias de la razón, que si el gendarme está propiamente hablando en el horizonte de los compromisos jurídicos, no está en absoluto presente en el horizonte de la *conciencia* de los contratantes: mejor, está *ausente en persona*.

Las «personas decentes» tienen razón; por lo demás, siempre tienen razón, salvo en comprender cuáles son las razones que les dan la razón. En este caso basta con escucharlas: «Si respetamos las cláusulas que firmamos, no es –¡Dios nos guarde!– por miedo al gendarme, sino *"por simple decencia"*».

De hecho, existen contratantes decentes, que no tienen ninguna necesidad del miedo al gendarme para ser decentes. Son decentes por simple «conciencia profesional» o simple «conciencia moral», en ocasiones muestran cierto orgullo cuando no sacan (más o menos discretamente) ventajas comerciales, pues todo el mundo «sabe», en las plazas del mercado nacional o mundial, que tal «Firma» es perfectamente «correcta» y puntual, o incluso tal o cual pueblo –los alemanes, los japoneses, etc.–, mientras que los otros no saben «comportarse en los negocios», es decir, «honrar sus compromisos» (¡el honor!).

Pues bien, a las «personas decentes» hay que tomarles la palabra, pues, contra todos los sarcasmos del poujadismo[11] latente o de la amargura pequeñoburguesa que no imagina que ella (la pequeña burguesía) pueda arruinarse sin haber sido «estafada», tienen fundamentalmente razón. Llamemos a esta razón por su nombre.

Tal como, hace un instante, hemos dado su nombre al aparato represivo del que tiene necesidad el Derecho burgués (una parte del aparato de Estado), de-

---

[10] *Almanach Vermot:* almanaque conservador de estilo campechano y gran tirada, comenzado a publicar en 1886. *[N. del T.]*

[11] Poujadismo: movimiento político-sindical liderado por Pierre Poujade (1920-2003). Fundado en 1953, en 1956 obtuvo el 11 por 100 de los votos en las elecciones generales francesas. Su ideología defendía a los pequeños comerciantes y artesanos contra las grandes superficies comerciales, los controles económicos y fiscales, los impuestos y la descolonización de Argelia. Las disensiones intestinas entre un ala moderada y otra de extrema derecha (en la que destacaba un joven llamado Jean-Marie Le Pen) llevaron a su descomposición y, en 1958, el advenimiento de la Quinta República a su disolución. Paulatinamente el término adquirió un matiz peyorativo, para referirse a un movimiento político corporativista con tendencias reaccionarias, propio de las clases medias, también definido como conservadurismo pequeñoburgués. *[N. del T.]*

mos su nombre a esta razón: es la *ideología jurídica,* y la *ideología moral,* que le sirve de «suplemento».

Si la inmensa mayoría de las personas jurídicas respetan las cláusulas de los contratos que han suscrito, y ello sucede, en efecto, sin la intervención o la amenaza preventiva del aparato represivo de Estado especializado, ello se debe a que están «imbuidas» de la «*decencia*» de la *ideología jurídica,* que se inscribe en su comportamiento de respeto del Derecho y permite propiamente hablando que el Derecho «funcione», es decir, que la práctica jurídica «vaya sola», sin recurrir a la represión o a la amenaza.

También aquí, atención.

Evidentemente, para la práctica del Derecho, esto es, por el Derecho (un Derecho no practicado no es un Derecho en absoluto), se requiere la ideología jurídica, pero esta no se confunde con el Derecho.

El Derecho dice (escribe en sus Códigos), por ejemplo: todo individuo (salvo el residuo de las excepciones mencionadas hace un instante) es *jurídicamente* libre (de contratar o no, de usar y de abusar o no de sus bienes, etc.). Es una definición *jurídica* de la libertad, es decir, una definición de la libertad por el Derecho, por el sistema de sus reglas: una definición de la libertad perfectamente precisa, sin validez más que dentro de los límites del Derecho, y que no tiene nada que ver con la libertad moral y filosófica, ni tampoco, como se va a ver, con la libertad de la ideología jurídica.

El Derecho dice, por ejemplo: todos los individuos (salvo los residuos, etc.) son jurídicamente iguales ante todo acto contractual y sus consecuencias (en particular ante sus consecuencias penales). Es una definición *jurídica* de la igualdad, es decir, una definición de la igualdad por el Derecho, por el sistema de sus reglas: una definición de la igualdad perfectamente precisa, sin validez más que dentro de los límites del Derecho, y que no tiene nada que ver con la igualdad moral, política y metafísica, ni tampoco, como se va a ver, con la igualdad de la ideología jurídica.

El Derecho dice, por ejemplo, que se han de respetar los compromisos suscritos. Es una definición *jurídica* de la obligación, es decir, una definición de la obligación por el Derecho, por el sistema de sus reglas penales: una definición de la obligación perfectamente precisa, sin validez más que dentro de los límites del Derecho, y que no tiene nada que ver con la obligación moral y la obligación metafísica, ni tampoco, como se va a ver, con la obligación de la ideología jurídica.

La *ideología jurídica,* si queremos hablar de ella con un mínimo de respeto por los hechos y en un lenguaje que tenga algún rigor, si acepta las nociones de libertad, de igualdad y de obligación, las inscribe *fuera del Derecho,* esto es, fuera del sistema de las reglas del Derecho y de sus límites, en un discurso ideológico estructurado por nociones enteramente distintas.

Para resumir lo esencial de estas nociones de base de la ideología jurídica, hay que prestar atención a la siguiente «pequeña diferencia».

El Derecho dice: los individuos son personas *jurídicas* jurídicamente libres, iguales y obligadas *en cuanto personas jurídicas*. Dicho de otro modo, el Derecho no sale del Derecho, lo reconduce todo, «decentemente», al Derecho. No se le ha de reprochar esto: realiza decentemente su «oficio» de Derecho.

La ideología jurídica tiene, por su parte, un discurso aparentemente similar, pero de hecho *completamente diferente*. Dice: los hombres son libres e iguales *por naturaleza*. En la ideología jurídica es, pues, la *«naturaleza»* y no el Derecho la que «fundamenta» la libertad y la igualdad de los «hombres» (y no de las personas jurídicas). Matiz…

Queda, evidentemente, la obligación. La ideología jurídica no dice que los hombres estén obligados por «naturaleza»: en este punto tiene necesidad de un pequeño suplemento, muy precisamente de un pequeño suplemento *moral*, lo que quiere decir que la ideología jurídica no puede mantenerse en pie más que apoyándose en la ideología moral de la «Conciencia» y del «Deber».

Se habrá comprendido lo que queríamos mostrar. El Derecho es un sistema formal sistematizado, no contradictorio y saturado (tendencialmente), *que no puede existir solo.*

Por un lado se apoya en una parte del aparato represivo de Estado; por otro se apoya en la ideología jurídica y en un pequeño suplemento de ideología moral.

Sin duda, en el horizonte de toda práctica jurídica está el gendarme que vigila (una parte del aparato de Estado) e interviene cuando es indispensable. Pero la mayor parte del tiempo no interviene y está incluso completamente ausente del horizonte de la práctica jurídica.

¿Qué es lo que, entonces, está presente no en el horizonte de este espacio, sino en este espacio mismo? *La ideología jurídica + el pequeño suplemento de ideología moral.* Todo sucede como si la ideología jurídica y moral desempeñaran el papel del gendarme ausente, fueran el «representante» del gendarme ausente, en el espacio de la práctica jurídica de los contratos.

Un ausente es un ausente. El representante de un ausente no es el ausente, sino su representante. (Nuestros diplomáticos lo saben, ¡y demos gracias a Dios por ellos!, pues de lo contrario se verían aplastados por el peso del Hexágono[12], ya que ellos no son, a diferencia de De Gaulle, «¡Francia!», sino solamente sus «representantes», lo cual les permite tener un poco de vida propia, una familia, vacaciones y perspectivas, de carrera incluidas.)

La ideología jurídico-moral ocupa, pues, el lugar del gendarme, pero, en la medida en que ocupa su lugar, *no es el gendarme.*

---

[12] El Hexágono: Francia, en referencia a la forma de su mapa. *[N. del T.]*

Esto no es una sutileza o una distinción gratuita. Esta distinción es visible en los *hechos,* muy precisamente en tanto en cuanto el gendarme es una *fuerza* represiva de intervención *física.* Él ha prestado juramento para poder *detener* y transportar (esposado si hace falta) al delincuente hasta «a quien corresponda», el cual le va a pedir cuentas, con al final el arresto, la cárcel, los procesos y las condenas. El gendarme es la *violencia* de Estado vestido con un inofensivo (o no) uniforme del cual se hacen operetas justamente para «olvidar» que no existe más que por la *violencia.* Diremos que, bajo el disfraz del gendarme, la práctica jurídica funciona «con la violencia» (regulada) del aparato de Estado.

Pero, por regla general, en la inmensa mayoría de los casos, la intervención de la violencia de Estado no es necesaria. Para que la práctica jurídica «funcione», *basta con la ideología jurídico-moral,* y las cosas van *«solas»* porque las personas jurídicas están imbuidas de estas «evidencias» que saltan a la vista, los hombres son libres e iguales *por naturaleza* y «deben» respetar sus compromisos por simple «conciencia» (bautizada como profesional para enmascarar su fondo *ideológico*) jurídico-moral. Diremos, pues, que la práctica del Derecho «funciona» en la inmensa mayoría de los casos «con la ideología jurídico-moral».

Por supuesto, las consecuencias de la forma en que el derecho «funciona» así (a la vez «con la violencia» de Estado y con la «ideología» no violenta) son incalculables, tanto por lo que se refiere a las relaciones de producción como a las *formas de existencia* de las relaciones de producción en la división y la organización del trabajo. Evidentemente, tendremos que volver a hablar de esto. Pero dejemos por el momento en suspenso esta cuestión capital, para concentrar nuestra atención en la observación siguiente.

Nuestro análisis de la naturaleza y del «funcionamiento» del Derecho nos ha puesto, sin que las hayamos buscado especialmente, frente a dos realidades fuera de las cuales la existencia y el funcionamiento del Derecho son propiamente hablando ininteligibles. Estas «realidades» son el Estado, por una parte, y la Ideología, por otra. Es el momento de hablar de ellas.

VI   El Estado y sus aparatos

La tradición marxista es categórica: desde el *Manifiesto*[1] y *El Dieciocho Brumario*[2] (y en todos los textos clásicos ulteriores, ante todo de Marx sobre la Comuna de París, y de Lenin en *El Estado y la Revolución*), el Estado se concibe explícitamente como *aparato represivo*. El Estado es una «máquina» de represión que permite a las clases dominantes (en el siglo XIX a la clase burguesa y a la «clase» de los grandes propietarios terratenientes) asegurar su dominación sobre la clase obrera a fin de someterla al proceso de extorsión de la plusvalía (es decir, a la explotación capitalista).

El Estado es entonces, ante todo, lo que los clásicos marxistas llamaron el *aparato de Estado*. Bajo este término se incluyen no solamente el aparato especializado (en el sentido estricto), cuya existencia y necesidad hemos reconocido a partir de las exigencias de la práctica jurídica –a saber: la policía, los tribunales, las cárceles–, sino también el ejército, el cual, más allá de su función de «defensa nacional» (el proletariado ha pagado con su sangre esta experiencia), interviene directamente como fuerza represiva de apoyo en última instancia, cuando la policía (y sus cuerpos especializados: CRS[3], etc.) se ve «desbordada por los acontecimientos»; y, por encima de este conjunto, el jefe del Estado, el gobierno y la administración.

Presentada de esta forma, la «teoría» marxista-leninista del Estado va a lo *esencial*, y en todo momento se ha de ser consciente de que eso es lo esencial. El aparato de Estado, que define al Estado como fuerza de ejecución y de intervención repre-

---

[1] Cfr. Karl Marx y Friedrich Engels: *Manifiesto comunista,* Madrid, Akal, 2004. [N. del T.]

[2] Cfr. Karl Marx: *El Dieciocho Brumario de Luis Bonaparte,* Barcelona, Ariel, 1985. [N. del T.]

[3] CRS: siglas de Compañías Republicanas de Seguridad, fuerza antidisturbios de la Policía Nacional francesa. [N. del T.]

siva «al servicio de las clases dominantes» en la lucha de clase llevada a cabo por la burguesía y sus aliados contra el proletariado, es cabalmente el Estado, y define cabalmente su «función» fundamental.

I. De la teoría descriptiva a la teoría a secas

Sin embargo, también aquí, como hemos señalado a propósito de la metáfora del edificio (infraestructura y superestructura), esta presentación de la naturaleza del Estado no deja de ser *descriptiva*.

Como tendremos a menudo ocasión de emplear este adjetivo (represivo), es necesaria una explicación que elimine todo equívoco.

Cuando, al hablar de la metáfora del edificio o al hablar de la «teoría» marxista del Estado, decimos que estas son concepciones o representaciones descriptivas de su objeto, no tenemos una segunda intención peyorativa. Por el contrario, tenemos todos los motivos para pensar que los grandes descubrimientos científicos no pueden evitar pasar primero por la fase de lo que llamaremos una *«teoría» descriptiva*. Esta sería la *primera* fase de toda teoría, al menos en el dominio que nos ocupa (el de la ciencia de las formaciones sociales). Como tal, esta fase se podría –y a nuestro juicio se debería– abordar como una fase *transitoria,* necesaria para el desarrollo de la teoría. Que sea transitoria lo incluimos en nuestra «teoría descriptiva» al hacer aparecer, en la conjunción de los términos que empleamos, el equivalente de una especie de «contradicción». En efecto, el término *teoría* «choca» en parte con el adjetivo *«descriptiva»* que se le adjunta. Eso quiere decir, muy precisamente: 1/ que la «teoría descriptiva» es, sin ninguna duda posible, el comienzo irreversible de la teoría; pero 2/ que la forma «descriptiva» en que la teoría se presenta exige, por efecto mismo de esta «contradicción», un desarrollo de la teoría que supere la forma de la «descripción».

Precisemos nuestro pensamiento volviendo a nuestro objeto presente: el Estado.

Cuando decimos que la «teoría» marxista del Estado de la que disponemos sigue siendo en parte «descriptiva», eso significa de entrada y ante todo que esta «teoría» descriptiva es, sin ninguna duda posible, el *comienzo* mismo de la teoría marxista del Estado y que este comienzo nos da lo esencial, es decir, el principio *decisivo* de todo desarrollo ulterior de la teoría.

Pero eso no basta. De una teoría diremos que es «descriptiva» cuando se pueda hacer corresponder perfectamente con la definición que da de su objeto la inmensa mayoría de los hechos observables en el dominio del que se ocupa. Así, la definición del Estado como Estado de clase, que existe en el aparato de Estado represivo, aclara de manera fulgurante todos los hechos observables en los diversos órdenes de la represión, sean cuales sean los dominios: desde las masacres de junio del 48[4] y de la Comuna de París, del domingo sangriento de mayo de 1905 en Petrogrado[5], de la Resistencia[6], de Charonne[7], etc., hasta las simples (y relativamente anodinas) intervenciones de la «censura» que prohíbe *La religiosa* de Diderot puesta en imágenes móviles del cinematógrafo[8], o la obra de Gatti sobre Franco[9], pasando por todas las formas directas o indirectas del exterminio de las masas populares (las guerras imperialistas), de su explotación y de esta sutil dominación cotidiana en la que estalla, por ejemplo en las formas de la democracia política, lo que Lenin llamó, siguiendo a Marx, la dictadura de la burguesía. Ese es el primer aspecto de la definición de una «teoría descriptiva».

Según su segundo aspecto, esta es, evidentemente, una fase de la constitución de la teoría que exige, a su vez, la «superación» de esta fase. Pues está claro que si la definición en cuestión nos permite identificar y reconocer los hechos de opresión conectándolos con el Estado, concebido como aparato represivo de Estado, esta «conexión» da lugar a una clase de evidencia muy particular, de la cual algo tendremos ocasión de decir dentro de unos instantes: «¡sí, así es, es muy *cierto*!...»[10]. Y la acumulación de hechos en la definición del Estado, si bien multiplica su ilustración, no hace avanzar ni una pulgada la definición del Estado, es decir, su teoría científica.

Sin embargo, esta definición, si se quedara en su primera fase, donde funciona como «teoría descriptiva», se arriesgaría a quedar en equilibrio inestable, como sobre el alambre, es decir, lista para caer de un lado o del otro. Esta inestabilidad, y el

---

[4] Junio del 48: entre el 23 y el 26 de junio de 1848, la impopularidad de las primeras medidas tomadas por el conservador gobierno salido de las elecciones generales provocó en París manifestaciones de protesta muy duramente reprimidas. *[N. del T.]*

[5] Domingo sangriento de mayo de 1905 en Petrogrado: no en mayo, sino en enero (el día 22 según el calendario gregoriano, el 9 según el calendario juliano entonces vigente en Rusia), los guardias del zar causaron centenares de muertos entre los centenares de miles de personas que habían marchado en procesión hasta el Palacio de Invierno de San Petersburgo portando una petición para el zar, lo cual desencadenó la Revolución de 1905. *[N. del T.]*

[6] Resistencia: de los franceses contra los ocupantes alemanes entre 1940 y 1944. *[N. del T.]*

[7] Charonne: estación de metro parisina en la que en 1962 la policía mató a nueve manifestantes contra la guerra colonial de Francia en Argelia. *[N. del T.]*

[8] *Suzanne Simonin – la Réligieuse de Denis Diderot* [*Suzanne Simonin – la Religiosa de Denis Diderot*]: película dirigida por Jacques Rivette (n. 1928) y prohibida por el gobierno francés en 1966. Se basaba en la novela *La religieuse*, escrita por Denis Diderot (1713-1780) en torno a 1780 [ed. cast.: *La religiosa*, Madrid, Akal, 2013]. *[N. del T.]*

[9] *La passion du général Franco* [*La pasión del general Franco*], de Armand Gatti (n. 1924), prohibida por el gobierno francés en 1968. *[N. del T.]*

[10] Cfr. *infra*: Ideología (Capítulo XII). *[N. del A.]*

riesgo de caída que conlleva, ha sido muy bien analizada en una obra reciente[11], de la cual sólo retendremos el recordatorio siguiente: es en función de esta misma inestabilidad de la «teoría descriptiva» del Estado como algunos marxistas, y no de los menores, han «caído» del lado malo del alambre al presentar el Estado como un *puro instrumento* de dominación y de represión al servicio de los *objetivos,* es decir, de la *voluntad consciente* de la clase dominante. Concepción idealista-instrumentalista burguesa del Estado, a la par que concepción idealista (humanista) burguesa de las clases sociales como «sujetos»: concepción que no tiene nada que ver con el marxismo, pues pervierte lo que la «teoría descriptiva» nos da, en definitiva, de más precioso. De donde la necesidad de «caer del lado bueno» del alambre... o, para abandonar la metáfora, la necesidad de desarrollar la teoría descriptiva hasta dejarla en teoría a secas.

También aquí, atención.

Para desarrollar esta teoría descriptiva hasta dejarla en teoría a secas, es decir, no solamente para identificar y clasificar los hechos de represión, sino para comprender los *mecanismos* del Estado en su funcionamiento, pensamos, en efecto, que es indispensable añadir algo a la definición clásica del Estado como aparato de Estado.

II. Lo esencial de la teoría marxista del Estado

Lo que hace falta, si no añadir, sí al menos precisar es en primer lugar que el Estado (y su existencia en su aparato) no tiene sentido más que en función del *Poder de Estado*. Toda la lucha de clases *política* gira en torno al Estado; es decir, en torno a la detentación, esto es, a la toma o a la conservación del *poder de Estado* por una cierta clase o un «grupo en el poder», es decir, una alianza de clases o de fracciones de clases[12].

Esta primera precisión nos obliga, pues, a distinguir entre el *Poder de Estado* (conservación del poder de Estado o toma del poder de Estado), objetivo de la lucha de clases política, por una parte, y el *Aparato de Estado* por otra.

Sabemos que el Aparato de Estado puede seguir en pie, como prueban las «revoluciones» burguesas del siglo XIX en Francia (1830[13], 1848[14]), o los golpes de Es-

---

[11] N. Poulantzas, *Pouvoir politique et classes sociales,* París, Éditions Maspéro, 1968 [ed. cast.: *Poder político y clases sociales en el Estado capitalista,* Madrid, Siglo XXI, 1976]. *[N. del A.]*

[12] Cfr. N. Poulantzas, que comenta muy bien a Marx y Lenin. *[N. del A.]*

[13] La Revolución francesa de 1830 (la «Revolución de Julio») fue una revolución burguesa que, en las «Tres jornadas gloriosas» del 27, 28 y 29 de julio, puso fin a la monarquía borbónica de Carlos X y llevó al trono a Luis Felipe de Orleans. *[N. del T.]*

[14] 1848: entre febrero y junio de ese año, una Revolución hizo abdicar a Luis Felipe de Orleans e instauró la muy breve II República. *[N. del T.]*

tado (2 de diciembre de 1852[15], 13 de mayo de 1958[16]), o los hundimientos de regímenes (caída del Imperio en 1870, caída de la III República en 1940), o el ascenso político de la pequeña burguesía (1890-1895 en Francia), etc., [...] sin que el aparato de Estado se vea afectado o modificado por ello: puede seguir en pie pese a los acontecimientos políticos que afectan a *la detentación del poder de Estado*.

Pero, tras una revolución social como la de 1917, una gran parte del Aparato de Estado siguió en pie tras la toma del Poder de Estado por una alianza del proletariado y el campesinado pobre: Lenin lo repitió bastante, y esa fue para él, hasta su muerte, una preocupación lancinante.

La obra que hemos citado ofrece a este respecto aclaraciones detalladas[17]: y, por lo demás, se puede decir que esta distinción entre el Poder de Estado y el Aparato de Estado forma parte de la «teoría marxista» del Estado, de manera explícita y desde *El Dieciocho Brumario* de Marx.

Para resumir la «teoría marxista del Estado» sobre este punto, podemos recordar que los clásicos del marxismo siempre han dicho:

1/ que el Estado es el Aparato (represivo) de Estado;

2/ que se ha de distinguir el Poder de Estado del Aparato de Estado;

3/ que el objetivo de la lucha de clases tiene que ver con la detentación del Poder de Estado y, en consecuencia, con la utilización, por las clases (o alianza de clases, o de fracciones de clases) detentadoras del poder de Estado, del Aparato de Estado en función de sus objetivos de clase;

4/ que el proletariado debe conquistar el Poder de Estado para destruir el aparato de Estado burgués existente y, en una primera fase, la de la dictadura del proletariado, reemplazarlo por un Aparato de Estado completamente diferente, proletario, y luego, en las fases ulteriores, emprender un proceso radical, el de la destrucción del Estado (final del poder de Estado y de todo Aparato de Estado).

Desde este punto de vista, por consiguiente, lo que proponíamos añadir a la «teoría marxista» del Estado ya figura en ella con todas las letras. Pero pensamos que esta teoría, así completada, aún sigue siendo en parte descriptiva, si bien ahora comporta elementos complejos y diferenciales cuyos juego y funcionamiento no pueden comprenderse sin recurrir a una profundización teórica decisiva.

---

[15] 2 de diciembre de 1852: fecha en que, tras un plebiscito preparado por el golpe de Estado dado exactamente un año antes, se restauró el Imperio Francés (1852-1870), con Luis Napoleón Bonaparte al frente, con el nombre de Napoleón III (1808-1873). *[N. del T.]*

[16] 13 de mayo de 1958: fecha del levantamiento militar que, organizado en Argel para impedir el «abandono de la Argelia francesa», puso fin a la IV República Francesa y llevó a De Gaulle al poder, ahora como presidente de la V República Francesa desde diciembre de ese año. *[N. del T.]*

[17] Cfr. N. Poulantzas, *op. cit.* [ed. cast. cit.]. *[N. del A.]*

III. Los aparatos ideológicos de Estado

Lo que se ha de añadir a la «teoría marxista» del Estado es, pues, otra cosa.

Aquí vamos a avanzar con prudencia por un terreno en el que *de hecho* Marx, Lenin, Stalin y Mao nos precedieron hace mucho tiempo, pero sin haber sistematizado, bajo una forma teórica, los progresos decisivos que sus experiencias y sus enfoques implican. ¿Por qué? Porque estas experiencias y estos enfoques se quedaron ante todo *en el terreno de la práctica política.*

Sugerimos con ello que de hecho, es decir, en su práctica política, los clásicos del marxismo trataron al Estado como una *realidad más compleja* que la definición que de él se da en la «teoría marxista del Estado», incluso completada como acabamos de hacer. Reconocieron, pues, esta complejidad en su práctica, pero no la expresaron en una teoría correspondiente.

Querríamos intentar esbozar esta teoría correspondiente.

Sabemos muy bien a qué clase de objeción nos vamos a exponer, pues no podremos emitir ninguna proposición *que no esté ya consignada en los protocolos de la práctica política de la lucha de clase proletaria*. A cada instante se nos podrá, pues, decir que no aportamos absolutamente nada nuevo, y en un sentido se tendrá perfectamente razón. Sin embargo, nosotros pensamos aportar algo nuevo, que es sin duda poca cosa, pues no afecta más que a *la puesta en forma teórica* de algo ya conocido en la práctica de la lucha de clases proletaria. Pero sabemos, por los mismos clásicos, que este poco (la puesta en forma teórica de la experiencia práctica de la lucha de clases) es, o puede ser, *muy importante* para la lucha de clase misma. Sin teoría revolucionaria (del Estado) no hay movimiento revolucionario.

Ponemos las cartas sobre la mesa.

Vamos a proponer y defender la tesis siguiente.

Para poder hacer una teoría del Estado es indispensable tener en cuenta no solamente la distinción entre *Poder de Estado* (y sus detentadores) y *Aparato de Estado,* sino también otra «realidad» manifiestamente del lado del Aparato represivo de Estado, pero que *no se confunde con este* y que correremos el riesgo teórico de denominar los Aparatos ideológicos de Estado. El punto preciso de intervención teórica afecta, por consiguiente, a estos *Aparatos ideológicos de Estado* en su diferencia con el Aparato de Estado en el sentido de Aparato represivo de Estado.

Recordemos que en la «teoría marxista» el *Aparato de Estado* comprende el gobierno, la administración, el ejército, la policía, los tribunales, las cárceles, todo lo cual constituye lo que en adelante llamaremos el *Aparato represivo de Estado.* Represivo se ha de tomar en el límite (pues existen numerosas y muy diversas, incluso muy disimuladas, formas de represión *no física*), en el sentido preciso y fuerte, del ejercicio de la *violencia física* (directa o indirecta, legal o «ilegal»).

¿Qué son entonces los *Aparatos ideológicos de Estado* (AIE)?

Para dar una primera idea de ellos, he aquí una enumeración provisional:

1/ el Aparato Escolar
2/ el Aparato Familiar
3/ el Aparato Religioso
4/ el Aparato político
5/ el Aparato sindical
6/ el Aparato de la Información
7/ el Aparato de la Edición-Difusión
8/ el Aparato Cultural

Lista provisional, pues, por una parte, no es exhaustiva (cfr. capítulo XII), y, por otra, de los Aparatos 7 y 8 puede hacerse uno. Se me perdonará esta última vacilación, pues todavía no he tomado «postura» sobre este punto, que merece ser investigado.

Esta lista (en la que figura, por ejemplo, la Familia...), estas denominaciones, no dejarán de sorprender. Esperémoslo así. Y procedamos por orden a fin de poder producir una definición provisional pero clara.

Primera observación.

Podemos advertir empíricamente que a cada AIE le corresponden lo que se llaman «instituciones» u «organizaciones». Para el AIE escolar, las diferentes escuelas, los diferentes niveles, desde Primaria a Superior, los diferentes Institutos, etc. Para el AIE religioso, las diferentes Iglesias y sus organizaciones especializadas (por ejemplo, en la juventud). Para el AIE político, el Parlamento, los Partidos políticos, etc. Para el AIE Información, la Prensa (los diferentes periódicos o Grupos de periódicos), la RTF[18], y una multitud de publicaciones y de organizaciones. Para el AIE Familiar, todas las instituciones que se ocupan de la Familia, incluidas las famosas Asociaciones de Padres de Alumnos, etc. Para el AIE cultural, todos los espectáculos, incluido el deporte, así como toda una serie de instituciones tal vez compartidas con lo que hemos llamado el AIE de la Edición.

Segunda observación.

Para cada AIE, las diferentes instituciones y organizaciones que lo constituyen forman un *sistema*. Esta es al menos la tesis que nosotros proponemos, y veremos qué constituye la unidad de este sistema en cada caso. Si es así, no se puede tratar *de una sola pieza* de un AIE sin relacionarla con el *sistema* del que es una pieza. Ej.: no se puede tratar de un Partido Político, pieza del AIE político, sin relacionarlo con el sistema complejo del AIE; lo mismo para un sindicato, pieza del sistema del AIE sindical, etc.

---

[18] RTF: siglas de la Radiotelevisión Francesa. *[N. del T.]*

Tercera observación.

Constatamos que las instituciones existentes en cada AIE, su sistema, y por tanto cada AIE, aunque definido como *ideológico,* no es reductible a la existencia de «ideas» sin *soporte* real y material. Con ello no quiero decir solamente que la ideología de cada AIE se realiza en instituciones materiales y prácticas materiales: esto está claro. Quiero decir otra cosa: que estas prácticas materiales están *«ancladas» en* realidades *no ideológicas*. Por ejemplo, la Familia: es un AIE, pero en cuanto la Ideología que materializa está «anclada» en una realidad que no es puramente ideológica. La Familia es, en efecto, el lugar[19] de la reproducción biológica de los representantes de la «Especie humana», de su crianza-adiestramiento, etc. (nosotros diremos que reproduce la *existencia* de la Fuerza de trabajo). Pero la Familia es también algo bien distinto. Incluso en nuestras sociedades capitalistas, en las que está en «vías de disolución», conserva, al menos en ciertos sectores en vías de descomposición, un papel de *unidad de producción* (por ejemplo, en el campo: las «Explotaciones Familiares»). En el modo de producción servilista, la Familia era la unidad de producción dominante. En nuestro modo de producción se trata de una superviviente. En cambio, entre nosotros la Familia es siempre una *unidad de consumo:* no es el único tipo de unidad de consumo, es un tipo de unidad de consumo que existe, pero entre los que existen es un tipo que todavía desempeña un papel sumamente importante y que no está próximo a desaparecer (subsiste en los regímenes socialistas que conocemos, si bien bajo formas transformadas o en vías de regresión). Por ejemplo, el AIE cultural: la ideología que este realiza está anclada en prácticas bien estéticas (teatro, cine, literatura), bien físicas (el deporte), que no son reductibles a la ideología a la que sirven de sostén. Lo mismo vale para los AIE político y sindical: la ideología que realizan está «anclada» en una realidad que no se reduce a esta ideología, en este caso la lucha de clases. Igualmente, el AIE que es el Aparato escolar: la ideología que materializa está «anclada» en prácticas que ponen a disposición «destrezas» objetivas que no se reducen a esta ideología. En cambio, un AIE como el Aparato religioso parece «existir» en el aire, en función de la pura y simple ideología que materializa. Esto no es seguro. Más tarde intentaremos decir por qué.

Estas tres observaciones nos van a permitir enunciar una *definición provisional*. Esta definición va a poner en primer plano la «realidad» (a saber, la ideología) que unifica en *sistemas* las diferentes instituciones u organizaciones y prácticas presentes en el interior de cada AIE. Diremos esto:

Un Aparato ideológico de Estado es un sistema de instituciones, de organizaciones y de prácticas correspondientes definidas. En las instituciones, organizaciones y prácti-

---

[19] Lugar: *lieu,* mejor que *lien,* «vínculo». *[N. del T.]*

cas de este sistema se materializa toda o parte (en general, una combinación típica de ciertos elementos) de la Ideología de Estado. La ideología materializada en un AIE asegura su unidad de sistema en base a un «anclaje» en funciones materiales, propias de cada AIE, que no son reductibles a esta ideología pero le sirven de «sostén».

Llegado el momento nos explicaremos sobre la *Ideología de Estado,* cuya existencia da cuenta de los AIE como ideológicos y de Estado, y da cuenta de la unidad que hace de cada AIE un *sistema específico* distinto de los demás AIE.

Ahora podemos volver al concepto que proponemos, *Aparato ideológico de Estado,* para reflexionar sobre sus tres términos y justificar que los hayamos asociado en nuestro concepto.

Sorprenderá, sin duda, ver designar estas «realidades» (instituciones o «actividades» diversas) con el concepto de *Aparatos,* que hace, evidentemente, pensar en la expresión «Aparato» de Estado, e intrigará ver que al término *Aparatos* le unimos el adjetivo «ideológicos» para encontrar a fin de cuentas, al final de esta fórmula, al Estado mismo: Aparatos ideológicos de Estado. Como si quisiésemos hacer patente que lo ideológico está por así decir «incrustado» en el interior de la expresión «Aparato… de Estado», con la pequeña «diferencia» de que el Aparato de Estado a secas está *en singular,* mientras que nuestros «Aparatos ideológicos de Estado» están *en plural*. Todo esto merece, ciertamente, explicación.

Es a partir de esta singular situación de la «incrustación» de la ideología entre Aparato… y Estado, que provoca el paso del singular (el Aparato del Estado) al plural (los Aparatos ideológicos de Estado), como vamos a presentar nuestra explicación.

Vamos directos a lo esencial, y decimos: lo que distingue en nuestras sociedades capitalistas a los aparatos ideológicos de Estado del aparato represivo de Estado es la *diferencia* siguiente.

Mientras que el Aparato represivo de Estado es por definición un Aparato represivo que indirecta o directamente emplea la *violencia física,* a los Aparatos ideológicos de Estado no se los puede llamar represivos en el mismo sentido que al «Aparato de Estado», pues por definición no emplean la violencia *física*. Ni la Iglesia, ni la Escuela, ni los partidos políticos, ni la prensa o la radio-televisión, ni la Edición, ni los espectáculos ni el deporte *recurren,* para funcionar con su «clientela», a la *violencia física,* al menos de manera *dominante* y *visible*.

Es «libremente» como uno va a la Iglesia, va a la Escuela aunque esta sea «obligatoria»[20], se afilia a un partido político y lo obedece, compra un periódico, pulsa el botón de la tele, va al cine, al estadio, y compra y «consume» discos, cuadros o

---

[20] Digamos, pues: es (en apariencia) «libremente» como uno prosigue sus estudios después de la escolarización *«obligatoria»*. [N. del A.]

«pósters», obras literarias, históricas, políticas, religiosas o científicas. Es decir, que los Aparatos ideológicos de Estado se distinguen del Aparato de Estado por funcionar «no con la violencia», sino «con la ideología».

Esta frase ya la pronunciamos a propósito del «funcionamiento» del Derecho «con la ideología jurídico-moral», y sabemos lo que esto significa: estos aparatos funcionan aparentemente *«solos»*, sin recurrir a la violencia, sino en realidad por medios distintos a la violencia, a saber, *por la ideología* o, más bien, la *ideologización*. Por eso subrayamos muy claramente la distinción que separa al Aparato de Estado de los Aparatos ideológicos de Estado.

Queda por explicar por qué juzgamos indispensable designar a estas «instituciones» y estas «actividades» (Iglesias, Escuelas, sistema político, radio-televisión, teatro, prensa, publicaciones, etc.) con el término aparentemente enigmático de Aparatos... de Estado. ¿Por qué Aparato... de Estado, y por qué este plural (Aparatos de Estado)?

Nuestra afirmación se vuelve aún más enigmática si queremos constatar (y tenemos «interés» en constatarlo nosotros mismos, pues de lo contrario no faltará quien nos lo reproche) que, si bien algunas de estas «instituciones» son estatales (entre nosotros la Escuela, algunos teatros, la Radio-Televisión), *no lo son todas*. Entre nosotros, la Iglesia está oficialmente separada del Estado, lo mismo que una parte de las Escuelas, etcétera.

La Prensa, los partidos políticos, los sindicatos, la inmensa mayoría de las instituciones y actividades culturales (espectáculos, deportes, artes, publicaciones) son «libres», es decir, pertenecen al sector «privado» y no al sector de Estado. Mejor aún, en algunos países capitalistas una gran parte de las Escuelas (así como dos tercios de la Enseñanza Superior en los EEUU), e incluso la Radio y la Televisión (EEUU y Gran Bretaña) se encuadran o pueden encuadrarse en el sector privado. ¿Con qué derecho, entonces, podemos hablar de estas «instituciones» o «actividades» como dependientes de Aparatos ideológicos *de Estado*?

IV. «Instituciones» públicas y privadas

Debemos descartar el argumento siguiente: ¿con qué derecho colocar bajo los Aparatos ideológicos *de Estado* instituciones *privadas,* como las que dependen del aparato religioso, del aparato político, del aparato cultural, etcétera?

Este argumento se basa, de hecho, en una distinción del derecho burgués, la distinción entre lo público y lo privado: esta distinción afecta solamente a la cualidad, esto es, a la definición de las *personas* jurídicas que poseen la propiedad formal de tal o cual institución. Estas pueden ser personas privadas *individuales* (el señor

Gallimard[21]) o *colectivas* (La Orden de los Dominicos), pueden ser personas jurídicas *colectivas de Estado* (la Educación Nacional), etcétera.

Los títulos jurídicos de personalidad son títulos jurídicos: siendo el Derecho universal y formal, se sabe ya que hace, por esencia, abstracción *del contenido* mismo cuya «forma» es. Ahora bien, como es justamente este contenido lo que nos importa aquí, la objeción de la distinción entre lo privado y lo público es perfectamente irrelevante.

Lo que queremos decir es que el argumento «jurídico» que se nos podría oponer está fuera de lugar. Nuestro objeto no es en absoluto el «Derecho», sino una cosa muy distinta –en el límite entre la lucha de clases y las relaciones de clases– que el Derecho es perfectamente incapaz de abarcar, aun cuando este consagra, como es su función, algunos aspectos *formales*.

Para hacérselo entender a los marxistas (e incluso algunos no marxistas lo saben, pues a veces lo escriben), ellos saben muy bien que el Estado mismo, a pesar de todos los artículos del Derecho constitucional que lo definen (¡él escapa, y no es por casualidad, al Código civil!), es siempre el Estado *de* la clase dominante: no su «*propiedad*» en el sentido jurídico, pues la clase no figura todavía, que yo sepa, entre las personalidades jurídicas, por más que numerosas, que reconoce el Derecho, sino simplemente porque es *su* Estado, el Estado de la burguesía, en el sentido en que esta *detenta* el poder de Estado y lo ejerce, por intermediación del aparato represivo y de los aparatos ideológicos de Estado.

Para tomar otro ejemplo que, esta vez, no sufrirá la menor contestación, todo el mundo sabe que los periódicos que pertenecen al señor Prouvost[22] y las emisoras periféricas de Radio y Televisión propiedad del señor Sylvain Floirat[23] u otros, que dependen por tanto del sector privado (Código Civil), si bien tienen «derecho» a una parte de fantasía que hace creer en su «libertad» e independencia, *saben* perfectamente cuándo es menester, es decir, todos los días y muy ostensiblemente los «grandes días», alinearse con la política del Estado burgués y difundir, con las variantes convenientes a su público respectivo, los grandes temas de la perpetua misa ideológica del Estado burgués, los de la *Ideología de Estado*.

---

[21] Gaston Gallimard (1881-1975): propietario de una de las editoriales más importantes de Francia. *[N. del T.]*

[22] Jean Prouvost (1885-1978): magnate de los medios de comunicación al que en un momento u otro perteneció la mayoría, si no todos, de los periódicos de derechas *Paris-Soir*, *Paris-Match* y *Le Figaro*, la guía televisiva *Télé 7 Jours* y *Radio-Télé Luxemburg*. *[N. del T.]*

[23] Sylvain Floirat (1899-1993): empresario de la comunicación. A mediados de los años cincuenta compró la emisora radiofónica Europe 1, que llegó a contar con una enorme audiencia a comienzos de la década de los sesenta, cuando el Estado francés se convirtió en propietario de aproximadamente un tercio de sus acciones. En 1969, algunos de los periodistas que trabajaban en ella fueron despedidos por mostrar demasiada simpatía por los acontecimientos de mayo. *[N. del T.]*

No es, pues, la distinción privado / público la que puede hacer mella en nuestra Tesis sobre los aparatos ideológicos de Estado. Todas las instituciones privadas, sean propiedad del Estado o de tal o cual particular, *funcionan,* de buen o mal grado, en cuanto piezas de Aparatos ideológicos de Estado determinados por la Ideología de Estado, al servicio de la política de Estado, la de la clase dominante, en la forma que les es propia: la de Aparatos que funcionan de manera prevalente con la ideología... y no con la represión, como el Aparato represivo de Estado. Esta ideología es, como ya he mencionado, la Ideología del Estado mismo.

Menciono, por añadidura, un último argumento que vuelve del todo caduca la objeción «juridicista» que se podría oponer a nuestro concepto del Aparato ideológico de Estado. Este argumento «juridicista» no afecta, como mucho, más que a «instituciones». Y ya hemos dicho y repetimos que una institución no es un Aparato ideológico de Estado. Lo que hace a un Aparato ideológico de Estado es un *sistema* complejo que comprende y combina *varias* instituciones y organizaciones, así como sus prácticas. Sean estas todas públicas o todas privadas, o sean las unas públicas y las otras privadas, es un detalle subordinado, pues lo que nos interesa es el *sistema* que constituyen. Ahora bien, este sistema, su existencia y su naturaleza no deben nada al Derecho, sino a una realidad muy distinta que hemos llamado la Ideología de Estado.

V. Aparatos ideológicos de Estado y los subproductos ideológicos de sus prácticas

Justamente porque ponemos la ideología en primer plano se impone una distinción de gran importancia.

Si nos podemos permitir aquí una confidencia, llevamos años perplejos ante una pequeñísima indicación de Stalin, que venía prácticamente a decir: «la ideología e instituciones *que le corresponden*». ¿Qué podía significar eso? ¿No era un asombroso lapsus, y por añadidura un lapsus *idealista,* admitir que las instituciones podían, en una enumeración, *seguir* su ideología[24]; que la ideología podía, pues, «producir» de alguna manera instituciones, cuando en buen materialismo habría sido menester poner los bueyes antes del carro y hablar *primero* de las instituciones, y luego (y solamente luego, en cuanto determinada de manera derivada) de la ideología *que les corresponde*? De hecho, ¿no vemos todos los días a las instituciones que conocemos (la Iglesia, la Escuela, los partidos políticos, etc.) «producir» justamente la ideología

---

[24] Esta enumeración, a que hace alusión nuestra «indicación», se encontrará en *Matérialisme dialectique et matérialisme historique,* de J. Stalin (1938) [ed. cast. cit.]. [N. del A.]

que «les corresponde», puesto que tienen necesidad de ella? ¿El pequeño jardinero dominguero no «produce» en su huerto cerrado las legumbres y las flores de las que su mujer «tiene necesidad»?

Pues, sobre este punto al menos, he de testimoniar… algún reconocimiento personal a Stalin por esta indicación que cito de memoria[25].

En efecto, para comprender el nuevo concepto que proponemos (Aparatos ideológicos de Estado) hay que admitir este hecho paradójico de que no son las instituciones las que «producen» las ideologías correspondientes, sino que son *elementos de una ideología (la Ideología) los que «se materializan en» o «existen en» instituciones correspondientes y sus prácticas.*

Entendámonos bien. Nosotros no negamos que dichas instituciones «produzcan», en su mismo seno y en sus prácticas, ciertas formas de ideología inexplicables fuera de sus prácticas.

Diremos, así, que la práctica religiosa «produce» en el seno de la Iglesia ciertas formas de la ideología: la ideología eclesiástica, por ejemplo. Pero, sin salirnos de la Iglesia, hay otras, y en los tiempos que corren proliferan: cfr. el Isolotto[26], cfr. la «carta» de los 360 sacerdotes franceses[27], cfr. el carisma del Padre Cardonnel[28], cfr. «Hermanos del Mundo»[29]… y no se olvide «*Esprit*»[30], que hace tiempo tuvo su momento de «vanguardia». Cfr. todos los extraordinarios desarrollos de la ideología religiosa de ciertos grupos de *base*… e incluso de algunos miembros del *alto* clero de ciertos países de América Latina, por no hablar del Padre Torres[31], muerto en la guerrilla.

---

[25] [Pasaje tachado:] Pues sin ella quien escribe estas líneas no habría tal vez llegado jamás a las tesis que expone. [N. del A.]

[26] Isolotto: comunidad cristiana establecida a mediados de los años cincuenta en el suburbio proletario de Isolotto, en Florencia, y mantenida en los años sesenta a pesar de las protestas políticamente motivadas de la jerarquía católica. [N. del T.]

[27] Carta abierta publicada en 1967, en la cual se instaba a los clérigos de los Estados Unidos a presionar a su gobierno para negociar el cese de la Guerra de Vietnam. [N. del T.]

[28] Jean Cardonnel (1921-2009): dominico que en 1968 pronunció en la Mutualité, un gran centro de conferencias parisino, un sermón titulado «El Nuevo Testamento y la Revolución», el cual llevó a la jerarquía eclesiástica a prohibirle hablar en público. [N. del T.]

[29] *Hermanos del Mundo (Frères du Monde):* periódico radical publicado por los franciscanos en Lyon desde 1959 hasta 1974. [N. del T.]

[30] *Esprit*: periódico izquierdista en el que Althusser había publicado en 1959 extractos de su primer libro y en 1962 el ensayo sobre Bertolazzi y Brecht luego incluido en *Pour Marx*. Además, el 5 de mayo de 1967 pronunció una charla sobre el marxismo y el movimiento obrero ante un grupo asociado a esta publicación. [N. del T.]

[31] Camilo Torres Restrepo (1929-1966): sacerdote y sociólogo marxista colombiano que en 1966 se unió al Ejército de Liberación Nacional (ELN) de Colombia. [N. del T.]

Diremos, así, que la práctica escolar produce formas particulares que se pueden designar como la *ideología escolar* (la ideología de los profesores de instituto, cuyas publicaciones y las iniciativas del SNI[32] son la realidad de los profesores de Secundaria, de la Enseñanza Superior, etc.) y muchas otras formas más, de las que no podemos materialmente hablar: hablaremos de ellas en otra parte[33].

Por ejemplo, los partidos políticos también producen formas de ideología interna. No es menester «hacer un croquis», puesto que hemos hablado de Stalin, de la *ideología* de una cierta práctica de la dirección política que se ha vuelto, en un momento de la historia de la URSS, *visible* en lo que se ha denominado con el término pura y «púdicamente» *descriptivo* de «culto a la personalidad» (como si una «personalidad» pudiera «producir» ella sola la ideología de su «culto», etc.). Podríamos continuar indefinidamente, para el espectáculo, el deporte, la información, la edición, etc., y esto sería apasionante. Pero estos ejemplos bastan para hacer entender nuestra tesis, que ahora hay que enunciar no por defecto, sino positivamente.

Diremos, pues, que se impone una distinción. Hay que distinguir entre los elementos determinados de la ideología de Estado que se materializan y existen en un Aparato determinado y sus prácticas, por una parte, y la ideología «producida», en el seno de este Aparato, por sus prácticas. Para marcar esta distinción en el lenguaje, a la primera ideología la llamaremos Ideología Primaria, y a la segunda, subproducto de la práctica en que se materializa la Ideología Primaria, ideología secundaria, subordinada.

Señalemos otro punto importante. Esta ideología secundaria nosotros decimos que la «produce» la práctica del aparato que materializa la Ideología Primaria. Una manera de hablar, pues *ninguna práctica en el mundo produce por sí sola «su» ideología*. No hay ideología «espontánea», por más útil que pueda ser, por la comodidad de la expresión y de la demostración de un punto limitado, emplear la expresión ideología «espontánea». En el caso que nos ocupa, estas ideologías secundarias las produce una conjunción de causas complejas, en la que figuran, junto a la práctica en cuestión, el efecto de otras ideologías exteriores, de otras prácticas exteriores… y en última instancia, por disimulados que estén, los efectos incluso lejanos, en realidad muy próximos, de la *lucha de clases*. A nadie se le ocurrirá negarlo por poco que se preste alguna atención a lo que sucede desde hace un tiempo en la ideología de ciertos medios religiosos, en los medios «escolares» (en y desde Mayo) y en las Familias (desde Mayo).

Si, por tanto, queremos comprender lo que son las «instituciones» (Iglesia, Escuelas, etc.) y por encima del mercado las subformaciones ideológicas secundarias

---

[32] SNI: siglas en francés del Sindicato Nacional de Profesores de Instituto. *[N. del T.]*

[33] Cfr. *Écoles* (Éditions Maspéro), que aparecerá en otoño de 1969. *[N. del A.]* – Proyecto en realidad nunca llevado a cabo. *[N. del E.]*

que sus prácticas «secretan», debemos partir de las formaciones ideológicas que dependen de la Ideología de Estado, materializadas en las citadas instituciones y sus prácticas. Pues son ellas las que dan la clave tanto de las instituciones y sus prácticas como de una parte de las causas que producen las subformaciones ideológicas que se ven aparecer en estas prácticas.

Sin duda, todo esto no es muy fácil de pensar en las nociones inmediatas que nos ofrecen las «evidencias» en las que vivimos, pues vivimos en la ideología[34] incluso si tenemos en la cabeza algunos conceptos científicos. Pero hay que pensarlo.

La primera forma de «pensamiento» que se nos ofrece se expresará, evidentemente, en estos famosos esquemas del sentido común ya denunciados por Hegel como bobadas: los esquemas de la *interacción*. Se dirá, haciendo el esfuerzo de una gran «concesión» en el primer miembro de la frase: las formaciones ideológicas primarias (religiosas, etc.) se materializan en las instituciones. Pero se añadirá: «como hay acción y reacción por doquier en el mundo», las instituciones producen *de vuelta* la ideología secundaria que se observa en ella. ¡Es con este género de fraseología como uno se pone en paz con la «dialéctica»!… No sorprenderá que, siendo la acción y la reacción «la noche en que todos los gatos son negros», pues significan prácticamente que «todo está en todo y recíprocamente», nosotros enviamos esta historia de gatos negros a su noche.

Más bien pensamos que hay, por el contrario, que atenerse firmemente al primer miembro de la frase: las *formaciones ideológicas* primarias se materializan en las instituciones… dejando por el momento de lado (es decir, haciendo abstracción de él, como Marx hace para conducir sus análisis científicos en *El capital*) un elemento que no puede dejar de embrollarlo todo, puesto que es segundo, subordinado y derivado, a saber, las formas ideológicas *internas*, de las cuales hemos dicho que eran *subproductos*.

Y diremos: una Iglesia es, como «institución», una materialización de la ideología religiosa. Diremos: una Escuela (o un sistema escolar) es una materialización de la ideología (¿cuál? dejamos la pregunta en suspenso). Diremos: un partido político es una materialización de una ideología política, etc. Esto vale para todas las instituciones que hemos enumerado. Atención: una Iglesia, una Escuela, un partido no constituyen *cada uno un Aparato* ideológico de Estado, sino una pieza de *sistemas* diferentes llamados por nosotros Aparatos ideológicos de Estado: el sistema religioso, el sistema escolar, el sistema político, etcétera.

Y añadiremos, a riesgo de *repetirnos:* las formaciones ideológicas que se pueden relacionar con las prácticas en juego en estas instituciones son no el producto de las ideologías primarias materializadas en las instituciones, sino subproductos de esta

---

[34] Si me es dado, parafraseándolas, añadir a una lista de definiciones ilustres una «definición» ideológica suplementaria, diría que *«el hombre es, por naturaleza, un animal ideológico»*. [N. del A.]

ideología en cuanto «productos» de las prácticas en juego en estas instituciones. Que hay también relaciones directas entre las formaciones ideológicas primarias, externas, y las formaciones ideológicas secundarias, internas a las instituciones, es la evidencia misma; pero estas relaciones son impensables en las nociones de la acción y de la reacción, y por una buena razón: tales relaciones no solamente *no existen siempre,* sino que cuando existen se materializan *bajo leyes totalmente distintas* de las llamadas leyes dialécticas de la interacción. Muy precisamente, se materializan bajo la intervención de otra realidad de la que (puesto que, desgraciadamente, es imposible decirlo todo a la vez) aún no hemos podido hablar. Esta realidad podemos, anticipándonos, llamarla por su nombre: es *la lucha de clases y sus efectos ideológicos.*

Nos quedamos, pues, ya que queremos proceder por orden, en nuestra tesis: los Aparatos ideológicos de Estado son la materialización, la existencia de formaciones ideológicas que los dominan.

VI. El doble funcionamiento de los aparatos de Estado y su «acción concertada»

Y puesto que acabo de introducir esta precisión: funcionando *de manera prevalente con...,* es necesaria una explicación que va a dar cuenta del empleo del término común de *Aparato* en las dos expresiones diferentes: *Aparato* represivo de Estado, *Aparato* ideológico de Estado.

Creo, en efecto, poder postular la tesis de que *todo* Aparato de Estado, sea represivo o ideológico, funciona *a la vez* con la represión y con la ideología. Pero con una diferencia muy importante, que impide *confundir* el aparato represivo y los aparatos ideológicos de Estado.

Por su cuenta, en efecto, el Aparato represivo de Estado funciona de manera *masivamente prevalente* con la represión (en el límite directamente), mientras que secundariamente funciona con la ideología.

Así el ejército y la policía: por dentro forman a sus propios reclutas a la vez mediante la represión y mediante la inculcación ideológica; por fuera actúan a la vez con la represión violenta, pero también mediante la «discusión», mediante la «persuasión». Estas últimas *consignas* figuran con todas sus letras en las circulares de los Prefectos de Policía y de los generales mínimamente sagaces. El señor Grimaud, Prefecto de Policía de París, ha «discutido» en persona con los «rabiosos»[35] en las batallas de la Plaza Maubert en mayo de 1968. El Ejército y la Policía actúan también con su propia «irra-

---

[35] «Rabiosos»: término *(enragés)* por el que se conoció a un grupo de radicales que desempeñó un papel muy importante en el devenir de la Revolución durante los años 1792-1793. [*N. del T.*]

diación ideológica» («¡Alistaos en el Ejército! Os proporcionará un oficio») y el prestigio del uniforme («Entrad en las CRS» y vigilaréis las playas, etcétera).

De la misma manera se puede decir, pero a la inversa, que por su propia cuenta los Aparatos ideológicos de Estado funcionan masivamente *de manera prevalente con la ideología,* pero secundariamente funcionan con la represión, siquiera, en el límite pero solamente en el límite, muy atenuada y casi simbólica.

Demos algunos ejemplos de este funcionamiento secundario represivo de los aparatos que funcionan de manera masivamente prevalente con la ideología.

Así, la Escuela y la Iglesia, por no hablar más que de estas, «adiestran» con métodos apropiados de sanciones (antaño universalmente y ahora todavía a menudo físicos y, por supuesto, «morales»), de exclusiones, de selección, etc., no solamente de sus oficiantes (docentes y sacerdotes), sino también de su grey (alumnos, fieles, etc.).

Así, la Información, la Edición y los Espectáculos practican, con el apoyo de las leyes o (mucho más sutil) sin ellas, una censura cotidiana, constante y de una extrema vigilancia, pues esta censura llega a alojarse *de antemano* en la cabeza de los autores, los cuales toman la precaución de censurarse a sí mismos en nombre, por supuesto, de su «conciencia profesional», de la «decencia» o del «decoro» debidos a la Patria, a los Muertos y a las Familias, por no hablar de la Virtud, un poco ajada de un tiempo a esta parte: la «libertad de espíritu» se ha de alojar en alguna parte, en el erotismo (de pacotilla), por ejemplo.

Yo creo que no hay necesidad de multiplicar los ejemplos para que se acepte con los que acabo de citar que entre la represión y la ideologización *en el interior y entre todos los Aparatos de Estado,* sean ante todo represivos o ante todo ideológicos, se establecen muy sutiles combinaciones explícitas o tácitas, y que estas sutilísimas combinaciones, si se llegaran a analizar sus mecanismos, permitirían dar cuenta de los contratos patentes y de las complicidades objetivas no equívocas (o incluso equívocas) que *se establecen* entre los diversos Aparatos de Estado, no sólo en las Grandes Circunstancias, en las que el Estado burgués se ve amenazado por la lucha abierta de la clase obrera, sino todos los días de nuestra pequeña vida cotidiana.

Un poco o mucha policía; un poco de ejército en comisión de servicios; un poco de UNR[36] o de CDR[37] además; un poco de Pablo VI o de Monseñor Marty[38] en su

---

[36] UNR: siglas de la Unión por la Nueva República, el partido gobernante gaullista, existente desde 1958 hasta 1976. *[N. del T.]*

[37] CDR: Comités de Defensa de la República, creados por una alianza de gaullistas y la extrema derecha en mayo de 1968 para mostrar apoyo a De Gaulle, especialmente en una gran manifestación producida en París el 30 de mayo. *[N. del T.]*

[38] François Marty (1904-1994): cardenal católico (desde 1969), arzobispo de París desde marzo de 1968 hasta enero de 1981. Vinculado al movimiento de los sacerdotes obreros, defendió la paz como prioridad de los católicos. *[N. del T.]*

sector; un poco de *France Soir*³⁹ en el suyo; un poco o mucho de De Gaulle, de Couve⁴⁰, de Faure⁴¹, del «cardenal» Daniélou⁴² en la radio; un poco del Gran Rabino sobre Israel; un poco de J.-J. Servan-Schreiber⁴³ sobre el desafío americano; un poco de Louis Armand⁴⁴ sobre Teilhard de Chardin⁴⁵; un poco de Siné⁴⁶ para el Club Méditerranée⁴⁷ en la parte trasera de los autobuses; en todos los muros carteles de Publicis⁴⁸ con madres jóvenes desnudas o zumos de tomate; en *Le Figaro*⁴⁹ y las librerías, los artículos inspirados o las obras de nuestros grandes ideólogos muertos o vivos; en las Universidades lo mismo que en las Iglesias, los Sermones de rigor sobre la literatura, el Humanismo y Nuestro Señor... Todo esto constituye, en el dominio de la ideologización, las armas combinadas de un poder cuyo centro es y sigue siendo el Estado, es decir, los detentadores (burgueses) de su poder, ejerciendo su poder de clase por medio de los diversos Aparatos especializados de los que está dotado.

VII. Fragilidad y solidez de los Aparatos ideológicos de Estado

Tomemos el ejemplo de la Francia contemporánea.

Bajo la dirección de clase de los representantes del imperialismo francés («¡es grande, es hermosa, es generosa Francia!»⁵⁰), el Estado, cuyo Poder detentan y en

---

[39] *France Soir:* diario conservador de nivel intelectual medio. *[N. del T.]*

[40] Maurice Couve de Murville (1907-1997): político gaullista francés. Primer ministro tras las elecciones de junio de 1968 y hasta el 20 de junio de 1969. *[N. del T.]*

[41] Edgar Faure (1908-1988): ministro de Educación en el gobierno de Couve. *[N. del T.]*

[42] Jean Daniélou (1905-1974): jesuita francés impulsor en la sombra del Concilio Vaticano II. Accedió al cardenalato el 28 de abril de 1969. *[N. del T.]*

[43] Jean-Jacques Servan-Schreiber (1924-2006): periodista y publicista francés. En 1968 publicó *El desafío americano* y en octubre de 1969 ocupó la secretaría general del Partido Radical, de orientación liberal de izquierdas. *[N. del T.]*

[44] Louis Armand (1905-1971): ingeniero y alto funcionario francés, primero presidente de Euratom. Autor de un prefacio al libro *¿Teilhard o Marx?*, de André Monestier (París, Lettres Modernes, 1963). *[N. del T.]*

[45] Teilhard de Chardin (1881-1955): jesuita francés y paleontólogo cuya filosofía espiritual fue favorablemente acogida por ciertos humanistas marxistas del Partido Comunista Francés. *[N. del T.]*

[46] Siné, pseudónimo de Maurice Sinet (1928): viñetista político francés que, además de diseñar anuncios para el Club Mediterráneo, cofundó la revista satírica *L'Enragé* en mayo de 1968, publicó obra suya en *Action* durante ese mismo periodo y, en 1992, cofundó *Charlie Hebdo*. *[N. del T.]*

[47] Club Méditerranée (Club Mediterráneo): empresa de centros vacacionales normalmente situados en lugares exóticos. *[N. del T.]*

[48] Publicis: importante agencia de publicidad. *[N. del T.]*

[49] *Le Figaro:* fundado en 1826, es el principal diario conservador francés de alto nivel intelectual. *[N. del T.]*

[50] Palabras de De Gaulle en el discurso pronunciado ante las masas desde el balcón del Foro de Argel el 4 de junio de 1958, primero de los tres días de su visita a Argelia. *[N. del T.]*

cuyos Aparatos mandan estos representantes, ejecuta su política de clase por medio de dichos Aparatos, represivos e ideológicos, que cumplen «conscientemente» su tarea cotidiana. En una acción abierta y tácitamente «concertada», se dan constantemente la mano en las formas requeridas por la delicadeza o la brutalidad de la situación.

Que esto no se produzca sin «contradicciones», que en particular las *subformaciones ideológicas* «producidas» en el interior de los Aparatos por su propia práctica hagan a veces «chirriar los engranajes», es inevitable[51]. Parece incluso que en un cierto momento de Mayo los policías «dudaron» y no se estaba muy seguro, en las altas esferas, del contingente si hubiera habido que recurrir a sus servicios: se sabe que algunos sacerdotes, e incluso algunos profesores, siendo la «contestación» contagiosa, se muestran recalcitrantes cuando sus diablos de alumnos, que (por qué, Dios mío) no respetan ya ninguna «autoridad», no quieren ya dejarse tomar el pelo, para gran perjuicio de las Muy Respetables Asociaciones de Padres de Alumnos[52], pieza de un Aparato ideológico de Estado temible.

---

[51] Y con razón, si nos acordamos de los *efectos de la lucha de clases* que se ejercen sobre ellos para «producir» estas subformaciones ideológicas. [N. del A.]

[52] Por la chocarrería de las cosas, que son en verdad muy serias, se observará que si todos los alumnos (salvo los huérfanos) tienen Padre y Madre, no todos los Padres y Madres se consideran (¡a Dios gracias!) Padres de Alumnos. Declararse Padre de Alumno es un acto político por el cual uno se inscribe en tal o cual asociación, con tendencia política, evidentemente. No es sin duda casual que dichas Asociaciones de Padres de Alumnos, con matices (pues una sería, so capa de laicismo, más «abierta» [Tachado: «menos reaccionaria». N. del T.] que las otras), estén, como se dice, «muy inquietas» por el «desorden» que impera en las Escuelas. Otras asociaciones (los CDR, así como la Organización Gaullista de la Universidad moderna) tienen un lenguaje aún más punzante: hablan de «gangrena». Los estudiantes de bachillerato y universitarios no dejarán de observar con qué delicadeza algunos de sus padres (justamente los Padres de Alumnos) hablan de sus propios hijos. Hay que preguntarse dónde están las Virtudes Familiares (me refiero, por supuesto, a las virtudes de los llamados Padres de Alumnos). ¿Para cuándo la creación de una *Asociación de Hijos de Padres de Alumnos,* para denunciar la «gangrena» que amenaza, por parte de los Padres, a las tradicionales virtudes paternalistas de la comprensión, de la generosidad, del liberalismo, etc., de la Familia? No bromeo: lo que actualmente pasa en las Familias es mucho más «inquietante» para nuestros buenos Jefes de Estudios que lo que sucede en las Escuelas. Habrá que recordar esto cuando hablemos, dentro de poco, de una cierta díada Escuela-Familia. Tampoco sorprenderá que, por comparación con el gran revuelo que se levanta a propósito del «desorden» de las Escuelas, se sea mucho más discreto sobre lo que sucede en las Familias. ¡«Honor» obliga! Los asuntos de Familia se arreglan (incluso cuando se desarreglan) *en Familia*. De hecho, todo sucede como si algunos padres de Alumnos *exigieran del Estado que arregle las dificultades que tienen en su propia Familia con sus propios hijos… ¡restableciendo el «orden» en la Escuela!* Decididamente, estas son cosas que no se deberían decir para no tener que confesar que, en cierto respecto, la Familia tendría, ciertamente, algo que ver con un Aparato ideológico de Estado y que la lucha de clases produce, en las Familias mismas, algunos de sus efectos. Nosotros pensamos así. Y es interesante que los «hechos» mismos vengan en apoyo de nuestra tesis. [N. del A.]

Pero, sea como fuere, cuando un Aparato ideológico de Estado como la Escuela o como la Familia está enfermo, los otros, a Dios gracias, aguantan provisionalmente, y, con ayuda de De Gaulle y la Ideología dominante funcionando todavía convenientemente entre amplias capas de la «población», el Estado burgués resiste el golpe, y sus diversos Aparatos también. ¿Hasta cuándo? Esa es otra historia: hasta que el poder de Estado y el Aparato de Estado mismos se tomen por asalto en lo que se llama la revolución.

Pero justamente porque acabamos de invocar la Revolución podemos precisar nuestra observación sobre los «chirridos» en los AIE.

Podemos decir que los AIE están hechos de tal materia y «funcionan» de tal manera que debe considerárselos, dados los contragolpes de la lucha de clases que les afecta en las subformaciones ideológicas ancladas en ciertos aspectos de sus prácticas, como Aparatos *relativamente frágiles,* a diferencia del Aparato represivo, hecho de una «materia» completamente diferente, a la que es mucho más difícil hincar el diente. O más bien: como Aparatos de una *aparente* fragilidad.

Pues al mismo tiempo debemos decir que los AIE *son extraordinariamente fuertes y vivaces.*

Basta con leer los textos de los últimos años de su vida para ver hasta qué punto atormentaba a Lenin, tras la victoria de la Revolución, este problema. El Aparato represivo del Estado feudal capitalista había sido destruido en lo esencial (Ejército, Policía), pero no sucedía lo mismo con la administración. Sin embargo, esta no era la preocupación esencial de Lenin.

Su preocupación esencial, lancinante, eran los Aparatos ideológicos de Estado del Estado Proletario: su aparato *político* (el partido, los Sóviets: problema número uno, su conexión con las masas, su capacidad para controlar el aparato administrativo de Estado y destruir la tendencia «burocrática»); su aparato *sindical* (también ahí problema número uno: ¿qué debe ser un sindicato? Un aparato *«no coercitivo»,* una *«escuela del Comunismo»,* para asegurar, mediante una serie de «engranajes», una adecuada conexión con las masas); finalmente, su aparato *escolar,* problema entre los problemas para Lenin, pues Lenin sabía que el AIE es determinante, en tanto tiene en su poder el futuro: las jóvenes generaciones.

¿Qué conclusión extraer de esta preocupación trágica de Lenin tras la toma del Poder de Estado y la destrucción de lo esencial del aparato represivo de Estado burgués? La conclusión siguiente.

No basta con destruir el aparato represivo; también se han de destruir y reemplazar los Aparatos ideológicos del Estado. Se han de implantar nuevos, de una manera urgente, sin lo cual, Lenin tenía razón, el futuro mismo de la Revolución se pone en peligro. Pues reemplazar los antiguos AIE (en este caso los AIE burgueses rusos) es sumamente largo y difícil. Hace falta, por ejemplo, mucho tiempo para verdaderamente poner en pie un sistema político totalmente nuevo, un sistema sindical totalmente nuevo, un sistema escolar totalmente nuevo proletarios. Para empezar, se ha de saber exactamente *qué* implantar, qué nuevos sistemas *inventar*[53], y cómo implantarlos. Se ha finalmente de formar a un personal competente y revolucionariamente leal para aplicar en cada nuevo AIE la nueva política revolucionaria; en una palabra, para hacer pasar a la práctica y la conciencia de todos los ciudadanos soviéticos la nueva Ideología de Estado, la ideología proletaria.

Si esto no se consigue y, con mayor razón, no se aborda seriamente, a fondo, sin ninguna concesión esta cuestión crucial, ¿qué sucede?

Que los antiguos AIE (burgueses) siguen incólumes, en todo en parte, o se ven apenas afectados. Bajo formas institucionales nuevas, si el antiguo personal sigue en su puesto, se haga lo que se haga y se pretenda lo que se pretenda, los AIE del antiguo modelo, bien intactos, bien medio reformados, continúan su antiguo «trabajo». En lugar de inculcar en las masas la Ideología Proletaria, en lugar de hacer funcionar la gigantesca «Escuela del Comunismo» que deben ser los nuevos AIE, lo que queda de los antiguos continúa en realidad inculcando en las masas *la vieja ideología burguesa o pequeñoburguesa,* incluso *junto* a nuevos elementos contrarios a ella que se les da la orden y misión de inculcar.

En este asunto, Lenin, que tenía horror a los «decretos», sabía perfectamente que las cosas no se arreglan mediante «decreto» ni desde arriba. También sabía que no existe ni plan ni línea preparados de antemano, prefabricados *a priori,* para implantar estos nuevos AIE; que es un trabajo de cada instante, mejor, una larga *experimentación* que comporta riesgos enormes, con la que deben comprometerse todos los recursos de la inteligencia, de la imaginación o de la dedicación política, una larga lucha que no sufra ningún desfallecimiento; una lucha que no puede conducirse solamente con medidas administrativas de coacción, sino con comprensión de los detalles, con la formación y la persuasión, la explicación, la explicación incesante; una lucha que no puede conducirla un pequeño número de militantes, por lúcidos y corajudos que sean, sino apelando *a las masas,* a su juicio, a sus reacciones y a sus iniciativas, a sus inventos.

Si esta lucha no se gana (y ciertamente no puede ganarse en el espacio de algunos meses, ni siquiera de algunos años), y con mayor razón si no se *entabla* verdadera y seriamente, sobre una base política de masas adecuada, el futuro de la «construcción del socialismo» puede verse terriblemente obstaculizado y hasta comprometido.

Si, por desgracia, los nuevos Aparatos ideológicos del Estado proletario, en lugar de funcionar cada vez más claramente con la Ideología de Estado proletaria, continúan funcionando con la antigua ideología burguesa y pequeñoburguesa o con una

---

[53] Pues, salvo la Comuna de París, *no había precedentes* ni teoría. [*N. del A.*]

dudosa «*mezcla*» de antigua y nueva ideología, si la antigua ideología no se extirpa, ¿quién nos puede probar que, incluso bajo las apariencias oficiales de instituciones de Estado socialistas *(formal y oficialmente socialistas)*, no es la *antigua* ideología la que va a mantenerse, a reproducirse y a provocar este efecto terriblemente peligroso de insertarse de una vez para siempre en tal o cual falla de las relaciones de producción o de las relaciones políticas del Estado socialista?

¿Qué pasa entonces con los sóviets? ¿Qué pasa entonces con los sindicatos? ¿Qué pasa entonces con el sistema escolar proletario?

Cuando Lenin hacía tan a menudo alusión, y en términos de una advertencia dramática y solemne, a los peligros de las «supervivencias» capitalistas en un régimen socialista, al peso terrible de la «tradición» y en particular de la ideología pequeñoburguesa, tenía de hecho en mente la reproducción de las relaciones de producción capitalistas *debido a la supervivencia y el renacimiento de la «pequeña producción»*.

Pero seguramente pensaba también en estas cuestiones que lo obsesionaban y cuya solución provisional esperaba del buen «funcionamiento» de la Inspección Obrera y Campesina: las cuestiones de la *ideología,* cuya suerte aún no estaba decidida, estaban muy lejos de ser decididas, en los nuevos aparatos ideológicos de Estado del Nuevo Estado proletario.

Lenin murió antes de haber podido asegurar la resolución de estas cuestiones decisivas.

Se las legó a su sucesor, Stalin. ¿Las resolvió Stalin?

¿Dónde están los Sóviets, los sindicatos y el sistema escolar proletarios hoy en día, después de Stalin, en la URSS?

Si Stalin descuidó estas cuestiones, como numerosos efectos dan lugar a creer (justamente los efectos del «culto a la personalidad»), ¿desde entonces no se han vuelto a examinar, y a fondo, estas cuestiones? Y, para ir hasta el fondo de nuestra preocupación, ¿no es de la resolución o de la «semirresolución» de estas cuestiones de lo que depende la explicación de una gran parte de los «principios» que dominan actualmente la política soviética, sus dificultades, sus problemas de «reforma de la planificación» e incluso algunos de sus atolladeros, así como de sus «iniciativas», si no incomprensibles, como la intervención militar en Checoslovaquia[54]?

---

[54] El 20 de agosto de 1968 la Unión Soviética y sus aliados del Pacto de Varsovia (salvo Rumanía) invadieron Checoslovaquia para poner fin al periodo de liberalización política (la llamada «Primavera de Praga») que desde el 5 de enero de ese año había liderado en ese país Alexander Dubček (1921-1992), el nuevo secretario general del Partido Comunista de Checoslovaquia. [*N. del T.*]

VIII. Resumamos

Para concluir este largo análisis, intentemos resumir sus resultados.

Ahora podemos establecer los elementos esenciales del Estado.

La cuestión número uno del Estado es la cuestión de la detentación del Poder de Estado: toda la lucha de clase *política* gira en torno a esta cuestión.

La detentación del Poder de Estado es siempre la detentación del Poder de Estado por una clase social o una alianza de clases sociales, la o las clases explotadoras, en una formación social de clase: la clase proletaria en la fase de Transición de la Dictadura del Proletariado antes de conducir al socialismo, formación social dominada por un modo de producción sin clases.

La detentación del Poder de Estado da el poder sobre los Aparatos de Estado que constituyen la «naturaleza» misma del Estado.

El aparato de Estado comprende dos tipos de Aparatos:

1/ El Aparato represivo de Estado (Gobierno, administración, Ejército, Policía, cuerpos de represión especializados, gendarmería, Tribunales, magistratura, cárceles, etc.). Este aparato es un cuerpo único, centralizado.

2/ Los Aparatos ideológicos de Estado (Escolar, religioso, familiar, político, sindical, de información, cultural, etc., en nuestras Formaciones sociales). Estos Aparatos son múltiples, relativamente independientes y unificados como sistema distinto por toda o parte de la Ideología de Estado.

El Aparato represivo de Estado «funciona» de modo prevalente con la represión (física o no). Los Aparatos ideológicos de Estado funcionan de modo prevalente con la ideología.

La unidad general del Sistema global de los Aparatos de Estado la asegura la unidad de la política de clase que detenta el poder de Estado y de la Ideología de Estado que corresponde a los intereses fundamentales de la clase (o de las clases) en el poder. Política de la clase en el poder e Ideología de Estado (ideología dominante = ideología de la clase dominante) tienen por objeto asegurar las condiciones de la explotación de las clases explotadas por las clases dominantes, ante todo la reproducción de las relaciones de producción en las que tiene lugar esta explotación, pues estas relaciones de producción son las relaciones de la explotación de la formación social de clase considerada.

Todo estriba, pues, en la infraestructura de las relaciones de producción, es decir, las relaciones de explotación de clase. La base, la infraestructura del Estado de clase, es cabalmente, como decía Lenin, la *explotación*. La superestructura tiene por efecto asegurar a la vez las condiciones del ejercicio de esta explotación (Aparato represivo de Estado) y la reproducción de las relaciones de producción, es decir, de explotación (Aparatos ideológicos de Estado).

No es cuestión de que examinemos el funcionamiento de los diferentes Aparatos ideológicos de Estado en un ensayo que tiene simplemente por objeto indicar su sistema y mencionar su función. Cada Aparato ideológico de Estado merece además, para que sus mecanismos sean bien claros, todo un análisis detallado y profundo. Próximamente presentaremos un primer ejemplo a propósito del Aparato escolar capitalista.

Lo que nos importa es, en primer lugar, saber cómo la ideología puede realizar toda esta proeza de «hacer que marchen las cosas» y las personas solas. Pero antes de llegar a eso, es decir, al esbozo de una teoría del funcionamiento de la Ideología en general, para evitar todo malentendido son indispensables algunas observaciones sobre lo que hemos llamado, con un término que tal vez sorprenda al lector, sobre todo al lector marxista, los Aparatos ideológicos de Estado político y sindical.

VII. Breves observaciones sobre los AIE político y sindical de la formación social capitalista francesa

I

Algunas observaciones son, en efecto, indispensables para permitir la comprensión de nuestros conceptos, percibir su utilidad teórica y política, así como a condición de evitar todo malentendido.

Dos malentendidos gravitan de entrada sobre la extensión del concepto del AIE a la «vida» política y a la «vida sindical»; como, por lo demás, nosotros vamos a percibir a través de estas observaciones, sobre todo del empleo del concepto de AIE. Se trata, pues, de eliminar de entrada estos dos malentendidos.

Voy derecho a lo que no podrá menos de presentar inevitablemente «dificultad» para todo lector: al hecho de contar, entre los AIE de un Estado *burgués*, organizaciones de lucha de clases política (el Partido[1]) o económica (el sindicato[2]) *proletarias*.

Para que esta «dificultad» sólo aparente desaparezca, hay que precisar los dos puntos siguientes:

1/ Desde los años veinte, dentro del AIE de la Formación social francesa figuran cabalmente un partido político o un sindicato proletario; con algunos años de prohibición (bajo Pétain[3]), y al precio de medidas de represión constantes (encarcela-

---

[1] El Partido: entiéndase el Partido Comunista Francés, fundado en 1920. *[N. del T.]*

[2] El sindicato: entiéndase la Confederación General del Trabajo, fundada en 1895 y explícitamente aliada con el PCF en 1947. *[N. del T.]*

[3] Philippe Pétain (1856-1951): general y político francés. Héroe de la I Guerra Mundial, como presidente del Consejo de Ministros refugiado en Burdeos la noche del 16 al 17 de mayo de 1940 pidió el armisticio con Alemania y se puso al frente del régimen colaboracionista de Vichy. *[N. del T.]*

miento y condena de los dirigentes comunistas en diversos periodos entre 1921 y 1939); guerra del Rif[4]; después en 1929, por ejemplo). Están declarados, reconocidos, y gozan de los «derechos» públicos correspondientes.

Son «piezas» de los AIE franceses correspondientes.

Sin embargo, su ideología no puede ser, en la medida en que es la ideología proletaria de la lucha de clases, considerada como una «materialización» de la Ideología de Estado burguesa, materializada en los AIE de los cuales ellos son «piezas». Por su mismo principio, es radicalmente antagonista a esta.

De ahí la paradoja: ¿cómo una «pieza» de un sistema de AIE puede figurar en el sistema de un AIE burgués, cuando es la materialización de una ideología de lucha de las clases proletarias?

La respuesta es simple: no tiene que ver con la «lógica» del sistema de los AIE correspondientes, sino con el resultado de una larga *lucha de clase* que ha *impuesto* el reconocimiento legal del Partido y del sindicato de lucha de clase proletaria y su inscripción en los AIE en cuestión.

Es en cuanto organizaciones de la lucha de clase proletaria como estas organizaciones han arrancado, por su lucha en la historia de la Formación social francesa, este reconocimiento y esta inscripción; *por la fuerza, pues*. Es mediante la lucha de clases como pueden conservar su ideología de clase proletaria en el seno de los AIE en cuestión.

En los AIE en cuestión, el Partido y el sindicato proletarios ocupan, pues, un lugar: legalmente forman, pues, parte de ellos, legalmente deberían gozar de todos los derechos que su reconocimiento y su inscripción en los Aparatos les atribuyen. Mas, por el contrario, en ellos se los trata siempre con medidas de excepción, en el Parlamento «no se tienen en cuenta las voces comunistas», al Partido Comunista se lo declara Partido del Extranjero o «Separatista», y se lo encierra en un «*ghetto* de clase» político, en el seno mismo del Aparato. E idéntica táctica con el sindicato proletario: se le niegan las ventajas consentidas a los otros, se «negocia» con los otros… salvo cuando no queda más remedio.

Hay ahí una contradicción antagonista, en principio indigerible para la burguesía. Si esta ha tenido que «pasar por eso» es porque no ha tenido más remedio: efecto del desarrollo de la lucha de clases.

Formalmente, no hay contradicción en decir que una de las «piezas» del sistema, aunque figure en dicho sistema, no compromete radicalmente la naturaleza del sistema. La ideología proletaria no ha «ganado» al sistema del AIE político o sindical: por el contrario, es siempre la Ideología de Estado burgués la que domina. Que esto

---

[4] Guerra del Rif: guerra que, de 1911 a 1926, en diversas fases, enfrentó a Francia y España con tribus del Rif (región montañosa al norte de Marruecos) sublevadas. [*N. del T.*]

crea, en ciertas circunstancias, «dificultades» al «funcionamiento» de los AIE político y sindical burgueses está claro. Pero la burguesía dispone de toda una serie de técnicas probadas para hacer frente a este peligro: veremos cuáles.

2/ Resultados de una lucha de clase exterior a los AIE considerados, el Partido y el sindicato proletarios conducen su lucha de clase dentro de los límites de los AIE y, evidentemente, dentro de las formas legales de los AIE. Grandes peligros amenazan, es claro, a esta práctica delicada de la lucha de clases en el interior de los AIE burgueses por organizaciones proletarias, todos los cuales se pueden resumir en el peligro de caer en la colaboración de clase: el «cretinismo parlamentario» para el Partido, el «economismo» para el sindicato, dos formas de reformismo.

Hablaremos de ello.

Sea como sea, la lucha de clase que ha impuesto la presencia del Partido y del sindicato proletarios en los AIE correspondientes va infinitamente más allá de la lucha de clase muy limitada que pueden llevar a cabo en estos AIE. Nacidas de una lucha de clase exterior a los AIE, sostenidas por ella, encargadas de ayudarla y de sostenerla por todos los medios legales, las organizaciones proletarias que figuran en dichos AIE traicionarían su misión si redujeran la lucha de clase exterior, que no hace más que reflejarse bajo formas muy limitadas en la lucha de clase llevada a cabo en los AIE, a esta lucha de clase interior a los AIE.

Los partidos obreros socialdemócratas son ejemplos perfectos de «piezas» de los AIE burgueses que se dejan «digerir» a la vez por la Ideología del Estado burgués, materializada en los AIE, y por las «reglas» del «juego político y sindical» de estos AIE. Su ideología es un simple subproducto con destino a los obreros de la ideología burguesa: la ideología pequeñoburguesa reformista. Su política es, al precio de algunos movimientos de reprobación o de aprobación, una política de colaboración de clase.

Se comprenden entonces las categóricas advertencias de Lenin contra la ideología reformista y la política de colaboración de clase de los partidos o sindicatos socialdemócratas. «Piezas» de los AIE considerados, se dejan integrar y digerir perfectamente por estos. Cuando sus «líderes» están en el «poder», es decir, a la cabeza del Gobierno (no confundir el derrocamiento de un gobierno con la toma del poder de Estado), se comportan, según la hermosa fórmula de Léon Blum[5], como «leales

---

[5] Léon Blum (1872-1950): escritor y político socialista francés. Desde junio de 1937 hasta enero de 1938 presidió el primer gobierno del Frente Popular. Encarcelado en 1941, permaneció en el campo de concentración de Buchenwald de 1943 a 1945. Entre diciembre de 1946 y enero de 1947 constituyó un gobierno socialista homogéneo que decidió una bajada autoritaria de los precios e instauró la IV República. Su oposición al comunismo bolchevique no rebajó la intensidad de los ataques de que fue objeto por parte de las fuerzas conservadoras. [N. del T.]

gestores del régimen capitalista», al cual no tienen, si no en sus declaraciones al menos en sus actos, ningún deseo de verdaderamente «derrocar». Sé bien que en ciertas coyunturas sucede que se ven «arrastrados» más lejos de lo que querrían, pero entonces no es verdaderamente por culpa suya…

No es casual que las organizaciones socialdemócratas figuren «de pleno derecho» en los AIE burgueses. Desde el punto de vista de la burguesía, tienen en estos su lugar pleno y entero, y ella no los confina a ningún *ghetto* político y sindical. Mejor: son la «pieza» esencial de los AIE correspondientes con los que la clase burguesa juega, muy hábilmente, para «contrarrestar» esa «pieza»[6] sumamente molesta que es un Partido o un sindicato proletarios. Toda la historia de la política burguesa desde hace 80 años se basa en esta táctica: la *división* de las fuerzas obreras, división política, división sindical. Gracias a esta técnica, la burguesía «anula» de hecho la presencia de las organizaciones proletarias en sus AIE.

II. Algunos datos históricos

Para dar todo su sentido a las dos precisiones que acabo de desarrollar muy esquemáticamente, querría recordar algunos datos que permiten comprender cómo y por qué en los AIE burgueses figuran organizaciones de lucha de clase proletarias.

Basta, para empezar, con considerar lo que sucede en formaciones sociales distintas de la Formación francesa (o italiana) para comprender que este resultado es incomprensible fuera de la historia de la lucha de clases propia de estos países.

Primero acudamos a dos ejemplos edificantes por simple comparación.

Los regímenes burgueses fascistas, sean europeos o sudamericanos, para no quedarse más que en estos dos casos, habían creado organizaciones obreras a su servicio, que eran piezas perfectamente integradas en los AIE fascistas: en la Alemania y la Italia fascistas existían «Frentes del Trabajo» o «Sindicatos de Estado», lo mismo que en la Argentina de Perón[7]. A Perón se debe incluso esta admirable expresión: «La burguesía debe *organizar* a la clase obrera; es el mejor medio para protegerla

---

[6] «Contrarrestar» esa «pieza»: «*"faire pièce"* à cette pièce». [N. del T.]

[7] Juan Domingo Perón (1895-1974): militar y político argentino. Elegido presidente de la República en 1946, instauró una dictadura basada en una doctrina, el «justicialismo» o peronismo, que, combinando medidas sociales, política antiamericana, catolicismo, represión y nacionalizaciones, apoyaron una diversidad de partidos políticos (desde la extrema izquierda a la extrema derecha), la Iglesia y el ejército. Crecientes conflictos con la Iglesia y el ejército desembocaron en su derrocamiento por un golpe de Estado. Refugiado en España, en 1973 las elecciones lo devolvieron a una presidencia de la República que ya sólo pudo ocupar durante unos meses. [N. del T.]

contra el marxismo...». Los sindicatos de Estado franquistas siguen siendo hoy en día un ejemplo. Que todo no favorezca a la política franquista en su seno no es seguramente culpa de la Ideología de Estado ni del Ministro responsable de los Sindicatos de Estado obreros o estudiantiles...

Otro ejemplo: en muchos países capitalistas, las organizaciones proletarias de la lucha de clase están simplemente *prohibidas*. La relación de fuerzas de la lucha de clases, sobre todo en países de Asia, de África y de América Latina bajo el control directo o indirecto del Imperialismo USA, no ha podido imponer el reconocimiento de estas organizaciones.

Un último ejemplo: en muchos países capitalistas, las organizaciones obreras están muy bien integradas en el sistema de los AIE capitalistas, por ejemplo en los países escandinavos, gobernados por «socialistas», o en Inglaterra. El curso de la lucha de clases en Inglaterra ha desembocado en el triunfo de una línea reformista tradeunionista[8] en los sindicatos, «laboralista» en el Labour-Party[9]. Naturalmente, en la base hay «alborotos», pero la dirección de las Trade-Unions y del Labour-Party van, en lo esencial y por el momento todavía, cogidas de la mano. Resultado: las Trade-Unions y el Labour-Party son en todo piezas perfectamente integradas de los AIE sindical y político del Estado de clase capitalista-imperialista inglés.

¿Es necesario hacer la misma demostración para los sindicatos americanos o para los sindicatos y el partido socialdemócrata alemán? Sucede incluso que organizaciones políticas y sindicales reformistas sean al mismo tiempo poderes económicos capitalistas, como en Inglaterra, en los USA y en Alemania.

¿Cómo es, entonces, que la «situación» es diferente en Francia?

¿Cómo es que la burguesía francesa ha tenido que resignarse a reconocer y a no poder reducir a organizaciones que la burguesía de otros países, en otras circunstancias, ha podido bien «organizar» ella misma, poniéndose a su cabeza, bien prohibir, bien pura y simplemente digerir y someter a sí? Debido a la historia de la lucha de clases francesa.

La historia de la burguesía francesa está dominada por un gran acontecimiento que le «falló»: la Revolución francesa. Desde el punto de vista burgués, fue verdaderamente una revolución «sucia». Para desenvolverse «apropiadamente», como por ejemplo en Inglaterra, las cosas deberían haber sido objeto de un *«gentleman*

---

[8] Tradeunionista: neologismo tomado de *tradeunionism,* versión anglosajona y escandinava del sindicalismo, caracterizada por su circunscripción al ámbito laboral, sin ninguna aspiración a la revolución política. *[N. del T.]*

[9] *Labour-Party:* Partido Laborista, equivalente británico de los partidos socialistas (socialdemócratas) occidentales. *[N. del T.]*

agreement»[10] entre las clases dirigentes, aristocrático-feudales y comercial-industriales burguesas. Por desgracia, debido a la estupidez de una pequeña nobleza rural arruinada que, en la década de 1780, tuvo el «mal gusto» de exigir a toda costa sus «derechos feudales» en una época en la que (véase Turgot[11]) se estaban suprimiendo dulcemente (y por otras razones también, por supuesto), las cosas tomaron un giro desagradable: el pueblo entró en escena y no se anduvo con chiquitas. En los campos, motines en los que se incendiaron los castillos; en las ciudades, y sobre todo en París, «jornadas revolucionarias» en las que rápidamente, a pesar de la «noche del 4 de agosto»[12] y la política reformista de los girondinos[13], la plebe más incontrolable se echó a la calle, impuso sus comités revolucionarios, llevó al poder a Robespierre[14] y al Comité de Salvación Pública; etc. La guerra contrarrevolucionaria (los Estados Hermanos feudales volando a socorrer al Rey y la Reina, que, junto con los emigrados, habían solicitado su intervención) endureció aún más la lucha de clases, la radicalizó. El Patriotismo de las masas populares y la Revolución, por un tiempo apoyados en las medidas de Salvación Pública que la burguesía llamó el Terror, hicieron surgir ante dicha burguesía la amenaza de una cosa muy distinta de «su» Revolución: perspectivas siniestras para ella, en las que un cierto «Cuarto Estado» de los *sans-culottes*[15], del pueblo más miserable, exigía una República social e igualitaria, de la que el capitalismo comercial e industrial tenía todo que temer. En el horizonte de los panfletos y discursos de Marat[16]

---

[10] «*Gentleman agreement*» («*Gentleman's agreement*» en buen inglés): acuerdo entre caballeros [N. del T.]

[11] Anne-Robert-Jacques Turgot, barón de Laune (1727-1781): político y economista francés. Como ministro de Hacienda (1774-1776) intentó una serie de reformas moderadas que no evitaron, sin embargo, su caída debido a las presiones de las clases privilegiadas. [N. del T.]

[12] El 4 de agosto de 1789, la Asamblea Constituyente decretó la abolición de los privilegios feudales en Francia. [N. del T.]

[13] Girondinos: grupo político que, defendiendo los intereses de la burguesía mercantil, durante la Revolución francesa se opuso tanto al restablecimiento del Antiguo Régimen como a las reformas económicas y sociales en favor de la clase trabajadora. [N. del T.]

[14] Maximilien Robespierre (1758-1794): político francés. Jefe de la facción más radical de los jacobinos, en 1793-1794 lideró desde el Comité de Salvación Pública el llamado «Reino del Terror». Murió guillotinado por sus adversarios políticos, que, en el mes revolucionario de Termidor de 1794, lo derrocaron y sustituyeron el Comité por el Directorio, más moderado. [N. del T.]

[15] *Sans-culottes* (literalmente, «sin calzones»): nombre dado durante la Revolución francesa a los izquierdistas de extracción social más humilde. [N. del T.]

[16] Jean-Paul Marat (1743-1793): médico, publicista y político francés. Durante la Revolución francesa defendió posiciones extremas en favor de los *sans-culottes* y en contra de los girondinos. Su asesinato por la joven Charlotte Corday lo convirtió en uno de los héroes populares de la Revolución. [N. del T.]

y de otros agitadores y propagandistas de la Igualdad había ya algo, por ejemplo, expresado en el «comunismo» de un Babeuf[17] y de un Buonarroti[18], en formas aún zafias pero sin equívocos.

La burguesía francesa no olvidó el Terror (la Comuna le inspiró el mismo terror, la trató con el mismo Terror blanco[19]). Hubo de tomar medidas de urgencia para devolver a las masas populares *a su lugar:* no en el poder, sino en el trabajo, bajo su explotación y su dominación. En distintas etapas: Termidor, luego el Consulado, luego Bonaparte y Napoleón.

El Bonapartismo es una solución *típicamente francesa,* al estilo de luchas de clase desencadenadas en Francia por esta «desafortunada revolución» del 89. Es la solución burguesa tipo para devolver [a su lugar] a las masas populares, cuyos conflictos con las clases dominantes no han podido impedir (peor aún, han requerido) la intervención directa y armada sobre la escena de la lucha de clases abierta. No es casual que la burguesía haya confiado el poder a un hombre providencial «bonapartista» cada vez que la división entre las clases dominantes y la intervención de las clases populares amenazaban la dominación de la clase burguesa: tras la Revolución del 89, para poner al pueblo en su lugar e implantar los Aparatos del Estado burgués, su Superestructura, su Derecho (el Código Civil) y sus Aparatos ideológicos de Estado (sus Universidades tanto como sus Cámaras de comercio, y… la Comédie Française, por no decir nada del Concordato); después de la alerta roja por la intervención del proletariado en las barricadas en junio del 48; en la estela de la doble crisis que dividió a la burguesía francesa (la derrota del 40[20], luego la insurrección argelina). Napoleón I, Napoleón III, De Gaulle son el «precio» que la burguesía francesa ha tenido y todavía tiene que pagar por la historia de sus propias luchas de clase, en las cuales ha tenido que resignarse a la irrupción en sus calles del pueblo bajo, y luego del proletariado, para hacer triunfar sus objetivos. No ha bastado la desviación en su provecho exclusivo del resultado de las luchas populares por parte de la burguesía (en el 89, en 1830, en 1848). Ha «hecho pagar» muy caro, con sangre (el Terror blanco, las masacres del 48), con

---

[17] François Noël Babeuf (1760-1797): revolucionario francés. En su lucha por el establecimiento de un comunismo igualitario, fue condenado a muerte tras el fracasado intento de derrocamiento que dirigió contra el Directorio surgido de Termidor (la «conspiración de los Iguales»). *[N. del T.]*

[18] Philippe Buonarroti (1761-1837): por su participación en la «conspiración de los Iguales», fue encarcelado. Liberado bajo Napoleón, desde su exilio en Ginebra trató de reorganizar las fuerzas revolucionarias francesas. *[N. del T.]*

[19] Terror blanco: nombre dado en Francia a las sangrientas reacciones de los monárquicos y fanáticos religiosos contra los revolucionarios, primero tras la Revolución de 1789, luego en 1815, tras la derrota de Napoleón en Waterloo. *[N. del T.]*

[20] Derrota de 1940: de Francia contra Alemania en la II Guerra Mundial. *[N. del T.]*

los arrestos, condenas y deportaciones del 2 de diciembre[21], el «concurso» de las masas populares en sus propias luchas de clase. Bonapartismo y represión feroz han sido «sus» soluciones.

La desgracia para ella es que el pueblo bajo, y muy rápidamente el proletariado, se «mojaron» en las luchas de las jornadas revolucionarias, aprendieron el arte de construir barricadas y de batirse contra el Ejército, y que de alguna forma la burguesía se vio forzada, por su propia historia, a educar a las masas populares y al proletariado, el cual entrevió que un día podría batirse con las armas en la mano «por su propia cuenta», según una famosa fórmula: «La liberación de los proletarios será obra de los proletarios mismos».

Estas palabras las escribieron en la historia Marx y Engels. El *Manifiesto* apareció en el 48. En 1864 se fundó la Internacional[22]. El proletariado francés no desperdició la lección. Siguió lo que se llama la Comuna de París.

Uno de los inconvenientes (para la burguesía misma) de la solución «bonapartista» es… su inestabilidad. Eso siempre acaba mal. Por diferentes razones: lo arbitrario del «poder personal», que acaba por resultar molesto (el hombre providencial se toma verdaderamente a sí mismo por «Francia») y a la larga (Napoleón I, Napoleón III) no se sostiene más que con expediciones militares que, al chocar con la resistencia de los pueblos ocupados, acaban por salir mal; operaciones militares totalmente «aventuradas» (España[23], México[24], etc.). También acabó muy mal en Sedan[25], contra Prusia.

---

[21] De 1851: fecha del golpe de Estado que acabó con la II República y exactamente un año después desembocó en la creación del II Imperio, con Luis Napoleón Bonaparte al frente con el nombre de Napoleón III. *[N. del T.]*

[22] Internacional: nombre dado a las organizaciones de los partidos obreros con el objetivo de la transformación de las sociedades capitalistas en sociedades socialistas y la unificación de estas en una federación mundial. Precursores de esta idea internacionalista fueron la «conspiración de los Iguales» de Babeuf en 1795 y la Liga Comunista de Marx y Engels en Londres (1847-1852). La I Internacional (Asociación Internacional de los Trabajadores) se fundó en Londres, bajo la dirección de Marx, en 1864. Se disolvió, en Nueva York, en 1876. Hubo otras tres Internacionales (la II, socialista u obrera, en 1889; la III, comunista, de los sindicatos rojos o Komintern, en 1919; la IV, trotskista, en 1937), más la anarquista (1881). *[N. del T.]*

[23] España: alusión a la invasión por Napoleón I que desencadenó la Guerra de la Independencia Española (1808-1814). *[N. del T.]*

[24] Durante el siglo XIX, Francia intervino en dos ocasiones en México, la segunda entre 1861 y 1867, con el propósito, entre otros, de apoyar a Maximiliano de Austria en la instauración en Centroamérica de una monarquía católica que contrapesara a los protestantes Estados Unidos. *[N. del T.]*

[25] Sedan: localidad del noreste de Francia en la que, el 2 de septiembre de 1870, Francia sufrió, a manos de Prusia, la derrota decisiva que puso fin al II Imperio de Napoleón III y dio paso a la II República. *[N. del T.]*

Sucedió entonces un acontecimiento sin precedentes y que marcó con su sello la Historia humana, la historia del socialismo, pero también la historia de la lucha de clases en su conjunto: la Comuna. Mientras la alta burguesía del señor Thiers[26] pactaba en Versalles con el ocupante prusiano, el proletariado parisino se puso a la cabeza de la resistencia patriótica, arrancando, por primera vez en la Historia, la causa de la defensa de la Nación a la burguesía. Y, por razones de clase, este sobresalto desembocó en el primer intento de Revolución socialista de la historia humana: ese intento loco, inaudito, desesperado pero genial, y en el que las masas obreras y populares inventaron lo que la teoría no había podido más que presentir, la destrucción del Estado y de sus aparatos… ese intento que marcó a Marx y a Lenin, y que aún se invoca en el otro extremo del mundo, en China. Mas ya se sabe cómo la burguesía francesa, apoyándose en el ocupante prusiano, puso de nuevo al «pueblo» en su lugar: contra los muros en los que se masacró a decenas de miles de hombres y mujeres a pleno día, antes de volver a sus puestos de trabajo en la producción, en la explotación.

Corto por lo sano para decir que la lección de todas estas luchas de clase «ejemplares» (Engels) –no para la burguesía, sino para el proletariado y para el pueblo francés– fue tal que cuando, a pesar de enormes dificultades y de sacrificios sin cuento, consiguieron imponerse, la burguesía hubo de reconocer las organizaciones proletarias de lucha de clase, políticas y sindicales. Presa de su pasado, no solamente de la lucha de sus ideólogos y escritores del siglo XVIII, sino de su tradición «democrática» (Libertad, Igualdad, Fraternidad); presa del socorro de las masas obreras, sobre las que no había escupido ni en 1830, ni en 1848 ni en los últimos sobresaltos de la lucha de clase contra la Aristocracia (por ejemplo, en su lucha contra la Iglesia a finales del siglo XIX); cogida en suma del cuello por la potencia de la lucha de clase popular y luego proletaria, la burguesía decidió reconocer a las organizaciones proletarias de lucha de clase, políticas y sindicales, en sus AIE. Con la esperanza de derrotarlas y de extraerles lo mejor, por la necesidad de pervertirlas o de anularlas oponiéndoles las organizaciones socialdemócratas, es cierto. Pero, razón o astucia, impotencia o habilidad, el hecho es ese.

Que no suceda lo mismo en otros países es en último término una cuestión de la relación de fuerzas en una lucha de clase histórica. Lo que acabo de decir a propó-

---

[26] Adolphe Thiers (1797-1877): historiador y político francés. Con el enorme prestigio intelectual y literario que le había procurado su *Historia de la Revolución Francesa* (1823-1827), donde ya se mostraba partidario de una monarquía constitucional, inició una larga carrera política como uno de los inspiradores de la revolución de 1830 y valedor de Luis Felipe de Orleans. Tras la caída del II Imperio fue nombrado presidente provisional de la III República, pactó la paz con Prusia y ordenó la supresión a sangre y fuego de la Comuna de 1871, en lo que se conoció como la «Semana sangrienta» (22-28 de mayo de 1871). [*N. del T.*]

sito de Francia demuestra en todo caso cuál es la verdadera naturaleza de la lucha de clases. Esta no puede librarse, en las formas prescritas por el Derecho imperante en los AIE considerados, más que como un simple efecto, un simple relevo de una lucha de clase completamente diferente, que va infinitamente más allá de todas las formas legales en las que esta puede llegar también a expresarse.

VIII. Los aparatos Ideológicos de Estado político y sindical

I. Advertencia necesaria

Abordamos aquí una cuestión tan importante cuanto difícil de presentar convenientemente, es decir, sin dar en lo más mínimo pie a un malentendido.

Por eso queremos repetir aquí los términos de la solemne observación que hicimos figurar en nuestra Advertencia al lector. En los Aparatos ideológicos de Estado político y sindical se trata de la lucha de clases. Pero atención: no se trata ni de toda la lucha de clases, ni siquiera del terreno en el que está enraizada la lucha de clases. Se trata de un dominio en el que la lucha de clases reviste sus formas legales, cuya conquista misma es el resultado de una historia de la lucha de clases a la fuerza exterior a estas *formas legales*. Una vez conquistadas tales formas legales, la lucha de clases se ejerce en ella, en los límites más o menos estrechos de estas formas, de todos modos en sus límites rigurosamente definidos, desplegándose de modo masivo *fuera de estas formas*.

Que el sistema de las formas políticas y sindicales que la clase dominante ha o bien arrancado para ella en su lucha de clase, o bien debido conceder, a regañadientes, bajo el efecto de las conquistas de la lucha de clase proletaria y popular, esté integrado como Aparatos ideológicos de Estado en el Aparato de Estado de la clase dominante, que sea, pues, la Ideología de Estado la que ante todo se realice en estos Aparatos, eso se comprende por sí mismo. Pero igual de bien se comprende que la lucha de clase que ha impuesto estos Aparatos en torno a y dentro de los cuales se libra actualmente una parte de la lucha de clases entre la burguesía y el proletariado marca profundamente *ciertas* piezas de estos Aparatos y confiere en particular una posición *de excepción,* en el seno mismo de las formas legales de estos Aparatos, a ciertas instituciones de la lucha de clases proletaria, como su organización de la lucha de clase política y su organización de la lucha de clases sindical. Una posición de excepción y una posición de antagonismo. Pues no es con corazón alegre como la burguesía hubo de reconocer, como consecuencia de las peripecias de las que hablaremos, la existencia de partidos obreros reformistas y luego revolucionarios, y con mayor razón la existencia de organizaciones sindicales de la lucha de clase económica. Bajo las formas legales de la existencia de estas organizaciones, la burguesía sabe que lo que está en cuestión va infinitamente más allá de estas formas legales mismas; de ello tiene la prueba en cuanto una crisis un poco seria saca a la luz del día la realidad que expresa, pero al mismo tiempo disimula la existencia legal de estas organizaciones: el hecho de que la lucha de clases no se limita –y con razón– a la oposición parlamentaria de tal o cual partido comunista o a las «negociaciones» con la Patronal o el Gobierno de tal o cual Central Sindical; el hecho de que la lucha de clases más violenta se libra sin interrupción, aunque de manera sorda y no visible desde fuera, en tanto no consagrada por la legalidad existente, en todos los momentos de la práctica de la producción y mucho más allá de esta. Esta posición de excepción traduce y traiciona, pues, una posición en principio antagonista (salvo si las organizaciones en cuestión caen en la colaboración de clase). Lo cual nos pone en presencia de la siguiente paradoja.

En el seno de un aparato de Estado ideológico como el aparato del sistema político puede existir (y este es ya el caso en un buen número de países) un Partido proletario de ideología radicalmente antagonista a la ideología de Estado, la cual sin embargo se materializa en las formas y las prácticas del Aparato ideológico de Estado en que figura este partido proletario. No obstante, este antagonismo se ejerce en las formas mismas impuestas por la Ideología de Estado (ej., la democracia burguesa, que es la dictadura de la burguesía bajo las formas de un aparato democrático parlamentario o presidencialista), lo cual complica sobremanera la tarea del Partido proletario. Pero, como Lenin mostró, esta complicada tarea no es sin embargo irresoluble, a condición absoluta de que se respete una cierta cantidad de condiciones imperativas, ante todo que el Partido proletario no caiga en el «cretinismo parlamentario» o «democrático-burgués», ni con mayor razón deje que su Ideología de lucha de clase proletaria se vea contaminada por la Ideología de Estado, que es la ideología de la clase dominante; sino, por el contrario, sepa utilizar el Aparato ideológico de Estado político, incluidas algunas de sus formas, algunos elementos de su Ideología (por ejemplo, algunas consignas democráticas), a fin de *ayudar,* por medio de las elecciones, y desde lo alto de la tribuna del Parlamento burgués, al desarrollo de la Lucha de clases que, en lo esencial, se libra fuera de estas formas legales democrático-burguesas. Lo mismo vale, con mayor razón, para la acción sindical obrera.

Si las cosas están claras a este respecto, podemos iniciar el análisis de los Aparatos ideológicos de Estado político y sindical.

Y, para señalar de inmediato un punto de referencia para mi tesis, invocaré un conocido texto de Lenin, extraído de un discurso pronunciado el 30 de diciembre de 1920: «Sobre los sindicatos, la situación actual y los errores de Trotski», que se podría volver a leer entero y completar, además, con un segundo texto muy poco posterior (25 de enero de 1921): «De nuevo los Sindicatos» (tomo XXXII de la edición francesa de las *Œuvres Complètes*, Moscú, 1962)[1].

Lenin habla de los sindicatos bajo la dictadura del Proletariado, esto es, de su existencia en el marco del Estado proletario, que es un Estado en el sentido fuerte, detentado por los bolcheviques y sus aliados, y dotados de los Aparatos represivos e ideológicos propios de todo Estado. Lenin declara:

«... en el ejercicio de la dictadura del proletariado, el papel de los sindicatos es absolutamente capital. Pero ¿en qué consiste este papel? El examen de esta cuestión, una de las cuestiones teóricas más importantes, me lleva a concluir que este papel es sumamente original. Por una parte, los sindicatos agrupan, engloban en sus filas a la totalidad de los obreros industriales: son por consiguiente una organización de la clase dirigente, de la clase en el poder que ejerce la dictadura, ejerce la *coerción estatal*. Pero no es *una organización de Estado coercitiva;* su fin es educar, formar, instruir, es una escuela, una escuela de dirección, una escuela de gestión, una escuela del comunismo. Es una escuela de un tipo absolutamente insólito, pues no nos encontramos con profesores y alumnos, sino con una cierta combinación sumamente original de lo que ha subsistido del capitalismo, y no podía dejar de subsistir, con lo que los destacamentos revolucionarios, por así decir la vanguardia revolucionaria del proletariado, han promovido» (p. 11)[2].

Y Lenin añade, algunas páginas más adelante, estas relevantes declaraciones:

«El camarada Trotski comete un error. Pretende que en un Estado obrero el papel de los sindicatos no es defender los intereses materiales y morales de la clase obrera... Hoy en día, nuestro Estado es tal que el proletariado organizado en su totalidad debe defenderse, y debemos utilizar estas organizaciones obreras *para defender a los obreros frente a su Estado y para que los obreros defiendan nuestro Estado*» (p. 17)[3].

Si nos atenemos a la fórmula central de Lenin, se dice en sus propios términos que los «sindicatos son una organización de la clase en el poder, la clase en el poder

---

[1] Cfr. ed. cast.: *Obras completas,* tomo XXXIV, Madrid, Akal, 1978, pp. 287-310 y 350-388. [*N. del T.*]

[2] Cfr. ed. cast. cit., p. 288. [*N. del T.*]

[3] Cfr. *ibid.,* pp. 292 y 293. [*N. del T.*]

que ejerce la dictadura, que ejerce la *coerción estatal*. Pero *no es una organización de Estado coercitiva, … es una escuela…*».

Si leemos entre líneas un texto sobre los sindicatos del Estado proletario para discernir cuál puede ser el estatuto de organizaciones sindicales existentes bajo el Estado burgués, cosa que veremos, la fórmula de Lenin coincide casi exactamente con la nuestra; pues distingue entre la acción coercitiva del Estado y la acción *no coercitiva* de los sindicatos soviéticos. En este caso, los sindicatos proletarios tienen una tarea de educación ideológica, la de ser «la escuela del comunismo». Proporcionalmente, es decir, teniendo en cuenta las diferencias que, evidentemente, separan a los Aparatos ideológicos del Estado proletario de los Aparatos ideológicos del Estado burgués, y con las reservas enunciadas más arriba, el sistema de los sindicatos podemos considerarlo como un Aparato ideológico de Estado y tratar bajo el mismo concepto el sistema político.

II. El Aparato ideológico de Estado político

Comenzaremos por este por razones que aparecerán en lo que sigue.

Los partidos comunistas y el aparato ideológico de Estado político.
Democracia para el pueblo y revolución socialista

Por supuesto, esto no quiere decir ni por un instante que, por el hecho de su inscripción topográfica en el sistema del aparato ideológico político de Estado, un Partido político, como el Partido Comunista, se vea fatalmente reducido a un papel de ejecutante de las voluntades del Estado burgués o al papel de oposición de su Majestad[4].

Este último papel lo cumplen a la perfección, y con todo el tacto deseable, los «leales gestores del régimen capitalista» que son los partidos *socialdemócratas,* los cuales no esperaron a esta maravillosa fórmula de Léon Blum para comprender su «vocación», evidentemente, «a escala humana»[5]. Esta famosa «escala humana» presenta, en efecto, esta apreciable ventaja de permitir a quienes asciendan sus escalones,

---

[4] Recordemos que *la lucha de clases va infinitamente más allá de sus efectos* inscritos en las formas de los aparatos ideológicos de Estado. Nosotros aquí sólo analizamos estos últimos efectos, exclusivamente. [N. del A.]

[5] *La escala humana [L'échelle humaine]* es el título de un libro publicado por Blum en 1945 en el que se da una polémica explicación de las diferencias entre el socialismo inhumano de los comunistas y el «socialismo a escala humana» de los socialistas. [N. del T.]

es decir, a los honores burgueses (o incluso aristocráticos, como en Gran Bretaña: ¡el señor Attlee[6] ha sido elevado a la «dignidad» de Lord por su Muy Graciosa Majestad Británica!), simplemente *«elevarse por encima»* del «mezquino» punto de vista de la *«lucha de clases»* para practicar tranquilamente una buena *colaboración de clase* (véase actualmente al señor Wilson[7]).

Lenin combatió bastante, y en términos de una violencia bastante despiadada, a aquellos comunistas que se dejaron tentar por los espejismos, es decir, los milagros imposibles de la acción puramente democrático-parlamentaria (el «cretinismo parlamentario»), para que no hubiera equívoco posible. Ahora que todo el mundo se interroga sobre el «paso» al socialismo, hay que recordar *que no hay vía parlamentaria al socialismo.* Son las masas, y no los diputados, ni siquiera si los comunistas y sus aliados devinieran fugazmente, por milagro, mayoritarios en un Parlamento, las que hacen las revoluciones.

Pues jamás el Estado burgués aceptará dejarse *tomar* y *destruir* (pues es de tomar el Estado de lo que se trata, y no de «derribar al gobierno» o de «cambiar» solamente de «régimen») por 450 diputados con las manos desnudas, aunque salgan del Palacio Borbón[8] ciñendo sus bandas tricolores; es decir, por una simple mayoría parlamentaria, a menos de admitir una coyuntura inaudita, tal vez concebible cuando el socialismo haya triunfado en 5/6 del globo terráqueo, pero absolutamente inimaginable en la situación actual, a corto plazo, e incluso a medio plazo.

Pues el Estado burgués es algo completamente distinto del simple *gobierno*. El Estado dispone de Aparatos ideológicos *muy distintos* de su Aparato ideológico *político* (en el que figura el *gobierno*), el cual no es, después de todo, más que un Aparato entre una multitud de otros (la Iglesia, la Información, la Escuela, etc.). Y, por añadidura, dispone de su *Aparato represivo* cotidiano, la policía, de sus cuerpos de represión especializados (CRS, Compañías de seguridad, gendarmería móvil, etc.), y de su aparato de represión de «última instancia», el *Ejército,* organización de cientos de miles de hombres alistados en la infantería, los carros, la aviación y la marina... por no decir nada de los Ejércitos de los Estados Imperialistas «Hermanos», que pueden echar una mano en el momento oportuno atravesando las fronteras, terrestres u otras.

---

[6] Clement Attlee (1883-1967): político laborista británico. En 1940 fue viceprimer ministro del gobierno de coalición presidido por Churchill, y primer ministro de 1945 a 1951. *[N. del T.]*

[7] Harold Wilson (1916-1995): político laborista británico. Fue primer ministro en dos periodos. En el primero, de 1964 a 1970, intentó resolver una grave crisis financiera con medidas de austeridad y no consiguió convencer a De Gaulle de que retirara su veto a la entrada de Gran Bretaña en el Mercado Común. En el segundo, de 1974 a 1976, consiguió mejores resultados financieros y recomendó a sus compatriotas votar a favor de la entrada en las instituciones europeas. *[N. del T.]*

[8] Palacio Borbón: palacio parisino inaugurado en 1728 y desde 1832 sede de la Asamblea Nacional francesa. *[N. del T.]*

Y, sin llegar a estos extremos, la simple experiencia del Frente Popular[9] y del Tripartidismo de después del 45[10] prueba que un simple gobierno de *democracia para el pueblo*[11] está a merced de simples procedimientos financieros (por ejemplo, la fuga de capitales que ha tocado a difuntos por el Frente Popular) o políticos (como la exclusión de los ministros comunistas por el socialista Ramadier[12] en 1947), a menos que las masas populares intervengan directa y vigorosamente en la escena política a fin de obstaculizar y hacer fracasar las maniobras de la lucha de clase capitalista; a fin de *obligar* al Parlamento a tomar medidas radicales, que transformen entonces el curso de la historia y den un carácter de clase y un curso *irreversibles* a la democracia existente en acciones que desemboquen finalmente en la Revolución socialista propiamente dicha.

Lenin decía que había que saber prever, aceptar y practicar *periodos de transición* para desembocar en la Revolución. Él mismo «practicó», a la cabeza del Partido bolchevique, esta teoría entre febrero y octubre del 17, en el periodo en el que Kerenski[13] encabezaba una mayoría parlamentaria burguesa y pequeñoburguesa «democráticamente» elegida tras las acciones de febrero del 17, las cuales habían «derro-

---

[9] Frente Popular: coalición formada en 1935 por la Sección Francesa de la Internacional Obrera (SFIO, socialistas), el Partido Radical y el Partido Comunista. Apoyada por muchos otros movimientos, ganó las elecciones de 1936, de las que salió un gobierno de radicales y socialistas (los comunistas simplemente lo apoyaron) presidido por Léon Blum (líder de la SFIO). Además de ser el primer gobierno francés con ministras (cuando las mujeres aún no tenían derecho a votar), durante su mandato (hasta 1938) se reorganizaron las finanzas públicas, se nacionalizó el ferrocarril y se firmaron con la CGT (el sindicato mayoritario) y la CGPF (la Patronal) los Acuerdos de Matignon, que reconocían el derecho a sindicarse y en virtud de los cuales aumentaron los salarios un 12 por 100 de promedio, se instauraron las primeras vacaciones pagadas (15 días), se rebajó la jornada laboral de 48 a 40 horas semanales, etc. *[N. del T.]*

[10] Durante los primeros dieciocho meses de existencia de la IV República Francesa (fundada tras la II Guerra Mundial), con un breve interludio desde diciembre de 1946 a enero de 1947, el PCF, los socialistas de la sección francesa de la Internacional Obrera y el conservador Movimiento Republicano Popular formaron sucesivos gobiernos franceses. *[N. del T.]*

[11] Según la doctrina marxista, a una democracia no se la puede caracterizar más que por *su naturaleza de clase*: o democracia burguesa o pequeñoburguesa (su apéndice y su pámpano), o democracia popular, democracia para el pueblo. *[N. del A.]*

[12] Paul Ramadier (1888-1961): político socialista francés. Nombrado presidente del Consejo (enero de 1947), excluyó a los ministros comunistas del gobierno (mayo de 1947) y se adhirió al Plan Marshall. Ante la agitación social y las críticas desde su propio partido, presentó la dimisión (noviembre de 1947). *[N. del T.]*

[13] Alexander Kerenski (1881-1970): político ruso. Tras la Revolución de Febrero que derrocó al zar, en julio de 1917 fue nombrado primer ministro del II Gobierno Provisional, cargo del que fue derribado por la Revolución de Octubre. El resto de sus días los vivió exiliado, en Francia hasta 1940 y, desde entonces y hasta su muerte, en Nueva York. *[N. del T.]*

cado» el régimen zarista pero sin derrocar el Estado capitalista-feudal ruso, todavía fuertemente enraizado en sus Aparatos de Estado, comenzando por el Ejército. Este periodo de transición «democrática» muy particular, en el que los bolcheviques eran una minoría muy pequeña en el Parlamento, si bien, por efecto de una línea adecuada y de unas acciones adecuadas, supieron y pudieron convencer, arrastrar y movilizar a las masas *en pocos meses,* fue realmente un periodo de transición *hacia* la revolución socialista y no, tras grandes éxitos electorales e incluso grandes victorias de las luchas de las masas populares (como en 1936), un periodo de transición hacia la restauración de la democracia *contra* el pueblo; es decir, de la democracia burguesa reaccionaria, antes de terminar en el fascismo de un Pétain[14].

Si, pues, el Partido Comunista y sus aliados consiguiesen algún día de nuestro futuro obtener la mayoría en las elecciones legislativas, y si la burguesía les dejase asumir las responsabilidades del «*gobierno*» en el marco de la *legalidad* burguesa existente, se ha de saber:

1 - que abrirían así la perspectiva de una democracia *para el pueblo* (democracia popular o democracia nueva);

2 - pero que, *mientras el Estado burgués se mantenga en pie,* con su Aparato represivo intacto, con sus Aparatos ideológicos de Estado, incluido el Aparato ideológico de Estado *político* burgués, *es la acción de las masas populares,* a condición de que estén educadas, movilizadas y comprometidas en la lucha sobre una línea adecuada, las que decidirán acerca de la naturaleza del *periodo de transición* así inaugurado;

3 - que, según la relación de fuerzas y según la línea política en la que el Partido Comunista movilizara a las masas populares, este periodo de *transición podría* desembocar *bien* (tras algunos éxitos populares) en una reacción burguesa victoriosa, *bien* en el triunfo de la revolución socialista;

4 - *que sin la toma del poder de Estado, sin el desmantelamiento del Aparato represivo de Estado* (lo que Marx y Lenin llamaban quebrar la máquina del Estado burgués), sin una larga lucha para quebrar los Aparatos ideológicos del Estado burgués, la Revolución es impensable o su triunfo no puede ser más que provisional, como se vio en Europa Central en los años veinte.

No hay, pues, para nosotros «paso» *parlamentario* al socialismo que sea simplemente concebible, pues es imposible. Tampoco es posible concebir que el «paso» al socialismo pueda darse añadiendo a la acción de una mayoría electoral «que se reclame del socialismo», o incluso que lo quiera, una acción política de las masas que tenga por único objetivo «*aislar a la burguesía*» en general.

---

[14] Una línea justa no siempre triunfa en seis meses. Los periodos de transición pueden ser largos y escalonados en etapas. La relación de las fuerzas mundiales puede estorbar su curso. Pero sin línea de masa justa es vano invocar la necesidad de las transiciones: estas son entonces palabras vacías. *[N. del A.]*

Si se cree poder vencer la dictadura burguesa «aislando a la burguesía», *sin toma del poder de Estado, sin quebrar los aparatos del Estado burgués,* la burguesía, incluso «aislada», sabrá qué uso hacer, sea cual sea la tendencia del gobierno en el poder, de los Aparatos de Estado existentes, policía y Ejército en primer lugar, y se dotará, si es necesario mediante un golpe de Estado como el del 13[15] o de otro tipo, del jefe de Estado capaz de ponerse al frente del Aparato de Estado intacto.

Si las masas no intervienen de manera decisiva, no a fin de «aislar a la burguesía», sino para *desarmar-desmantelar el Aparato represivo de Estado,* el periodo de transición inaugurado por una victoria electoral que prometa una democracia para el pueblo, en lugar de ser la transición hacia el socialismo, será una «transición» hacia la reacción burguesa, ciertamente la más violenta: abiertamente dictatorial y fascistizante. Entonces el Aparato represivo de Estado y los Aparatos ideológicos de Estado, incluido el *político,* encontrarán su «pleno empleo» burgués, a cara descubierta, con las masacres que hagan falta y los arrestos masivos clásicos en este tipo de «reacción», que la burguesía ha puesto perfectamente a punto desde hace más de un siglo y medio que reina en Francia (Termidor, 1815, junio del 48, la Comuna, Daladier[16], Laval[17]-Pétain). Evidentemente, lo que de ahí siga ya no pertenece entonces a la *sola* burguesía, pero nosotros sabemos que hay masacres y regímenes de dictadura abierta, se les llame fascistas o neofascistas, que pueden aplastar durante años el movimiento de masas.

Igualmente previno Lenin bastante, y en términos bastante categóricos, a todos los «golpistas» puros e incluso «insurreccionalistas» de que no era solamente insensato, sino criminal, no utilizar todas las formas de luchas, no solamente legales, sino incluso democrático-parlamentarias, esto es, electorales[18] para que una ac-

---

[15] El del 13: se refiere al golpe de Estado llevado a cabo en Argel el 13 de mayo de 1958, que acabó con la III República. *[N. del T.]*

[16] Édouard Daladier (1884-1970): político radical-socialista francés. Tras ocupar varios cargos de alto nivel, en 1938 sustituyó a Blum como primer ministro. En calidad de tal firmó los acuerdos de Munich en septiembre de ese mismo año y al siguiente la declaración de guerra con Alemania. En 1940 fue arrestado por el gobierno de Vichy y en 1943 deportado a Alemania. Reelegido diputado tras la Liberación, se opuso a la continuación de la guerra en Indochina y a la Constitución de 1958. *[N. del T.]*

[17] Pierre Laval (1883-1945): político socialista francés. Tras dirigir varios ministerios, e incluso ocupar la presidencia del Consejo (1931-1932, 1935-1936), en 1940 ocupó la vicepresidencia del gobierno Pétain en Vichy. Tras la Liberación fue condenado a muerte y fusilado. *[N. del T.]*

[18] Recuerdo que en 1908, en un momento crítico de la historia del movimiento obrero ruso, Lenin estaba por el mantenimiento en la Duma de los diputados socialdemócratas… contra el grupo de los bolcheviques izquierdistas de derechas de los otzovistas[a], que querían que se retiraran. *[N. del A.]*
– [a] Otzovistas: grupo que, surgido entre los bolcheviques en 1908, rechazaba todas las formas de acción legales y se mostraba a favor del paso inmediato a la acción violenta, recubriendo posiciones derechistas con proclamas izquierdistas. *[N. del T.]*

ción democrático-parlamentaria del Partido Comunista, en el seno mismo del aparato ideológico de Estado político burgués, pueda ser algo distinto de la colaboración de clase, pero *bajo la condición absoluta* de ser una forma de lucha entre otras, subordinada al sistema de las luchas de clase de masas dirigidas por el Partido comunista.

Si estas conocidas tesis de Lenin las interpretamos a la luz de la distinción que hemos propuesto entre el Aparato represivo de Estado y los Aparatos ideológicos de Estado, y si consideramos que el sistema democrático en el que un Parlamento, elegido por sufragio universal en una lucha política entre Partidos, designa un gobierno que representa a su mayoría[19] pertenece al Aparato ideológico de Estado *político,* creo que podemos comprender mejor cuáles son los límites reales más estrictos de la acción *democrática parlamentaria* del Partido Comunista.

Cuando el Partido está en la oposición, su acción, en efecto, nunca se ejerce más que en el marco de la legalidad democrática que impera en un momento dado de la historia en el Aparato ideológico de Estado político. No se ejerce directamente o no se ejerce del todo sobre otros Aparatos ideológicos del mismo Estado. A pesar de todos los proyectos de ley propuestos, su acción carece prácticamente de efectos sobre el aparato-Información (nadie puede pretender que la «democracia» se extienda al régimen de la Radio, de la Tele y de la Prensa), sobre el aparato-Edición, sobre el aparato religioso, sobre el aparato escolar[20], etc. Por añadidura, y ese es su límite más grave, el límite absoluto, no hace, evidentemente, mella alguna en el Aparato represivo. Y si un gobierno «democrático» en el que participa el Partido puede hacerse obedecer en la Radio-Tele y por una parte de la administración, es con muchas reservas y a condición de mantenerse en los límites de una «política» que asegure al menos la «defensa de la moneda» y otros «intereses nacionales». No sucede lo mismo con la policía ni, con más razón, con el Ejército, que «obedecen» mientras quieren y saben dar el alto cuando juzgan que se corre el riesgo de sobrepasar el punto crítico para la dominación de clase burguesa. El Ejército interviene entonces directamente, como se vio en el momento del golpe de Estado de Argel que llevó a De Gaulle al poder, donde, sin embargo, ¡no era ni siquiera la *existencia del Estado burgués* la que estaba amenazada!, sino solamente la unidad de la clase dominante, la unidad de la burguesía, dividida por la lucha de liberación nacional del pueblo argelino. ¿Qué habría sucedido si el Estado de clase burgués se hubiera visto amenazado él mismo por las masas populares francesas…?

---

[19] Aunque elegido por el Parlamento, que forma parte del aparato ideológico de Estado político, el gobierno forma parte del aparato represivo de Estado. Es normal. Cfr. p. 100 de esta edición. [*N. del A.*]

[20] Piénsese en todos los proyectos de ley de reforma escolar presentados por el Partido Comunista. No han pasado a los hechos. Es normal. [*N. del A.*]

La distinción entre Aparato represivo de Estado, por una parte, y los Aparatos ideológicos de Estado, por otra, y la tesis de que entre estos últimos se cuenta el aparato ideológico de Estado *político,* en el que se libran las luchas de la democracia parlamentaria, fundamenta, pues, e ilustra los principios leninistas en lo que se refiere a la distinción entre la acción de los comunistas en un Parlamento o incluso un *gobierno Parlamentario* (donde el Estado no está en cuestión), y la acción revolucionaria de las masas para la conquista del Estado burgués mediante la destrucción de su Aparato represivo de Estado en primer lugar, luego de sus Aparatos ideológicos de Estado.

Si se quiere comprender estos «matices», podrá admitirse:

1 - *La validez,* aparentemente paradójica, de la clasificación que operamos del *sistema* político de la democracia burguesa, incluidos, por tanto, los Partidos Políticos que comporta, y por tanto el Partido de la clase obrera[21], bajo el concepto de *aparato ideológico* de Estado *político.*

2 – *La posibilidad* de que, en el «juego» del sistema de este aparato ideológico de Estado que es el aparato político, un partido revolucionario como el Partido comunista pueda y deba encontrar su lugar, un lugar inscrito en límites objetivos muy estrechos, ciertamente, y llevar a cabo una política objetivamente revolucionaria, bajo la condición absoluta de que la política parlamentaria del Partido en el seno de las formas de la «democracia burguesa» esté subordinada a su política global, que no puede ser sino la de movilizar a las masas proletarias y a sus aliados naturales[22] para la conquista del poder de Estado burgués y su transformación en poder de Estado socialista[23].

La posibilidad de la intervención revolucionaria (y no reformista) del Partido de la clase obrera en el «juego» del sistema del aparato ideológico de Estado *político* se basa en la posibilidad del Derecho de *ser eludido a la vez que respetado.*

Muy precisamente, en el caso de la lucha parlamentaria en el seno de la democracia burguesa se trata, para el Partido de la clase obrera, de apoyarse en el De-

---

[21] El cual no ha podido hacerse reconocer, bajo las injurias constantes de ser «el Partido del extranjero» o de los «separatistas», más que al cabo de una larga lucha de clase. [N. del A.]

[22] Estos aliados naturales son, *por orden de prioridad política:*

1. los campesinos proletarios, pobres y pequeños;

2. una parte de la pequeña burguesía rural –algunos campesinos medios– y urbana –artesanos, pequeños comerciantes, empleados, trabajadores intelectuales, universitarios, estudiantes de secundaria, etcétera–. [N. del A.]

[23] [Pasaje tachado]: en esta posibilidad se reconocerá uno de los efectos necesarios de la existencia del Derecho burgués (aquí el Derecho político de la democracia burguesa) que habíamos señalado de refilón y que no ha podido sorprender ni a los juristas ni a los políticos hasta que hemos dicho que lo propio del Derecho era ser aplicado, *es decir, respetado y eludido.* [N. del E.]

recho político reconocido por la burguesía misma, a fin de extraer efectos de agitación y de propaganda para la lucha abierta contra la política burguesa, esto es, de tomarle la palabra a la democracia para *ayudar* (ayudar solamente, pues hay que evitar toda forma de «cretinismo parlamentario») a las masas a comprometerse cada vez más en una acción que acabe por derrocar la democracia burguesa en beneficio de la democracia *socialista,* en la cual se ejercerá, durante la Dictadura del Proletariado, la dictadura de la clase obrera y de sus aliados sobre sus enemigos de clase.

Stalin pronunció una frase «histórica» cuando declaró que los Partidos comunistas debían «levantar la bandera de las libertades democráticas» «caída de las manos de la burguesía». Esto era ir un poco demasiado rápido, pues la historia ha mostrado que incluso un hombre que las desprecia, como De Gaulle, sabe también «enarbolar» la bandera de las libertades democráticas en hábiles discursos que todavía tienen, como los resultados de las elecciones prueban, un cierto efecto. ¡Puede encontrar sucesores para enarbolar la misma bandera! Esto era también no advertir que, como demostró Lenin, hay democracias y democracias, y que la cuestión de la naturaleza de la democracia es, en última instancia, un *asunto de clase.*

La misma observación vale también para la otra frase «histórica» de Stalin sobre la «bandera de la Independencia Nacional» «abandonada por la burguesía» y que «el Partido de la clase obrera» debía «levantar». También ahí iba un poco demasiado deprisa, pues De Gaulle, que esta vez no la desprecia en absoluto, ha demostrado que, como también evidencian los resultados electorales, sabía «enarbolar» muy bien «la bandera de la Independencia Nacional» al son de una música de circunstancias con resonancias antiamericanas. Esto era también no advertir, como demostró Lenin, que hay naciones y naciones, y que la naturaleza de la nación es, en última instancia, un asunto *de clase.*

Bajo ninguna circunstancia, sobre todo cuando el Partido comunista está en su derecho de invocarlas contra la política burguesa, debemos olvidar que las cuestiones de las Libertades Democráticas y de la Independencia Nacional forman en principio parte de la ideología del Estado burgués.

Se me permitirá, pues, tener por probada, al menos a título de hipótesis fuertemente apuntalada, la proposición emitida en las elucidaciones precedentes, a saber, que se puede considerar que existe un Aparato ideológico de Estado propiamente *político,* constituido en la formación social francesa capitalista por la *materialización* de la ideología de Estado burguesa (en este caso la ideología política liberal-democrática-nacionalista) en el sistema: Sistema electoral, Partidos Políticos, Parlamento, etcétera.

III. El aparato ideológico de Estado Sindical

La misma demostración vale para el Aparato ideológico de Estado *sindical,* que se explica por la misma teoría, aunque con un matiz importante que nos va a conducir a una nueva observación.

La Revolución burguesa de 1789 había introducido, como todos saben, desde 1791, en la *Ley Le Chapelier*[24], una prohibición absoluta de asociación para los trabajadores, antiguos oficiales y pronto nuevos obreros, esto es, proletarios. El Código Civil reconocía la libertad de usar y abusar de todos los bienes (materiales). En cuanto al «bien» de asociación para los oficiales y obreros, fue menester una ley expresa ¡para *prohibir la libertad de su uso*!

Es mediante la lucha de clases, una lucha larga y salvaje, encarnizada, sangrienta, como este derecho fue arrancado por la clase obrera y, a pesar del «individualista» Código Civil, incluido en el «Derecho del Trabajo» recientemente creado a tal fin. Incluso los funcionarios dependientes de la administración o de diferentes aparatos ideológicos de Estado (como el aparato escolar o el aparato de información de Estado) terminaron por ver incluido este derecho en la constitución de 1946[25], lo cual da una idea del «retraso» de esta «rama» del Derecho...

Esto nos recuerda como en eco que la democracia parlamentaria, primero censitaria durante la Constituyente[26], pasó por muy duras vicisitudes en el curso del siglo XIX antes de entrar en las costumbres con el «malentendido» de la proclamación de la III República[27], que, de no haber sido por la estupidez de Mac-Mahon[28] y los suyos, se habría convertido de nuevo en Monarquía durante algún tiempo. Prueba de que los Aparatos ideológicos de Estado están hechos de una materia y una naturaleza de gran sensibilidad, pues tanto tiempo y tantas luchas son menester para que los nuevos sustituyan a los antiguos y se fijen en su función aparentemente definitiva; prueba de que pueden ser muy vulnerables desde el momento en que se ven sacudi-

---

[24] Isaac le Chapelier (1754-1794): político francés. Fundador del Club Bretón en 1789, convertido en los Jacobinos con él como su primer presidente, la ley que le debe el nombre constituyó una de las bases fundamentales del capitalismo liberal, al instaurar la libertad total de la empresa y suprimir los derechos de asociación y huelga. En 1794 fue guillotinado. [*N. del T.*]

[25] Constitución de 1946: constitución que, tras la II Guerra Mundial, instauró la IV República Francesa (1946-1958). [*N. del T.*]

[26] La Constituyente: Asamblea Nacional Constituyente, creada poco después del comienzo de la Revolución francesa de 1789. [*N. del T.*]

[27] III República: III República Francesa (1870-1940). [*N. del T.*]

[28] Patrice de Mac-Mahon (1808-1898): mariscal y político francés. Tras comandar las fuerzas que acabaron sangrientamente con la Comuna de París, en 1873 fue elegido presidente de Francia. Fue incapaz de restablecer la monarquía a pesar de que la Asamblea Nacional estaba dominada entonces por los monárquicos. [*N. del T.*]

dos por la coyuntura... *a diferencia del aparato represivo de Estado,* de una magnífica continuidad y constancia, pues no ha cambiado a través de los siglos, los cuales, sin embargo, han pasado por diferentes «regímenes», todos ellos de clase.

La misma demostración, pues, para el aparato ideológico de Estado sindical. Sin embargo, una nueva precisión es necesaria.

Cuando se habla de partidos políticos se sabe, en efecto, que van de la derecha a la extrema izquierda. La existencia de partidos de derecha, de centro y de «izquierda», su fidelidad a todas las grandes citas históricas de la lucha de las clases capitalistas para hacer de su cuerpo un escudo en el Estado burgués muestran claramente que entre los Partidos políticos y el sistema de la democracia parlamentaria, por una parte, y la dictadura del Estado burgués, por otra, hay alguna conexión; dando un paso más allá se comprende la fórmula de Lenin: la democracia burguesa es la «dictadura de la burguesía».

Pero cuando se habla de los sindicatos las cosas son menos evidentes. Todo el mundo piensa de entrada en los sindicatos obreros y en los más combativos, en la CGT[29], y también, desde hace unos años, en la CFDT[30]. Se olvida, sin embargo, que no existen *sólo* sindicatos obreros. Existen sindicatos de funcionarios, sea el aparato represivo de Estado (sindicato de finanzas, etc., e incluso sindicato de la Policía), sea aparatos ideológicos de Estado (sindicatos de estudiantes, docentes de Enseñanza Secundaria y Superior, etcétera)[31].

Pero existen también sindicatos de cuadros, de pequeñas y medianas empresas. Existen sobre todo sindicatos «profesionales» patronales muy poderosos, con el más poderoso de entre ellos, la Confederación Nacional de la Patronal Francesa[32], en la cima.

---

[29] La CGT (Confederación General del Trabajo): fundada en 1895, tras la liberación de 1944 se convirtió en el principal sindicato francés, muy influido por el Partido Comunista. *[N. del T.]*

[30] La CFDT (Confederación Francesa Democrática del Trabajo), segunda confederación sindical francesa en tamaño, es la organización sucesora de la Confederación Francesa del Trabajo Cristiana (CFTC). Se formó en 1964, cuando la mayoría de la CFTC adoptó una línea de lucha de clase y cambió de nombre. Entre 1966 y 1970, la CFDT y la CGT mantuvieron relaciones de estrecha colaboración. *[N. del T.]*

[31] En cambio, nada de sindicato ni de partido político en el Ejército, el Gran Mudo en el que sólo los Generales tienen derecho a la Palabra, con autorización del Ministro de los Ejércitos, dicho sea de pasada, salvo en los 18 de junio[a], 13 de mayo[b] o el golpe de Estado del tipo Argel, etcétera. *[N. del A.]*
– [a] 18 de junio de 1940: fecha en que De Gaulle rechazó por radio desde Londres el cese de hostilidades del gobierno francés con las potencias del Eje. *[N. del T.]* – [b] 13 de mayo de 1958: golpe de Estado en Argelia, como consecuencia del cual se pasó de la IV a la V República. *[N. del T.]*

[32] El Consejo (no Confederación) Nacional de la Patronal Francesa (CNPF) sustituyó en 1945 a la Confederación General de la Patronal Francesa, que a su vez había tomado el testigo de la Confederación General de la Producción Francesa, la cual, fundada en 1936, había quedado de inmediato desacreditada por la firma de los Acuerdos de Matignon ese mismo año. *[N. del T.]*

Para hacer más clara nuestra tesis sobre la existencia de un Aparato ideológico de Estado sindical, sería bueno *tomar las cosas al revés* y comenzar no por el sindicato obrero de la lucha de clases (sólo la CGT incluyó esta definición en sus estatutos), sino por el CNPF, y volver a bajar la escalera, descubriendo el increíble número de organizaciones sindicales patronales o corporativas que se encargan de «defender los intereses» de la profesión.

El sistema de estas organizaciones constituye un Aparato que materializa una ideología de «defensa de los intereses de...» ¡la profesión!, naturalmente acompañada por una ideología de inestimables Servicios que dicha Profesión presta al Público y al interés de la Nación, materializando así uno de los grandes temas de la Ideología de Estado, el del interés General y Nacional en la Libertad de Empresa y la Defensa de los Grandes Valores Morales. La «defensa de la profesión» es, para los sindicatos de grandes y pequeños patronos, la hoja de parra de su objetivo de clase.

Que un sindicato obrero que lleva a cabo la lucha de clase económica haya podido, a costa de combates que han durado más de un siglo, «hacerse reconocer» en semejante compañía y pueda, en los márgenes de la muy reciente legalidad jurídica[33] del Derecho del Trabajo, y sobre todo con la ideología dominante que domina desde arriba este aparato, llevar a cabo una verdadera lucha de clase se explica por una especie de heroísmo: justamente el de la clase obrera.

Que este sindicato está constantemente expuesto a presiones y represiones sin nombre, a chantajes descarados, al despido de sus militantes, a la corrupción y a la compra pura y simple (F.[34], ahora se sabe oficialmente, se creó con fondos de la CIA[35]) y a las escisiones correspondientes... por no hablar de la tentación constante de caer en el economismo de la Carta de Amiens[36] de 1906 (¡nada de política en los sindicatos!) o el anarco-sindicalismo (¡abajo los partidos políticos!, ¡toda la política la harán los sindicatos!)[37], la historia lo prueba con sobreabundancia. Pero eso no hace

---

[33] ¡Esta plantea graves «problemas» «lógicos» a las exigencias de sistematicidad, de formalidad y de universalidad de los juristas! *[N. del A.]*

[34] F.: CGT-Fuerza Obrera, el tercer sindicato francés por tamaño, se creó en 1947 con apoyo de los EEUU tras una escisión en la CGT. *[N. del T.]*

[35] CIA (Agencia Central de Inteligencia, en sus siglas inglesas): servicio de espionaje y contraespionaje de los EEUU. *[N. del T.]*

[36] Al suscribir la Carta de Amiens en 1906, la CGT declaró su completa independencia del Estado y de todos los partidos políticos. *[N. del T.]*

[37] El «apoliticismo» forma parte de los temas de la ideología de Estado materializada en el Aparato ideológico *sindical,* que proclama: «¡Defensa "apolítica" de los intereses de la Profesión... en interés de la Nación!». La lucha contra el apoliticismo sindical es, pues, la piedra angular de la lucha ideológica de clase de una organización sindical obrera. La historia de la CGT lo ilustra: apo-

más que aportar una prueba empírica suplementaria a nuestra tesis sobre la existencia del Aparato ideológico de Estado *sindical*.

Mejor aún, esto nos permite hacer una observación que podría, si se considera la tradición marxista, parecer un poco paradójica.

A menudo se dice, en efecto, que, según Marx y Lenin, el Movimiento obrero es capaz de organizarse por sí mismo, *sin el auxilio de la teoría marxista,* en las organizaciones de lucha sindical, capaces, tras las duras pruebas del aprendizaje, de llevar a cabo combates que van más allá del simple plano local o de los límites de la corporación, para alcanzar el plano nacional. Pero se dice en compensación que para pasar a una organización política las cosas son infinitamente más difíciles. Y se tiene tendencia a añadir que es *normal,* pues los mismos obreros que sufren cada día la experiencia de la explotación económica de la que son víctimas *no tienen el mismo conocimiento de los mecanismos de la lucha de clase política,* esto es, de la opresión política y de la sujeción ideológica del Estado capitalista.

Y resulta de ello que se tiene tendencia, al menos entre algunos dirigentes políticos proletarios de origen no proletario, y con mayor razón entre los pequeños burgueses –sobre todo intelectuales–, a considerar de alguna manera como «natural» pero secundaria la lucha económica y como mucho más difícil la instauración de la lucha política. Ahora bien, no es seguro que la realidad corresponda punto por punto a este juicio… y por eso hemos preferido comenzar por hablar del aparato ideológico de Estado *político* antes de hablar del aparato ideológico de Estado *sindical*.

La razón es simple, y la promulgación prodigiosamente apresurada de la Ley Le Chapelier puede ponernos sobre la pista correcta.

La misma burguesía que reivindicó para sí el beneficio de la libertad de organización política, que *impuso,* pues, muy pronto, para su propia lucha de clase, en la cual «no escupía» sobre el apoyo del «pueblo» (cfr. 1789-1793; cfr. 1830; cfr. 1848), *su propio* Aparato ideológico de Estado *político* contra el Aparato ideológico de Estado *político* de la Aristocracia feudal, *esta misma burguesía ha tenido desde el inicio del partido (1791) el mayor cuidado en reprimir mediante la ley y la peor violencia toda veleidad de organización y de lucha económica de sus propios explotados, los proletarios.*

---

lítica en su fundación, combatida por la CGTU[a], luego reunificada sobre una base que rechazaba el apoliticismo. *[N. del A.]* – [a] CGTU (CGT Unitaria): sindicato fundado en 1921 por comunistas disconformes con la línea reformista adoptada mayoritariamente por la CGT (adhesión a la Unión Sagrada en 1914) tras la Revolución de 1917 en Rusia y la creación del Partido Comunista Francés. *[N. del T.]*

IV. La lucha de las clases populares en el aparato ideológico de Estado político (… y fuera de este)

De hecho, se ha de tener presente que la burguesía se encontró en la imposibilidad de impedir –y con motivo: ¡no podía prescindir de ellas!– a las masas populares participar en las luchas de clase *políticas* burguesas contra el feudalismo, en el 89-93 y luego durante una buena parte del siglo XIX, pero sobre todo en su primera mitad, contra la Aristocracia rural.

La burguesía francesa tuvo la «mala suerte histórica» de tenérselas que ver con una nobleza y una Iglesia feudal particularmente tenaces, testarudas, aun «estúpidas» (la «revuelta» prepoujadista… de la pequeña nobleza en los años 1770-1780 verdaderamente lo había echado todo a perder). El resultado es conocido: la revuelta violenta de campesinos («¡paz en los chamizos, guerra en los castillos!»), con castillos en llamas por doquier –¡pues los campesinos no se anduvieron con chiquitas!–, las jornadas revolucionarias repetidas en las ciudades, la plebe reinando en las calles, y en París el Comité de Salvación Pública y el Terror haciendo frente a la Guerra contrarrevolucionaria sin más, desencadenada por los Estados Feudales Hermanos, llamados por la Aristocracia francesa del más alto nivel (encabezada por el Rey y la Reina antes de su ejecución).

Sin el decisivo apoyo de las masas populares, incluido este horrible «cuarto Estado»[38] amenazante del que habló Mathiez[39], la burguesía del Tercer Estado no habría podido derrocar las relaciones de producción y de intercambio «feudales» ni tomar el poder, destruyendo el Estado feudal de la Monarquía absoluta, para crear sus Aparatos de Estado y ejercer el poder a fin de implantar sus propias relaciones de producción y su Derecho.

Engels dice en alguna parte que Francia es un país *ejemplar* porque en él las luchas de clase se llevaron claramente hasta el final. Ejemplar para el proletariado *pero en absoluto para la burguesía*. Desde el punto de vista burgués, la revolución de 1789 es, comparada con la Revolución inglesa, una «revolución *sucia*» que políticamente tuvo un precio infinitamente demasiado elevado para la burguesía y cuyos estragos

---

[38] La parte más «plebeya» del pueblo bajo de las ciudades, animado por Marat, Duchêne[a], e innumerables agitadores populares vigorosos y corajudos. En el horizonte, el comunismo de un Babeuf y de un Buonarroti, aún a la busca de sus posiciones teóricas y políticas, de sus formas de organización y de acción. [N. del A.] – [a] El tío Duchêne (Le Père Duchêne) era un personaje de ficción nacido en los carnavales del siglo XVIII como prototipo del hombre del pueblo y que Jacques Hébert (1757-1794), líder de los «Exagerados», adoptó como nombre del periódico que publicó entre septiembre de 1790 y marzo de 1794, cuando fue guillotinado. Otras publicaciones del mismo título, pero con poco que ver con el original, aparecieron durante las revoluciones de 1830, 1848 y 1871. [N. del T.]

[39] Albert Mathiez (1874-1932): historiador francés conocido por su interpretación marxista de la Revolución francesa como conflicto de clases. [N. del T.]

hubo que «reparar», mal que bien, en las peores condiciones. Ante todo devolviendo *a sus lugares* a estas benditas masas populares, campesinas, cada vez más plebeyas-urbanas, de las que la burguesía había tenido, ciertamente, una necesidad vital, pero que creían demasiado resueltamente (¿cómo impedirlo?) que *«se había llegado».*

Unos cuantos buenos fusilamientos, Termidor, luego el Terror Blanco, finalmente Bonaparte el Salvador (el De Gaulle de la época), coronado Emperador a cambio del Código Civil y de las guerras preimperialistas de la burguesía francesa a través de Europa, resolvieron el asunto. Pero ¡a qué precio!

Un precio doble, al menos.

En primer lugar, la burguesía había tenido que pagar el precio de Bonaparte-Napoleón I, con lo cual se inauguró una tradición original, la tradición típicamente *francesa* del *bonapartismo,* solución burguesa desagradable pero razonada, e indispensable para devolver a su lugar a las masas plebeyas (en 1798[40], luego en 1852; tradición mantenida hasta 1958: véase el 13 de mayo de De Gaulle)[41]. Solución ciertamente, pero *costosa,* pues pone a la vista de todos que el «liberalismo» político burgués puede adoptar, en provecho de la burguesía misma, la forma abierta de una *dictadura* personal no democrática o no parlamentaria que, asentándose tranquilamente en los Grandes Principios Democrático-Parlamentarios del 89, muestra con qué desprecio los considera en cuanto su dominación de clase se ve amenazada.

Luego la burguesía hubo de pagar el precio del «mal ejemplo» dado a las masas populares, su contagio y, peor aún, su repetición. Pues, en su lucha de clase contra la reacción aristocrática de la Restauración (Luis XVIII[42], Carlos X[43]), la burguesía no

---

[40] 1798: año en que Napoleón inició su campaña en Egipto y Siria, al regreso de la cual dio el golpe de Estado que lo encumbró al poder. *[N. del T.]*

[41] Pétain es otra cosa. El mismo objetivo, pero con medios distintos. No hay que confundir la solución bonapartista y la solución fascista. De Gaulle no ha adoptado, hasta ahora, la solución fascista, sino la bonapartista y por añadidura la bonapartista «liberal», pues la «solución» del bonapartista gaulliano presenta la particularidad de haber «recompuesto» (como en el 45, por lo demás) la unidad terriblemente amenazada de la clase burguesa misma. La burguesía francesa se partió en dos muy peligrosamente entre el 40 y el 45 ante la invasión nazi, y en 1958 ante la insurrección argelina. En ambos casos, el papel histórico de De Gaulle consistió en «recomponer» los pedazos, es decir, la unidad de la burguesía francesa. Desde 1958, además, le dio al imperialismo francés el Estado democrático plebiscitario no parlamentario exigido por los Monopolios. *[N. del A.]*

[42] Luis XVIII (1755-1824): en 1795, a la muerte del hijo de su hermano Luis XVI, ascendió a la titularidad del trono, la cual no pudo hacer efectiva hasta la caída definitiva de Napoleón en 1814-1815. En un régimen de monarquía constitucional, el suyo fue un reinado conciliador entre las distintas tendencias políticas radicalmente enfrentadas. No dejó descendencia. *[N. del T.]*

[43] Carlos X (1757-1836): a la muerte de su hermano Luis XVIII en 1824, ocupó el trono de Francia hasta que, como reacción a su política absolutista, la Revolución de julio de 1830 lo mandó al exilio y entronizó a Luis Felipe de Orleans. *[N. del T.]*

«escupió» sobre los obreros y el pueblo bajo de París, los cuales «hicieron», junto a la pequeña burguesía, las Tres Gloriosas de 1830; una vez más, por tanto, «jornadas revolucionarias» en las que el pueblo se lanzaba a las calles e inventaba tanto las barricadas como el arte de batirse en las mismas[44]. En 1848 tampoco «escupió» sobre la ayuda del proletariado, que, por primera vez en cuanto tal, en sus primeras organizaciones, se lanzó, junto a la pequeña burguesía, al asalto de la monarquía orleanista, y entrevió y esperó, aun de muy lejos, algo que hablaba de «socialismo», si bien a través de las palinodias de Louis Blanc y la estafa de los «Talleres Nacionales»[45].

Cada vez, la burguesía se tuvo que resignar a la intervención *armada* de las masas populares, de los pequeñoburgueses ciertamente, pero también de los artesanos, oficiales y, finalmente, de los proletarios mismos, en sus primeras organizaciones de clase, en el 48. Y, cada vez, la burguesía se tuvo que resignar al hecho paradójico de que su propia lucha de clase burguesa educaba y entrenaba al proletariado en la lucha de clase política violenta que un día llevaría a cabo *por su propia cuenta*.

¿Hay que hablar también de la Comuna? Esta vez estaba en juego el Imperio, que para la burguesía se había vuelto fastidioso debido a su autoritarismo fuera de lugar y al catastrófico destino de su aventurista política exterior anexionista. También esta vez, el auxilio de las masas populares, proletarios cada vez más conscientes y organizados, a pesar de sus divisiones ideológicas (proudhonianos, blanquistas, etc.), era necesaria (pero cada vez más molesta) para derribar al Imperio y proclamar la República. Por añadidura, al mismo tiempo provocó la derrota. ¿La derrota? Pero ¿qué se ha hecho desde entonces del nacionalismo, pieza importante de la ideología de Estado burgués?

Pues bien, ahí es donde la burguesía francesa encontró su cruz: en el encuentro entre una derrota militar y una revolución popular (¡piénsese en la Rusia de 1917!). La resistencia *nacional del pueblo* de París contra el ocupante prusiano, el llamamiento a las masas populares para la liberación de la Nación de las fuerzas armadas

---

[44] De que la calle puede pertenecer al pueblo el pueblo se acordó en Mayo del 68. Desde entonces no lo ha olvidado y no lo olvidará. *[N. del A.]*

[45] Louis Blanc (1811-1882): político e historiador francés. Se dio a conocer con su obra *La organización del trabajo* (1839), donde exponía un programa de reformas socialistas que ulteriormente no dejó de defender. Miembro del gobierno provisional constituido en febrero de 1848, afirmó el Derecho al Trabajo de cada ciudadano y propuso la formación de talleres sociales, asociaciones obreras de producción en gran medida financiadas por el Estado y cuyos trabajadores tendrían un salario igual. Su programa, deformado por el gobierno, dio lugar a la creación de los Talleres Nacionales, cuyo cierre provocó las jornadas revolucionarias de junio de 1848. Considerado responsable de ello, emigró a Inglaterra, de donde regresó a la caída del II Imperio en septiembre de 1870. Diputado de extrema izquierda en la Asamblea Nacional (1871-1876), se opuso a la Comuna de París (1871). Dejó una *Historia de la Revolución Francesa* escrita entre 1847 y 1862. *[N. del T.]*

del extranjero, tampoco fue obra de la pequeña burguesía patriótica ni, evidentemente, de la gran burguesía versallesca del señor Thiers que pactaba con los prusianos vencedores, sino un hecho sin precedentes: *obra de un proletariado parisino* que por primera vez en la historia asumía la dirección de la Resistencia patriótica y de la Revolución. La consecuencia fue la Comuna: paso de la lucha nacional popular contra el ocupante *a la primera Revolución Socialista de la historia,* este intento insensato, inaudito, desmesurado, impensable, loco pero genial, y fuente de inventos prácticos y de descubrimientos teóricos sin precedentes, cambió de manera prodigiosa todo el curso del Movimiento Obrero mundial.

Pues esta vez lo que se ponía en tela de juicio no era ya tal *gobierno* o *tal forma de Estado,* sino el Estado burgués mismo, en sus *Aparatos.* Es de la Comuna de París de donde Marx extrajo la irrefutable confirmación *empírica* de sus tesis sobre la necesidad de la toma del poder de Estado, de la destrucción de los aparatos de Estado y de la Dictadura del Proletariado al frente de un nuevo *Estado,* proletario, dotado de nuevos aparatos de Estado, *proletarios*[46].

Es sabido cómo la burguesía supo «recompensar» la decisiva ayuda del pueblo bajo de París en 1830: confiscando en beneficio de Luis Felipe[47] las Tres Gloriosas; la decisiva ayuda del proletariado en febrero del 48: masacrando a los proletarios en junio del 48, luego prosiguiendo su represión con las condenas (a muerte, cárcel, deportación en masa) del 2 de diciembre[48]. Es sabido cómo la burguesía respondió a la resistencia patriótica y a la audacia revolucionaria de la Comuna de París: con decenas de miles de asesinatos de hombres y mujeres a plena luz del día, a sabiendas de todos, contra los lienzos de muro de París, ante los ojos de las bellas Damas a las que estas reconfortantes masacres hicieron que se les pasara su «horrible» miedo, inolvidable, inolvidado, *hoy en día* aún inolvidado.

Sea lo que sea de estos terribles acontecimientos, cuando, en lo esencial, se hubo alzado la victoria política sobre la Aristocracia, cuando se sintió lo bastante fuerte para tolerar, es decir, *controlar,* incluso *digerir* su existencia, la burguesía no pudo impedir, pues, *formalmente* (su Derecho político los autorizaba), la constitución de *Partidos políticos obreros* (en Alemania en la década de los 60-70, en Francia más tarde, hacia 1880). Un Partido político obrero, incluso socialista, si juega el juego democrático, puede no ser peligroso. La prueba: los gigantescos éxitos elec-

---

[46] Reléase *El Estado y la Revolución,* de Lenin. Siempre que se trata de la destrucción de los aparatos del Estado burgués surge el ejemplo de la Comuna: su ejemplo y sus prácticos *inventos políticos.* [N. del A.]

[47] Luis Felipe I (1773-1850): rey de Francia impuesto por la burguesía en 1830 y depuesto por la Revolución de 1848. [N. del T.]

[48] De 1851. [N. del T.]

torales del partido socialdemócrata alemán, y los éxitos reales pero más modestos del POF[49], luego de la SFIO[50], terminaron, como se sabe, en las dos *Uniones Sagradas*[51], la que el Partido socialdemócrata concluyó con el Estado Imperialista alemán, y la que el Partido socialista francés concluyó con el Estado imperialista francés (Guesde[52], Ministro de Estado en el primer gobierno de guerra) tras el asesinato de Jaurès[53]. Prueba de que lo que desde Lenin se llama el *Imperialismo* tiene siempre *la última palabra,* por encima de los más espectaculares éxitos electorales de los partidos obreros, incluso marxistas.

La burguesía sabe *maniobrar* muy bien con su aparato ideológico de Estado *político:* no solamente utilizando las técnicas electorales apropiadas para tener tantos más diputados en el Parlamento cuanta menos voz tiene en el país, sino sobre todo *dividiendo a las fuerzas obreras,* por ejemplo tolerando en Francia el Partido Comunista tras la guerra del 14-18 (salvo que de vez en cuando encarcelaba a sus dirigentes), pero *al lado* del Partido socialista, y utilizando *constantemente* al Partido socialista *contra* el Partido comunista. Conoce la música y no es tan estúpida como el señor

---

[49] POF: Partido Obrero Francés. *[N. del T.]*
[50] SFIO: Sección Francesa de la Internacional Obrera. *[N. del T.]*
[51] El término Unión Sagrada (*Union Sacrée*), empleado por vez primera por el primer ministro francés Raymond Poincaré (1860-1934) ante la Cámara de Diputados el 4 de agosto de 1914, se aplica a la alianza de las organizaciones políticas y sindicales, esencialmente la CGT y la SFIO, con el gobierno con motivo del desencadenamiento de la I Guerra Mundial. En Alemania se llamó *Burgfrieden* (Paz de las Fortalezas) a un movimiento similar, por el que en agosto de 1914 el Partido Socialista (SPD) se comprometió a relegar a un segundo plano todos los conflictos políticos y económicos internos. *[N. del T.]*
[52] Jules Guesde (1845-1922): político francés. Fundó el primer periódico marxista francés, *L'Égalité* (1877-1883), y cofundó el primer partido marxista francés (1880), que quería internacionalista, colectivista y revolucionario. Contra la opinión de Jaurès, se opuso a la participación socialista en un gobierno burgués (1899), aunque durante la I Guerra Mundial hubo de aceptar la cartera del Ministerio de Estado (1914-1916) y adoptar posiciones nacionalistas. *[N. del T.]*
[53] Jean Jaurès (1859-1914): filósofo, historiador y político francés. Aplicó a su actividad política el panteísmo evolucionista de su filosofía. Afiliado al partido obrero, en 1899 defendió contra Guesde la participación de un socialista en un gobierno burgués, pero en el Congreso de 1904 en Ámsterdam aceptó el triunfo de las tesis guesdistas y se convirtió en uno de los líderes de la SFIO (fundada en 1905). Fundador de *L'Humanité* (1904), como parlamentario libró las grandes batallas socialistas: leyes en favor de la enseñanza laica, leyes obreras. Opuesto a la política colonialista y a la guerra, fue asesinado por un nacionalista. Aunque aceptaba el materialismo económico y el antagonismo de clases de Marx, el suyo fue un socialismo liberal y democrático que, sin descartar totalmente la posibilidad para el proletariado de «recurrir a la violencia insurreccional», creía en una evolución revolucionaria desde una democracia republicana hasta una democracia socialista mediante el fortalecimiento de la clase obrera, descartando la dictadura del proletariado y compatibilizando el internacionalismo y el pacifismo con un patriotismo democrático. *[N. del T.]*

G. Mollet[54] tuvo la audacia de decir un día (¿la audacia? no, la *complicidad:* hacer creer que la burguesía francesa es estúpida es también una forma de engañar una vez más a los obreros sobre su fuerza real, es decir, servir una vez más a la burguesía).

División de los Partidos políticos que se produce al mismo tiempo que la *división* de las organizaciones sindicales obreras: tal es la táctica constante de la burguesía.

Esta es la prueba irrefutable de *lo que la burguesía teme por encima de todo,* en orden creciente de importancia:

1- la unidad política entre los partidos obreros,

2- la unidad sindical entre los sindicatos obreros,

3- y *sobre todo, sobre todo,* la unidad de estas dos unidades, a saber, *la fusión, con una línea y una dirección unificadas, de la acción de masas sindical y de la acción de masas política de la clase obrera y de sus aliados naturales.*

Estas etapas (1, 2, 3) se pueden considerar como umbrales y pruebas *absolutos.* Y se debe enunciar la *Tesis* siguiente:

La lucha de clase burguesa alcanza la cota del «estado de alerta» con el primer acontecimiento (unidad política entre los partidos obreros); la cota del «*estado de urgencia*» con el segundo acontecimiento (unidad sindical entre los sindicatos obreros); y la cota de la «*ley marcial*» con el tercer acontecimiento (unidad de la lucha de clase económica y política de las masas obreras y de sus aliados). Pues entonces, de etapa en etapa, es el Estado burgués mismo el que es puesto *directamente en tela de juicio.*

Ahora bien, la burguesía puede «tolerar» muchas cosas, incluido un Partido comunista activo, incluidos sindicatos activos, incluida una huelga general hasta relativamente politizada, como la de mayo de 1968, incluida la revuelta ideológica simultánea de la juventud escolarizada (en una parte del Aparato ideológico de Estado Escuelas). Pero *ella* no puede *en ningún caso* tolerar la amenaza mortal contra el *Estado mismo* (poder de Estado, Aparatos de Estado tomados en su conjunto, con su núcleo, que es el Aparato represivo de Estado), la amenaza mortal que representa la *potencia popular irresistible* que se perfila tras la unidad de los partidos obreros y la unidad sindical obrera, a saber, *la fusión real de la lucha económica y política de las masas* populares de las ciudades y los campos. Mayo de 1968, que *sin embargo*

---

[54] Guy Mollet (1905-1975): político francés. Secretario general de la SFIO entre 1946 y 1969, durante la IV República permitió la entrada de varios socialistas en gobiernos burgueses. Entre enero de 1956 y mayo de 1957 presidió un gobierno que aprobó leyes en favor de los trabajadores y firmó el Tratado de Roma, pero también endureció la política con Argelia, participó del fracaso de la expedición franco-británico-israelí a Suez y cosechó malos resultados económicos y financieros. En 1958 se mostró favorable al llamamiento a De Gaulle, de cuyo primer gobierno formó parte durante unos meses. En 1965 apoyó la candidatura de Mitterrand a la presidencia de la República y en 1966 la entrada de la SFIO en la Federación de la Izquierda Democrática y Socialista. [N. del T.]

estaba *a leguas* de distancia de esta fusión, ha vuelto a llamar a la burguesía a la extrema vigilancia contra esta amenaza mortal.

La burguesía no es estúpida en absoluto. Hace todo para impedir esta amenaza mortal y, buena cartesiana como es, para lograr vencer «divide las dificultades», es decir, practica una política estratégica, paciente, tenaz e inteligente de *división* del movimiento obrero político, por una parte, y del movimiento sindical por otra, y, en fin, de sus relaciones. Para eso le basta con apoyarse *en* los partidos socialdemócratas y *en* los sindicatos de colaboración de clase, *contra* los Partidos comunistas y contra los sindicatos de lucha de clase económica. La historia lo verifica empíricamente sin ninguna discusión posible. A los comunistas primero, luego a los proletarios y a sus aliados naturales corresponde extraer la lección. Lección vital para la causa del periodo de transición hacia la Revolución socialista y para la Revolución socialista misma.

V. Sobre la lucha de clase económica en el aparato ideológico de Estado sindical

Hasta aquí las observaciones sobre temas conocidos de la lucha de los partidos obreros en el marco del aparato ideológico de Estado político. Es hora de decir una palabra sobre lo propio de la lucha de las organizaciones obreras en el marco del aparato ideológico de Estado *sindical*.

Como es la política la que ocupa el primer plano de la escena, como la lucha política representa siempre un nivel de «consciencia» más elevado que la lucha sindical, se tiene tendencia, y yo lo he indicado, a considerar la lucha sindical a la vez como más fácil y menos importante, cuando no se la considera secundaria si no medio despreciable.

Basta, por ejemplo, consultar la «literatura» producida durante años por teóricos «revolucionarios» de la UNEF[55], luego por algunos grupúsculos y por el PSU[56], por no hablar de ideólogos como S. Mallet[57] y otros, y sus órganos de difusión (*Le Nouvel*

---

[55] UNEF: Unión Nacional de Estudiantes de Francia, el mayor sindicato estudiantil francés. *[N. del T.]*

[56] PSU: Partido Socialista Unificado, un pequeño partido fundado en 1960 próximo a la CFDT. Su candidato en las elecciones presidenciales de junio de 1969, Michel Rocard, ingresó en el Partido Socialista cinco años más tarde y ocupó el puesto de primer ministro desde 1988 hasta 1991, bajo la presidencia del socialista François Mitterrand. *[N. del T.]*

[57] Serge Mallet (1927-1973): sociólogo y periodista francés. Tras militar en el PCF, fue miembro fundador del PSF. Escribió *La nouvelle classe ouvrière* [La nueva clase obrera], París, Seuil, 1963. *[N. del T.]*

Observateur[58]), para aprender de ellos una gran «Revelación», a saber: que hay que distinguir las reivindicaciones «cuantitativas» de las reivindicaciones «cualitativas».

Las primeras, las «cuantitativas», que afectan a la «defensa de los *intereses materiales*» de los asalariados y que reúnen o constituyen los objetivos mayores de la lucha de clase *económica* de la organización sindical obrera (la CGT), son consideradas vilmente materialistas, carentes de «horizonte» y de «perspectivas» «estratégicas revolucionarias globales» (en la jerga de estos teóricos); esto es, casi despreciables.

Las segundas, *en cambio,* las «cualitativas», son nobles, dignas de la Historia universal, es decir, del interés que por ellas manifiestan estos teóricos para elaborar su «estrategia global» de la Revolución mundial, en la que el proletariado no tiene más que comportarse bien, es decir, mantener el puesto que se le asigna.

Si menciono estos errores o necedades es porque hacen daño no solamente entre los «intelectuales» (estudiantes de edad u otros), sino también en otras capas de la pequeña burguesía (cuadros, ingenieros, incluso progresistas) y hasta en ciertos medios de la clase obrera. Las mismas consignas de la CFDT recuperan, en efecto, a menudo la distinción entre las reivindicaciones «cuantitativas» y las reivindicaciones «cualitativas», naturalmente *en beneficio de las segundas,* pues para eso se ha inventado esta distinción.

En suma, sólo la política es noble y digna de ser practicada porque es revolucionaria, mientras que la reivindicación sindical material es «vilmente» materialista y no revolucionaria: por poco no se les dice a los obreros que es una vergüenza pedir «sueldos» para comprar el frigorífico, la tele e incluso el coche, de los cuales se sabe, en buena teoría burguesa de la «sociedad de consumo», que son, por sí mismos, «alienantes» para la lucha de clase, pues «corrompen el alma» de sus propietarios. La contraprueba salta a los ojos: los pocos «teóricos» (CFDT, PSU o «intelectuales», incluidos algunos estudiantes) que nos hacen la gracia de la Revelación con la que han sido gratificados se privan a sí mismos, como todos sabemos, del frigorífico, de la tele y del coche, por no hablar de las vacaciones en las Baleares, en Grecia o en las playas francesas, para no verse «alienados» y «corrompidos», y para poder seguir siendo los pensadores, cuando no los Dirigentes «puros», de la Revolución proletaria que son, pues se han nombrado a *sí mismos* sus «pensadores» y sus «dirigentes»[59]…

---

[58] *Le Nouvel Observateur (El nuevo observador):* semanario francés de actualidad. Fundado en 1964 como sucesor de publicaciones que se remontaban a 1950, en la actualidad es la revista de información general de mayor tirada con sede en París. Es considerado de ideología socialdemócrata. *[N. del T.]*

[59] ¿Por qué milagro unos intelectuales o unos «estudiantes» provistos de todas las ventajas de la Sociedad de consumo pueden escapar a la «alienación» que los mismos objetos de la sociedad de consumo provocan entre los obreros? Respuesta: porque ellos son «conscientes» de su alienación. Ahora bien, no es la consciencia la que determina al ser, sino el ser el que determina a la consciencia (Marx). Esta verdad admite una excepción y *una sola:* la de los intelectuales que tienen necesidad de creer que, entre ellos, y solamente entre ellos, *es la consciencia la que determina al ser*… *[N. del A.]*

Sin embargo, cuando se sale del horizonte «mundial» de estos «teóricos» para prestar una simple atención a la lucha sindical, su sola *Historia* revela un carácter de importancia *capital*. Hemos dado las razones que forzaron a la burguesía a reconocer, a fin de cuentas, una existencia legal (a merced, ciertamente, de la primera prohibición que venga), al menos por el momento, a los partidos políticos obreros e incluso al Partido comunista. Las mismas razones han provocado un resultado muy diferente en el dominio de la lucha sindical obrera, que depende del aparato ideológico de Estado *sindical*.

Las organizaciones obreras de la lucha de clase *económica* no se pudieron, en efecto, beneficiar, como las organizaciones obreras de la lucha de clase política, de los acontecimientos de la larga y espectacular lucha de clase entre la burguesía y la Aristocracia feudal en los siglos XVIII y XIX, esto es, de los edificantes precedentes y ejemplos burgueses de la lucha política de clase, y ocasionalmente de los artículos del Derecho político burgués liberal e igualitario, fijado en sus Grandes Principios desde el 89. Pues no solamente la burguesía no tenía ninguna necesidad del apoyo de la lucha de clase económica de los obreros, sino que, muy por el contrario, tenía todo que temer de ella, pues esta lucha de clase *económica*, al atacar la explotación capitalista, atacaba de hecho, *directamente*, la *base material* de la existencia del capitalista, esto es, de la sociedad burguesa y de la dominación política de la burguesía. La burguesía *no podía permitirse en absoluto ningún compromiso* político con la lucha de clase *económica* de los obreros que explota, pues ella no vive más que de su explotación. Es perfectamente *lógico*.

Pero aquí la coyuntura inmediata *exige que se pongan los puntos sobre las «íes»,* pues se están desempolvando viejos errores ha tiempo refutados, pero siempre peligrosos.

La Tesis fundamental clásica que se ha de recordar es la siguiente.

Es la *explotación económica* la que constituye la base material (la infraestructura, como dice Marx, o «la base») de la existencia de toda formación social capitalista, la explotación económica y *no la represión*. Marx, Engels y Lenin, muy particularmente en su lucha encarnizada contra el anarquismo que pretendía lo contrario (y lo pretende siempre entre sus «teóricos» pequeñoburgueses «de vanguardia», es decir, históricamente de retaguardia), siempre pusieron mucho cuidado en *distinguir* la explotación de la represión; es decir, la infraestructura económica, donde imperan las relaciones de producción económicas de la explotación capitalista, por una parte, y la *superestructura* política, donde impera en último término el *poder represivo del Estado capitalista,* por otra.

Es aquí donde la metáfora del edificio (base o infraestructura, y superestructura o piso superior sostenido por la base) presta un servicio teórico y político absolutamente decisivo a los militantes obreros. Incluso puede prestar también un importante y saludable servicio a muchos de los que, en lugar de dejarse *«intimidar»* por los autoritarios métodos de «dirección» ideológica de algunos intelectuales que se llaman a sí mismos teóricos y dirigentes del «movimiento revolucionario», aceptarían reconsiderar en serio, científica, tranquila y honestamente la cuestión.

Pues la distinción entre la infraestructura y la superestructura, y la tesis de la determinación en última instancia de la superestructura, esto es, de *todas* las formas de la represión (*todas* las cuales están en suspenso en los Aparatos de Estado), por la infraestructura (es decir, por la *explotación material* del proletariado y de los demás trabajadores en las relaciones de producción, que son, y no son más que las relaciones de la explotación *capitalista*), esta distinción vuelve a poner definitivamente las cosas en su lugar.

Esa es una verdad *elemental* del marxismo. Y los que la vuelven a poner en cuestión hoy en día no son otra cosa, *a este respecto*[60], que puros y simples *revisionistas*.

Lo que es determinante en última instancia, o sea, primordial, es, en efecto, la *explotación* y no la represión. Lo que es determinante en última instancia son las relaciones de producción (que son al mismo tiempo las relaciones de la explotación) capitalistas. Lo que es determinado, o sea, secundario, es la represión, a saber, el *Estado,* que es su centro último, *del que irradian todas las formas de represión,* sea bajo las formas de la represión del aparato represivo del Estado, represión física *directa* (policía, ejército, tribunales, etc.) o *indirecta* (administración) *y todas las formas de sujeción ideológica* de los Aparatos ideológicos de Estado.

Y si, como hemos intentado mostrar, si no demostrar, la función efectiva de la Superestructura es asegurar la *reproducción* de las condiciones de la producción mediante el sistema de las diferentes formas de la represión y de la ideologización, todas las cuales son adscribibles al Estado capitalista, la reproducción no es más que la condición de la existencia continuada de la *producción.* Es decir, *es en la producción, sólo en la producción y no en la reproducción,* donde se ejerce la *explotación,* que es la condición material de existencia del modo de producción capitalista.

Si el Estado es, como dice Engels, el «concentrado» de la sociedad, no lo es más que en función de su papel en la *reproducción* y porque, *a este título,* en ella se puede descubrir el sentido de las luchas de clase *políticas* cuyo objeto y objetivo es. Pero estas luchas de clase políticas no están materialmente fundamentadas en la existencia del Estado.

---

[60] Digo bien: *a este respecto,* y sólo este. Pues, por ejemplo, la masa de jóvenes no se ve comprometida por las declaraciones erróneas de algunos raros «dirigentes». Y, más aún, la revuelta ideológica de la juventud escolarizada y de los jóvenes trabajadores es, en su fondo y su masa, profundamente progresista. Debe juzgarse por la tendencia objetiva que la anima en la lucha de clase nacional y mundial, y no por una simple fórmula falsa proferida por algún personaje provisional. *Eso vale con mayor razón* para los proletarios y otros asalariados de la CFDT. *[N. del A.]*

Están fundamentadas en la existencia de clases antagonistas *irreconciliables,* cuya *existencia* en cuanto clases antagonistas está fundamentada en y determinada por las condiciones materiales de la *explotación económica* de clase. Por un lado, la clase de los explotadores, explotadores porque detentan los medios de producción; por otro, la clase de los explotados, explotados porque no detentan ningún modo de producción y se ven forzados a vender, como una vulgar «mercancía» e incluso en nuestra presunta «Sociedad de consumo», su fuerza de trabajo.

En eso consiste la diferencia esencial, por más que paradójica, que distingue a la lucha de clase *económica* de las formas (más o menos reconocidas o toleradas) de la lucha de clase política de la clase obrera.

La paradoja es que, para destruir las relaciones de clase de la *explotación capitalista,* la clase obrera *debe* conquistar el poder de Estado burgués, destruir el aparato de Estado, etc., pues el Estado es la clave de la *reproducción* de las relaciones de producción capitalista. Para cambiar la infraestructura de la explotación, el proletariado y sus aliados deben tomar el poder de Estado y destruir la máquina de Estado. Esta proposición es perfectamente adecuada desde el punto de vista de la *guerra de clase* proletaria, la cual debe dirigir el ataque político *contra el Estado,* pues es el Estado el que asegura las condiciones de la reproducción del sistema de explotación; en suma, el que mantiene *en pie* el sistema capitalista, perpetuándolo.

Pero cualquier militar sabe muy bien que el último bastión militar de un país (tal o cual plaza fuerte estratégica) no es el país mismo, y que la batalla por este último bastión no resume toda la guerra que la ha precedido. Lo mismo sucede con la guerra de clase entre el proletariado y la burguesía. Se *decide* por el mantenimiento del poder de Estado en manos de la burguesía o por la toma del poder de Estado por el proletariado. Pero ese es el punto culminante de una batalla muy larga, de una batalla incesante, cotidiana, extraordinariamente difícil, de una especie de guerra de trincheras interminable e inabandonable, la mayor parte de las veces enmascarada por las batallas políticas espectaculares que ocupan el primer plano. Esta guerra de trincheras sorda, oscura, interminable y sangrienta es la lucha de clase *económica.*

En esta guerra, la burguesía, *en principio,* no da ningún cuartel. Desde 1791 tomó la delantera prohibiendo mediante la Ley Le Chapelier todas las «asociaciones» de oficiales y operarios, luego obreros. Hay que leer, en los historiadores honestos[61], la estupefaciente historia de las asociaciones obreras de la lucha de clase económica. Prohibidas, hubieron en primer lugar de constituirse bajo la pantalla de inverosími-

---

[61] Jean Bruhat, «Le mouvement ouvrier français au début du XIXe siècle et les survivances de l'Ancien Régime» [«El movimiento obrero francés a comienzos del siglo XIX y las supervivencias del Antiguo Régimen»], *La Pensée,* n.º 142, diciembre de 1968. [*N. del A.*]

les asociaciones (de socorro mutuo, de auxilio, de «correspondencia», hasta de lucha contra el alcoholismo...), la mayor parte de las veces en los flecos de la legalidad, cuando no en la pura y simple ilegalidad, con todo lo que supone, por un lado, de heroísmo oscuro, de sacrificios incesantes, de tenacidad, de imaginación, de astucia, y por el otro de condenas despiadadas y, simplemente, de masacres en masa (Fourmies[62], por sólo citar este sangriento ejemplo), prácticas entonces formalmente prohibidas por el Derecho burgués represivo.

Para simplemente calibrar esta diferencia, señalemos simplemente que a los sindicatos obreros les costó infinitamente más que se reconociera su existencia legal y real y sus «derechos» en el Aparato ideológico de Estado que a los partidos políticos obreros en el suyo. Tuvieron que imponer su existencia *de hecho* contra la legalidad y la represión burguesa más cínicas, en combates heroicos de largo aliento... en tiempos del Frente Popular, ¡en 1936, nada menos! Y fue nada menos que en 1946, tras la Resistencia, ¡cuando a los funcionarios franceses se les reconoció el derecho sindical! Fue en Grenelle[63], en mayo de 1968 (!), cuando se reconoció a las secciones sindicales el derecho legal a la existencia *en* las empresas de más de... 200 trabajadores.

¿Es útil añadir que, siendo el Derecho el Derecho, y consistiendo su aplicación en respetarlo *eludiéndolo,* la burguesía no se privó, y sigue sin privarse, de recurrir *a todos los procedimientos en su poder* contra los militantes sindicales, sancionándolos o simplemente licenciándolos? ¿Y que los inspectores de Trabajo o bien se convierten en cómplices de los patronos o bien están simplemente desarmados ante sus procedimientos? ¿Y que muchos patronos incluyen en el capítulo de sus gastos generales las multas a las que los condenan las Magistraturas de Trabajo por «despido improcedente» de tal o cual «elemento nocivo» un poco demasiado politizado? ¿Hay que añadir además que la burguesía sabe manejar magistralmente la *división* entre las organizaciones sindicales que ella cultiva solícita (división entre la CGT, la CFDT, la CFTC, la FO, la CGC[64], por no hablar de los «sindicatos de empresa» del tipo Simca o Citroën)?

¿No sorprenderá entonces, para tomar el ejemplo de la Francia de 1969 misma, que resulte *a menudo más fácil* ser miembro del Partido comunista, es decir, para ciertos militantes, tener su carné en el bolsillo, reunirse *fuera* de la empresa de vez

---

[62] Fourmies: localidad en la que unidades del ejército francés masacraron a los manifestantes el Primero de Mayo de 1891 en un centro de la industria textil en el Pas de Calais. *[N. del T.]*

[63] Los acuerdos de Grenelle culminaron las negociaciones entre el gobierno, las organizaciones empresariales y los sindicatos franceses. Las concesiones hechas al movimiento obrero, aunque rechazadas por buena parte de las bases como insuficientes, fueron ulteriormente institucionalizadas. *[N. del T.]*

[64] La CGC (Confederación General de Cuadros) se fundó en 1944 para defender los intereses del personal supervisor. *[N. del T.]*

en cuando, distribuir octavillas o publicaciones del partido por correo u otra forma discreta, esto es, mucho más fácil que ser un verdadero militante sindical? ¿Pues la acción sindical no puede llevarse a cabo más que *en* la empresa, a la luz del día, colectiva ciertamente, pero también individualmente, bajo la vigilancia constante y terriblemente vigilante de los ingenieros, cuadros y capataces, que son, *en la inmensa mayoría de los casos, los agentes directos* y con formas ora brutales, ora infinitamente sutiles de la *explotación* y de la *represión patronales*?

La tesis que propongo a través de estas observaciones empíricas es simple y clásica dentro del Movimiento Obrero. Lenin y la Internacional de los sindicatos rojos la definieron en términos muy claros. Es la siguiente.

La lucha de clase económica, que no puede decidir *por sí sola* la batalla decisiva por la revolución socialista, a saber, la batalla por la toma del poder de Estado, no es una lucha *secundaria ni subordinada*. Es la base material de la lucha política misma. Sin lucha económica encarnizada, cotidiana, ininterrumpida, la lucha de clase política es imposible o vana. No hay lucha de clase política real y capaz de alzarse con la victoria más que si está *profundamente enraizada* en la lucha de clase económica*, y sólo en esta,* pues la lucha de clase económica es, si puedo emplear esta expresión un poco metafórica, la infraestructura*, determinante en última instancia* de la lucha política misma, la cual es por su parte, pues constituye su función, *la única* que puede *dirigir* la batalla decisiva de las masas populares. Primacía, pues, de la lucha de clase política; pero esta primacía se queda en una palabra vacía si la base de la lucha política, la lucha de clase económica, no es llevada a cabo cotidiana, infatigablemente, a fondo y sobre una línea adecuada.

Esta Tesis pulveriza, evidentemente, las tesis de los «teóricos» pequeñoburgueses sobre la primacía de las luchas pretendidamente «cualitativas» sobre las luchas pretendidamente «cuantitativas», e igualmente las pseudotesis marxistas sobre los «límites» «tradeunionistas» de la lucha de la clase obrera dejada a sí misma, que se atribuyen a Lenin por haberlo leído demasiado apresuradamente.

Pues Lenin *no dice en absoluto* que la clase obrera dejada a sí misma no puede llevar a cabo más que una lucha de clase *económica*. El tradeunionismo del que habla Lenin es una lucha *política,* pero llevada a cabo sobre una línea política falsa, sobre una línea *reformista,* que se contenta con pedir al Estado y al Gobierno burgués reformas, pero que no pone nunca en tela de juicio la existencia del Estado de clase burgués. El tradeunionismo es la utilización y el desvío de la lucha de las organizaciones sindicales obreras en beneficio de una línea política reformista, es decir, de una línea política de *colaboración de clase.* También en este caso existe una estrecha relación entre sindicatos y Partido: ¿qué sería del Partido Laborista en Inglaterra sin las uniones sindicales? Se puede incluso admitir que existe un cierto arraigo del Partido Laborista en las grandes uniones sindicales británicas: pero enseguida se ha de añadir que los grandes líderes sindicales, los Bevin[65], Bevan[66], Wilson, etc., *una vez en el poder* (es decir, al frente del *gobierno* de su Graciosa Majestad Imperialista), no tardan mucho en «desarraigarse» de la lucha sindical y luego en «contenerla», antes de combatirla abiertamente. Siempre sucede así con los «socialistas de gobierno», es decir, los lacayos del *Estado* burgués.

Es, pues, completamente erróneo interpretar la frase de Lenin sobre el «tradeunionismo» como *límite extremo* que el Movimiento Obrero puede alcanzar *por sus propias fuerzas;* como una frase que apuntaría a la lucha de clase *económica* espontánea del Movimiento Obrero. Apunta a otra cosa: los límites absolutos de la lucha *política* espontánea del Movimiento Obrero, al que el tradeunionismo hace caer en la trampa reformista de la colaboración de clase. En rigor, el sindicalismo parte a la conquista del «gobierno»... pero *nunca del Estado capitalista*. Resultado: se convierte en el «leal gestor del régimen capitalista».

VI. La lucha de clase política debe estar profundamente enraizada en la lucha de clase económica

Hay, pues, que restablecer los hechos y, puesto que hoy en día es atacada por «teóricos de vanguardia» o considerada prácticamente como *secundaria* por ciertos comunistas que se crean, por lo demás, en esto una concepción igualmente *errónea* de su papel en la lucha política, hay que *rehabilitar* abiertamente *la lucha sindical,* que, cuando se trata de las grandes Federaciones sindicales *obreras* (Mineros, Metalúrgicos, Ferroviarios, Albañiles, etc.), adopta el carácter de una *lucha de clase económica directa*. (En los sindicatos de funcionarios, por ejemplo, la relación con la lucha de clase económica *no es directa*.) Hay que restablecer los hechos y comprender por qué no hay lucha de clase política *comunista* posible sin un enraizamiento profundo en la lucha de clase *económica* de las masas y sin unas adecuadas posición

---

[65] Ernest Bevin (1887-1951): político británico. Presidente del Consejo General de Sindicatos en 1937, fue ministro de Trabajo en el gobierno de coalición de Churchill (1940) y luego ministro de Asuntos Exteriores en el gobierno laborista de Attlee (1945-1951). Representó a Gran Bretaña en la Conferencia de Potsdam (1945) y se esforzó en el refuerzo de los vínculos entre su país y los Estados Unidos. Muy desconfiado respecto a la política exterior de Stalin, fue uno de los principales artífices del Tratado del Atlántico Norte. *[N. del T.]*

[66] Anourin Bevan (1897-1960): político británico. Ministro de Sanidad y de la Reconstrucción en el gobierno Attlee (1945), participó decisivamente en la creación del Servicio Nacional de Salud (*National Health Service*). Ministro de Trabajo en 1951, se opuso a la mayoría de su propio partido al reprocharle el abandono de las opciones pacifistas y socialistas en Asuntos Exteriores (Bevin), y se convirtió en uno de los líderes de la izquierda laborista. *[N. del T.]*

y acción de los comunistas en la lucha de clase económica, es decir, en la lucha por las «reivindicaciones».

Hemos arrojado luz sobre el principio último que justifica esta tesis: puesto que todo el régimen capitalista se basa *en última instancia* en la explotación económica directa de la clase obrera y de los demás trabajadores asalariados no obreros, sea de las ciudades o del campo, la lucha contra el capitalismo pasa ineluctablemente por la lucha directa contra la *explotación* directa. Pasa también, secundariamente, por la lucha contra formas indirectas de explotación[67].

Ahora bien, esta lucha la llevan a cabo, pues *puede* llevarse a cabo como una lucha de masas, *organizaciones de masas,* distintas por esencia (por sus estatutos, por sus reglas de funcionamiento –la democracia sindical más amplia– y por sus prácticas) de los Partidos Comunistas. Se trata de *masas,* pues la explotación afecta a *todos* los obreros y trabajadores, *sin ninguna excepción,* es su pan de cada día, todos los días la experimentan directamente. Es, pues, mediante la lucha por las reivindicaciones materiales como las *masas* pueden unirse en la acción objetiva contra el sistema capitalista. Las masas: no solamente la vanguardia del proletariado, no solamente el proletariado, sino los trabajadores asalariados no proletarios de las ciudades y el campo, los campesinos pobres, los pequeños campesinos en vías de proletarización, y todos los que, incluidos muchos funcionarios de los aparatos ideológicos de Estado (por ejemplo, los docentes) o incluso de ciertos aparatos represivos de Estado (por ejemplo, algunas categorías de funcionarios de la administración), *son objetivamente víctimas de la explotación capitalista.*

Si son las masas las que hacen la historia, pero si las masas no pueden conducir la historia hasta la victoria de la Revolución socialista *más que* en la lucha de clase *política* y bajo la *dirección* de la organización política de la vanguardia del proletariado, está claro y es justo que las masas, cuando se pongan en movimiento, no acepten la dirección política del Partido *más que* si desde mucho antes ya se han unido y movilizado en la lucha contra la *explotación económica* del régimen capitalista mediante una larga, dura, heroica, tenaz y oscura lucha *sindical* por las *reivindicaciones* sobre una línea adecuada.

Es un signo que no engaña. Si un Partido comunista desaparece de las empresas en cuanto Partido, esa es la prueba de que no tiene una línea y una práctica adecuadas por lo que se refiere a su propia función política y por lo que se refiere a su propia función con respecto a los sindicatos. Si, en las empresas, la célula del Partido se «*esconde*» detrás del sindicato; y, *con mayor razón,* si *desaparece* pura y simplemente, dejando al sindicato (que bajo ningún concepto puede asumir esta función)

---

[67] Por ejemplo, para los «asalariados no proletarios», los oficinistas, los funcionarios de los diferentes aparatos de Estado, etc. [N. del A.]

la tarea de «ocupar el puesto del Partido»; si el Partido se contenta con «*sostener* las luchas obreras» (entiéndase las luchas sindicales), en lugar de *dirigirlas,* como es su papel); en suma, si en el plano nacional el Partido se encuentra, en su práctica no electoral, *objetivamente rezagado* en relación con la acción y las iniciativas de la organización de la lucha de clase económica, ese es en todos estos casos el signo de que «algo no marcha».

Pues el Partido debe estar *por delante de las masas,* no a diez o mil leguas, como querrían (para su «organización», que no existe más que en su imaginación) los famosos «teóricos de vanguardia» «revolucionarios» de los que ya he dicho algo, sino, según la fórmula de Lenin: *un paso, y un paso solamente.* Lo que vale en el plano nacional vale con mayor razón en el plano de *cada empresa,* lo cual supone una definición y una práctica adecuadas de la política de los comunistas con respecto a la sección sindical de la empresa. Para estar ligados a las masas de la empresa, los comunistas deben preocuparse, *hasta en el detalle,* de las reivindicaciones y cuestiones sindicales, pero sin sustituir al sindicato: haciendo el trabajo que les es propio, el trabajo de explicación, de propaganda, de agitación y de organización *políticas.* Eso supone la condición absoluta de que el Partido exista *en* la empresa, se manifieste realmente en ella *como tal* (con sus iniciativas propias, sus publicaciones de célula, etc.), que lo conozcan todos y lo aprecien todos, en base a una línea adecuada y a la posición que debe ocupar en relación con las masas, organizadas en el sindicato: *un paso por delante de las masas, esto es, un paso por delante de las organizaciones sindicales.*

Pues, para recordar lo que hemos dicho de la unión entre la lucha económica de masas y la lucha política de masas, en suma, para volver a hablar de esta *fusión,* que constituye el terror mortal porque es objetivamente la *amenaza mortal* que afecta al sistema capitalista en su existencia, dicha *fusión,* políticamente revolucionaria, no tendrá jamás lugar en las formas que le asegurarán la victoria si no comienza a forjarla mucho tiempo antes *en el seno mismo de las empresas.* Ahora bien, la base material de esta fusión es el enraizamiento de la lucha de clase política en la lucha de clase económica, la cual es, repito, *determinante en última instancia:* en términos más concretos, es el *enraizamiento de la acción de los comunistas, miembros de la célula de empresa, en la acción reivindicativa de los miembros de la sección sindical de empresa.*

Este es el principio fundamental de la práctica política de los comunistas con respecto a los sindicatos.

Los viejos militantes formados en Francia por la CGTU y el leninismo del señor Thorez[68] no lo han olvidado, lo saben. Y deben enseñárselo a los numerosos jóvenes

---

[68] Maurice Thorez (1900-1964): político francés. Fue secretario general del PCF desde 1930 hasta su fallecimiento. Ministro de los primeros gabinetes de De Gaulle tras la II Guerra Mundial, en 1947 fue uno de los comunistas excluidos del gobierno por Ramadier. *[N. del T.]*

militantes que afluyen o van a afluir a la CGT y luego al Partido. Esto no es, por lo demás, asunto *personal* suyo. Es, en efecto, *la tarea de educación política número uno* de la que el Partido debe encargarse, asumir la responsabilidad, y que debe cumplir hasta el final. Yo sé, lo sabemos todos, que esta tarea no es fácil, sobre todo en la coyuntura presente, cuando la ideología burguesa y pequeñoburguesa, que siempre influye sobre la clase obrera, pues es y sigue siendo la ideología dominante, no cesa de proponer al Movimiento Obrero dos desviaciones: la desviación *economista,* por una parte, y la desviación hiperpolítica *«revolucionarista»* (sea anarcosindicalista o anarquista), por otra; sobre todo en la coyuntura presente, cuando la agonía del Imperialismo pone también en primer plano de las tareas la formación de los militantes *para la lucha antiimperialista* de Francia misma[69]; y en condiciones particularmente delicadas (la escisión del Movimiento Comunista internacional, el debilitamiento del Internacionalismo proletario que de ello resulta)[70]. Pero esta tarea de educación sigue siendo la tarea de educación política número uno y debe cumplirse.

Enraizar lo más profundamente posible la lucha de clase política en la lucha de clase económica, en la lucha sindical por las reivindicaciones materiales de las masas, tal es *la regla de oro de la lucha revolucionaria.*

Esta regla de oro el Movimiento Obrero la ha aprendido, en su fusión con la teoría marxista, en el curso de luchas que han costado sacrificios sin nombre a la clase obrera internacional. Es al respeto de esta regla de oro al que el Movimiento Obrero debe sus grandes victorias históricas (revolución rusa del 17, revolución china del 49). Y es a su olvido o a su menosprecio a lo que debe sus grandes fracasos históricos (por ejemplo, el de la socialdemocracia alemana antes y después de 1914, los de las revoluciones de Europa central en los años veinte, etcétera)[71].

Está claro, en efecto, que si se hace caso omiso de esta regla de oro, las masas populares podrán, con ocasión de tal o cual coyuntura de crisis, «ponerse en movi-

---

[69] No solamente con las consignas adecuadas («¡Viva el pueblo vietnamita! ¡Viva la Resistencia palestina!, etc.»), sino también en las luchas prácticas: piénsese en la negativa de los estibadores a cargar el material de guerra para el cuerpo expedicionario en Indochina y en múltiples acciones emprendidas por la clase obrera en esta época, en Henri Martin[a], etcétera. *[N. del A.]* – [a] Henri Martin (1927-2015): activista político del Partido Comunista Francés y antiguo marino al que en 1950 el gobierno condenó a cinco años de prisión por agitación en el seno de las fuerzas armadas contra la guerra colonial de Francia en Indochina. Fue liberado en 1953, tras una amplia campaña liderada por el PCF. *[N. del T.]*

[70] En el punto en el que nos hallamos a este respecto está claro que debemos objetivamente tener en cuenta el «bloqueo» actual producido en ambos bandos por la escisión y sus efectos, y obrar, en el campo de estos efectos mismos, sin subestimar dicha escisión (esto sería un grave error político, que serviría directamente al imperialismo), en pro de la lucha *real contra el imperialismo,* esto es, por *la revolución mundial. [N. del A.]*

[71] Es evidente que otras causas han contribuido a estos fracasos. Aquí las paso por alto. *[N. del A.]*

miento» y hasta desencadenar un movimiento de grandísima potencia, capaz incluso, si la situación resulta ser «revolucionaria», de tomar por asalto el poder de Estado. Pero si, por accidente o por cualquier otra razón, el Partido no se encontrara entonces *profundamente* ligado a las mismas masas gracias a una muy larga práctica del enraizamiento de la lucha de clase política en la lucha de clase económica, el movimiento de las masas populares podría o bien no desembocar en la toma del poder, o bien, aun cuando desembocara felizmente en la toma del poder de Estado, arriesgarse a *no poderlo conservar.*

Hasta ahí hay, en efecto, que ir para dotar de contenido concreto a la Tesis marxista y leninista de que son las masas las que hacen la historia. Como la historia que nos interesa es la de la Revolución, las masas deben movilizarse y dirigirse sobre objetivos verdaderamente revolucionarios. Y no pueden hacerlo sino mediante el Partido de la vanguardia del Proletariado.

Ahora bien, el Partido no puede asumir este papel de dirección (suponiendo explicaciones ante las masas, su movilización y organización) más que si está *profundamente ligado a ellas,* si hace cuerpo con ellas. Y esta vinculación *sólo el enraizamiento profundo e irreversible de la lucha de clase política en la lucha de clase económica,* esto es, en las «reivindicaciones sindicales» puede asegurarla.

Esta Tesis clásica devuelve a su verdadero lugar, determinante en última instancia, la lucha sindical como tal, en un momento en el que los unos la consideran secundaria, si no despreciable, y los otros querrían transformar la lucha sindical en lucha política pura y simple. Que los militantes de buena voluntad a los que hago aquí alusión (y son numerosos entre los que se llaman, sin las discriminaciones necesarias, «izquierdistas»[72], sobre todo en el medio de los universitarios-estudiantes de instituto-jóvenes trabajadores intelectuales) reflexionen bien sobre el *contenido* de esta Tesis clásica; sobre el hecho de que dicha Tesis clásica es el *resultado* probado de un siglo de lucha de clase del Movimiento Obrero en toda la superficie del globo, y que este resultado ha costado un *inaudito* precio en dedicación, sacrificios y sangre a cientos de miles de militantes obreros anónimos, los cuales simplemente se han mantenido en su puesto en un combate infinitamente más duro, arriesgado y peligroso que el que las jóvenes generaciones –gracias a los sacrificios, a veces trágicos, de sus mayores desaparecidos o supervivientes– tienen por delante.

---

[72] «Izquierdistas»: *gauchistes,* que tenía connotaciones fuertemente negativas en círculos del PCF, en la época en que Althusser escribió, designaba a un amplio espectro de izquierdistas radicales, incluidos trotskistas, luxemburguistas, anarquistas, guevaristas y maoístas, a algunos de los cuales él mismo había inspirado. *[N. del T.]*

VII. Existe un aparato represivo, pero varios aparatos ideológicos de Estado

Volvamos aún brevemente a nuestra tesis sobre la distinción entre el aparato represivo de Estado y los aparatos ideológicos de Estado.

Existe otra diferencia (además de la diferencia entre represión e ideologización) entre el aparato represivo de Estado y los aparatos ideológicos de Estado. Consiste en que existe *un* aparato represivo de Estado, pero *varios* aparatos ideológicos de Estado. Esta diferencia es de capital importancia.

El aparato de Estado, del que nosotros precisamos que es represivo, se presenta, en efecto, como un *todo orgánico;* más precisamente: como un cuerpo *centralizado* y *dirigido consciente y directamente* a partir de un *centro único*. He de recordar, asimismo, que este aparato represivo, del que habíamos aislado una «parte especializada» al hablar de las sanciones físicas (y otras) del Derecho, comporta un dispositivo orgánico centralizado, particularmente visible en Francia, donde el Jefe del Estado ha renunciado a «inaugurar los crisantemos»[73]. A su cabeza, pues, el *jefe real del Estado;* a sus órdenes directas *el gobierno*[74] (con la comedia del Parlamento actual: hay que salvar las apariencias del régimen «parlamentario», pues los «demócratas» se atienen a él desde 1789); bajo sus órdenes, de él o de ellos, la administración, el ejército, la policía, la magistratura (que parece independiente), los tribunales, las cárceles, etcétera.

Por supuesto, entre estos diferentes «cuerpos», que no son más que *miembros,* existe una división del trabajo en la represión y formas diferentes, y hasta muy diferentes, en el ejercicio de tal represión. Un funcionario de la administración central no emplea, incluso si es recaudador, los mismos «métodos» que un policía, un aduanero los mismos métodos que un militar, etcétera.

Pero el hecho es que el conjunto de estos miembros pertenecen *a un solo y el mismo cuerpo* de ejecutantes represivos a las órdenes de detentadores del poder de Estado que son los representantes políticos de la clase dominante (actualmente, en Francia la burguesía imperialista francesa), aplicando *su política de clase*. Por eso podemos decir que el Aparato represivo de Estado constituye un todo orgánico,

---

[73] «Inaugurar los crisantemos»: frase pronunciada por De Gaulle, en el curso de una conferencia de prensa celebrada en 1965, para significar que él no había asumido la presidencia de la República simplemente para presidir actos políticos representativos, sin asumir el poder real. [N. del T.]

[74] El gobierno pertenece *realmente* al aparato represivo de Estado; aunque en *democracia parlamentaria* pertenece *formalmente* al aparato ideológico de Estado político, pues es «elegido» por el Parlamento. Pero esta pertenencia «formal» no engaña a quienes, incurriendo en el «cretinismo parlamentario», creen que un gobierno «elegido» ¡está *por encima* del poder y de los aparatos de Estado! [N. del A.]

pues está organizado-unificado bajo una dirección única: la de los representantes políticos de la clase en el poder.

La cuestión es diferente con los Aparatos *ideológicos* de Estado. Estos existen en plural y poseen una existencia material relativamente independiente.

A pesar de las escuelas que conserva, a pesar de sus capellanes en las escuelas públicas, a pesar de sus representantes ideológicos en la enseñanza estatal, la Iglesia es un aparato ideológico de Estado que ya no se puede, en 1969, confundir con la Escuela. Ese es el resultado de una lucha de clase feroz que se ha opuesto, durante todo el siglo XIX, a la aristocracia terrateniente aliada a la Iglesia, por una parte, y a la burguesía capitalista salida de la revolución francesa aliada a la pequeña burguesía, por otra. Es un resultado que ha costado muy caro y que hoy en día es un hecho establecido.

Igualmente, aunque tiene sus editoriales, y también sus «espectáculos» (Misas, procesiones, peregrinaciones, etc.), así como sus representantes ideológicos en los otros aparatos, a la Iglesia no se la puede identificar con estos Aparatos ideológicos de Estado que son el aparato de la Edición, el aparato Cultural (espectáculos de todos los géneros) y el aparato de Información.

Lo mismo se puede decir de todos los Aparatos ideológicos de Estado, aparato político incluido. A pesar de las inevitables interferencias entre ellos, son objetivamente distintos, relativamente autónomos, y no constituyen un cuerpo organizado centralizado, con una dirección única y consciente. Por ejemplo, en Francia ya no hay Ministro de Cultos, y, a pesar de su «altura», De Gaulle no manda, con toda su complicidad, en el Aparato ideológico de Estado de monseñor Marty como manda en el Aparato ideológico de Estado de E. Faure; ni lo hace en el Aparato ideológico de Estado de la Información, del que el señor D'Ormesson[75] ha presidido «con toda independencia y objetividad» la parte más eficaz: la RTF.

Si estos Aparatos ideológicos de Estado son, pues, distintos, relativamente autónomos, más o menos maleables, más o menos bajo la férula directa del Estado (e, incluso cuando lo están, como las Escuelas o la Radio, no son, al menos en ciertos periodos, igualmente maleables; incluso, en ciertas ocasiones, «chirrían» terriblemente), ¿qué los hace, sin embargo, *Aparatos* ideológicos *de Estado*? Ante todo la *Ideología que se materializa en ellos.* Esta ideología, siendo la ideología dominante, *es la de la clase dominante, de la clase que detenta el poder de Estado* y manda directa, imperativamente en el aparato represivo de Estado.

---

[75] Wladimir d'Ormesson (1888-1973): diplomático y escritor francés. Colaborador de *Le Temps* y *Le Figaro,* fue embajador en el Vaticano (mayo-octubre de 1940, 1948-1956) y en países sudamericanos. En 1964 fue nombrado director de la Radiotelevisión Francesa (RTF) tras ser reconocida esta como la Oficina de la Radiodifusión y de la Televisión Francesa (ORTF), con el ostensible propósito de concederle mayor autonomía. *[N. del T.]*

Es aquí donde hay que volver, para recuperarlas y apreciar su trascendencia, a las tesis de Marx y Lenin sobre el Estado y la ideología de la clase dominante.

Para decir las cosas brevemente, la teoría de Marx y Lenin considera:

1. Que el Estado es el «concentrado» y la «máquina» de la dominación de la clase dominante, lo cual significa, en sus propios términos, que toda *la superestructura está centrada, concentrada en torno al Estado en cuanto superestructura de clase.* Esta Tesis nos permite, pues, rectificar las distinciones útiles pero demasiado nítidas de la «topografía» sobre las cuales habíamos insistido poco antes, en particular las distinciones entre la superestructura jurídico-política y la superestructura ideológica. Esta distinción sigue siendo adecuada, pero a condición de en adelante precisar bien que dicha distinción existe, y que *no existe más que, bajo la dominación de una unidad absolutamente determinante: la del Estado, del poder de Estado y de sus aparatos*, represivo e ideológicos.

2. Que, en consecuencia, la ideología dominante, la de la clase dominante, está también, pese a sus variantes internas y pese a la distinción de los aparatos en los que existe, reagrupada y concentrada bajo la forma de la Ideología de la clase dominante que detenta el poder de Estado; esto es, bajo la forma de una *unidad ideológica,* que, a pesar de las contradicciones internas en esta unidad, puede y debe llamarse la *Ideología del Estado de clase* considerado. Lo que produce, pues, la unidad de los diferentes Aparatos ideológicos de Estado es que materializan, cada uno en su dominio y cada uno bajo su modalidad propia, una ideología que, a pesar de sus diferencias o incluso de sus contradicciones internas, es la *Ideología de Estado.*

Definición: el Estado es, pues, bajo el poder de Estado, el Aparato represivo de Estado, por una parte, y los Aparatos ideológicos de Estado, por otra. La unidad del Aparato de Estado y los Aparatos ideológicos de Estado la asegura la política de clase de los detentadores del poder de Estado, que actúan en la lucha de clases directamente mediante el Aparato represivo de Estado e indirectamente mediante la materialización de la Ideología de Estado en los Aparatos ideológicos de Estado.

¿Qué es la Ideología de Estado? De ello hablaremos más extensamente en nuestro tomo II. Baste por el momento con saber que la Ideología de Estado reagrupa un cierto número de temas capitales tomados de diferentes «regiones» de la ideología (religiosa, jurídica, moral, política, etc.) en un sistema que *resume* los «valores» esenciales de los que la dominación de la clase que detenta el poder de Estado tiene necesidad para «hacer marchar» a los explotados y los agentes de la explotación y de la represión, lo mismo que a los agentes de la ideologización; por tanto, para asegurar la reproducción de las relaciones de producción. Por lo que se refiere al Estado burgués, las cuestiones esenciales que se reagrupan en la Ideología de Estado me parece que son las siguientes:

1/ El nacionalismo: la cuestión de Francia, del papel de Francia en el Mundo, de la Misión y de la Grandeza de Francia, en caso de necesidad «Hija primogénita de la Iglesia».

2/ El liberalismo: la cuestión de la libertad de empresa ante todo, así como de la Libertad en general, de la Defensa de la Libertad en el mundo, del Mundo Libre, etcétera.

3/ El economismo: la cuestión del interés, no solamente interés nacional (véase *supra*), sino también de la defensa de los intereses de… todos y cada uno en el «progreso general» de las ciencias, de las técnicas y de la economía nacional. Anexo: «La ideología del trabajo»[76].

4/ El Humanismo, contrapunto obligado de la cuestión del interés económico, que constituye la síntesis entre el Nacionalismo y la Misión de Francia, la Libertad del Hombre, etcétera.

Cada uno de los Aparatos ideológicos de Estado «acomoda» a su manera todas o parte de estas cuestiones, de sus componentes y sus resonancias.

---

[76] Este anexo proyectado no se encuentra en el manuscrito. *[N. del E.]*

IX De la reproducción de las relaciones de producción

Ahora bien, solamente aquí y solamente ahora podemos por fin responder a nuestra pregunta central, dejada durante muchas páginas en suspenso: *¿cómo se asegura la reproducción de las relaciones de producción?*

En el lenguaje de la topografía (infraestructura, superestructura), diremos: *la asegura la Superestructura,* la superestructura jurídico-política y la superestructura ideológica.

Pero, puesto que hemos considerado indispensable ir más allá de este lenguaje aún descriptivo, diremos: *la asegura el ejercicio del poder de Estado en los Aparatos de Estado,* el Aparato represivo de Estado, por una parte, y los Aparatos ideológicos por otra.

Téngase muy en cuenta lo que se ha dicho precedentemente y que ahora reunimos en los tres trazos siguientes:

1. Todos los Aparatos de Estado funcionan a la vez con la represión y con la ideología, con la diferencia de que el Aparato represivo de Estado funciona de manera masivamente prevalente con la represión, mientras que los Aparatos ideológicos de Estado funcionan de manera masivamente prevalente con la ideología... con todos los matices necesarios en cada caso.

2. Mientras que el Aparato represivo de Estado constituye un todo organizado, cuyos diferentes miembros están centralizados bajo una unidad de mando –la de la política de lucha de clases aplicada por los representantes políticos de las clases dominantes que detentan el poder de Estado–, los Aparatos ideológicos de Estado son múltiples, distintos, relativamente autónomos y susceptibles de ofrecer un campo objetivo a contradicciones que, bajo formas limitadas pero en ciertos casos extremas, expresan los efectos de los choques entre la lucha de clase capitalista y la lucha

de clase proletaria, así como sus formas subordinadas (por ejemplo, la lucha entre la burguesía y la aristocracia terrateniente en los dos primeros tercios del siglo XIX, la lucha entre la gran burguesía y la pequeña burguesía, etc.).

3. Mientras que la unidad del Aparato represivo de Estado la asegura su organización centralizada unificada bajo la dirección de los representantes de las clases en el poder que ejecutan la política de lucha de clases, de las clases en el poder, la unidad entre los diferentes Aparatos ideológicos de Estado la asegura la ideología dominante, la de la clase dominante, a la cual, para dar cuenta de sus efectos, debemos llamar la *ideología de Estado*.

I. De una cierta «división del trabajo» en la reproducción de las relaciones de producción

Si se tienen en cuenta estas características, entonces la reproducción de las relaciones de producción se puede representar de la manera siguiente, según una especie de «división del trabajo».

El papel del Aparato represivo de Estado consiste esencialmente, en cuanto aparato represivo, en asegurar *por la fuerza* (física o no) las condiciones políticas de la reproducción de las relaciones de producción. El Aparato de Estado no solamente contribuye en grandísima medida *a reproducirse a sí mismo*[1]; sino que también, *y sobre todo,* el aparato de Estado asegura mediante la represión (desde la fuerza física más brutal hasta las simples órdenes y prohibiciones administrativas, la censura abierta o tácita, etc.) las condiciones políticas generales del ejercicio de los Aparatos ideológicos de Estado.

Son estos los que, en efecto, aseguran, por definición, la reproducción incluso de las relaciones de producción, tras el «escudo» del Aparato represivo de Estado. Es aquí donde ejerce masivamente su papel la *Ideología de Estado,* la de la clase dominante que detenta el poder de Estado. Es por intermedio de la ideología dominante, de la Ideología de Estado, como se asegura la «armonía» (a veces chirriante) entre el Aparato represivo de Estado y los Aparatos ideológicos de Estado, y entre los diferentes Aparatos ideológicos de Estado.

Nos vemos así conducidos a examinar la hipótesis siguiente, en función incluso de la diversidad de los aparatos ideológicos de Estado en su papel *único,* puesto que *común,* de la reproducción de las relaciones de producción.

---

[1] En el Estado capitalista existen las dinastías de políticos y las dinastías militares –cfr. los oficiales de marina reclutados tradicionalmente, lo mismo que el cuerpo diplomático, en las capas de la antigua aristocracia–, lo mismo que existían antaño dinastías monárquicas hereditarias. *[N. del A.]*

Hemos en efecto enumerado, en las formaciones sociales *capitalistas contemporáneas,* una cantidad relativamente elevada de Aparatos ideológicos de Estado: el Aparato religioso, el Aparato escolar, el Aparato familiar, el Aparato político, el Aparato sindical, el Aparato de la información, el Aparato de la Edición, el Aparato «cultural» (incluido también el deporte), etcétera.

Ahora bien, en las formaciones sociales del modo de producción «servilista» (comúnmente llamado feudal) constatamos que, si bien existe un Aparato represivo de Estado único, formalmente muy parecido, no solamente desde la Monarquía absoluta, sino hasta desde los primeros Estados antiguos conocidos, a lo que conocemos, el número de los Aparatos ideológicos de Estado es ahí menos elevado y su individualidad diferente.

Constatamos, por ejemplo, que la Iglesia (Aparato ideológico de Estado religioso) acumulaba entonces numerosas funciones hoy en día transferidas a varios Aparatos ideológicos de Estado *distintos,* nuevos con respecto al pasado que evocamos. Junto a la Iglesia existía el Aparato ideológico de Estado *familiar,* que desempeñaba un papel inconmensurable, comparado con el que ejerce en las formaciones sociales capitalistas. La Iglesia y la Familia no eran, pese a las apariencias, los únicos Aparatos ideológicos de Estado. Existía también un Aparato ideológico de Estado *político* (los Estados Generales, el Parlamento, las diferentes facciones y Ligas políticas, precursoras de los partidos políticos modernos, y todo el sistema político de las Comunas francas y luego de las Ciudades). Existía también un poderoso Aparato ideológico de Estado *«presindical»,* si se nos permite esta expresión, por fuerza anacrónica (las poderosas cofradías de los comerciantes, de los banqueros, y también las asociaciones de oficiales, etc.). La Edición y la Información conocieron asimismo un desarrollo incontestable, al igual que los espectáculos, al principio parte integrante de la Iglesia y luego cada vez más independientes de esta.

II. Existe un Aparato ideológico de Estado dominante. Hoy en día es la Escuela

En el periodo histórico precapitalista que a muy grandes rasgos estamos examinando es absolutamente evidente que existía un Aparato ideológico de Estado dominante, la *Iglesia,* que concentraba en sí no solamente las funciones religiosas, sino también escolares y una muy buena parte de las funciones de información, de «cultura» y de edición[2]. Si toda la lucha ideológica del siglo XVI al XVIII, desde el primer

---

[2] Por añadidura, cabe decir, puesto que la Iglesia era parte directamente beneficiaria de la explotación feudal, y poseía inmensos «Bienes eclesiales»; constituía, por tanto, una potencia *económica. [N. del A.]*

embate de la Reforma, se concentró en una lucha anticlerical y antirreligiosa, lo hizo en función de la misma posición *absolutamente dominante* del Aparato ideológico de Estado *religioso*.

La Revolución francesa tuvo ante todo por objetivo y resultado no solamente traspasar el poder de Estado de la aristocracia feudal a la burguesía capitalista-comercial, romper en parte el antiguo Aparato represivo de Estado y reemplazarlo por uno nuevo (ej., el Ejército nacional popular), sino también atacar al aparato ideológico de Estado número uno: la *Iglesia*. De ahí la constitución civil del clero, la confiscación de los Bienes de la Iglesia y la creación de nuevos Aparatos ideológico de Estado para reemplazar al Aparato ideológico de Estado religioso *en su papel dominante*.

Naturalmente, las cosas no ocurrieron solas: como prueba, el Concordato, la Restauración y la larga lucha de clases entre la Aristocracia y la burguesía industrial durante todo el siglo XIX por el establecimiento de la hegemonía burguesa sobre las funciones cumplidas hasta poco antes por la Iglesia. Puede decirse que la burguesía se apoyó en el nuevo Aparato ideológico de Estado *político, democrático*-parlamentario, implantado en los primeros años de la Revolución y luego restaurado, tras largas luchas violentas, durante algunos meses de 1848 y a lo largo de decenas de años tras la caída del Segundo Imperio, a fin de llevar a cabo la lucha contra la Iglesia y de apoderarse de sus funciones ideológicas; en suma, para asegurar no solamente su hegemonía política, sino también su hegemonía ideológica, *indispensable para la reproducción de las relaciones de producción capitalistas*.

Por eso nos creemos autorizados a postular la Tesis siguiente, con todos los riesgos que eso comporta. Nosotros pensamos que el Aparato ideológico de Estado que se ha colocado en posición *dominante* en las formaciones capitalistas maduras como resultado de una violenta lucha de clase política e ideológica contra el antiguo Aparato ideológico de Estado dominante es el Aparato ideológico *escolar*.

Esta tesis puede parecer paradójica, si es cierto que a la mayoría, es decir, en la representación ideológica que la burguesía pretendía darse a sí misma y a las clases que explotaba, le *parece* que el aparato ideológico de Estado dominante en las formaciones sociales capitalistas no es la Escuela, sino el aparato ideológico de Estado *político,* a saber, el régimen de democracia parlamentaria cimentado en el sufragio universal y las luchas de los partidos.

Sin embargo, la historia, incluso reciente, muestra que la burguesía pudo y puede acomodarse muy bien a formas muy diversas de su Aparato ideológico de Estado político, diferentes de la democracia parlamentaria: el I y II Imperio, la Monarquía Constitucional (Luis XVIII, Carlos X), la Monarquía parlamentaria (Luis Felipe), la democracia presidencialista (De Gaulle), por no hablar más que de Francia. En Inglaterra, las cosas son aún más manifiestas. La Revolución fue allí particularmente «exitosa» desde el punto de vista burgués porque, a diferencia de Francia, donde la burguesía, debido además a la estupidez de la baja nobleza, hubo de aceptar dejarse llevar al poder por las «jornadas revolucionarias», campesinas y plebeyas, que le salieron terriblemente caras, la burguesía inglesa pudo «arreglarse» relativa y hábilmente con la Aristocracia y «compartir» con esta la detentación del poder de Estado y el Aparato de Estado durante mucho tiempo (¡paz entre todos los hombres de buena voluntad de las *clases dominantes*!). En Alemania, las cosas son aún más chocantes, pues fue bajo un Aparato ideológico de Estado *político,* en el que los *Junkers*[3] Imperiales (simbolizados por Bismarck), su ejército y su policía le servían de escudo y de personal dirigente, como la burguesía imperialista hizo su estrepitosa entrada en la Historia antes de confiarse a este Aparato político muy «nacional» y muy «socialista», pero... bastante poco «democrático», que fue el nazismo.

Creemos, pues, tener fuertes razones para pensar que, detrás del «teatro» de las luchas políticas que ha ofrecido como espectáculo o impuesto como suplicio a las masas populares, lo que la burguesía implantó como su aparato ideológico de Estado número uno, esto es, *dominante,* es el *Aparato escolar,* que de hecho reemplazó en sus funciones al antiguo Aparato ideológico de Estado dominante, a saber, la Iglesia. Se puede incluso añadir: la pareja Escuela-Familia reemplazó a la pareja Iglesia-Familia.

¿Por qué el Aparato escolar es, de hecho, el Aparato ideológico de Estado dominante en las formaciones sociales capitalistas y cómo funciona? Lo explicaremos en una obra próxima[4]. Baste por el momento con decir:

1. *Todos* los Aparatos ideológicos de Estado, sean cuales sean, concurren al mismo resultado: la reproducción de las relaciones de producción, es decir, de las relaciones de *explotación* capitalistas.

2. Cada uno de ellos concurre a este único resultado de la manera que le es propia. El Aparato político sujetando a los individuos a la ideología política de Estado, la ideología «democrática», indirecta (parlamentaria) o directa (plebiscitaria o fascista). El Aparato de información atiborrando, a través de la Prensa, la Radio o la Televisión, a todos los «ciudadanos» con dosis cotidianas de nacionalismo, chovinismo, liberalismo, moralismo, etc. Lo mismo ocurre con el Aparato cultural (el papel del deporte en el chovinismo es de primer orden), etc. El Aparato religioso recordando en sus sermones y otras Grandes Ceremonias del Nacimiento, del Matrimo-

---

[3] *Junker:* miembro de la nobleza terrateniente de Prusia y del este de Alemania que dominó Alemania a lo largo del siglo XIX y principios del siglo XX. *[N. del T.]*

[4] *Écoles* [Escuelas], que aparecerá en otoño del 69 (Maspéro). *[N. del A.]* – En realidad, este proyecto no se llevó a término. Véase más arriba el prefacio de Étienne Balibar. *[N. del E.]* – Observemos sin embargo, aquí y ahora, la grandísima diferencia que distingue al sistema escolar capitalista de la Iglesia feudal: contrariamente a la Iglesia feudal, no es un «poder económico» ni participa en la explotación capitalista. Si bien no se podría sin embargo decir lo mismo, con todos los matices requeridos, de ciertos sectores de la Investigación Científica. *[N. del A.]*

nio y de la Muerte que el hombre no es más que ceniza, salvo si sabe amar a sus hermanos hasta ofrecer la otra mejilla a quien abofetea la primera. El Aparato escolar, pronto veremos en detalle cómo. El Aparato familiar... mas no insistamos.

3. Este concierto está dominado por una partitura única, en la cual se oyen algunas «notas falsas» (las de los proletarios y sus organizaciones, que son terriblemente discordantes, las de los pequeños burgueses que se oponen o también revolucionarios, etc.): la partitura de la *Ideología de Estado,* ideología de la clase actualmente dominante, que sabe integrar muy bien en su música los grandes temas del Humanismo de los Grandes ancestros que obraron, antes del Cristianismo, el milagro Griego y, luego, la Grandeza de Roma, la Ciudad eterna, así como los temas del Interés, particular y general, como es debido. Nacionalismo, moralismo y economismo. Pétain decía, más cínicamente: Trabajo, Familia, Patria.

4. No obstante, en este concierto un Aparato ideológico de Estado desempeña cabalmente el papel dominante, por más que nadie o casi nadie preste oídos a su música: ¡es tan silenciosa! Se trata de la *Escuela*.

Esta coge a los niños de todas las clases sociales desde la Guardería, y desde la Guardería, con los nuevos tanto como con los antiguos métodos, les inculca, *durante años* (los años en los que el niño es más vulnerable, *acorralado* entre el aparato de Estado Familia y el aparato de Estado Escuela), «destrezas» *envueltas* en la ideología dominante (francés, cálculo, historia natural, ciencias, literatura), o simplemente la *ideología dominante en estado puro* (moral, instrucción cívica, filosofía). Hacia los catorce años, una enorme masa de niños entra «en la producción»: serán los obreros o los pequeños campesinos. Otra parte de la juventud escolarizable continúa y, bien que mal, recorre un tramo del camino para bajarse en marcha y cubrir los puestos de los cuadros bajos y medios, empleados, funcionarios bajos y medios, pequeños burgueses de todas las clases. Una última parte llega a las cimas, sea para caer en el subempleo o el semiparo intelectuales, sea para suministrar los agentes de la explotación y los agentes de la represión, los profesionales de la ideología (sacerdotes de todo tipo, la mayoría de los cuales son «laicos» convencidos) y también los agentes de la práctica científica.

Cada contingente que se queda en el camino está *grosso modo* prácticamente provisto, aparte de más o menos errores o fallos, de la ideología que conviene al papel que debe desempeñar en la sociedad de clases: papel de explotado (con «conciencia profesional», «moral», «cívica», «nacional» y apolítica altamente «desarrollada»); papel de agente de la explotación (saber mandar y hablar a los obreros); de agentes de la represión (saber mandar y hacerse obedecer «sin discutir», o saber manejar la demagogia de la retórica de los dirigentes políticos) o de profesionales de la ideología (que sepan tratar las conciencias con el respeto, es decir, el desprecio, el chantaje y la demagogia que convengan, adaptados a los acentos de la Moral, de la Virtud, de la «Trascendencia», de la Nación, del papel de Francia en el Mundo, etcétera).

Por supuesto, muchas de estas Virtudes contrarias (modestia, resignación, sumisión por una parte; cinismo, desprecio, altivez, seguridad, grandeza, y hasta facilidad de palabra y habilidad) se aprenden también en las Familias, en la Iglesia, en el Ejército, en los Buenos Libros, en el Cine e incluso en los estadios. Pero ningún aparato ideológico de Estado dispone durante *tantos años* de la audiencia *obligatoria* (y esto es lo de menos: *gratuita...*), 6 días de 7 a razón de 8 horas al día, *de la totalidad de los niños de la formación social capitalista.*

Ahora bien, es con el aprendizaje de lo que en definitiva se reduce a algunas destrezas definidas, envueltas en la inculcación masiva de la ideología de la clase dominante, como se reproducen por excelencia las *relaciones de producción* de una formación social capitalista, es decir, las relaciones de explotados con explotadores y de explotadores con explotados. Anticipo aquí las demostraciones que próximamente aportaremos al decir que los mecanismos que producen este resultado vital para el régimen capitalista están naturalmente recubiertos y disimulados por *una ideología de la Escuela universalmente imperante,* pues es una de las formas esenciales de la ideología burguesa dominante: una ideología que representa la Escuela como un medio neutro, desprovisto de ideología (en tanto que... laico), donde maestros respetuosos de la «conciencia» y la «libertad» de los niños que les son confiados (con toda confianza) por sus «padres» (los cuales son también libres, es decir, *propietarios* de sus hijos) les hacen acceder a la libertad, la moralidad y la responsabilidad de adultos mediante su propio ejemplo, los conocimientos, la Literatura y las virtudes «liberadoras» bien conocidas del Humanismo literario o científico.

Pido perdón a los maestros que, en condiciones imposibles y hasta espantosas, intentan volver contra la ideología, contra el sistema y contra las prácticas en las que están presos, las armas científicas y políticas que pueden encontrar en la historia y el saber que «enseñan». Son una especie de héroes. Pero son muy raros, y cuántos (¡la *inmensa mayoría*!) no tienen ni la más remota sospecha del «trabajo» que el sistema (que los sobrepasa y los aplasta) les obliga a hacer; peor aún, ponen todo su corazón y su ingenio (¡los famosos nuevos métodos!) en realizarlo del modo más concienzudo, por ejemplo en las clases «piloto» de la Guardería, de primaria, de secundaria y del instituto técnico.

Dudan tan poco de él que con su entrega contribuyen incluso a mantener y alimentar esta representación ideológica de la Escuela que hace hoy en día a la Escuela tan «natural» e indispensable-útil, e incluso benéfica para nuestros contemporáneos, como la Iglesia era «natural», indispensable y generosa para nuestros ancestros de hace algunos siglos. De hecho, *hoy en día la Iglesia ha sido reemplazada por la Escuela:* esta la ha sucedido y ocupa su sector *dominante,* aunque ligeramente restringido (puesto que la Iglesia no obligatoria, y el ejército, obligatorio y... gratuito, como la Escuela, la flanquean diligentemente). Y es verdad que la Escuela puede contar también con la ayuda de la Familia, a pesar de los «chirridos» que perturban, desde que *el Manifiesto* anunciara su «disolución», su antiguo funcionamiento de Aparato ideológico de Estado, antaño particularmente seguro. Pero esto ya no es el caso, como desde Mayo intuyen las familias burguesas de más alto rango: algo desde entonces las sacude irreversiblemente y con frecuencia las hace incluso «temblar».

X. Reproducción de las relaciones de producción y revolución

Unas palabras simplemente sobre un tema inmenso, palabras de las que habrá que excusar a la vez tanto la presunción como el extremo esquematismo[1].

I. Resumamos

Hemos, pues, visto, a muy grandes rasgos, lo que era un modo de producción. Y hemos comprendido que era menester elevarnos al punto de vista de la *reproducción* para comprender la existencia y el funcionamiento de la *superestructura* (Derecho-Estado-Ideología) que se eleva sobre la infraestructura o «base» del modo de producción.

Hemos descubierto, contrariamente a lo que, en la estela de un cierto número de textos clásicos, habíamos desarrollado y repetido antes, que no bastaba con representar la *relación* entre la Infraestructura, por una parte, y la Superestructura jurídico-política y la Superestructura ideológica, por otra, con la metáfora espacial de la *topografía* de un *edificio,* a pesar de los grandísimos servicios, en ciertos casos irreemplazables, que podía prestar esta representación topográfica por «niveles» o «instancias».

Nos hemos convencido de que, para percibir cuál podía ser la «función» y el «funcionamiento» de la Superestructura era menester elevarse al punto de vista de la reproducción de las condiciones de producción.

---

[1] Recuerdo al lector que siempre adopto el punto de vista de la reproducción en general... haciendo abstracción del hecho de que en un régimen capitalista esta reproducción es siempre *a gran escala*. Este segundo punto, decisivo, se tratará en el tomo II. [*N. del A.*]

En efecto, si bien la simple consideración de los mecanismos de la infraestructura económica (aquí no tratamos más que del modo de producción capitalista) permite dar cuenta de la reproducción de las condiciones de las fuerzas productivas, incluida la fuerza de trabajo, de ninguna manera permite dar cuenta de la *reproducción de las relaciones de producción*.

Ahora bien, sabemos que lo que caracteriza en última instancia a un modo de producción son «*las relaciones de producción y de intercambio que le son propias*» (Marx) y, como las relaciones de intercambio son una función de las relaciones de producción, son, pues, las relaciones de producción.

Se puede entonces enunciar la muy simple proposición siguiente: un modo de producción *no subiste más que* en la medida en que se asegura la reproducción de las condiciones de la producción, entre las cuales la *reproducción de las relaciones de producción* desempeña el papel determinante[2].

Ahora bien, es la superestructura la que asegura las condiciones de esta reproducción (mediante el Aparato represivo de Estado) y esta reproducción misma (mediante los aparatos ideológicos de Estado). Por lo cual concluimos que toda la superestructura estaba reagrupada y centrada en el *Estado,* considerado en sus dos aspectos: como poder de represión de clase y como poder de ideologización de clase. De donde concluimos igualmente que la ideología misma, de la que anteriormente habíamos tendido a hacer una «instancia» netamente distinta de lo jurídico-político, había que relacionarla con el Estado, y pensarla, en la unidad que recubre su compleja diversidad, como *Ideología de Estado*.

Si es así, el problema de la «*duración*» de una formación social dominada por un modo de producción dado (en el caso examinado, el modo de producción capitalista) depende de la «duración» de la Superestructura que asegura las condiciones de esta reproducción y esta reproducción misma, es decir, de la duración del Estado de clase, considerado en la unidad de su aparato represivo y de sus aparatos ideológicos.

---

[2] Vistos los límites de esta exposición, dejo aquí de lado la reproducción de las fuerzas productivas. No se ha de excluir que algunas formaciones sociales hayan desaparecido en la historia como consecuencia de «accidentes» –que naturalmente se han de estudiar muy de cerca, pues propiamente hablando los «accidentes» no existen– que hacen imposible la reproducción, incluso simple, de las fuerzas productivas o de tal o cual elemento entonces determinante de las fuerzas productivas. Esta hipótesis permitiría tal vez dar cuenta de la desaparición de lo que los ideólogos de la Historia llaman «civilizaciones», de las que debemos a Valéry[a] saber que eran «mortales», puesto que están muertas. [N. del A.] – Paul Valéry (1871-1945): poeta y pensador francés. En la primera faceta es el principal representante de la llamada «poesía pura»; en la segunda, uno de los autores más citados de todos los tiempos. La frase citada por Althusser pertenece al primero de los cinco volúmenes titulados *Variété* [aunque ed. cast.: *Política del espíritu,* Buenos Aires, Losada, 1945, p. 23] [N. del T.]

II. ¿Qué es una Revolución?

No sorprenderá, en estas condiciones, que toda *revolución* en las relaciones de producción o bien sanciona la desagregación del Estado (que puede ser abatido por un «accidente» del tipo Grandes Invasiones; pero yo propongo ahí una hipótesis a la vez muy parcial y por añadidura muy precaria, si no dudosa), o bien es el efecto del *derrocamiento del Estado* existente por la toma del poder de Estado, es decir, la confiscación de sus Aparatos y la sustitución de estos. Por eso la lucha política gira inevitablemente en torno al Estado: tesis marxista perfectamente clásica. En el marco de una formación social capitalista, lucha de clase capitalista por la conservación del poder de Estado y el refuerzo (incluido por su reforma) de los aparatos de Estado; [y] lucha de clase proletaria por la toma del poder de Estado, la destrucción de sus Aparatos burgueses y la sustitución de estos, bajo la dictadura del proletariado, por Aparatos proletarios.

En el sentido fuerte, una revolución social consiste, pues, en desposeer a la clase dominante del poder de Estado –es decir, de la disposición de sus Aparatos de Estado, que aseguran la reproducción de las relaciones de producción existentes– para implantar nuevas relaciones de producción cuya reproducción esté asegurada por la destrucción de los antiguos Aparatos de Estado y por la edificación (larga y difícil) de nuevos Aparatos de Estado. Ejemplos de revoluciones en el sentido fuerte (sociales) lo serían las revoluciones burguesas de 1789 en Francia, la revolución socialista rusa de 1917, la revolución socialista china (1949), etcétera.

Pero existen también revoluciones *en el sentido débil,* que no afectan a las relaciones de producción, esto es, al poder de Estado y al conjunto de los aparatos de Estado, sino solamente al Aparato ideológico de Estado *político*. Ejemplo de estas «revoluciones» en el sentido débil lo son las revoluciones de 1830 y de 1848 en Francia.

Estas consistieron en «revolucionar» el aparato ideológico de Estado político, muy precisamente, en 1830, en sustituir la Monarquía Constitucional de Carlos X por la monarquía parlamentaria de Luis Felipe, y en 1848 en sustituir la monarquía parlamentaria de Luis Felipe por la república parlamentaria. Esto es, simples modificaciones en el Aparato ideológico de Estado político, acompañadas, por supuesto, por modificaciones en otros aparatos ideológicos de Estado, por ejemplo en la Escuela. No siendo, evidentemente, estas «revoluciones» más que el efecto de las dos etapas por las cuales la lucha de clase de la burguesía y de la pequeña burguesía se ha desembarazado de los representantes políticos de la Aristocracia terrateniente al frente del Estado: lucha de clase de familia entre clases dominantes, en suma.

En cambio, el golpe de Estado del 2 de diciembre[3], que formalmente era también una «revolución» del mismo género, no tuvo derecho a los honores del título de

---

[3] De 1851. *[N. del T.]*

revolución, pues fue consecuencia de una conjura de algunos individuos que llevaron a cabo un golpe de mano, y no resultado de una acción de las masas populares. Solamente Pétain tuvo el vergonzoso cinismo, siguiendo en esto a Mussolini, Hitler y Franco, de llamar «Revolución» nacional a la promoción política que la derrota militar ante los ejércitos nazis le había reportado al final de su carrera... mostrando con ello un servilismo de imitador que no habría que tomar por sentido conceptual. De Gaulle, con estudios y prudente, tuvo en cambio el «tacto» político de no llamar «revolución» a su golpe de Estado del 13 de mayo de 1958. Y, sin embargo, este era formalmente una «revolución», pues cambiaba, como la de Pétain, algo importante en el Aparato ideológico de Estado político al rebajar el Parlamento a cámara de registro, y el sufragio universal al papel de plebiscito.

Pero esos son asuntos entre burgueses, pues el «poder personal»[4] no es jamás más que una simple variante de la dictadura del intangible (hasta el día de hoy) Estado de clase capitalista, conveniente al imperialismo francés de los años sesenta.

Volvamos, pues, a las revoluciones en el sentido fuerte: las que cambian las relaciones de producción existentes destruyendo el Estado y sus aparatos.

Comprendemos fácilmente que si un modo de producción no dura más de lo que dura el sistema de los aparatos de Estado que asegura las condiciones de la reproducción (reproducción = duración) de su base, es decir, de sus relaciones de producción, hay que atacar el sistema de los aparatos de Estado y tomar el poder de Estado para interrumpir las condiciones de la *reproducción* (= duración = existencia) de un modo de producción e implantar nuevas relaciones de producción. Esta implantación tiene lugar bajo la protección de un nuevo Estado y de nuevos Aparatos de Estado que aseguran la reproducción (= duración = existencia) de las nuevas relaciones de producción; dicho de otro modo, del nuevo modo de producción. Cuando se trata de la revolución socialista, este nuevo Estado pasa a manos de los representantes del proletariado y de sus aliados, los cuales detentan su poder, es decir, controlan sus Aparatos, y es el Estado de la Dictadura del Proletariado.

Este esquema es simple, claro, convincente. Pero es formal. Pues sabemos que la toma revolucionaria del Estado burgués, su destrucción y su sustitución por el Estado de la Dictadura del Proletariado no son el efecto de un simple razonamiento lógico ni de un simple agotamiento del antiguo sistema de las relaciones de producción capitalistas, sino de una *lucha de clase de masas* que no puede ser más que una guerra de clase *de larga duración,* según la justa fórmula de Mao Tse-tung, que resu-

---

[4] De Gaulle fue muchas veces acusado, especialmente por los críticos comunistas, de haber establecido un régimen centrado en su ejercicio ademocrático, o incluso protofascista, del «poder personal». [N. del T.]

me muy bien las tesis de Marx y Lenin. Ya hemos evocado hace un momento las *condiciones absolutas* que garantizan la victoria, y una victoria duradera, a esta lucha de clase de las masas populares. Pero querría ahora añadir algunas palabras sobre *una* de las condiciones *particulares* de esta lucha de clase.

III. Los dos objetos de la lucha de clase revolucionaria

Esta no es comprensible más que si, una vez más, se recuerda la distinción entre el Aparato represivo de Estado y los aparatos ideológicos de Estado, la diferencia de su modo de funcionamiento (el Aparato represivo funciona de modo prevalente con la violencia, los aparatos ideológicos de modo prevalente con la ideología), así como la distinción que hace que no exista más que *un* solo aparato represivo de Estado, pero *varios aparatos ideológicos de Estado*.

A la luz de estas diferentes distinciones, podemos proponer una Tesis que se presentaría bajo dos puntos:

1. El núcleo duro del Estado es su *aparato represivo*. Está dotado de una potencia y de una resistencia por definición «a toda prueba».

El núcleo de este núcleo lo constituyen los cuerpos paramilitares de represión (policía, CRS, etc.) y el Ejército (así como los Ejércitos de los Estados Imperialistas hermanos, que cruzan fácilmente las fronteras en cuanto se los «llama» en auxilio). Es el núcleo último, el «último reducto», por cuanto representa para la clase dominante su argumento último, la *ultima ratio* de la violencia pura.

Es también un núcleo por cuanto es el más *compacto,* él mismo sometido a una *disciplina* de hierro («que constituye la fuerza principal de los ejércitos»[5]) y a la *represión* interna más severa (a los desertores y a los amotinados se los *fusila*). Es cuando este núcleo mismo se desmantela, se desagrega, se descompone (como en la Rusia del 17 bajo el golpe de los abominables sufrimientos de la guerra y de las derrotas) cuando el Estado se tambalea al borde del abismo, sin recurso último (salvo los Ejércitos de los Estados Hermanos: véanse las intervenciones de los Ejércitos franceses, checos, ingleses y otros en la Rusia de 1917-1918)[6].

---

[5] Esta consigna procede del Código General de Disciplina de las Fuerzas Armadas Francesas, en vigor desde 1933 hasta 1966. [N. del T.]

[6] Pero estos ejércitos de los Estados Hermanos no son siempre seguros: véanse los «Motines del Mar Negro» de la flota de intervención francesa en 1918: A. Marty[a], Ch. Tillon[a] y cientos de otros. [N. del A.] – André Marty (1886-1956) y Charles Tillon (1897-1993): marinos y políticos franceses. Siendo oficiales mecánicos, ambos participaron en los motines de la flota enviada al Mar Negro contra los bolcheviques en 1919, de los que fueron amnistiados en 1923, y desarrollaron posteriormente sendas carreras políticas desde su militancia en el Partido Comunista Francés. [N. del T.]

Este núcleo último puede adolecer de otra debilidad puramente interna: cuando no se trata de un ejército *profesional* (obsérvese que De Gaulle estaba por *un ejército profesional,* contra la tradición del 89 recuperada por Jaurès), se compone del «*contingente*», es decir, de «soldados» de 2.ª clase, de origen popular, los cuales pueden «negarse a disparar», como los «Bravos soldados del 17.º» ante los viñadores del Midi antes de la guerra del 14[7], o «negarse a marchar», [como] los «chicos» del ejército de Argelia, que «enchironaron» a sus oficiales con ocasión del golpe de Estado de los Generales[8]. Pero en conjunto la policía, los CRS y el Ejército están hechos para resistir y, salvo guerra perdida o revolución, son terriblemente difíciles, si no imposibles de atacar.

2. En cambio, los Aparatos ideológicos de Estado son infinitamente más vulnerables.

Como materializan la existencia de la *Ideología de Estado,* pero lo hacen en orden disperso (pues cada uno es relativamente autónomo), como funcionan con la ideología, *es en su seno* y en sus formas donde se libra una buena parte[9] de la guerra de larga duración que es la lucha de clase que puede llegar a derrocar a las clases dominantes, es decir, a desposeer a las clases dominantes del poder de Estado que detentan.

Todos sabemos que la lucha de clases en el Aparato represivo de Estado, en la policía, en el ejército e incluso en la administración es en tiempos «normales», si no una causa perdida, al menos una empresa muy limitada. En cambio, la lucha de clases en los Aparatos ideológicos de Estado es algo posible, serio, y puede llegar muy lejos, pues es *en los aparatos ideológicos de Estado* donde los militantes y luego las masas adquieren su experiencia política antes de «llevarla hasta el final». No por casualidad decía Marx que es *en la ideología* donde los hombres cobran consciencia de sus intereses y llevan su lucha de clase hasta el final. Hasta aquí no hemos hecho más que expresar en un lenguaje un poco más preciso esta intuición genial del fundador del socialismo científico.

Justamente sobre la lucha de clases en los aparatos ideológicos de Estado querría hacer yo algunas observaciones. Pero, para que no produzcan un efecto de confusión en el espíritu del lector, se han de recordar algunos hechos básicos.

---

[7] «Los bravos soldados del 17.º Regimiento» forma parte del estribillo de «Gloria al 17.º Regimiento», una canción que celebra a los amotinados que en 1907 se negaron a disparar contra los viñadores del sudoeste de Francia. *[N. del T.]*

[8] Se refiere al intento de golpe de Estado fallido que en 1961 llevó a cabo un grupo de mandos de las tropas francesas estacionadas en Argelia contra la política de abandono de la colonia que consideraban que estaba desarrollando De Gaulle. *[N. del T.]*

[9] En el tomo II veremos que la *lucha de clase desborda muy ampliamente los aparatos ideológicos de Estado*. Hay que tener muy presente el espíritu de esta Tesis clásica para comprender los *límites* de la lucha de clases en los aparatos ideológicos de Estado de los que se va a tratar. *[N. del A.]*

IV. Las relaciones de la producción capitalista son las relaciones de la explotación capitalista

Ya hemos hablado de la lucha de clase de las organizaciones obreras en los aparatos ideológicos de Estado político y sindical. Y hemos defendido la Tesis clásica de que la lucha de clase política debía estar profundamente enraizada en la lucha de clase *económica,* la lucha «por las reivindicaciones». A este propósito hemos hablado de las empresas, en este caso de las *empresas* capitalistas.

Pues bien, partamos de lo que sucede en las empresas en Francia, en 1969, para hacer comprender cómo la teoría marxista tiene en cuenta toda la complejidad de las cosas, a fin de intentar dar de ellas una explicación *científica.*

El hecho de que la Francia de 1969 sea una formación social *capitalista* significa que en ella funciona, de manera dominante, *el modo de producción capitalista,* esto es, que la *producción* (que tiene lugar *en* las empresas) está dominada y regulada por las *relaciones de producción capitalistas*. Estas relaciones de *producción* son al mismo tiempo relaciones de *explotación* capitalista.

Esto se traduce *concreta,* empíricamente, en el hecho de que los edificios (la fábrica, por ejemplo), la materia prima tratada en la empresa (la cual puede consistir ya en productos semiacabados, etc.), las máquinas, útiles, etc., en suma, *los medios de producción* de dicha empresa, pertenecen a su *propietario* capitalista, el cual puede dirigir él mismo, o hacer dirigir por un Director asalariado, la producción de la empresa.

Lo dicho se traduce al mismo tiempo (pues es simplemente lo mismo, pero esta vez del lado de los propietarios) en el hecho de que la empresa «contrata» por un día, por una semana y (más raramente) por un mes a obreros (y otros trabajadores no obreros: mecanógrafos, contables, ingenieros, cuadros, etc.) como *asalariados.* Un asalariado es un individuo que, no poseyendo medios de producción, no puede producir nada por «sus propios medios» (sus brazos) y que no puede, por tanto, más que *vender el uso de sus brazos* al propietario de una empresa que alberga justamente medios de producción.

Una vez comprendida esta situación de base, creada por las relaciones de producción capitalista, queda por comprender por qué estas son al mismo tiempo relaciones de *explotación*.

Son relaciones de *producción* porque si a los trabajadores «libres» no se los «pusiera en relación» con los medios de producción no habría producción alguna en absoluto. Para nuestra o su desgracia, los medios de producción no funcionan solos, tienen necesidad (como Dios…) de los hombres, no importa cuáles: tienen necesidad de hombres cualificados[10] (obreros especializados, profesionales, P1,

---

[10] La no cualificación es una cualificación definida. *[N. del A.]*

P2, P3[11]; «cuadros», técnicos, ingenieros, etc., incluido el «director de orquesta» de la organización de la producción, que puede ser bien el capitalista en persona, bien su «*Manager*» número uno).

Pero estas relaciones de producción son *al mismo tiempo* relaciones de explotación, y de explotación *específica* del modo de producción capitalista, que adopta la forma de la extorsión del sobretrabajo bajo las formas de la *plusvalía*.

Que las relaciones de producción son al mismo tiempo relaciones de explotación capitalistas Marx lo expresa diciendo que el proceso de producción capitalista de las mercancías es al mismo tiempo el proceso de «producción» de la plusvalía.

Esa es la «base» material, es decir, no solamente la condición material de existencia del modo de producción capitalista, sino *su existencia material sin más*. Es en el proceso de producción mismo donde tiene lugar el proceso de *explotación*. No hay capitalismo sin esta base material de la *explotación*, esta base material de relaciones de producción idénticas a relaciones de explotación. Hay que repetirlo decenas de veces en un tiempo en el que algunos fantasiosos nos vuelven a salir con antiguallas anarquistas que reducen el modo de producción capitalista a la represión o, peor aún, a… ¡la «autoridad»!

Yo hablaba de la *existencia material* sin más del modo de producción capitalista. Pero viendo las cosas de cerca, en este enfoque analítico quien dice existencia dice duración, dice por tanto subsistencia a través del tiempo, dice por tanto reproducción de las condiciones de la producción y ante todo reproducción de las relaciones de producción. Todo esto lo sabemos. Como sabemos que es en el nivel de la reproducción de las relaciones de producción donde intervienen los aparatos de Estado, represivo e ideológico.

V. Lucha de clase en los aparatos ideológicos de Estado

Podemos entonces llegar a nuestro objeto presente: *la naturaleza de las formas de la lucha de clase en los aparatos ideológicos de Estado,* tomando en serio la frasecita de Marx que dice que es en la ideología donde los hombres cobran consciencia de la lucha de clases y la llevan hasta el final.

Observemos de entrada que Marx habla de la ideología y nosotros hablamos de los *aparatos* ideológicos de Estado. Esta diferencia de lenguaje no puede constituir un problema más que para quienes se hacen una concepción idealista-burguesa (tipo Filosofía de la Ilustración) de la naturaleza de la ideología.

Pues la ideología no existe, pese a las apariencias, es decir, pese a los prejuicios ideológicos sobre la ideología y las ideas, *en las ideas*. La ideología puede existir bajo

---

[11] P1, P2, P3: niveles de cualificación profesional en Francia. *[N. del T.]*

la forma de discursos escritos (libros) o hablados (sermones, cursos, alocuciones, etc.) que se supone que vehiculan «ideas». Pero justamente la «idea» que uno se hace de las «ideas» domina lo que sucede en estos discursos. Como anticipo de demostraciones que aportaremos ulteriormente, digamos que las *«ideas»* no tienen en absoluto, como tiende a hacer creer la ideología de la idea, una existencia *ideal, como idea o espiritual,* sino una *existencia material.* Sería demasiado largo ofrecer aquí la demostración general. Pero se la puede verificar en el caso de los aparatos ideológicos de Estado si se nos concede la proposición siguiente, ella misma muy general.

La ideología no existe en «el mundo de las ideas» concebido como «mundo espiritual». La ideología existe en instituciones y en las prácticas que son las suyas. Estaríamos incluso tentados de decir, aún más precisamente: la ideología existe *en los aparatos y en las prácticas que son las suyas.* Es en este sentido como hemos podido decir que los aparatos ideológicos de Estado *materializaban,* en el dispositivo material de cada uno de estos aparatos y en las prácticas que eran las suyas, una ideología que les sería *exterior,* a la cual llamamos entonces ideología *primaria* y a la que ahora podemos llamar por su nombre: la *ideología de Estado,* unidad de las cuestiones ideológicas esenciales de la clase o clases dominantes.

Por supuesto, estos aparatos y sus prácticas tienen por objetos y objetivos los *individuos* que ocupan los puestos de la división social-técnica del trabajo en la producción y la reproducción, y la ideología existe por consiguiente, por mediación de los aparatos ideológicos y de sus prácticas, en *las prácticas mismas de estos individuos.* Digo bien sus *prácticas,* lo cual incluye a la vez lo que se llama sus «ideas» u «opiniones», incluidas sus «ideas» «espontáneas» sobre la práctica (productiva, científica, ideológica, política, etc.) que les asigna la división del trabajo, pero también sus «costumbres» o «usos», esto es, sus comportamientos reales, «conscientes» o «inconscientes»[12].

Puesto que la ideología de la clase dominante alcanza así en su «consciencia» más íntima y su «conducta» más privada o pública a los individuos mismos, los aparatos ideológicos de Estado pueden asegurar, hasta en lo más «secreto» de la consciencia individual (consciencia profesional, moral, paterna, materna, religiosa, política, filosófica, etc., etc.), la *reproducción de las relaciones de producción.* Veremos, en el capítulo siguiente, en virtud de qué mecanismo general.

---

[12] Algunos filósofos del siglo XVIII que habían ido lo bastante lejos en la «teoría» de lo que nosotros llamamos la ideología habían captado la existencia de cierta relación práctica entre lo que ellos llamaban las «opiniones» y las «costumbres»; habían incluso entrevisto que las «costumbres» son más importantes que las «opiniones», puesto que se les resisten. Habían asimismo captado que las «leyes» son a menudo impotentes contra las «costumbres» cuando no están «de acuerdo con ellas». Había que ser un opositor de derechas (Montesquieu) o de izquierdas (Rousseau) para percibir estas realidades. *[N. del A.]*

Por supuesto, siendo los aparatos ideológicos de Estado la materialización de la ideología *dominante* (la de la clase dominante, a la que la unidad del Estado da su unidad de ideología de Estado), cuando se habla de ideología dominante se debe entender que existe también algo que siempre tiene que ver con la ideología, pero que es *dominado,* que tiene por tanto que ver con las clases *dominadas*.

De ahí que sospechemos que la ideología, y por tanto los aparatos ideológicos de Estado en los que esta existe, «pone en escena» *clases sociales*: la clase dominante y la clase dominada (y lo que provisionalmente se llamará las «clases medias»). En el modo de producción capitalista, la clase de los capitalistas (y sus aliados) y la clase de los proletarios (y sus aliados).

Se extraerá de ello la conclusión de que, aunque desbordándolas ampliamente, la *lucha de clases se libra en las formas de los aparatos ideológicos de Estado*.

VI. La lucha de clases en torno y en el aparato ideológico de Estado dominante

Todo el mundo sabe que la lucha de clases se libra en el aparato ideológico de Estado *político* (lucha entre los partidos políticos, etc.). ¿Todo el mundo? No. Pues sólo una minoría de la población reconoce que lo que todo el mundo llama «la política» es en realidad la forma que *la lucha de clases* adopta en el sistema político que en nuestro lenguaje llamamos el aparato ideológico de Estado político.

En cambio, sólo los militantes más formados saben que la lucha de clase se libra al mismo tiempo en el aparato ideológico de Estado sindical, bajo la forma de la lucha de clases *económica*. (Aquí de nuevo la misma observación: ¿cuántos saben que los sindicatos patronales llevan a cabo por su parte, por ejemplo el CNPF, su lucha de clase *capitalista* bajo su forma económica?)

Temo sorprender a muchos lectores diciéndoles que la lucha de clases se libra igualmente en todos los demás aparatos ideológicos de Estado, por ejemplo en la Escuela, la Iglesia, la Información, la Edición, los Espectáculos y… la Familia misma. Por supuesto, en las formas propias de cada uno de estos aparatos ideológicos.

Y, puesto que hemos creído poder afirmar que en las formaciones socialistas capitalistas era el aparato ideológico de Estado escolar, esto es, la Escuela, y más precisamente la *pareja Escuela-Familia,* la que era *dominante,* pienso que no hay necesidad de una larga demostración para hacer evidente a los ojos de nuestros contemporáneos que la lucha de clase *también* se libra ahí. Los «acontecimientos» de Mayo del 68 y todos los que les han seguido se han encargado de la verificación empírica de nuestra tesis. O, más bien, estos acontecimientos, además de lo que han aportado de *radicalmente nuevo* en esta insospechada lucha de clase de la inmensa mayoría de los hombres, han *mostrado* que la lucha de clase había *existido siempre,* en formas específicas por supuesto, en aparatos ideológicos de Estado como la Escuela, La Familia, la Iglesia, etc. Con la única diferencia de que la relación de fuerzas en esta lucha de clases se ha invertido de una manera espectacular en Mayo, lo cual ha hecho si no aflorar, sí al menos sospechar que la lucha de clases antes llevada a cabo en la pareja Escuela-Familia, e incluso en la Iglesia, era, de manera masiva, la lucha de clase de los «representantes» de la clase burguesa: el Maestro flanqueado por el Inspector Académico, el Padre, el Sacerdote, etcétera.

Para convencerse de ello, basta con leer los periódicos: los «asaltos» de musculosos grupos de *Padres de Alumnos* a las propias Escuelas para «apoyar» a los Profesores reaccionarios ofendidos y a los Directores de Instituto acorralados muestran cabalmente que este hermoso mundo tiene que tomar *revancha* contra el «escándalo» de la revuelta de los alumnos, contra la revuelta de sus propios hijos. Esta revancha que se ha de tomar y esta revuelta ponen en claro las cosas: antes de la revuelta ideológica de los estudiantes universitarios y de instituto, la lucha de clase de los representantes o agentes de la burguesía en estos aparatos *prevalecía de manera masiva en el aparato escolar y el aparato familiar.* De manera tan masiva que ni siquiera se duda de que se trataba, en el silencio y el orden «pacífico» de las Facultades e Institutos[13], de una forma –ciertamente específica, pero de una forma– de la lucha de clases.

Mas que Padres y Profesores, y en breve también los maestros se consuelen, sobre todo si son militantes de la «laicidad». Pues no son los únicos en haber tenido la experiencia finalmente abierta de la lucha de clases en sus aparatos respectivos. Los mismos fenómenos se producen en la Iglesia, no solamente en los «incidentes» «escandalosos» entre los fieles y el clero, no solamente entre ciertos elementos del bajo clero y el alto clero, incluso entre algunos prelados (ante todo de América latina) y el Vaticano, incluso después del Vaticano II… sino también (¡horror!) *en los Seminarios mismos* sobre los que los dirigentes políticos de la Iglesia (que tienen una larga práctica en la Información…) corren el velo de la discreción eclesiástica, conveniente a todo lo que afecta a lo Sagrado y a los Sacramentos. En los Seminarios suceden «terribles» historias, también ellas *irreversibles.*

Sea como sea, puede decirse que cuando la relación de fuerzas en la lucha de clases se invierte *en el interior del aparato ideológico de Estado número uno* (o, al menos, en una parte de este aparato, la menos peligrosa para la burguesía: la primaria, la parte vital, pues suministra los *obreros,* sin haber sido todavía contaminada por la revuelta), el aparato encargado por excelencia de la reproducción de los medios de producción, por excelencia puesto que este es el aparato ideológico *dominante,* lo menos que puede decirse es que ello es un signo *de los tiempos.*

---

[13] *Yo me atrevería* a decir: y de las Familias. [N. del A.]

¿Signo de qué? Signo de que, como decía Lenin, la Revolución está en el orden del día, lo cual no significa –matiz capital– que la situación sea revolucionaria (aún estamos lejos de ello).

VII. ¿Por qué la lucha de clases «ideológica» «precede» a las otras?

Tomemos ahora un poco de distancia en relación con estos acontecimientos demasiado próximos a nosotros para poder ya verdaderamente apreciarlos. Tomemos esta distancia para hacer la observación siguiente.

No es casual que todas las grandes revoluciones sociales que conocemos un poco de cerca y con bastante detalle (la revolución francesa del 89, la revolución rusa del 17 y la revolución china del 49) hayan sido precedidas *por una larga lucha de clase* que se ha librado no solamente *en torno a* los aparatos ideológicos de Estado vigentes, sino también *en el seno de* estos aparatos ideológicos. Lucha de clase a la vez ideológica, económica y política, según una distinción clásica entre los maestros del marxismo.

Basta con pensar en el siglo XVIII francés, o en el siglo XIX ruso y en el medio siglo que ha precedido a la Revolución china del 49.

Antes de las Revoluciones del 89 y del 17 observamos luchas de una extrema violencia en los aparatos ideológicos de Estado dominantes: ante todo en torno a la Iglesia e incluso dentro de la Iglesia, luego también en torno a y dentro del aparato político, luego en la Edición y la Información. Todas estas luchas se entremezclan, interfieren, se sostienen mutuamente y apuntan confusamente a *un objetivo último* desconocido por la mayor parte de los combatientes: la destrucción de los aparatos que aseguran la reproducción de las relaciones de producción existentes a fin de implantar nuevos aparatos de Estado y, bajo su protección, nuevas relaciones de producción cuya reproducción asegurarán los nuevos aparatos de Estado.

La lucha económica nunca deja de estar en la sombra: es su destino, pues es la más importante. La lucha política acaba por desencadenarse a pleno día y reunir todas las fuerzas para asegurar su dirección en el combate último, el combate por el poder de Estado: es su destino, pues no otra es su función. La lucha ideológica (denominada ideológica), es decir, la lucha de clase en los aparatos de la Información y de la Edición (lucha por la libertad de pensamiento, de expresión, de impresión y de difusión de las ideas progresistas y revolucionarias), *precede* por regla general a las formas declaradas de la lucha política, *las precede incluso con mucho*.

Piénsese en la historia de los siglos que precedieron a la Revolución francesa. Y considérese que la lucha de clase ideológica burguesa, simplemente progresista antes de ser prerrevolucionaria, no tenía entonces (como nunca) sentido más que en función de la lucha de la clase dominante en los mismos dominios. Piénsese en la violencia increíble de esta lucha de clase «ideológica» llevada a cabo por el feudalismo y sus aparatos de Estado, con la Iglesia a la cabeza: está jalonada no solamente de prohibiciones, de abjuraciones, sino de torturas y de hogueras. Galileo y Giordano Bruno, por no citar más que estos dos nombres, sin contar el sinfín de masacres en las Guerras de religión (guerras de clase agudas libradas en el aparato ideológico de Estado religioso, herejes contra ortodoxos), la multitud de «posesos», «brujas» y «locos» condenados al suplicio o al Gran Internamiento, del que Michel Foucault ha sido el primero en tener el coraje de dar una idea en Francia[14]. Piénsese en ese Excluido Universal que fue Spinoza (excluido de su Iglesia, excluido de la filosofía, diablo que había que quemar o enterrar vivo: no pudiendo quemarlo, lo enterraron) antes de su muerte… durante tres siglos.

Se ha de tener presente este terrible pasado de la lucha de clase ideológica de la burguesía prerrevolucionaria para volver a poner en su lugar, glorioso ciertamente, pero infinitamente menos heroico, al siglo XVIII, el siglo «de las Luces», en el que, con obras firmadas o no, impresas en Francia o en el extranjero y difundidas bajo el manto e incluso la complicidad de un ministro «iluminista», se podía llevar a cabo en los Libros y las Gacetas, y también en los teatros y las Óperas, una lucha abierta contra la Iglesia y el Despotismo, incluido el «ilustrado» (el Despotismo de la monarquía absoluta tuvo muchos opositores de derechas –tipo Montesquieu–, muy pocos opositores de izquierdas –tipo Meslier[15] o Rousseau– y muchos defensores, los unos convencidos, los otros tácticos –Diderot–).

---

[14] *Histoire de la Folie [Historia de la locura]*, París, Plon, 1961 [ed. cast.: *Historia de la locura en la época clásica,* México, Fondo de Cultura Económica, 1967]. Hasta ahora hemos guardado silencio sobre lo que creemos tener derecho a llamar, en nuestras formaciones sociales capitalistas, el aparato ideológico de Estado «médico». Merecería por sí solo todo un estudio la genealogía de elementos importantes que nos ofrece la estupenda obra de Foucault, despreciada por nuestras Autoridades Médicas (para su desgracia, no pueden quemarlo). Pues la historia de la «Locura», que es la historia de una represión, por más que atemperada por el Humanismo de Pinel[a] y la farmacología de Delay[b], continúa. Y desborda con mucho lo que, por su comodidad, muchos médicos llaman la «locura». *[N. del A.]*
– [a] Philippe Pinel (1745-1826): médico francés. Se ocupó sobre todo del estudio de las enfermedades mentales y tuvo el mérito de abolir los brutales métodos terapéuticos a los que se sometía a los alienados. *[N. del T.]* – [b] Jean Delay (1907-1987): médico y psiquiatra francés. Autor de numerosos trabajos sobre la electroencefalografía, las enfermedades de la memoria, los métodos biológicos en la clínica psiquiátrica, los problemas de la psicología médica, etc., rechazaba la oposición entre medicina somática y medicina psíquica en favor de una concepción global del organismo. *[N. del T.]*
[15] Jean Meslier (1664-1729): sacerdote y filósofo del Iluminismo francés. Su existencia se conoce a partir de la publicación que hizo Voltaire en 1762, bajo el título de *Testamento de J. Meslier,* de un texto que presentaba como extracto de otro más voluminoso, encontrado por él y en el cual un cura

Pero dejemos estos ejemplos históricos para volver a nuestra tesis. Esta permite, al parecer, si no comprender, sí al menos «situar» mejor, aunque bajo una forma totalmente provisional (yo soy el primero consciente de ello), los *fenómenos «precursores»* de toda revolución social.

Puede decirse que estos fenómenos reagrupan todas las formas de la lucha de clase que se lleva a cabo en los aparatos ideológicos de Estado según las modalidades propias de cada uno de estos aparatos. Puede decirse que, en el seno de estos aparatos ideológicos de Estado, el objeto número uno de la lucha de clases es (o debe ser normalmente) el aparato ideológico de Estado dominante en la reproducción de las relaciones de producción. Lo cual explica que se concentre en torno a la Iglesia y las posiciones defendidas por la Iglesia la larga lucha de clase de varios siglos marcados por masacres masivas y medidas de violencia, de terror, de represión, de chantaje y de intimidación inimaginables; esta guerra de larga duración que preparó el asalto final, *político,* contra el Estado feudal y sus aparatos, en el 89-93.

Al atacar los aparatos especializados en la reproducción de las relaciones de producción, la burguesía socavó desde dentro la parte más vulnerable (no solamente por diversificada, sino también por estar en contacto directo y cotidiano con las masas populares) de los aparatos de Estado. Una vez socavados los aparatos ideológicos de Estado, no quedaba más que expugnar por la fuerza el último bastión del Estado: el poder de Estado atrincherado detrás de los últimos batallones de la guardia real.

A mí me parece que, guardando todas las proporciones, podría incoarse un análisis del mismo orden para la Revolución del 17 y, con diferencias considerables (nada de Iglesia en China, al menos en el sentido occidental del término), para la Revolución china del 49.

Si nuestra interpretación es exacta es *al punto de vista de la reproducción* donde hay que elevarse no solamente para comprender la función y el funcionamiento de la superestructura, sino también para disponer de los conceptos que permitan ver un poco más claro en la historia concreta de las revoluciones (para constituir, en fin, la ciencia de su historia, aún mucho más próxima a la crónica que a la ciencia). Revoluciones cumplidas y revoluciones por cumplir. Y también las condiciones que se han de crear para que se implanten, bajo la Dictadura del Proletariado, los aparatos ideológicos de Estado adecuados para *preparar efectivamente el paso* al socialismo; es decir, a la extinción del Estado y de todos sus aparatos, en lugar de atascarse en

---

confesaba abiertamente su ateísmo y se entregaba a una crítica radical de las injusticias sociales de su tiempo. Este texto, cuyo título original es *Mémoires des pensées et sentiments de Jean Meslier [Memoria de los pensamientos y opiniones de Jean Meslier],* es considerado como el texto fundador del ateísmo y del anticlericalismo militante en Francia. *[N. del T.]*

«contradicciones» más o menos camufladas bajo denominaciones «controladas», de las que la historia contemporánea nos ofrece demasiados ejemplos.

VIII. ¡Atención! Primacía de la infraestructura

Antes de concluir este capítulo, hagamos una última observación que es también una puesta en guardia. En absoluto acabamos de proponer un pequeño tratado de la revolución que podría formularse en las reglas siguientes:

1. comenzar por desencadenar la lucha de clases en los aparatos ideológicos de Estado, procurando que la «punta de lanza» de la lucha se dirija contra el aparato ideológico de Estado dominante (hoy en día la Escuela);

2. combinar todas las formas de lucha de clase en todos los aparatos ideológicos de Estado a fin de socavarlas hasta el punto de hacer imposible su función de reproducción de las relaciones de producción; y luego

3. reagrupadas todas las fuerzas populares bajo la dirección del Partido Político revolucionario, el de la clase revolucionaria, tomar al asalto el poder de Estado, aplastando su último aparato: su aparato represivo (policía, CRS, etc., Ejército).

Esto sería absurdo y por añadidura infantil, por voluntarista, aventurista e idealista. No se manda así sobre los acontecimientos. Y, si acaso pudiera mandarse así sobre ellos, este es el lugar de recordar que todo lo que acabamos de describir al hablar de la lucha de clases en los aparatos ideológicos de Estado no afecta más *que a la superestructura,* la cual es determinada y secundaria, y no determinante en última instancia. Es *la infraestructura la que resulta determinante en última instancia.* Lo que pasa, o puede pasar, en la superestructura depende, pues, en última instancia de lo que pasa (o no pasa) *en la infraestructura, entre las fuerzas productivas y las relaciones de producción:* es ahí donde está enraizada la lucha de clases... y entonces se comprende que esta desborda infinitamente las formas de los aparatos ideológicos de Estado en los que se hace visible.

Que hay, como se dice, «acción de reflujo» de la superestructura es un hecho. Pero este hecho es simplemente enunciado. Hemos intentado aclarar un poco esta «acción de reflujo», que en lo esencial no es una acción de reflujo en absoluto, pues la superestructura mantiene con la infraestructura esta relación específica de *reproducir* las condiciones de funcionamiento de la infraestructura. Es, sin duda, a la luz de este concepto, y de los efectos de la lucha de clases, como habría que reexaminar los casos señalados con la descriptiva expresión de «acción de reflujo».

Pero esto no nos da en modo alguno la clave de lo que pasa *en la infraestructura misma,* muy precisamente de *lo que pasa* en la infraestructura (en la unidad Fuerzas de producción / relaciones de producción), y que es capaz de suscitar y luego desencadenar la lucha de clases que, en la superestructura, comienza a atacarse en los aparatos ideológicos de Estado, antes de pasar al asalto del aparato represivo de Estado, para concluir con la toma del poder de Estado por la clase revolucionaria.

Sobre lo que en la infraestructura pasa de decisivo para el desencadenamiento y el triunfo de la lucha de clase revolucionaria en la superestructura tenemos, por suerte, un cierto número de indicaciones en *El capital* y en *El desarrollo del capitalismo en Rusia*. Pero, se ha de decir, la teoría está lejos de hallarse cerrada. Todo el mundo tiene por fuerza que reconocer que no es con conceptos tan descriptivos y tautológicos como los de correspondencia o no correspondencia entre fuerzas productivas y relaciones de producción como podemos esperar en serio resolver el asunto.

Sobre este preciso punto, la cuestión está, pues, en suspenso. Habrá que intentar proponerle algún día una respuesta.

XI

De nuevo sobre el «Derecho». Su realidad: el aparato ideológico de Estado jurídico

Este capítulo no contendrá más que algunas palabras. Pero son indispensables para asignar su lugar al «Derecho», del que, bajo la forma de una «teoría descriptiva», ya hemos hablado en el capítulo III.

I. Recuerdo de los caracteres del «Derecho»

Parece que en la tradición de la erudición y de la investigación teórica marxista, particularmente en la URSS después del 17 y hasta la «desaparición» de especialistas, algunos de los cuales eran, a la vista de los problemas que tenían el mérito de plantear, notables, se ha discutido abundantemente sobre la cuestión de saber si el Derecho formaba parte de la superestructura o no estaría, más bien, «del lado de las relaciones de producción». Esta es una pregunta del todo pertinente.

Si las aclaraciones que acaban de proponerse están fundadas podemos ofrecer una respuesta esquemática pero clara y precisa, al menos en principio, pues esta cuestión capital merecería largos análisis teóricos que, para entrar en detalle, no pueden llevarse a cabo más que sobre la base de indagaciones y de análisis empíricos (históricos-concretos).

En varios pasajes del *Capital*, Marx muestra que la naciente constitución de las *nuevas* relaciones de producción, cuando se forman progresivamente en el seno de, por tanto bajo las, relaciones de producción dominantes y por consiguiente contra ellas[1], es

---

[1] Marx hace alusión aquí al nacimiento de los embriones de relaciones de producción capitalistas bajo el Feudalismo. [*N. del A.*]

objeto de un largo proceso que durante mucho tiempo sigue siendo *de hecho,* sin ser reconocido jurídicamente de derecho. Puede haber reconocimientos jurídicos *parciales* de prácticas constituidas, en el seno mismo de relaciones de producción dominantes, que concedan un espacio localizado y limitado a las nuevas relaciones de producción o de intercambios, bajo la condición absoluta de limitarlas y de someterlas. Esto es lo que pasó bajo el «Feudalismo» en el caso de la extensión del derecho burgués a ciertos sectores limitados de las formaciones sociales consideradas (por ejemplo, el derecho mercantil, luego el «derecho de las manufacturas» reales, luego de las manufacturas privadas). La promulgación de la ley de un nuevo Derecho parcial, antagonista del Derecho feudal, simplemente registraba *un hecho consumado:* el de la consolidación real, incontestable e irreversible de *nuevas* relaciones de intercambio y de producción en el interior de formaciones sociales dominadas por relaciones de producción totalmente distintas.

Se advertirá, en honor de los Historiadores, que por lo demás lo han reconocido con frecuencia, que el fenómeno del *Renacimiento del Derecho Romano,* a partir de los siglos XII-XIII (Marx señaló este hecho como teóricamente interesante en las últimas líneas de la Introducción, póstumamente publicada, a la *Contribución a la crítica de la economía política* aparecida en 1859), estaba enraizado en «problemas» a la vez económicos (desarrollo de los intercambios comerciales) y políticos (recurso al Derecho político Romano para los Juristas, es decir, los ideólogos de la Monarquía absoluta). Esta conjunción es un indicio que no engaña y que no puede dejar de aclararnos al mismo tiempo las relaciones entre el Derecho y el Estado.

Sin pretender extraer la más mínima conclusión general *directa* de estos hechos históricos que vienen en apoyo de una tesis histórica de Marx, nos contentaremos con proponer las siguientes observaciones.

Hemos visto, en el caso del Derecho burgués, en vigor en las relaciones de producción capitalistas, cuál era su singular estatuto.

Está claro que está destinado a regular y sancionar *ante todo* (pues en sus diferentes Códigos especializados regula otras) prácticas *económicas* precisas: las del intercambio, esto es, de la compraventa de mercancías, las cuales suponen –y se basan en– el derecho de propiedad y las categorías jurídicas correspondientes (personalidad jurídica, libertad jurídica, igualdad jurídica, obligación jurídica).

Hemos visto que el derecho burgués tendía, por una exigencia irresistible, a la formalidad y a la universalidad, y que sigue tendiendo a ellas a pesar de todos los obstáculos (cada vez más numerosos y cada vez más insuperables) con los que este proceso de formalización y de universalización se encuentra[2].

---

[2] Obstáculos que no han dejado de agravarse desde el final del siglo XIX. Tienen que ver: 1/ con la concentración monopolista; 2/ con los efectos de la lucha de clases: lucha de las clases capitalistas («in-

Hemos visto que formalidad y universalidad no eran posibles más que a condición de que el derecho sea abstracto, es decir, haga realmente abstracción de todo contenido, y que esta *abstracción* de todo contenido era la condición *concreta* de la eficacia del derecho sobre su contenido, sobre el contenido mismo del que hace necesariamente abstracción.

Hemos visto finalmente que el Derecho era necesariamente *represivo* y que inscribía la sanción del derecho en el Derecho mismo, bajo la forma del Código Penal. Por lo cual nos hemos encontrado con que el Derecho no podía funcionar realmente más que bajo la condición de la existencia real de un aparato represivo de Estado *que lleve a cabo* las sanciones formalmente inscritas en el Derecho Penal y pronunciadas por los Jueces de los Tribunales competentes según las infracciones. Pero al mismo tiempo nos ha parecido que, en la inmensa mayoría de los casos, el Derecho era «respetado» por el simple juego combinado de la ideología jurídica + un suplemento de ideología moral, esto es, sin intervención directa del destacamento del aparato represivo de Estado especializado en la materialización práctica (físicamente violenta) de las sanciones inscritas en el Código Penal y pronunciadas, «en las formas», por los Tribunales «competentes».

De estas constataciones podemos extraer algunas proposiciones que comenzarán a hacernos pasar de una «teoría descriptiva» del derecho al umbral de su teoría a secas, en las formaciones sociales capitalistas.

II. Razones reales de las características del «Derecho»

1. El Derecho regula *formalmente* el juego de las relaciones de producción capitalistas, pues define a los propietarios, su propiedad (bienes), su derecho a «usar» y a «abusar» de su propiedad, su derecho a enajenar su propiedad con toda libertad, o el derecho recíproco a adquirir una propiedad. Como tal, el derecho tiene por *objeto* concreto las relaciones de producción capitalistas[3] en la medida en que hace expresa *abstracción* de ellas.

Mas atención: una abstracción es siempre, lo mismo que una negación, *determinada*. El Derecho burgués hace abstracción no de cualquier cosa, sino del objeto concreto determinado cuyo juego está «encargado» de regular, es decir, el funcionamiento, a saber, *las relaciones de producción capitalistas*.

---

fracciones» prodigiosas del Derecho político), lucha de las clases obreras (imponiendo los diferentes artículos de un Código «monstruoso» respecto al Código Civil: el «Código del Trabajo»). [N. del A.]

[3] Cuando hablamos de las «relaciones de producción», entiéndase al mismo tiempo «y las que de ellas derivan»: relaciones de intercambios, de consumo, relaciones políticas, etcétera. [N. del A.]

Evidentemente, no hay que caer, sobre este punto, en la ilusión ideológica que permite a los magistrados o juristas ser, con toda buena «conciencia profesional» o «moral», los servidores del Estado capitalista: la ilusión de que, siendo el Derecho igual para todos los sujetos declarados iguales y libres, siendo el Derecho el Derecho de la Libertad y de la Igualdad, los magistrados y juristas serían los servidores de la Libertad y de la Igualdad, ¡y no del Estado capitalista![4].

2. El Derecho burgués es *universal* por una buena y simple razón: que en el régimen capitalista el juego de las relaciones de producción es el juego de un derecho mercantil efectivamente universal, pues en el régimen capitalista todos los individuos (mayores, etc.) son sujetos de derecho y *todo es mercancía*. Todo, es decir, no solamente los productos socialmente necesarios que se venden y compran, sino también el *uso de la fuerza de trabajo* (hecho sin precedentes en la historia humana, que fundamenta en *la realidad de la que* hace abstracción la pretensión del derecho a la universalidad). En Roma, el esclavo era una mercancía, pero también una cosa, no un sujeto de Derecho.

Puesto que las relaciones de producción capitalistas obligan a los individuos desposeídos de todo medio de producción, esto es, «libres» de todo medio de producción, a vender «libremente» el uso de su fuerza de trabajo como trabajadores asalariados, los proletarios están, en el derecho burgués, dotados de los mismos atributos jurídicos que los capitalistas: son libres, iguales, libres de enajenar (de «vender») su «propiedad» (en este caso el uso de su fuerza de trabajo, pues no «poseen» nada más) y libres de comprar (de qué vivir para reproducir su existencia como «poseedores» de su fuerza de trabajo).

Abstracción, formalidad y universalidad del Derecho no son, pues, más que el *reconocimiento* oficial, legal, de las condiciones formales que regulan el juego, es decir, el funcionamiento de las relaciones de producción capitalistas (y, por extensión, de los sectores que de ellas se derivan: Derecho político, Derecho administrativo, Derecho militar –puesto que parece que ya no hay Derecho de Privilegio... habría, a este respecto, que echar un pequeño vistazo, si no a la Iglesia, que ha sido, en lo esencial, puesta en razón por el Derecho burgués, sí a las Órdenes laicas que son hoy en día la Orden de los Médicos, la orden de los Arquitectos, etcétera).

3. Pero hemos visto igualmente que el derecho está necesariamente ligado, por una parte, a un aparato represivo especializado, que pertenece al aparato represivo de Estado; por otra, a la ideología jurídico-moral burguesa. Como tal, el derecho está en relación de abstracción determinada (una modalidad muy diferente de abs-

---

[4] Esto no significa tampoco que no se pueda invocar tal o cual artículo del Derecho existente como garantía contra tal o cual abuso, incluido un «abuso de clase», y que juristas honestos no puedan poner su «ciencia» al servicio del «buen derecho», pero siempre dentro de los límites del Derecho. *[N. del A.]*

tracción, a decir verdad) con esta otra realidad concreta que es el aparato de Estado, bajo un doble aspecto, represivo e ideológico.

Esto nos hace percibir, creemos, a la vez una nueva función del aparato de Estado y quizá al mismo tiempo con qué definir el estatuto del Derecho.

Está claro que no podemos seguir considerando el «Derecho» (= los Códigos) aisladamente, sino como pieza de un sistema que comporta el derecho, el aparato represivo especializado y la ideología jurídico-moral.

Un destacamento especializado del aparato represivo de Estado (digamos, para simplificar, gendarmería + policía + tribunales + cárceles, etc.) se nos aparece entonces en una función que nos es menester precisar después de todo lo que se ha dicho sobre el papel de los aparatos de Estado en la reproducción de las relaciones de producción. Pues este destacamento interviene de manera por entero directa no solamente en la *reproducción* de las relaciones de producción, sino *en el funcionamiento incluso de las relaciones de producción,* dado que sanciona y reprime las infracciones jurídicas.

Mejor. Puesto que la intervención directa de este destacamento especializado del aparato represivo de Estado es, aunque frecuente y siempre visible, *excepcional* en el funcionamiento cotidiano de las relaciones de producción capitalistas, y en la inmensa mayoría de los casos el Derecho regula el funcionamiento «regular» de las relaciones de producción capitalistas «con la ideología jurídico-moral», resulta que esta ideología jurídico-moral interviene no solamente en la reproducción de las relaciones de producción, sino directa y cotidianamente, a cada segundo, *en el funcionamiento de las relaciones de producción.*

De lo cual podemos tal vez, sin demasiados riesgos, extraer dos conclusiones.

III. El aparato ideológico de Estado jurídico

1. Percibimos que, en cierto respecto preciso, la reproducción de las relaciones de producción capitalistas es asegurada, *en el seno mismo* del funcionamiento de las relaciones de producción capitalistas y *al mismo tiempo* que dicho funcionamiento, tanto por la intervención relativamente excepcional del destacamento represivo de Estado especializado en las sanciones jurídicas, cuanto por la intervención continua, omnipresente, de la ideología jurídico-moral que la «representa» en la «conciencia», es decir, el comportamiento material de los agentes de la producción y de los intercambios.

2. Lo cual nos conduce a arriesgarnos a formular la siguiente proposición. Si tomamos en consideración todo lo que se acaba de decir; si retenemos el hecho de que el Derecho «funciona» de manera prevalente con la ideología jurídico-moral, apoyada por intervenciones represivas intermitentes; si nos acordamos finalmente de que

hemos defendido la tesis de que todo aparato de Estado combina a la vez el funcionamiento con la represión y el funcionamiento con la ideología, tenemos fuertes razones para considerar que el «Derecho» (o más bien el *sistema real* que esta denominación designa, enmascarándola, pues hace abstracción de ella; a saber: los Códigos + la ideología jurídico-moral + la policía + los tribunales y sus magistrados + las cárceles, etc.) merece pensarse bajo el concepto de *aparato ideológico de Estado.*

Si bien con esta distinción propia: el del Derecho sería el aparato ideológico de Estado cuya función específica dominante sería no asegurar la reproducción de las relaciones de producción capitalistas, a la cual contribuye igualmente (pero de manera subordinada), sino *asegurar directamente el funcionamiento de las relaciones de producción capitalistas.*

Si nuestra Tesis es exacta nos pone ante una realidad de importancia primordial: el papel *decisivo* desempeñado en las formas sociales capitalistas por la ideología *jurídico-moral* y su materialización, el aparato ideológico de Estado jurídico, que es el *aparato específico que articula la superestructura por encima y en la infraestructura.*

Y del mismo modo que antes hemos dicho que en las formaciones sociales capitalistas era el aparato ideológico de Estado escolar el que desempeñaba el papel dominante en la reproducción de las relaciones de producción, igualmente podemos afirmar que en el dominio de lo que provisionalmente llamaremos las *ideologías prácticas* es la ideología jurídico-moral la que desempeña el papel *dominante*. Decimos la ideología jurídico-moral, pero sabemos que en esta pareja, cuando se trata del ejercicio del Derecho, es la ideología *jurídica* la que constituye lo esencial, pues la ideología moral no figura ahí más que a título de complemento, indispensable sin duda, pero complemento solamente.

Recuérdense estas últimas proposiciones, incluida la especie de aproximación que se está esbozando, cada una en su «esfera» y su papel, entre estas dos dominancias: la del aparato ideológico de Estado escolar y la de la ideología jurídico-moral. Tendremos necesidad de estas indicaciones cuando volvamos al punto del que hemos partido y que sigue en suspenso: la cuestión de la naturaleza de la filosofía.

Ahora que hemos creído poder definir el «Derecho» como aparato ideológico de Estado que ejerce una función absolutamente específica en las formaciones sociales capitalistas; ahora que hemos, por tanto, respondido a la cuestión del estatuto del «Derecho» mostrando que pertenece no a las relaciones de producción cuyo funcionamiento regula, sino al aparato de Estado, podemos y debemos decir algunas palabras sobre la ideología en general.

XII De la ideología

¿Qué es la ideología? Y, en primer lugar, ¿por qué este término?

I. Marx y el término «ideología»

Es sabido que esta expresión (la ideología) la forjaron Destutt de Tracy[1], Cabanis[2] y los amigos de estos. Por este término entendían, según una tradición clásica en la Filosofía de la Ilustración, en la que la noción de génesis ocupa un lugar central, la teoría *(-logía)* de la génesis de las ideas *(ideo-),* de donde la Ideología. Y de ahí dieron a su grupo el nombre conocido de «los Ideólogos». Cuando Napoleón decía, en una célebre fórmula, que «con los Ideólogos no se puede hacer nada», pensaba

---

[1] Antoine-Louis-Claude Destutt, conde de Tracy (1754-1836): político, militar y filósofo francés. Aunque noble por nacimiento, se adhirió a la Revolución. Durante el Directorio (1795-1799) fue miembro del Comité de Instrucción Pública. El término «ideología» lo acuñó en su obra *Elementos de la ideología* (1801-1815), donde sostiene un materialismo psicológico según el cual la sensibilidad es la fuente de conocimiento sobre nosotros mismos y sobre el mundo exterior, por tanto de nuestras ideas y juicios: la ideología. A la vez realidad y ciencia antecesora del concepto marxista de superestructura, esta teoría contribuyó a que se le considerara líder de los llamados «ideólogos», consecuentes defensores de la libertad individual y de prensa, así como de la división de poderes frente a los bonapartistas. *[N. del T.]*

[2] Pierre-Jean-Georges Cabanis (1757-1808): médico y filósofo francés. Profesor de higiene y medicina clínica, después de Termidor participó activamente en la vida política: pese a ser suya la moción de disolución del Directorio, luego se opuso frontalmente a Napoleón. Miembro del grupo de los «ideólogos», en *Relaciones entre lo físico y lo moral* (1802) defendió un monismo materialista según el cual tanto la sensibilidad como los procesos intelectuales no son sino facultades de la materia. *[N. del T.]*

en ellos y sólo en ellos: no, evidentemente, en él, que, siendo el ideólogo número uno (el Ideólogo en el sentido marxista del término) de la formación social burguesa, «salvada» del Terror, sabía (o no sabía, poco importa, pues él practicaba la cosa) que sin la ideología y los ideólogos, él el primero, no se podía pasar.

Marx recuperó, 50 años después de su primer uso público, las expresiones «ideología» e «ideólogos», pero dándoles un sentido totalmente distinto. Muy pronto, desde sus obras de juventud, recuperó esta expresión, y hubo de darle un sentido totalmente distinto por una simple razón: desde los artículos de la *Gaceta Renana,* él llevaba a cabo una lucha ideológica, comportándose como ideólogo radical de izquierdas y luego comunista utópico, contra otros ideólogos enemigos suyos.

Es, pues, la práctica de la lucha ideológica y luego política la que obligó a Marx a reconocer *muy pronto,* desde sus obras de juventud, la existencia y la realidad de la ideología, y la necesidad de su papel en la lucha ideológica y finalmente política: en la lucha de clase. Es sabido que Marx no fue *el primero* ni en reconocer la existencia ni siquiera en inventar el concepto de la lucha de clases, pues, según propia confesión, este concepto figura en las obras de los historiadores burgueses de la Restauración[3].

---

[3] Mignet[a], Augustin Thiérry[b], Guizot[c] y Thiers mismos. Estos historiadores-ideólogos describían, bajo la Restauración, la historia de la lucha de clases de la Revolución francesa: lucha del «Tercer Estado» contra los otros dos Estados (Nobleza, Iglesia) del «Antiguo Régimen». Añadamos que la noción de lucha de clases es muy anterior a estos historiadores, muy anterior a la Revolución francesa misma. Para no salir del periodo de la lucha de clase ideológica prerrevolucionaria de la burguesía francesa, a partir del siglo XVI la lucha de clase fue explícitamente pensada por las ideologías del feudalismo y las ideologías de la burguesía bajo la forma de una llamada lucha de razas a propósito de la importantísima polémica ideológica sobre los «orígenes» de la Monarquía absoluta: lucha entre la raza de los germanos y la raza de los romanos. Los *germanistas* son los defensores de las formas «clásicas» del feudalismo contra el «despotismo» de la Monarquía absoluta, aliada con los «pecheros» burgueses. Mantienen vivo el mito de una «democracia» del feudalismo clásico, en la que el Rey no era más que un simple señor elegido por sus pares en una asamblea democrática, contra la perniciosa influencia de los conquistadores romanos, que impusieron el modelo de un Príncipe de derecho divino despótico. Escriben, pues, la «historia» de la «Edad Media» en función de este esquema. El representante más ilustre de esta Tesis es Montesquieu (cfr. los últimos capítulos del *Espíritu de las leyes*). Los *romanistas,* por el contrario (cfr. el Abate Dubos[d]), defienden la tesis inversa: contra la anarquía feudal, la Monarquía absoluta sostenida por los Legistas, que invocan y comentan el derecho romano, y apoyada en la dedicación de los «pecheros» a la causa de la Nación, pudo poner orden, justicia y razón en las relaciones sociales. La conquista de la Galia por los romanos, catástrofe reaccionaria para los germanistas, se convierte para los romanistas en una empresa de liberación. Advirtamos las vicisitudes singulares de estas tesis de elevada imaginación histórica, pero que tienen, como todas las tesis ideológicas, objetivos reales: cuando la relación de fuerzas comenzó a bascular definitivamente, es decir, en la segunda mitad del siglo XVIII, la reivindicación «democrática» de los germanistas pudo serles arrebatada a sus defensores de origen por algunos ideólogos, de izquierda esta vez, que luchaban contra el Despotismo de la

Es seguramente esta razón a la vez autobiográfica e histórica (situación de oposición a la burguesía renana que precipita a sus jóvenes ideólogos del radicalismo al comunismo utópico) la que hace que Marx concediera tanta atención, desde que comenzó a tomar consciencia de su propia posición de clase, a saber, en *La Sagrada*

Monarquía absoluta: por ejemplo, Mably[e], germanista de izquierdas que utilizaba los mismos argumentos de Montesquieu, germanista de derechas... A este respecto podemos advertir un verdadero reconocimiento de la lucha de clases como motor de la historia, bajo el disfraz ideológico de la lucha de raza (germanos contra romanos o viceversa); así como el objeto explícito de esta polémica ideológica (la Monarquía absoluta); y el objeto real de esta lucha ideológica (el ascenso de la burguesía y su lucha contra la aristocracia feudal, sobre la base de la alianza de la burguesía y la Monarquía absoluta... pero en el interior de las relaciones de producción feudales dominantes). Podemos también observar que esta lucha ideológica en torno a la Monarquía absoluta, el Derecho Romano, la lucha de razas, etc., es contemporánea de las primeras teorías de la ideología existentes: en primer lugar la de Hobbes, muy conocida, y la de Spinoza (completamente desconocida), y luego todas las *teorías de la ideología* de las que en el siglo XVIII rebosa la Filosofía de la Ilustración, como se sabe o, más bien, como no se quiere saber. Podemos también observar (sin perjuicio de que lo recordaremos cuando volvamos a hablar de la filosofía) que el nacimiento de la filosofía «moderna», es decir, burguesa, inaugurada por Descartes, es impensable sin el preliminar del «Renacimiento del Derecho romano» en su forma mercantil y política. [N. del A.] – [a] Auguste Mignet (1796-1884): historiador francés. Se le conoce sobre todo por su *Historia de la Revolución Francesa* (1824), donde propone una explicación racional de los sobresaltos revolucionarios por la lucha de clases. Fue uno de los principales artífices de las «Tres Gloriosas» (1830) y de la subsiguiente Monarquía de Julio. [N. del T.] – [b] Augustin Thiérry (1795-1856): historiador y escritor francés. Secretario del socialista utópico Saint-Simon antes de colaborar con publicaciones liberales, para él la historia de los pueblos se explica por el eterno antagonismo entre razas conquistadoras y conquistadas: normandos y anglosajones, romanos y galos, etc. Maestro de la narración vívida de los elementos gracias a una hábil combinación de erudición e imaginación, su afán por la descripción del color local y la psicología de los personajes evocados contribuyó a hacer de la historia un género literario. [N. del T.] – [c] François Guizot (1787-1874): político e historiador francés. Combinó un gran prestigio como historiador objetivo con, hasta la caída de su gobierno en 1847, la ocupación de puestos en el primer plano de la política francesa, siempre defendiendo la idea de una monarquía moderada en sus principios, pero contundente en su aplicación frente a los absolutistas tanto como frente a los radicales. [N. del T.] – [d] Abate Jean-Baptiste Dubos (1670-1742): historiador, crítico, filósofo y diplomático francés. Sobre todo conocido por sus reflexiones sobre estética (en las que introdujo el concepto de «genio»), en historia se ocupó especialmente de la Edad Media, donde buscó el establecimiento de una continuidad entre la civilización romana y la monarquía francesa. [N. del T.] – [e] Gabriel Bonnot de Mably (1709-1785): filósofo e historiador francés. Es considerado un precursor del socialismo utópico por su denuncia de la desigualdad y la propiedad privada como causas de los males de la sociedad, su denuncia del «despotismo legal» de los fisiócratas, su crítica del sistema político inglés (que, según él, subordinaba el poder legislativo al ejecutivo), así como su defensa del retorno a un comunismo primitivo mediante una revolución que aboliera la esclavitud, suprimiera los impuestos indirectos, limitara el derecho hereditario, eliminara los arrendamientos de tierras de cultivo y limitara la propiedad agraria individual. Admiraba las sociedades antiguas como Esparta, así como a los –en su opinión– recios e igualitarios pueblos germánicos *[N. del T.]*

Familia[4], en los *Manuscritos del 44*[5] y sobre todo en *La ideología alemana,* al concepto de *ideología*. Una gran diferencia teórica separa a este respecto *La ideología alemana* de *La Sagrada Familia* y de los *Manuscritos del 44*. Y aunque *La ideología alemana* contiene una concepción mecanicista-positivista de la Ideología, esto es, una concepción aún no marxista de la Ideología, en este texto se encuentran algunas fórmulas prodigiosas que prueban materialmente con qué fulgurante potencia la experiencia política de Marx hace irrupción en una concepción general aún falsa. Por ejemplo, véanse estas dos simples fórmulas: «la ideología»[6] dominante es la ideología de la clase dominante, y la definición de la ideología como «reconocimiento» y «desconocimiento»[7].

Por desgracia, considerando por una parte que había «saldado cuentas con su conciencia filosófica anterior» en *La ideología alemana,* cuyo texto había abandonado a la «roedora crítica de los ratones»[8]; considerando por otra parte, en la transición positivista de *La ideología alemana,* que lo que pura y simplemente había que hacer era «suprimir» toda filosofía, porque la filosofía no era más que ideología, Marx se puso a estudiar «cosas positivas»; es decir, tras el fracaso de las revoluciones del 48, a estudiar la economía política, cuyo examen, consciente de que hasta entonces no tenía de ella más que conocimiento de oídas, emprendió seriamente, decidiendo «comenzar todo por el comienzo», en 1850. Se sabe que de ahí salió, diecisiete años más tarde, el primer volumen del *Capital* (1867).

Por desgracia, si bien *El capital* contiene numerosos elementos para una teoría de las ideologías, sobre todo de la ideología de los economistas vulgares, no contiene esta teoría misma, que depende en gran parte (y ya veremos, llegado el momento, en qué grado esto es así) de una *teoría de la ideología en general,* de la cual sigue careciendo la teoría marxista como tal.

Querría correr el considerable riesgo de proponer un primer y muy esquemático esbozo de ella. Las tesis que voy a postular no son improvisadas, ciertamente, pero

---

[4] Ed. cast.: *La Sagrada Familia,* Madrid, Akal, 2013. [N. del T.]

[5] Ed. cast.: *Manuscritos: economía y filosofía,* Madrid, Alianza, 1974. [N. del T.]

[6] La palabra empleada por Marx que Althusser traduce aquí por «ideología» es *Gedanken,* normalmente traducido por «pensamientos» o «ideas» (cfr. *La ideología alemana,* ed. cit., p. 39: «Las ideas de la clase dominante son las ideas dominantes de cada época»). [N. del T.]

[7] Si se me permite esta confidencia personal, varios años después de haber enunciado trabajosamente una definición de la función de la *ideología* como «reconocimiento / desconocimiento», fórmula que recuperaba términos que, como freudiano, Lacan aplicaba al inconsciente, «descubrí» que la fórmula figuraba palabra por palabra en *La ideología alemana*. [N. del A.]

[8] Prueba, dicho sea de paso, de que Marx consideraba que *La ideología alemana,* que la inmensa mayoría de los marxistas toman al pie de la letra y citan a destajo para fundamentar sus «teorías», tenía necesidad de una seria crítica, pero que esta crítica estaba al alcance de los… ratones. ¡Ay! Lo que los ratones podían hacer, ¿cuántos marxistas lo han hecho? [N. del A.] – «Roedora crítica de los ratones»: cfr. *Contribución a la crítica de la economía política,* ed. cast. cit., p. 39. [N. del T.]

no las pueden sostener y probar, es decir, confirmar o invalidar más que larguísimos estudios y análisis que tal vez provocará el enunciado de estas tesis. Pido, por consiguiente, al lector a la vez una extrema vigilancia y una extrema indulgencia con respecto a las proposiciones que me voy a arriesgar a presentar[9].

II. La ideología no tiene historia

Unas palabras en primer lugar para exponer la razón de principio que me parece, si no fundamentar, sí al menos autorizar el proyecto de una teoría de *la* ideología *en general* y no una teoría de *las* ideologías particulares, se las aborde en su contenido regional (ideología religiosa, moral, jurídica, política. etc.) o en su sentido de clase (ideología burguesa, pequeñoburguesa, proletaria, etcétera).

En el tomo II de este libro intentaré esbozar una teoría de *las* ideologías en el doble respecto que se acaba de indicar. Y se verá cómo una teoría de *las* ideologías se basa en último término en la historia de las formaciones sociales, esto es, de los modos de producción combinados en las formaciones sociales y de las luchas de clases que en ellas se desarrollan. En este sentido, está claro que no puede tratarse de una teoría de las ideologías *en general,* pues *las* ideologías (definidas en el doble respecto indicado más arriba: regional y de clase) tienen una historia cuya determinación en última instancia se encuentra, evidentemente, situada *fuera* de las ideologías, aunque afectándolas.

En cambio, si puedo plantear el proyecto de una teoría de *la* ideología *en general,* y si esta teoría es uno de los elementos de los que dependen *las* teorías de *las* ideologías, esto implica una proposición de apariencia paradójica, que, para poner las cartas sobre la mesa, enunciaré en los siguientes términos: *la ideología no tiene historia.*

Esta fórmula figura con todas sus letras en un pasaje de *La ideología alemana.* Marx la enuncia a propósito de la metafísica, la cual, dice, *no tiene más historia* que la moral (sobrentendido: y las demás formas de la ideología).

En *La ideología alemana,* esta fórmula figura en un contexto francamente positivista. La ideología es pura ilusión, puro sueño, es decir, nada. Toda su realidad está fuera de ella misma. La ideología es, pues, concebida como una construcción imaginaria cuyo estatuto es sumamente similar al estatuto teórico de los sueños entre los autores anteriores a Freud. Para estos autores los sueños eran el resultado puramente imaginario, es decir, nulo, de los «residuos diurnos», presentados en una composición y un orden arbitrario, a veces por lo demás «inverso», en suma, «en el desorden». Para ellos, los sueños son lo imaginario vacío y nulo «parcheado» arbitraria-

---

[9] Aquí en el manuscrito se encuentran sobrescritas las palabras «exponer / confesar». [*N. del E.*]

mente, con los ojos cerrados, con residuos de la única realidad plena y positiva, la del día, con los ojos abiertos. Tal es exactamente el estatuto de la filosofía y de la ideología (puesto que la filosofía es ahí la ideología por excelencia) en *La ideología alemana*.

La ideología es un parcheado imaginario, un puro sueño, vacío y vano, constituido por los «residuos diurnos» de la única realidad plena y positiva, la de la historia concreta de los individuos concretos, materiales, que producen materialmente su existencia. Es por eso por lo que, en *La ideología alemana*, la ideología no tiene historia, pues su historia *está fuera de ella,* allí donde existe la única historia que existe, la de los individuos concretos, etc. En *La ideología alemana,* la tesis de que la ideología no tiene historia es, por tanto, una tesis puramente *negativa,* pues significa a la vez:

1. La ideología no es nada en cuanto puro sueño (fabricado por no se sabe qué poder; salvo la alienación de la división del trabajo, pero esa es también una determinación *negativa*).

2. La ideología no tiene historia, lo cual no quiere decir en absoluto que no tenga historia (al contrario, pues no es más que el pálido reflejo vacío e invertido de la historia real), sino que *no tiene historia propia.*

Ahora bien, la tesis que yo querría defender, aunque formalmente recupera los términos de *La ideología alemana* (la ideología no tiene historia), es radicalmente diferente de la tesis positivista-historicista de *La ideología alemana*.

Pues por una parte creo poder sostener que las ideologías *tienen una historia propia* (por más que determinada en última instancia por la lucha de clases en los aparatos de la reproducción de las relaciones de producción); y por otra parte creo poder sostener al mismo tiempo que *la ideología* en general *no tiene historia,* no en un sentido negativo (su historia está fuera de ella), sino en un sentido absolutamente positivo.

Este sentido es positivo si es verdad que lo propio de la ideología es estar dotada de una estructura y de un funcionamiento tales que hacen de ella una realidad no histórica, es decir, omnihistórica, en el sentido de que esta estructura y este funcionamiento están, *bajo una misma forma inmutable,* presentes en lo que se llama la *historia* entera, en el sentido en el que el *Manifiesto* define la historia como la historia de la lucha de clases, es decir, la *historia de las sociedades de clases.*

Para no turbar al lector con esta proposición que sin duda le va a chocar, yo diría, volviendo una vez más a mi ejemplo de los sueños, esta vez en la concepción *freudiana,* que nuestra proposición, *la ideología no tiene historia,* puede y debe (de una manera que no tiene absolutamente nada de arbitraria sino que es, muy por el contrario, teóricamente necesaria, pues entre ambas proposiciones hay una conexión orgánica) ponerse en relación directa con la proposición de Freud según la cual *el inconsciente es eterno,* es decir, no tiene historia.

Si eterno quiere decir no trascendente a toda historia (temporal), sino omnipresente, esto es, inmutable en su forma en toda la extensión de la historia, yo llegaré hasta recuperar palabra por palabra la expresión de Freud y escribiré: *la ideología es eterna,* lo mismo que el inconsciente. Y añadiré, anticipando investigaciones necesarias y ahora posibles, que este enfoque está teóricamente justificado por el *hecho* de que la eternidad del *inconsciente* se fundamenta en última instancia en la eternidad de la *ideología* en general[10].

Por eso me creo, digamos, autorizado, al menos presuntivamente, a proponer *una* teoría de *la* ideología en general, en el sentido en el que Freud presentó una teoría del inconsciente en general.

Para simplificar la expresión, convéngase, teniendo en cuenta lo que se ha dicho de *las* ideologías, en emplear el término *ideología* a secas para designar la ideología en general, de la cual acabo de decir que no tiene historia o, lo que viene a ser lo mismo, que es eterna, es decir, omnipresente, bajo su forma inmutable, en toda la historia (= la historia de las formaciones sociales que incluyen clases sociales). Me limito voluntariamente, como se ve, a las «sociedades de clases» y a su historia, pero en otros lugares mostraré que la tesis que defiendo puede y debe extenderse también a las «sociedades» llamadas «sin clases».

III. Represión e ideología

Dicho esto, aún una última observación antes de entrar en nuestro análisis.

La ventaja de esta teoría de la ideología (y por eso también es por lo que la desarrollo en este lugar de nuestra exposición) es que nos muestra concretamente cómo «funciona» la ideología en su nivel más concreto, en el nivel de los «sujetos» individuales, es decir, de los hombres tal como existen, en su individualidad concreta, en su trabajo, su vida cotidiana, sus actos, sus compromisos, sus vacilaciones, sus dudas tanto como en sus certezas más inmediatas. Es aquí donde los que reclaman con grandes gritos «¡concreción! ¡concreción!» van a ser, si se me permite decirlo, «servidos».

Cuando mostramos el papel de la ideología jurídico-moral, ya incidimos en este nivel concreto. Pero no lo tratamos, solamente lo señalamos. Y entonces no sabíamos que «el sistema del Derecho» era un aparato ideológico de Estado. En el ínterin hemos hecho intervenir el concepto de Aparato ideológico de Estado, mostrado que

---

[10] Algún día habrá que llamar con otro término, positivo, la realidad que Freud designa negativamente con *el inconsciente*. En el término positivo deberá desaparecer toda conexión, incluso negativa, con la «consciencia». [*N. del A.*]

existían varios, cuál era su función y que materializaban diferentes regiones y formas de ideología, unificadas bajo la ideología de Estado. Hemos mostrado la función general de estos aparatos ideológicos de Estado y los efectos de la lucha de clases de la que eran a la vez objeto y liza.

Pero no hemos mostrado cómo la Ideología de Estado y las diferentes formas ideológicas, sea de clase, sea regionales, materializadas en estos aparatos y sus prácticas, afectan a los individuos concretos mismos en sus ideas y sus actos (a Pedro, a Pablo, a Juan, a Jaime, a un metalúrgico, a un oficinista, a un ingeniero, a un militante obrero, a un capitalista, a un hombre de Estado burgués, a un policía, a un obispo, a un magistrado, a un funcionario, etc.), en su existencia concreta, cotidiana. No hemos mostrado por qué mecanismo general la ideología «hace actuar por sí solos» a los individuos concretos en la división social-técnica del trabajo, es decir, en los diferentes puestos de los agentes de la producción de la explotación, de la represión y de la ideologización (y también de la práctica científica). En suma, no hemos mostrado por qué mecanismo la ideología «hace actuar por sí solos» a los individuos, sin que haya necesidad de ponerle a cada uno un gendarme en el culo.

No enuncio con esto una paradoja gratuita, pues en la lucha de clase antisocialista[11] existen obras de «anticipación» que representan la sociedad socialista «totalitaria» como una sociedad en la que cada individuo estará acompañado por un «vigilante» individual (sea este un poli o el Gran Jefe, al mismo tiempo Gran Inquisidor, presente en cada habitación, incluso la más apartada y, con los refinados medios de la ciencia ficción de vanguardia, micros en las paredes, ojo electrónico, circuito cerrado de televisión, por ejemplo) que observará-vigilará-prohibirá-ordenará todos los gestos de cada individuo.

Y si se abandona esta «ciencia política-ficción», cuyo papel antisocialista es evidente pero grosero, para llegar a formas muy actuales y muy extendidas en los muy estrechos círculos que tratan de tomar la dirección del «Movimiento» salido de Mayo entre los estudiantes universitarios-de instituto-intelectuales (creen dirigirlo; pero, en cuanto que es un movimiento de masas, se les escapa), uno se encuentra exactamente

---

[11] El tema antisocialista del «Gran Inquisidor» se remonta a Dostoyevski. Luego se encuentra en Koestler[a]: *La hora 25*[b], etc. *[N. del A.]* – [a] Arthur Koestler (1905-1983): escritor británico nacido en Hungría, de origen judío. Oriundo de Budapest, trabajó en Palestina y viajó por toda Europa para, desencantado del comunismo en Rusia y condenado a muerte en España, describir en sus textos de ficción, de no ficción y periodísticos las dificultades de la revolución social y los peligros del totalitarismo tecnocrático. *[N. del T.]* – [b] *La hora 25:* novela publicada en 1949 por el escritor rumano Virgil Gheorghiu (1916-1992). En ella se cuentan los sufrimientos de un joven e inocente jornalero rumano durante las ocupaciones alemana, soviética y americana de Europa Central entre 1938 y 1949. En 1967, Henri Verneuil la llevó al cine con Anthony Quinn y Virna Lisi en los papeles protagonistas. *[N. del T.]*

con el mismo increíble mito. Cuando el semanario *Action*[12] escribía recientemente en un gigantesco dibujo de su primera página la consigna: «¡Acabad con el poli que tenéis en la cabeza!», recuperaba, sin sospecharlo, la misma mitología, sin sospechar que, en su misma forma anarquista, es profundamente reaccionaria.

Pues el mito «totalitario» del Gran Inquisidor omnipresente, lo mismo que el mito anarquista del poli omnipresente «en vuestra cabeza», se basan en la misma concepción antimarxista del funcionamiento de la «sociedad».

Y ya hemos dicho algo acerca de esta concepción, mostrando que invertía el orden real de las cosas y que ponía a la superestructura en el lugar de la infraestructura; que «hacía pasar bajo cuerda», muy precisamente, la explotación para no considerar más que la represión; o bien, forma más elaborada del mismo error, declaraba que, en el «estadio del capitalismo monopolista de Estado», presentado como el estadio último del Imperialismo, la explotación se reduce ahora a su «esencia», la represión, o, si se acepta este matiz, que la explotación se ha convertido prácticamente en represión.

Ahora podemos ir más lejos mostrando que la asimilación de la explotación a la represión tiene al mismo tiempo como consecuencia teórica y política una segunda reducción: la de la acción de la ideología a la acción de la pura y simple represión.

Por eso *Action* podía proclamar la consigna: «¡Acabad con el poli que está en vuestra cabeza!», proposición ni enunciable ni pensable más que si se hace «pasar bajo cuerda» la ideología o si se la confunde pura y simplemente con la represión. La consigna de *Action* es, desde este punto de vista, una pequeña maravilla teórica, pues en lugar de decir: «¡Combatid las ideas falsas, destruid las ideas falsas que tenéis en la cabeza!, ¡ideas falsas con las que la Ideología de la clase dominante os "hace actuar", y sustituidlas por ideas adecuadas, que os permitan comprometeros en la lucha de clase revolucionaria por la supresión de la explotación y de la represión que asegura su mantenimiento!», *Acción* declara: «¡Acabad con el poli que tenéis en la cabeza!». Esta consigna, que merece figurar en el Museo de la Historia de las obras maestras del Error teórico-político, sustituye simplemente, como se ve, las ideas por el poli, es decir, el papel de sujeción que ejerce la ideología burguesa por el papel represivo que ejerce la policía.

En esta concepción anarquista se ve, pues, 1/ que la explotación es sustituida por la represión o pensada como una forma de la represión; y 2/ que la ideología es sustituida por la represión o pensada como una forma de la represión.

La represión se convierte así en el centro de los centros, la esencia de la sociedad de explotación de clase capitalista. La represión sustituye a la vez a la explotación, a

---

[12] *Action:* semanario francés fundado por resistentes comunistas en 1943 y sobre el que hasta su desaparición, en 1952, no dejó de aumentar la influencia del Partido Comunista. El dibujo satírico de su primera página constituía una de sus señas de identidad. *[N. del T.]*

la ideología y, finalmente, también al Estado, pues los aparatos de Estado, de los que hemos visto que comportaban a la vez un aparato represivo y aparatos ideológicos, se reducen a la noción abstracta de la «represión».

La «síntesis» general (pues en todo el «desarrollo», incluso histórico –desde Mayo–, de esta «concepción» hay una admirable lógica oculta), la síntesis general de esta concepción, es decir, la resolución de la contradicción producida por el hecho de que se diga que hay un «poli» en la cabeza, donde se sabe que después de todo no puede haber más que «ideas», nos la dan los mismos «teóricos» como el «descubrimiento» de los dirigentes del «Movimiento estudiantil alemán». Este «descubrimiento» es el carácter directamente represivo del «saber».

De ahí la necesidad de «sublevarse» contra la «autoridad del saber»; de ahí la interpretación retrospectiva de los Acontecimientos de Mayo y de sus secuelas como natural y necesariamente centrados en la Universidad y las Escuelas, donde se ejercería directamente, en estado originario y naciente, la represión, esencia de la sociedad capitalista, bajo la forma de la autoridad (burguesa) del «saber». Y por eso vuestra hija está muda[13], es decir, por eso Mayo tuvo lugar ante todo en la Universidad y entre los intelectuales. Y por eso el Movimiento revolucionario, al que los proletarios están invitados a unirse, puede (si no debe) ser dirigido por dichos intelectuales[14]. Publicaciones de todas las clases son actualmente la demostración empírica de estas «tesis» y sobre todo del extraordinario trabajo de «viejo topo»[15] de la «lógica» de la concepción anarquista, que produce efectos teóricos tan puros.

Por eso, tras haber reconocido que la explotación no se reduce a la represión y que los aparatos de Estado no se reducen al solo aparato represivo; tras haber reconocido que los individuos no tienen «un poli» individual en el culo o «en la cabeza»,

---

[13] «Vuestra hija está muda» es frase proverbial en francés, como remate de una explicación alambicada, sin sentido real y por tanto incomprensible incluso para quien la formula. Procede de la escena 6 del acto II de la comedia de Molière *El médico a palos,* cuando Sgaranelle, forzado a hacerse pasar por médico, completa la explicación a Géronte de las razones por las que Lucinde, la hija de este, se ha quedado muda: «Causada por la acritud de los humores engendrados en la concavidad del diafragma, ocurre que esos vapores… Ossabundus, nequies, nequer, *potarinum, quipsa milus.* Por eso precisamente es por lo que vuestra hija está muda» (cfr. ed. cast.: *Obras completas,* Madrid, Aguilar, 1987, p. 615). *[N. del T.]*

[14] Provisionalmente, se dice…, pero es una provisionalidad que durará, pues, como la concepción de base sobre la que se sostiene toda esta interpretación es falsa y la masa de los trabajadores, que sabe que la base de la sociedad burguesa es la explotación, y no la represión, no «marchará», los susodichos «dirigentes» provisionales se verán obligados, si no quieren abandonarla, a persistir en su error, es decir, en su dirección. *[N. del A.]*

[15] Viejo Topo, expresión consagrada por Marx, daba nombre a una librería de París [La Vieille Taupe], popular entre los anarquistas e izquierdistas a finales de los años sesenta y comienzos de los setenta. *[N. del T.]*

por eso es necesario mostrar cómo funciona la ideología materializada en los aparatos ideológicos de Estado y que obtiene este resultado de clase sorprendente, pero totalmente «natural», a saber: que los individuos concretos «marchan» y que es la ideología la que los «hace marchar».

Esto ya lo sabía Platón. Este previó que los polis (los «Guardianes») hacían falta para vigilar y reprimir a los esclavos y a los «artesanos». Pero sabía que no se puede jamás poner un «poli» en la cabeza de cada esclavo o artesano, ni siquiera poner un poli individual en el culo de cada individuo (si no, haría falta también un segundo poli para vigilar al primero, y así sucesivamente… y en el límite no habría nada más que polis en la sociedad, sin ningún productor: ¿y de qué vivirían entonces los polis mismos?). Platón sabía que al «pueblo» había que enseñarle, desde la infancia, las «hermosas mentiras» que lo «hacen marchar» por sí solo, y enseñar al «pueblo» estas Hermosas mentiras de modo que el pueblo se las crea a fin de «marchar».

Platón no era, ciertamente, un «revolucionario», ni siquiera intelectual… era un maldito reaccionario. Pero tenía bastante experiencia política para no contarse historias y creer que, en una sociedad de clases, la simple represión puede asegurar por sí misma la reproducción de las relaciones de producción. Ya sabía (sin tener el concepto de esto) que son las Hermosas Mentiras, es decir, la ideología, las que aseguran por excelencia la reproducción de las relaciones de producción. Mas nuestros modernos «dirigentes» «revolucionarios anarquistas» no lo saben. Prueba de que harían bien en leer a Platón, sin dejarse intimidar por la «autoridad del saber» que ahí encontrarán, pues, aunque puramente ideológicas[16], ahí pueden encontrar, lo afirmamos, «enseñanzas» básicas sobre el funcionamiento de una sociedad de clases. Y prueba de que puede existir un «saber» totalmente diferente del saber autoritario-represivo, justamente el saber científico que, desde Marx y Lenin, se ha convertido en un saber científico liberador, en tanto que *revolucionario.*

Por eso –espero que las cosas estén ahora claras y la causa comprendida– es indispensable, teórica y políticamente, mostrar por qué mecanismos la ideología «hace marchar» a los hombres, es decir, a los individuos concretos, sea que «marchen» al servicio de la explotación de clase, sea que «marchen» en la Larga Marcha que desembocará, más rápidamente de lo que se piensa, en la Revolución en los países capitalistas occidentales; en la misma Francia, entonces. Pues las organizaciones revolucionarias «marchan» también con la ideología, pero, cuando se trata de organizaciones revolucionarias marxistas-leninistas, marchan con la ideología proletaria

---

[16] Y no científicas: distinción que nuestros «teóricos» juzgan superada. Prefieren hablar de «saber» sin más, como si no hubiera saber falso y saber verdadero, ideología y ciencia. Los proletarios que tienen sed de verdadero saber saben que el saber verdadero no es represivo: saben que cuando este saber verdadero es el de la ciencia marxista-leninista es revolucionario y liberador. *[N. del A.]*

(ante todo política, pero también moral), la cual ha sido transformada por la perseverante acción educativa[17] de la ciencia marxista-leninista del modo de producción capitalista; y, por ende, de las formaciones sociales capitalistas; de la lucha de las clases revolucionarias y de la revolución socialista, por ende.

IV. La ideología es una «representación» imaginaria de la relación imaginaria de los individuos con sus condiciones reales de existencia

Para abordar la tesis central sobre la estructura y el funcionamiento de la ideología voy en primer lugar a presentar dos tesis, una de ellas negativa y la otra positiva. La primera atañe al objeto «representado» bajo la forma imaginaria de la ideología, la segunda se refiere a la materialidad de la ideología.

Tesis I: la ideología representa la relación imaginaria de los individuos con sus condiciones reales de existencia.

Se dice comúnmente de la ideología religiosa, de la ideología moral, de la ideología jurídica, de la ideología política, etc., que son otras tantas «concepciones del mundo». Por supuesto, se admite, a no ser que se viva alguna de estas ideologías como la verdad (por ejemplo, si uno se afilia, si uno «cree» en Dios, en el Deber, en la Justicia, en la Revolución, etc.), que se hable entonces de la ideología desde un punto de vista crítico, examinándola como hace un etnólogo con los mitos de «su "pequeña" sociedad primitiva»; se admite que tales «concepciones del mundo» son en gran parte imaginarias y no «corresponden a la realidad».

No obstante, aun admitiendo que no corresponden a la realidad, esto es, que constituyen una *ilusión,* se admite que hacen *alusión* a la realidad y que basta con «interpretarlas» para encontrar, bajo su representación imaginaria del mundo, la realidad misma de este mundo (ideología = ilusión / alusión).

Existen diferentes tipos de interpretación, de las cuales las más conocidas son el tipo mecanicista corriente en el siglo XVIII (Dios es la representación imaginaria del Rey real) y la interpretación «hermenéutica», inaugurada por los primeros Padres de la Iglesia y recuperada por Feuerbach y la escuela teológico-filosófica nacida con

---

[17] Esta educación, que transforma la ideología proletaria espontánea en ideología proletaria con contenido científico marxista leninista cada vez más acentuado, se ha ejercido históricamente en formas complejas: educación en el sentido corriente, mediante Libros, folletos, Escuelas y en general la propaganda; pero sobre todo por la educación en el seno mismo de la práctica de la lucha de clases, mediante la experiencia, su crítica, su rectificación, etcétera. [*N. del A.*]

él, por ejemplo el teólogo Barth[18] y el filósofo Ricoeur[19] (para Feuerbach, por ejemplo, Dios es la esencia del Hombre real). Voy a lo esencial diciendo que, a condición de interpretar la transposición (y la inversión) imaginaria de la ideología, se desemboca en la conclusión de que en la ideología «los hombres se representan (de una forma imaginaria) sus condiciones de existencia reales».

Esta interpretación deja en suspenso un «pequeño» problema: ¿por qué los hombres «tienen necesidad» de esta transposición imaginaria en sus condiciones reales de existencia para «representarse» sus condiciones de existencia reales?

La primera interpretación (la del siglo XVIII) propone una solución simple: la culpa es de los Curas o de los Déspotas. Estos «fraguaron» Hermosas Mentiras para que, creyendo obedecer a Dios, los hombres obedezcan de hecho a los Curas o a los Déspotas, las más de las veces aliados en su impostura, los curas al servicio de los Déspotas o viceversa, según las posiciones políticas de dichos teóricos. Hay, pues, una causa para la transposición imaginaria de las condiciones de la existencia real: esta causa es un pequeño número de cínicos que asientan su dominación y su explotación del «pueblo» en una representación falseada del mundo, por ellos imaginada a fin de esclavizar los espíritus dominando su imaginación. ¡A Dios gracias, la imaginación es una facultad común a todos los hombres!

La segunda interpretación (la de Feuerbach, repetida palabra por palabra por Marx en sus Obras de Juventud) es más «profunda», es decir, igual de falsa. También ella busca y encuentra una causa para la transposición y para la deformación imaginaria de las condiciones de existencia reales de los hombres; en suma, para la alienación en lo imaginario de la representación de las condiciones de existencia de los hombres. Esta causa no son ya ni los Curas ni los Déspotas, ni su propia imaginación activa y la imaginación pasiva de sus víctimas. Esta causa es la alienación material que impera en las condiciones de existencia de los hombres mismos. Así es como Marx defiende en *La cuestión judía*[20] y otras partes la idea feuerbachiana al cien por cien (mejorada con pseudo-consideraciones económicas en los *Manuscritos*

---

[18] Karl Barth (1886-1968): teólogo protestante suizo. Su obra, inspirada por la reforma calvinista, tiende a preservar la pureza de la teología mediante el retorno a la Biblia y a la palabra de Cristo. Su rechazo de la idea de la graciosa elección divina como única vía para la salvación del hombre le valió ser considerado como el santo Tomás de los protestantes. *[N. del T.]*

[19] Paul Ricoeur (1913-2005): filósofo francés. Marcado por el existencialismo de Jaspers y la fenomenología de Husserl, analizó los problemas psicológicos, éticos y metafísicos de la voluntad. Pensador cristiano (de confesión reformista), se ocupó del significado de los mitos prebíblicos y bíblicos de la caída y del mal. Más allá del lenguaje racional, intentó comprender las condiciones y las características del discurso simbólico desde la fundación de una filosofía de la interpretación (o hermenéutica) renovada por el psicoanálisis. *[N. del T.]*

[20] Cfr. K. Marx, *La cuestión judía*, Barcelona, Anthropos, 2009. *[N. del T.]*

del 44) de que los hombres se forman una representación alienada (= imaginaria) de sus condiciones de existencia porque estas condiciones de existencia mismas son alienantes (en los *Manuscritos del 44,* porque estas condiciones dominadas son la esencia de la sociedad alienada: el «*trabajo alienado*»).

Todas estas interpretaciones toman por tanto al pie de la letra la tesis que suponen y en la que se basan, a saber, que lo que se refleja en la representación imaginaria del mundo que se encuentra en una ideología son las condiciones de existencia de los hombres, esto es, su mundo real.

Ahora bien, retomo aquí una tesis que ya postulé hace algunos años para reafirmar que no son sus condiciones de existencia reales, su mundo real, lo que los «hombres» «se representan» en la ideología (religiosa o de otra índole), sino ante todo su *relación* con estas condiciones de existencia reales. Es esta relación la que está en el centro de toda representación ideológica, esto es, imaginaria del mundo real. Es en esta relación donde se encuentra contenida la «causa» que debe dar cuenta de la deformación imaginaria de la representación ideológica del mundo real. O, más bien, para dejar en suspenso el lenguaje de la causa, hay que postular la tesis de que es la naturaleza imaginaria de esta relación la que sostiene toda la deformación imaginaria que se puede observar (si no se vive en su verdad) en toda ideología.

Para hablar en un lenguaje marxista, si bien es verdad que la representación de las condiciones de existencia reales de los individuos que ocupan puestos de agentes de la producción, de la explotación, de la represión, de la ideologización y de la práctica científica depende en última instancia de las relaciones de producción y de las relaciones derivadas de las relaciones de producción, nosotros diremos esto: en su deformación necesariamente imaginaria, toda ideología representa no las relaciones de producción existentes (y las demás relaciones que de estas derivan), sino ante todo la relación (imaginaria) de los individuos con las relaciones de producción y con las relaciones que de estas derivan. En la ideología se representa, por tanto, no el sistema de las relaciones reales que gobiernan la existencia de los individuos, sino la relación imaginaria de estos individuos con las relaciones reales en las cuales viven.

Si es así, la pregunta por la «causa» de la deformación imaginaria de las relaciones reales en la ideología decae y debe ser sustituida por otra pregunta: ¿por qué la representación que se forman los individuos de su relación (individual) con las relaciones sociales que gobiernan sus condiciones de existencia y su vida colectiva e individual es necesariamente imaginaria? ¿Y cuál es la naturaleza de este imaginario? Así planteada, la pregunta soslaya la solución mediante la «camarilla»[21] de los

---

[21] Empleo adrede este término muy moderno. Pues, incluso en medios comunistas, la «explicación» de tal desviación política (de derechas o de izquierdas) por la acción de una «camarilla» (*«clique»*) es, por desgracia, moneda corriente, [sectarismo]/oportunismo. [*N. del A.*]

individuos (Curas o Déspotas) autores de la gran mistificación ideológica, así como la solución mediante el carácter alienado del mundo real. Vamos a ver por qué en lo que sigue de nuestra exposición. Por el momento, no vamos más lejos.

V. La ideología tiene una existencia material

Tesis II: La ideología tiene una existencia material.

Ya hemos apuntado esta tesis al decir que las «ideas» o representaciones, etc. de las que parece compuesta la ideología no tenían existencia ideal, de ideas, espiritual, sino material. Hemos incluso sugerido que la existencia ideal, de ideas, espiritual de las «ideas» dependía exclusivamente de una ideología de la «idea» y de la ideología, y también, añadamos ahora, de una ideología de lo que parece «fundamentar» esta concepción desde la aparición de las ciencias; a saber, lo que quienes practican las ciencias se representan, en su ideología espontánea, como «ideas», verdaderas o falsas. Por supuesto, presentada bajo la forma de una afirmación, esta tesis no está demostrada. Pedimos simplemente que se le conceda, digamos en nombre del materialismo, un juicio previo simplemente favorable. La demostraremos en otro lugar, no en este tomo I.

Esta tesis presuntiva de la existencia no espiritual, sino material, de las «ideas» u otras representaciones no es, en efecto, necesaria para avanzar en nuestro análisis de la naturaleza de la ideología. O, más bien, nos es simplemente útil para mejor hacer patente lo que todo análisis un poco serio de cualquier ideología muestra inmediata, empíricamente, a todo observador, por poco crítico que sea.

Hemos dicho, al hablar de los aparatos ideológicos de Estado y de sus prácticas, que cada uno de ellos era la materialización de una ideología (la unidad de estas diferentes ideologías regionales –religiosa, moral, jurídica, política, etc.– la asegura su subsunción en la ideología del Estado). Retomamos esta tesis: una ideología siempre existe en un aparato y su práctica o sus prácticas. Esta existencia es material.

Por supuesto, la existencia material de la ideología en un aparato y sus prácticas no posee la misma modalidad que la existencia material de un adoquín o de un fusil. Pero, a riesgo de que se nos trate de neoaristotélicos (señalemos que Marx tenía en muy alta estima a Aristóteles), diremos que «la materia se dice en múltiples sentidos» o, más bien, que existe en diferentes modalidades, todas enraizadas en última instancia en la materia «física».

Dicho esto, vamos al grano y veamos qué pasa en los «individuos» que viven en la ideología, es decir, en una determinada representación del mundo (religiosa, moral, etc.) cuya deformación imaginaria depende de su relación imaginaria con sus condiciones de existencia, es decir, en última instancia con las relaciones de producción (ideología = relación imaginaria con las relaciones reales). Diremos que esta misma relación imaginaria está dotada de una existencia material. ¡No se nos puede reprochar ni que huyamos de la dificultad ni que seamos «inconsecuentes»!

Ahora bien, constatamos esto.

Un individuo cree en Dios, o en el Deber, o en la Justicia, etc. Esta creencia depende (para todo el mundo, es decir, para todos los que viven en una representación ideológica de la ideología, la cual reduce la ideología a ideas dotadas por definición de existencia espiritual) de *las ideas* de dicho individuo, esto es, de él en cuanto sujeto que tiene una conciencia en la cual están contenidas las ideas de su creencia. Mediante lo cual, es decir, mediante el dispositivo «conceptual» perfectamente ideológico así implantado (un sujeto dotado de una consciencia en la que él forma libremente o reconoce libremente ideas en las que cree), el comportamiento (material) de dicho sujeto deriva naturalmente de él.

El individuo en cuestión se conduce de tal o cual manera, adopta tal o cual comportamiento práctico y, lo que es más, participa en ciertas prácticas reguladas, que son las del aparato ideológico del que «dependen» las ideas que él ha escogido libremente, con toda consciencia en cuanto sujeto. Si cree en Dios, va a la Iglesia para asistir a Misa, se arrodilla, reza, se confiesa, hace penitencia (penitencia que antes era material en el sentido corriente del término) y naturalmente se arrepiente, y sigue así, etc. Si cree en el Deber, tendrá los comportamientos correspondientes, inscritos en prácticas rituales «conformes a las buenas costumbres». Si cree en la Justicia, se someterá sin discutir a las reglas del Derecho y podrá incluso protestar, cuando estas sean violadas, con profunda indignación de su conciencia y hasta firmar peticiones, tomar parte en una manifestación, etc. Si cree en la «Revolución nacional» del mariscal Pétain, lo mismo; si cree en la Revolución socialista, lo mismo, es decir, evidentemente, todo lo contrario. He puesto adrede estos dos últimos ejemplos, que están en el límite de la provocación, para no «huir de la dificultad».

En todo este esquema constatamos, por tanto, que la representación ideológica de la ideología misma se ve forzada a reconocer que todo sujeto dotado de una consciencia y que crea en las ideas que su conciencia le inspire o acepte libremente debe «obrar según sus ideas», esto es, debe traducir en los actos de su práctica material sus propias ideas de sujeto libre. Si no lo hace, *eso no está bien*.

En verdad, si no hace lo que debería hacer en función de lo que cree es que hace otra cosa, lo cual, siempre en función del mismo esquema idealista, da a entender que tiene en la cabeza ideas distintas de las que proclama y que obra según estas otras ideas, como hombre o bien «inconsecuente» («nadie es malvado voluntariamente»), o cínico o perverso.

En todos los casos, la ideología de la ideología reconoce por tanto, a pesar de su deformación imaginaria, que las «ideas» de un sujeto humano existen en sus actos o deben existir en sus actos, y si no es este el caso le presta otras ideas correspondientes a los actos (incluso perversos) que lleva a cabo. Esta ideología de la ideología habla de los actos: nosotros hablaremos de actos insertos en prácticas. Y observaremos que estas prácticas las regulan rituales en los que dichas prácticas se inscriben, en el seno de la existencia material de un aparato ideológico, siquiera sea de una parte muy pequeña de este aparato: una pequeña misa en una pequeña iglesia, un entierro, un pequeño partido en una sociedad deportiva, un día de clase en una escuela, una universidad, una reunión o un mitin de un partido político, de la Unión Racionalista[22], o todo lo que se quiera.

Debemos, por lo demás, a la «dialéctica» defensiva de Pascal la maravillosa fórmula que nos va a permitir invertir el orden del esquema nocional de la ideología de la ideología. Pascal dice, poco más o menos: «Poneos de rodillas, moved los labios rezando *y creeréis*»[23]. Invierte por tanto escandalosamente el orden de las cosas, trayendo, como Cristo, no la paz, sino la división y por añadidura, lo cual es muy poco cristiano (pues ¡ay de aquel por quien el escándalo venga al mundo![24]), el escándalo mismo. Bendito escándalo que, por desafío jansenista, le hace emplear un lenguaje que designa la realidad en persona, sin nada imaginario.

Permítasenos dejar a Pascal con sus argumentos de lucha ideológica en el seno del aparato ideológico de Estado religioso de su tiempo, en el que él llevaba a cabo una pequeña lucha de clases dentro de su partido jansenista, constantemente al borde de la prohibición, es decir, de la excomunión. Y permítasenos emplear un lenguaje más directamente marxista, si es posible, pues avanzamos por dominios aún mal explorados por los teóricos marxistas.

Diremos por tanto, no considerando más que a un sujeto (tal individuo), que la existencia de las ideas de su creencia es material por cuanto sus ideas son sus actos materiales insertos en prácticas materiales, reguladas por rituales materiales, ellos mismos definidos por el aparato ideológico material del que derivan (¡como por casualidad!) las ideas de este sujeto. Naturalmente, los cuatro adjetivos «materiales» que nuestra proposición incluye deben estar dotados de modalidades diferentes: la materialidad de un desplazamiento para ir a misa, de una genuflexión, de un gesto de santiguamiento o de *mea culpa,* de una frase, de un rezo, de una contrición, de una penitencia, de una mirada, de un apretón de manos, de un

---

[22] Unión Racionalista: asociación francesa sin ánimo de lucro fundada en 1930 bajo el impulso, en particular, del físico Paul Langevin (1872-1946). Promueve el reconocimiento de la razón como motor del progreso humano, una educación laica y republicana, así como la lucha contra todo dogmatismo y cualquier recurso a lo sobrenatural. Difunde sus ideas a través de publicaciones escritas y programas de radio. *[N. del T.]*

[23] Blas Pascal, *Pensamientos*, 944 (edición de Lafuma), Madrid, Alianza, 1981, p. 281. *[N. del T.]*

[24] «¡Ay de aquel por quien el escándalo venga al mundo!»: cfr. Lc 17, 1-6. *[N. del T.]*

discurso verbal externo o de un discurso verbal «interno» (la conciencia) no es una sola y la misma materialidad. No creo que nadie polemice con nosotros sobre este punto si dejamos en suspenso la teoría de la diferencia entre las modalidades de la materialidad.

Por lo demás, en esta presentación de las cosas invertidas no nos las vemos en absoluto con una inversión (¡esta fórmula mágica de los marxistas hegelianos o feuerbachianos!), pues constatamos que algunas nociones han pura y simplemente desaparecido de nuestra nueva presentación, mientras, por el contrario, en ella subsisten otras y aparecen nuevos términos.

Ha desaparecido: el término *ideas*.

Subsisten: los términos *sujeto, conciencia, creencia, actos*.

Aparecen: los términos *prácticas, rituales, aparato ideológico*.

No es por tanto una inversión[25] (salvo en el sentido en que se dice que un gobierno o un vaso vuelcan[26]), sino un reajuste (de tipo no ministerial) bastante extraño, pues obtenemos el siguiente resultado.

Las ideas han desaparecido en cuanto tales (en cuanto dotadas de una existencia ideal, espiritual), en la misma medida en que ha aparecido que su existencia era material, inscrita en los actos de las prácticas reguladas por los rituales definidos en última instancia por un aparato ideológico. Aparece, por tanto, que el sujeto actúa en cuanto activado por el siguiente sistema (enunciado en su orden de determinación real): ideología existente en un aparato ideológico material que prescribe prácticas materiales reguladas por un ritual material, las cuales prácticas existen en los actos materiales de un sujeto que actúa con toda consciencia ¡según su creencia! Y si se nos objeta que dicho sujeto puede actuar de otro modo, recordaremos que hemos dicho que las prácticas rituales en las que se materializa una ideología «primaria» pueden «producir» (es decir, subproducir[27]) una ideología «secundaria»: a Dios gracias, pues de lo contrario ni la revuelta ni la «toma de consciencia» revolucionaria ni la revolución serían posibles jamás.

Pero esta misma presentación pone de manifiesto que hemos conservado las nociones siguientes: sujeto, conciencia, creencia, actos. De esta secuencia extraemos enseguida dos tesis conjuntas:

1. no hay práctica, sea la que sea, más que por y bajo una ideología;

2. no hay ideología más que por el sujeto y para los sujetos.

Ahora podemos pasar a nuestra tesis central.

---

[25] Inversión: *renversement*. [N. del T.]

[26] Vuelcan: *son renversés*. [N. del T.]

[27] «¿En qué condiciones» En lo esencial, como se verá en el tomo II, dependen de la lucha de clases. [N. del A.] – En realidad, el proyecto de este tomo II nunca fructificó. [N. del E.]

VI. La ideología interpela a los individuos en cuanto sujetos

Esta tesis viene simplemente a explicitar nuestra última proposición: no hay ideología más que por el sujeto y para sujetos. Entiéndase: no hay ideología más que para sujetos concretos (como usted y yo), y este destino de la ideología no es posible más que por el sujeto; entiéndase: por la categoría de sujeto y su funcionamiento.

Con ello queremos decir que, aunque con esta denominación (el sujeto) no aparece más que con el advenimiento de la ideología burguesa, ante todo con el advenimiento de la ideología jurídica[28], la categoría de sujeto (que puede funcionar bajo otras denominaciones: por ejemplo, en Platón el alma, Dios, etc.) es la categoría constitutiva de toda ideología, sea cual sea la determinación (regional o de clase) y sea cual sea la fecha histórica... puesto que la ideología no tiene historia.

Decimos que la categoría de sujeto es constitutiva de toda ideología, pero al mismo tiempo y enseguida añadimos que la categoría de sujeto no es constitutiva de toda ideología más que en cuanto que toda ideología tiene por función (que la define) «constituir» a los sujetos concretos (como usted y yo). Es en este juego de doble constitución donde existe el funcionamiento de toda ideología, pues la ideología no es nada más que su funcionamiento en las formas materiales de la existencia de este funcionamiento.

Para ver claro en lo que sigue hay que tener bien presente que tanto quien escribe estas líneas como el lector que las lee son ellos mismos sujetos, esto es, sujetos ideológicos (proposición ella misma tautológica); es decir, que tanto el autor como el lector de estas líneas viven «espontánea» o «naturalmente» en la ideología en el sentido en el que hemos dicho que «el hombre es por naturaleza un animal ideológico».

Que el autor, en la medida en que escribe las líneas de un discurso que pretende ser científico, esté completamente ausente, como «sujeto», de «su» discurso científico (dado que todo discurso científico es por definición un discurso sin sujeto: no hay «Sujeto de la ciencia» más que en una ideología de la ciencia) es otra cuestión que por el momento dejaremos de lado.

Como decía admirablemente san Pablo, es en el *«Logos»*, entiéndase en la ideología, donde tenemos «el ser, el movimiento y la vida»[29]. De donde se sigue que, para usted como para mí, la categoría de sujeto es una «evidencia» primera (las evidencias son siempre primeras): está claro que usted es un sujeto (libre, moral, responsable, etc.), y yo también. Como todas las evidencias, incluidas las que hacen que una palabra «designe una cosa» o «posea un significado» (incluidas, por tanto,

---

[28] Que toma prestada la categoría jurídica de «sujeto de derecho» para hacer de ella una noción ideológica: el hombre es por naturaleza un sujeto. *[N. del A.]*

[29] Hch, 17, 28. *[N. del T.]*

las evidencias de la «transparencia» del lenguaje), esta «evidencia» de que usted y yo somos sujetos –y de que esto no constituye un problema– es un efecto ideológico, el efecto ideológico elemental[30]. Es, en efecto, lo propio de la ideología imponer (sin parecerlo en absoluto, puesto que son «evidencias») las evidencias como evidencias que no podemos dejar de reconocer y ante las cuales tenemos la inevitable y tan natural reacción de exclamar (en voz alta o en el «silencio de la conciencia»): «¡Es evidente! ¡Eso es! ¡Es verdad!».

En esta reacción se ejerce la función de *reconocimiento* ideológico, que es una de las dos funciones de la ideología como tal (la otra es la función de *desconocimiento*).

Para poner un ejemplo altamente «concreto», todos tenemos amigos que, cuando llaman a nuestra puerta y nosotros preguntamos a través de la puerta cerrada «¿Quién es?», responden (pues es «evidente»): «¡Soy yo!». De hecho, nosotros reconocemos que «es ella» o «es él», y el resultado se produce: abrimos la puerta y «siempre es verdad que es ella quien estaba allí». Para poner otro ejemplo, cuando reconocemos en la calle a alguien de nuestro (re) conocimiento, le hacemos saber que lo hemos reconocido (y que hemos reconocido que él nos ha reconocido) diciéndole «¡Buenos días, mi querido amigo!» y estrechándole la mano (práctica ritual material del reconocimiento ideológico de la vida cotidiana, en Francia al menos: en otras partes, otros rituales).

Con esta observación preliminar y sus ilustraciones concretas solamente quiero resaltar que usted y yo *siempre* somos *ya* sujetos y, como tales, practicamos sin interrupción los rituales del reconocimiento ideológico que nos garantizan que somos cabalmente sujetos concretos, individuales, inconfundibles y naturalmente insustituibles. La escritura a la que procedo actualmente y la lectura a la que usted se entrega actualmente[31] son también, a este respecto, rituales del reconocimiento ideológico, incluida la «evidencia» con la que puede imponérsele a usted la «verdad» de mis reflexiones (que le hará tal vez decir «¡Es verdad!...»).

Pero reconocer que somos sujetos y que funcionamos en los rituales prácticos de la vida cotidiana más elemental (el apretón de manos, el hecho de llamarle por su nombre, el hecho de saber, incluso si lo ignoro, que usted «tiene» un nombre propio que hace que se le reconozca como sujeto único, etc.), este reconocimiento nos da solamente la «consciencia» de nuestra práctica incesante (eterna) del reconocimien-

---

[30] Los «lingüistas» y quienes se refugian en la infortunada lingüística con diferentes fines tropiezan con dificultades debidas a que desconocen el juego de los efectos ideológicos en todos los discursos... incluidos los discursos científicos mismos. *[N. del A.]*

[31] Nótese: este doble *actualmente* es una vez más la prueba de que la ideología es «eterna», pues estos dos «actualmente» están separados por el intervalo de tiempo que sea: estas líneas las escribo el 6 de abril del 69, usted las leerá cuando quiera que sea.

to ideológico –su consciencia, es decir, *su reconocimiento*–, pero no nos da en absoluto el *conocimiento* (científico) del mecanismo de este reconocimiento, ni del reconocimiento de este reconocimiento. Ahora bien, es a este conocimiento al que hay que llegar si se quiere, al hablar en la ideología y desde el seno de la ideología, esbozar un discurso que intente romper con la ideología para arriesgarse a ser el comienzo de un discurso científico (sin sujeto) sobre la ideología.

Así pues, para representar por qué la categoría de sujeto es constitutiva de la ideología, la cual no existe más que constituyendo los sujetos concretos (usted y yo), voy a emplear un modo de exposición particular: bastante «concreto» para que sea reconocido, pero bastante abstracto para que sea pensable y pensado, dando lugar a un conocimiento.

En una primera fórmula, yo diría: *toda ideología interpela a los individuos concretos en cuanto sujetos concretos* mediante el funcionamiento de la categoría de sujeto.

Es esta una proposición que implica que distingamos, por el momento, a los individuos concretos, por una parte, y a los sujetos concretos, por otra, aunque, en este nivel, no hay ningún sujeto concreto que no esté sustentado por un individuo concreto.

Sugerimos entonces que la ideología «actúa» o «funciona» de tal modo que «recluta» sujetos entre los individuos (los recluta a todos) o «transforma» a los individuos en sujetos (los transforma a todos) mediante esta operación muy precisa que llamamos la *interpelación,* la cual se puede representar sobre el tipo mismo de la más banal interpelación policial (o no) de todos los días: «¡Eh, usted!»[32].

Si, para «presentar lo concreto» más concreto, suponemos que la escena teórica imaginada pasa en la calle, el individuo interpelado se vuelve. Con este simple giro físico de 180 grados se convierte en sujeto. ¿Por qué? Porque ha reconocido que la interpelación se dirigía «realmente» a él y que «era realmente él el interpelado» (y no

---

[32] La interpelación, práctica cotidiana, sometida a un ritual preciso, adopta una forma espectacular en la práctica policial de la interpelación (véanse funciones en formas similares en la interpelación escolar): «¡Eh, usted!». Pero, a diferencia de otras prácticas de la interpelación, la interpelación policial es represiva. «¡Sus papeles!» Los papeles son ante todo los documentos de *identidad,* foto del rostro de frente, apellidos, nombre de pila, fecha de nacimiento, domicilio, profesión, nacionalidad, etc. La identidad, concentrada en los apellidos + nombre de pila, etc., permite identificar al sujeto (presunto más o menos sospechoso, esto es, «malo» *a priori* merced a la interpelación policial), esto es, reconocerlo sin confundirlo con otro, y bien «dejarlo ir» («¡Está bien!»), bien «empapelarlo» («¡sígame!») con las consecuencias que todos los empapelados de las manifestaciones populares conocen: el paso al tuteo y a la paliza, la noche en el cuartelillo y todo el ritual terriblemente material del reconocimiento policial del «mal sujeto» («¡es él quien me ha golpeado!»), con la inculpación correlativa («violencia contra los agentes» u otros calificativos). Por supuesto, también hay ladrones y criminales, y policías a los que no les «gustan» «ciertas prácticas». [*N. del A.]*

otro). La experiencia muestra que las telecomunicaciones prácticas de la interpelación son tales que la interpelación no deja prácticamente nunca de acertar con su hombre: apelación verbal o toque de silbato, el interpelado reconoce siempre que era realmente *él* el interpelado. Este es, sin embargo, un fenómeno extraño y que no se explica solamente, a pesar del gran número de los que «tienen algo que reprocharse», por el sentimiento de culpabilidad... a menos que todo el mundo tenga efectivamente algo que reprocharse constantemente, es decir, que todo el mundo sienta confusamente que hay al menos y en todo momento cuentas que rendir, es decir, deberes que respetar, siquiera el de responder a toda interpelación. Extraño caso.

Naturalmente, en aras de la comodidad y la claridad de la exposición de nuestro pequeño teatro teórico, hemos tenido que presentar las cosas bajo la forma de una secuencia, con un antes y un después, esto es, bajo la forma de una sucesión temporal. Hay unos individuos que se pasean. En alguna parte (generalmente a sus espaldas) se oye la interpelación: «¡Eh, usted!». Un individuo (en el 90 por 100 de los casos es siempre el apostrofado) se vuelve creyendo-sospechando-sabiendo que se trata de él, esto es, conociendo que «es realmente él» el apostrofado por la interpelación. Pero en la realidad las cosas pasan *sin ninguna sucesión. La existencia de la ideología y la interpelación de los individuos en cuanto sujetos son una y la misma cosa.*

Podemos añadir: lo que parece pasar así *fuera* de la ideología (muy precisamente, en la calle) pasa en realidad *en* la ideología. Lo que pasa en realidad en la ideología parece, por tanto, pasar fuera de ella. Por eso los que están en la ideología, usted y yo, se creen por definición fuera de la ideología: uno de los efectos de la ideología es la *negación* práctica del carácter ideológico de la ideología por la ideología: la ideología no dice jamás «yo soy ideológica»; hay que estar fuera de la ideología, es decir, en el conocimiento científico, para poder decir: yo estoy en la ideología (caso del todo excepcional), o (caso general): yo estaba en la ideología. Es bien sabido que la acusación de estar en la ideología no vale más que para los otros, jamás para sí (a menos que se sea verdaderamente spinozista o marxista, lo cual en este punto es exactamente la misma posición). Lo cual equivale a decir que la ideología *no tiene fuera* (para ella), pero al mismo tiempo que *ella no es más que fuera* (para la ciencia y la realidad).

Esto Spinoza lo había explicado perfectamente doscientos años antes de Marx, que lo practicó sin explicarlo con detalle. Pero dejemos este punto, preñado sin embargo de consecuencias no sólo teóricas sino directamente políticas, pues, por ejemplo, toda la teoría *de la crítica y de la autocrítica,* regla de oro de la práctica de la lucha de clases marxista-leninista, depende de él. En dos palabras: ¿cómo hacer que a una crítica le siga una autocrítica que desemboque en una *rectificación,* según la fórmula leninista de Mao? Únicamente sobre la base de la ciencia marxista-leninista aplicada a la práctica de la lucha de clases.

Así pues, la ideología interpela a los individuos en cuanto sujetos. Como la ideología es eterna, ahora debemos suprimir la forma de la temporalidad en la que hemos representado el funcionamiento de la ideología y decir: la ideología ha interpelado siempre-ya a los individuos en cuanto sujetos, lo cual equivale a precisar que los individuos son siempre-ya interpelados por la ideología en cuanto sujetos, supuesto que nos conduce inexorablemente a una última proposición: *los individuos son siempre-ya sujetos*. Por tanto, los individuos son «abstractos» en relación con los sujetos que siempre-ya son. Esta proposición puede parecer una paradoja de alto voltaje. Un instante, por favor.

Que un individuo es siempre-ya sujeto, antes incluso de nacer, es sin embargo la simple realidad, accesible a todos y en absoluto una paradoja. Que los individuos son siempre «abstractos» en relación con los sujetos que *siempre-ya* son Freud lo mostró al observar simplemente de qué ritual ideológico estaba rodeada la espera de un «nacimiento», ese «feliz acontecimiento». Todos saben cuánto y cómo (y hay mucho que decir sobre este cómo) un niño que va a nacer es atendido. Lo cual equivale a decir muy prosaicamente que si convenimos en dejar de lado los «sentimientos», es decir, las formas de la ideología familiar[33], paternal / maternal / conyugal / fraternal, en las que se espera al niño que va a nacer, se tiene de antemano por seguro que llevará el apellido de su padre, tendrá por tanto una identidad, y será insustituible[34]. Antes de nacer, el niño es por tanto siempre-ya sujeto, destinado a serlo en y por la configuración ideológica familiar específica en la que es «esperado» tras haber sido concebido («voluntaria» o «accidentalmente»). Huelga decir que esta configuración ideológica familiar está, en su unicidad, terriblemente estructurada y que es en esta implacable estructura más o menos «patológica» (suponiendo que este término tenga un sentido asignable) donde el antiguo futuro-sujeto debe «encontrar» «su» lugar, es decir, «convertirse» en el sujeto sexual (varón o hembra) que ya es de antemano. No hace falta ser un gran sabio para sugerir que esta coacción y esta preasignación ideológicas, y todos los rituales de la crianza-adiestramiento y luego de la educación familiares deben guardar alguna relación con lo que Freud estudió en las formas de las «etapas» pregenitales y genitales de la sexualidad, esto es, en la «captura» de lo que Freud identificó, por sus efectos, como el *inconsciente*. Pero dejemos también este punto.

Esta historia del niño siempre-ya sujeto de antemano, esto es, no antiguo, sino futuro combatiente, no es una broma, pues vemos que es uno de los accesos al dominio freudiano. Pero nos interesa por otro motivo. ¿Qué entendemos cuando de-

---

[33] Hemos dicho que en cierto *respecto* la Familia era un aparato ideológico de Estado. *[N. del A.]*

[34] Piénsese en los dramas de las sustituciones de niños en las maternidades, o del «reconocimiento» de la paternidad, o de los niños confiados a la madre, arrancados al padre, etc., y en todos los horrores [palabra tachada] que generan. *[N. del A.]*

cimos que la ideología en general siempre ha interpelado ya, en cuanto sujeto, a individuos que son siempre-ya sujetos? Fuera de la situación límite del «Prenatal», esto significa concretamente lo que sigue.

Cuando la ideología religiosa se pone directamente a funcionar interpelando al niño Luisito en cuanto sujeto, Luisito es ya-sujeto, no aún sujeto-religioso, sino sujeto-familiar. Cuando la ideología jurídica (imaginemos que esto sea más tarde) se pone a interpelar en cuanto sujeto al joven Luis hablándole no ya de Papá-Mamá, ni del Buen Dios y el Pequeño Jesús, sino de la Justicia, él ya era sujeto, familiar, religioso, escolar, etc. Me salto las etapas morales, estéticas, etc. Cuando por fin más tarde, debido a circunstancias auto-heterobiográficas del tipo Frente Popular, Guerra de España, Hitler, Derrota del 40, cautiverio, encuentro de un comunista, etc., la ideología política (y sus formas comparadas) se pone a interpelar en cuanto sujeto al Luis convertido en adulto, hace mucho tiempo que ya era siempre-ya sujeto, familiar, religioso, moral, escolar, jurídico… ¡y helo ahí sujeto político!, que se presta, una vez de regreso del cautiverio, a pasar de la militancia católica tradicional a la militancia católica avanzada –semiherética–, luego a la lectura de Marx, luego a afiliarse al Partido comunista, etc. Así va la vida. Las ideologías no dejan de interpelar a los sujetos en cuanto sujetos, de «reclutar» siempre-ya sujetos. Su juego se superpone, se entrecruza, se contradice sobre el mismo sujeto, sobre el mismo individuo siempre-ya (varias veces) sujeto. A él toca desenredarse…

Lo que ahora va a ocupar nuestra atención es la manera en que los «actores» de esta puesta en escena de la interpelación y sus papeles respectivos se reflejan en la estructura misma de toda ideología.

VII. Un ejemplo: la ideología religiosa cristiana

Como la estructura formal de toda ideología es siempre la misma, nos contentaremos con analizar un solo ejemplo por todos conocido, el de la ideología religiosa, precisando que es sumamente fácil la demostración a propósito de la ideología moral, de la ideología jurídica, política, estética, filosófica. Volveremos, además, expresamente a esta demostración cuando estemos en condiciones de volver a hablar de la filosofía.

Consideremos, pues, la ideología religiosa, y, para poner un ejemplo al alcance de cualquiera, la ideología religiosa cristiana. Vamos a emplear una figura retórica y a «hacerla hablar», es decir, reunir en un discurso ficticio todo lo que ella «dice» no solamente en sus dos Testamentos, sus teólogos, sus Sermones, sino también en sus prácticas, sus rituales, sus ceremonias y sus sacramentos. La ideología religiosa cristiana dice aproximadamente esto.

Dice: Me dirijo a ti, individuo humano llamado Pedro (todo individuo *es llamado* por su nombre, en sentido pasivo, no es nunca él quien se da un Nombre), para decirte que Dios existe y que tú debes rendirle cuentas. Añade: es Dios quien se dirige a ti por mi voz[35] (ya que la Escritura ha recogido la Palabra de Dios, la tradición la ha transmitido, y la Infalibilidad Pontificia la ha fijado para siempre sobre sus puntos «delicados», por ejemplo la virginidad de María o... la Infalibilidad pontificia misma). Dice: este es quien eres: ¡tú eres Pedro![36]. Este es tu origen, has sido creado por Dios desde toda la eternidad, ¡aunque hayas nacido en 1928 después de Cristo! ¡Este es tu lugar en el mundo! ¡Esto es lo que debes hacer! Gracias a lo cual, si observas la «ley del amor», ¡serás salvado tú, Pedro, y formarás parte del Cuerpo Glorioso de Cristo!, etcétera.

Ahora bien, ese es un discurso del todo conocido y banal, pero al mismo tiempo del todo sorprendente.

Sorprendente, pues nosotros consideramos que la ideología religiosa se dirige a los individuos para «transformarlos en sujetos», interpelando al individuo Pedro para hacer de él un sujeto libre de obedecer o de desobedecer a la llamada, es decir, las órdenes de Dios; si los llama por su Nombre, reconociendo así que son siempre-ya interpelados en cuanto sujetos que tienen una identidad personal (hasta el punto de que el Cristo de Pascal –este Pascal, decididamente...– dice: «Es por ti por quien he vertido esta gota de sangre»[37]); si los interpela de tal forma que el sujeto responde: «¡sí, soy yo!»; si obtiene de ellos el reconocimiento de que ocupan el lugar que les asigna como el suyo en el mundo, una residencia fija: «¡es verdad, yo estoy aquí, obrero, patrono, soldado!», en este valle de lágrimas; si obtiene de ellos el reconocimiento de un destino: la vida o la condena eterna, según el respeto o el desprecio con que traten los «mandamientos de Dios», la Ley convertida en Amor; si todo esto pasa así (en las prácticas y rituales bien conocidos del bautismo, de la confirmación, de la Comunión, de la confesión y de la extremaunción, etc.), debemos señalar que todo este «procedimiento» que pone en escena a sujetos religiosos cristianos está dominado por un fenómeno extraño: no existe una tal multitud de sujetos religiosos posibles más que a condición *absoluta* de que haya *Otro Sujeto*: Único, Absoluto, a saber, Dios.

En lo que sigue convendremos en designar a este nuevo y singular Sujeto escribiendo *Sujeto* con mayúscula para distinguirlo de los sujetos como usted y yo.

---

[35] Por mucho que sepamos que un individuo es siempre ya sujeto (aunque no fuera más que de la ideología familiar), continuamos empleando este cómodo término por el efecto de contraste que produce. *[N. del A.]*

[36] Cfr. Mt, 16, 18. *[N. del T.]*

[37] Cfr. *Pensamientos,* ed. cast. cit., p. 237. *[N. del T.]*

Resulta entonces que la interpelación a los sujetos en cuanto sujetos supone la «existencia» de Otro Sujeto, Único y central, en Nombre del cual la ideología religiosa interpela a todos los individuos en cuanto sujetos. Todo esto está claramente escrito[38] en lo que justamente se llama la Escritura: «En aquel tiempo, el Señor-Dios (Yahveh) habló a Moisés en la nube. Y el Señor llamó a Moisés: "¡Moisés!"; "¡Ese soy (realmente) yo!", dijo Moisés, "¡yo soy Moisés, tu servidor, habla y te escucharé!". Y el Señor habló a Moisés y le dijo: "Yo soy El que Soy"»[39].

Dios se define, pues, a sí mismo como el Sujeto por excelencia, el que es por sí y para sí («Yo soy el que soy»), y el que interpela a su sujeto, el individuo sujeto a él por su interpelación misma, a saber, el individuo denominado Moisés. Y Moisés, interpelado-llamado por su Nombre, habiendo reconocido que era «realmente» él el llamado por Dios, reconocía, ¡pues sí!, reconoce que él es sujeto, sujeto de Dios, sujeto sujeto a Dios, sujeto por el Sujeto y sujeto al Sujeto. La prueba: obedece y hace que su pueblo obedezca las órdenes de Dios. ¡Y en marcha, Señoras y Señores, hacia la Tierra Prometida! Pues Dios interpela, ordena, pero al mismo tiempo promete la Recompensa si se reconoce su existencia de Gran Sujeto, sus órdenes, y si se le obedece en todo. Si se desobedece, se convierte en el Dios terrible: ¡Guardaos de su Santa cólera!...

Dios es, pues, el sujeto, y Moisés y los innumerables sujetos del pueblo de Dios sus interlocutores-interpelados: sus *espejos,* sus *reflejos.* ¿No han sido creados los hombres *a imagen* de Dios[40]? ¿Para que Dios pueda, al final de su gran plan estratégico de la Creación-Caída-Redención, contemplarse, es decir, reconocerse en ellos como en su Propia Gloria?

Como toda la reflexión teológica prueba, aunque «podría» perfectamente haberse pasado sin ellos..., Dios tiene necesidad de los hombres, el Sujeto tiene necesidad de los sujetos, lo mismo que los hombres tienen «en grado sumo» necesidad de Dios, los sujetos tienen necesidad del Sujeto. Mejor: Dios tiene necesidad de los hombres, el gran Sujeto de los sujetos, hasta en la horrorosa inversión de su imagen en ellos (cuando los sujetos se revuelcan en el desenfreno, es decir, el pecado).

Mejor aún: Dios se desdobla a sí mismo y envía a su Hijo a la tierra, como simple sujeto «abandonado» por él (el largo lamento del Huerto de los Olivos que termina en la Cruz), sujeto pero Sujeto, hombre pero Dios, para consumar aquello mediante lo cual se prepara la Redención final, la Resurrección de Cristo. Dios tiene por tanto necesidad de «hacerse» él mismo hombre, el Sujeto tiene necesidad de convertirse en sujeto, como para mostrar empíricamente, de forma visible a los ojos, tangible a

---

[38] Cito de una manera combinada, no literalmente, sino «en espíritu y en verdad». *[N. del A.]*
[39] Cfr. Ex 3, 14. *[N. del T.]*
[40] Cfr. Gn 1, 26-27. *[N. del T.]*

las manos (véase Santo Tomás[41]), a los sujetos que, si son sujetos, sujetos al Sujeto, es *únicamente para* volver a entrar finalmente, el día del Juicio Final, en el seno del Señor, como Cristo, es decir, en el Sujeto[42].

Desciframos en lenguaje teórico esta admirable necesidad de desdoblamiento del Sujeto en sujetos y del Sujeto mismo en sujeto-Sujeto.

Constatamos que la estructura de toda ideología, que interpela a los individuos en cuanto sujetos en nombre de un Sujeto Único y Absoluto, es *especular,* es decir, en espejo, y *doblemente* especular, y que este redoblamiento especular es constitutivo de la ideología y asegura su funcionamiento. Lo cual significa que toda ideología está *centrada,* que el Sujeto Absoluto ocupa el lugar único del centro, e interpela en torno a él a la infinidad de los individuos en cuanto sujetos, en una doble relación especular tal que sujeta a los sujetos al Sujeto, dándoles, en el Sujeto en el que todo sujeto puede contemplar su propia imagen (presente y futura), *la garantía* de que es de ellos de quienes se trata y de que es de Él de quien se trata, y de que, pasando todo en familia (la Sagrada Familia: la Familia es por esencia santa), «Dios reconocerá en ella a los suyos»[43], es decir, a los que hayan reconocido a Dios y sean reconocidos en él, y esos se salvarán y se sentarán a la Diestra de Dios (el lugar del Muerto en nuestros países, en los que el volante está a la derecha), incorporados en el Cuerpo místico del Cristo.

La estructura doblemente especular redoblada de la ideología asegura, pues, a la vez:

1/ la *interpelación* de los individuos en cuanto sujetos;

2/ el *reconocimiento* mutuo entre los sujetos y el Sujeto, y entre los sujetos mismos, y el reconocimiento del sujeto por él mismo[44]; y

3/ la *garantía* absoluta de que todo está bien así: de que Dios es realmente Dios, de que Pedro es realmente Pedro, y de que, si la sujeción de los sujetos al Sujeto es realmente respetada, todo irá bien para ellos: serán «recompensados».

Resultado: atrapados en este triple sistema de sujeción, de reconocimiento universal y de garantía absoluta, nada sorprende: los sujetos «marchan». «Marchan

---

[41] Cfr. Jn 20, 24-28. *[N. del T.]*

[42] El dogma de la Trinidad es la teoría misma del desdoblamiento del Sujeto (el Padre) como sujeto (el Hijo) y de su relación especular (el Espíritu Santo). *[N. del A.]*

[43] «¡Matadlos a todos! Dios reconocerá a los suyos» son palabras atribuidas al monje cisterciense francés Arnaud Aumary (1160-1225), que, enviado por el papa Inocencio III a combatir la herejía albigense en el Languedoc, las habría pronunciado el 29 de julio de 1209, antes de ordenar la toma de la ciudad de Béziers, acción en la que se pasó por las armas a 20.000 personas. Cfr. también «Dios conoce a los que son suyos» (II Tm 12, 18). *[N. del T.]*

[44] Hegel es un teórico admirable, pero parcial de la ideología en cuanto teórico del Reconocimiento universal. Feuerbach, en cuanto teórico de la relación especular. No hay teórico de la garantía. Volveremos a hablar de esto. *[N. del A.]*

solos»; sin poli en el culo, y en caso de necesidad, cuando es verdaderamente imposible hacer otra cosa con los «malos sujetos» con el apoyo intermitente y ponderado, la intervención de los destacamentos especializados en la represión, a saber, los magistrados de la Inquisición u otros Magistrados y policías especializados, cuando se trata de ideologías distintas de la ideología religiosa[45]. Los sujetos «marchan», reconocen que «es bien cierto», «que es así» y no de otro modo, que hay que obedecer a Dios, al cura, a De Gaulle, al patrono, al ingeniero y amar al prójimo, etc. Los sujetos marchan habiendo reconocido que «todo estaba bien» (así), y dicen, para que la cuenta esté completa: ¡*Así sea!*

Prueba de que *no es así,* pero ha de *ser así* para que las cosas sean lo que deben ser, digámoslo ya: *para que la reproducción de las relaciones de producción esté asegurada* cada día, a cada segundo, en la «conciencia», es decir, en el comportamiento material de los individuos que ocupan los puestos que la división social-técnica del trabajo les asigna en la producción, la explotación, la represión, la ideologización y la práctica científica.

En las formaciones sociales capitalistas sabemos que la ideología religiosa (que existe en el aparato ideológico de Estado religioso) no desempeña ya el mismo papel que en las formaciones sociales «servilistas». Ahí desempeñan un papel más importante otros aparatos ideológicos cuyo efecto convergente consiste siempre en el mismo «objetivo»: la reproducción cotidiana, ininterrumpida, de las relaciones de producción en la «conciencia», es decir, el comportamiento material de los agentes de las diferentes funciones de la producción social capitalista. Pero lo que hemos dicho del funcionamiento y de la estructura de la ideología religiosa vale para todas las demás ideologías. En la moral, la relación especular es la del sujeto (el Deber) y los sujetos (las conciencias morales); en la ideología jurídica, la relación especular es la del Sujeto (la Justicia) y los sujetos (los hombres libres e iguales); en la ideología política, la relación especular es la del Sujeto (variable…: la Patria, el Interés Nacional o General, el progreso, la Revolución) y los sujetos (los afiliados, electores, militantes, etc.).

Por supuesto, la ideología política revolucionaria marxista-leninista presenta esta particularidad, *sin ningún precedente histórico,* de ser una ideología fuertemente «trabajada», esto es, transformada por una *ciencia,* la ciencia marxista de la Historia, de las formaciones sociales, de la lucha de clases y de la Revolución, lo cual «deforma» la estructura especular de la ideología, sin suprimirla del todo («Ni Dios, ni

---

[45] Regla de oro de la represión enunciada por Lyautey[a]: «Mostrar la fuerza de uno para no tener que servirse de ella». La expresión aún se puede mejorar: «No mostrar la fuerza de uno para servirse de ella sin tener necesidad de servirse de ella…», etc. [*N. del A.]* – [a] Louis-Hubert-Gonzalve Lyautey (1854-1934): general del ejército francés. Se distinguió en la colonización de Marruecos. Durante tres meses de 1917 desempeñó el puesto de ministro de la Guerra. [*N. del T.]*

Tribuno, ni Amo», dice la Internacional[46] y, en consecuencia, ¡nada de sujetos sujetos!...). La Internacional quiere así «*descentrar*» la ideología política misma: ¿en qué medida es esto posible o, más bien, pues es relativamente posible, con qué límites ha sido esto posible hasta aquí? Esta es otra cuestión[47]. Sea como sea, y justo en los límites de la resistencia opuesta a los esfuerzos de la descentración, esto es, de la des-especularización de la ideología política marxista-leninista de masas, nos encontraremos en todas las ideologías la misma situación y el mismo principio de funcionamiento. La demostración es fácil.

Puesto que ya lo hemos dicho de pasada, volvamos a la pregunta que no podía dejar de estar en todos los labios: pero ¿de qué se trata en efecto, realmente, en este mecanismo del reconocimiento especular del Sujeto y de los sujetos, y de la garantía dada a los sujetos por el Sujeto si aceptan su sujeción a las «órdenes» del Sujeto? La realidad de la que se trata en este mecanismo, la que es desconocida en las formas mismas del *reconocimiento,* el cual es por tanto necesariamente *desconocimiento,* es en último término la reproducción de las relaciones de producción y demás relaciones que derivan de estas.

---

[46] *La Internacional:* himno revolucionario de los partidos socialistas y comunistas, así como, hasta la II Guerra Mundial, de la Unión Soviética. Con letra del francés Eugène Pottier (1816-1877) y música del belga Pierre Degeyter (1848-1934), fue interpretada por primera vez en la fiesta de los trabajadores de Lille de 1888. La cita de Althusser altera un poco el segundo verso de la segunda estrofa del texto original: «Ni Dios, ni César, ni tribuno». [N. del T.]

[47] Véase la ideología del «culto a la personalidad», establecida entre otras cosas sobre lo que sobrevivió de la ideología zarista con resonancias religiosas del «Padrecito de los Pueblos». La ideología actualmente desarrollada en los Partidos comunistas occidentales tiende a decir que no han practicado por su cuenta la ideología del «culto a la personalidad» en absoluto (PC italiano), o solamente en el caso de una expresión desafortunada: «el Partido de Maurice Thorez» (PCF). La ideología de la «crítica del culto a la personalidad» sigue siendo una ideología, que tiene por tanto, a pesar de sus esfuerzos de «descentramiento» o de… denegación, un centro en alguna parte. ¿Dónde? Desde los «acontecimientos» de Checoslovaquia, este «centro» es un poco difícil de identificar: demasiado militar, a la ideología política esto no le gusta. Si, por otra parte, se quiere examinar, a la luz de nuestros análisis, la expresión togliatiana[a] del «policentrismo» del Movimiento obrero internacional, o la frase «ya no hay país socialista-guía», o incluso la ausencia, desde la supresión de la III, de toda Internacional, así como, en fin, la escisión del Movimiento Comunista internacional actual, se verán ejemplos variados de una «descentración» en marcha, a decir verdad heteróclitos y no siempre «trabajados» ni «controlados» por la ciencia marxista-leninista… pero llegará un día en el que la reunificación del Movimiento comunista internacional se asegurará en formas que garanticen el máximo de «descentración» posible. *Pazienza*. [N. del A.]

– [a] Palmiro Togliatti (1893-1964): político italiano. En 1921 fue uno de los fundadores del Partido Comunista Italiano. Tras la instauración del fascismo emigró a la URSS. De vuelta en Italia, fue ministro sin cartera del gobierno Badoglio (1944), y participó en otros gobiernos hasta que en 1947 los comunistas fueron excluidos del poder. Se convirtió entonces en líder de la oposición de extrema izquierda. En el interior del Partido abogó por la desestalinización y, con motivo del conflicto entre Moscú y Pekín, afirmó la libertad de elegir su orientación para los partidos comunistas nacionales. [N. del T.]

VIII. Cómo «funciona» concretamente la ideología

Queda por mostrar con algunos ejemplos concretos cómo toda esta extraordinaria (y simple) mecánica funciona en su complejidad concreta efectiva.

¿Por qué «simple»? Porque el principio del efecto ideológico es simple: reconocimiento, sujeción, garantía... el todo centrado sobre la *sujeción*. La ideología hace «marchar» a los individuos siempre-ya sujetos, es decir, a usted y a mí.

¿Por qué compleja? Porque cada sujeto (usted y yo) está sujeto a varias ideologías relativamente independientes, aunque unificadas bajo la unidad de la ideología de Estado. Existen en efecto, lo hemos visto, varios aparatos ideológicos de Estado. Cada sujeto (usted y yo) vive, pues, a la vez en y bajo varias ideologías cuyos efectos de sujeción se «combinan» en sus propios actos, inscritos en prácticas, regulados por rituales, etcétera.

Esta «combinación» no va sola: de ahí lo que en el maravilloso lenguaje de nuestra filosofía oficial se llaman los «conflictos de deberes». ¿Cómo reconciliar deberes familiares, morales, religiosos, políticos, etc., cuando «ciertas» circunstancias se presentan? Entonces hay que elegir, e incluso cuando no se elige (conscientemente, tras la «crisis de conciencia» que forma parte de los rituales sacros que hay que respetar en este caso), eso se elige solo. Así, en el 40, tras la extraña derrota de Francia en la «guerra de broma», De Gaulle eligió, Pétain también. Franceses que no tenían el aristocrático apellido de De Gaulle ni sus medios de transporte también «eligieron» quedarse en Francia y batirse como pudieran, en la sombra, con armas improvisadas, arrebatadas a los alemanes, antes de constituir las guerrillas.

Hay otros «conflictos de deberes» y otras elecciones menos espectaculares, pero igual de dramáticos. Para no tomar más que un simple ejemplo, la Iglesia católica (y no Dios Padre) es causante desde hace muchos años de que las parejas cristianas porten una «santa» cruz con el conflicto entre la ideología familiar y la ideología religiosa: objeto de conflicto, la «píldora». Dejo a la imaginación y a la experiencia del lector la tarea de recomponer otros «casos de conciencia», es decir, de chirridos objetivos entre los aparatos ideológicos; por ejemplo, los casos de conciencia de los juristas, magistrados o funcionarios, atrapados entre las órdenes que reciben (o las funciones objetivas que asumen en el aparato de Estado) y su ideología moral (y la Justicia) o política (del Progreso y de la Revolución). Nadie está al abrigo de estos «casos de conciencia», ni siquiera ciertos funcionarios de la Policía.

Dejemos este punto, fácil de desarrollar. Y volvamos al conjunto de nuestra tesis para mostrar cómo y por qué se puede decir que toda formación social «funciona con la ideología», como de un motor de gasolina se dice que «funciona con gasolina».

Hemos señalado de pasada, a propósito del «Derecho», que este tenía como función esencial no tanto asegurar la reproducción de las relaciones de producción, sino regular y controlar el *funcionamiento mismo de la producción* (y de los aparatos que aseguran la reproducción de las relaciones de producción). Ahora podemos comprender algo más, pues hemos observado que, como el Derecho no puede funcionar más que con la ideología jurídico-moral, aun regulando el funcionamiento de las relaciones de producción contribuía al mismo tiempo, por su ideología jurídica, a asegurar la *reproducción de las relaciones de producción,* ininterrumpida en la «conciencia» de cada sujeto, agente de la producción, de la explotación, etcétera.

Ahora podemos decir esto. Los aparatos ideológicos de Estado presentan esta particularidad de pertenecer a la superestructura y, como tal, asegurar, con el escudo y el recurso al aparato represivo de Estado, la reproducción de las relaciones de producción. Pero, como aseguran esta reproducción de las relaciones de producción de la «conciencia» de los sujetos agentes de la producción, etc., estamos obligados a añadir que esta reproducción de las relaciones de producción por los aparatos ideológicos y sus efectos ideológicos sobre los sujetos, agentes de la producción, está asegurada en el funcionamiento de las relaciones de producción mismas.

Dicho de otro modo, la *exterioridad* de la superestructura en relación con la infraestructura, aun estando fundada en el principio, aun siendo una tesis sin la cual nada es inteligible en la estructura y en el funcionamiento de un modo de producción y, por tanto, de una formación social, esta exterioridad se ejerce, en grandísima parte, bajo la forma de la *interioridad.* Quiero decir muy precisamente que ideologías como la ideología religiosa, la ideología moral, la ideología jurídica e incluso la ideología política (hasta la ideología estética: piénsese en los artesanos, artistas y en todos los que tienen necesidad de trabajar, considerándose como «creadores») aseguran la reproducción de las relaciones de producción (esto es, en cuanto aparatos ideológicos de Estado dependientes de la superestructura) en el seno mismo del funcionamiento de las relaciones de producción que contribuyen a «hacer marchar solas».

Por contra, el aparato represivo de Estado no interviene de la misma manera en el interior mismo del funcionamiento de las relaciones de producción. Salvo en caso de huelga general de los transportes, cuando los camiones militares aseguran como pueden una parte de los «transportes públicos», al menos en la región parisina, ni el ejército ni la policía, ni siquiera la administración en su conjunto, intervienen directamente en el interior del funcionamiento de las relaciones de producción, en la producción o en los aparatos ideológicos de Estado. Hay casos límite conocidos en los que la policía, los CRS e incluso el Ejército se emplean para «aplastar» a la clase obrera, pero esto es cuando está en huelga, esto es, cuando la producción se detiene. Pero la producción posee sus propios agentes de represión interna (los directores y todos sus subordinados, cuadros, y hasta los capataces y, piensen lo que piensen o se piense lo que se piense, la mayoría de los «ingenieros» o incluso de los técnicos superiores), cuya existencia e comprende cuando se ha comprendido que no existe división puramente técnica del trabajo, sino una división *social-técnica* del trabajo; es decir, cuando se ha comprendido que en la unidad Fuerzas Productivas / Relaciones de producción (que constituye la Infraestructura determinante, en última instancia, de lo que pasa en la Superestructura) lo que es determinante no son las Fuerzas Productivas, sino, en los límites de las Fuerzas Productivas existentes, las Relaciones de Producción[48].

Ahora bien, esta misma división social-técnica del trabajo en la producción (y con mayor razón en las demás esferas, incluida la división del trabajo en los aparatos de Estado) no funciona sino con la ideología jurídico-moral ante todo, pero también accesoriamente religiosa, política, estética y filosófica. Por lo cual percibimos, si se puede decir claramente, la extrema simplicidad y al mismo tiempo la extrema complejidad del funcionamiento de la producción y de las demás esferas de actividad de una formación social. Por lo cual vemos también que es indispensable rectificar de nuevo nuestra antigua representación «topográfica» de las relaciones entre la Superestructura y la Infraestructura.

IX. Infraestructura y Superestructura

La infraestructura está dominada por las relaciones de producción. Las relaciones de producción funcionan (por supuesto, sobre la base de los procesos materiales de trabajo que producen objetos de utilidad social como mercancías) a la vez como relaciones de producción (que permiten el juego de los procesos de trabajo) y como relaciones de explotación. Este funcionamiento de las relaciones de producción lo aseguran:

1. Agentes de la explotación y de la represión interior en el proceso de explotación mismo y no exterior: no son policías y militares los que aseguran las funciones de vigilancia-control-represión en el proceso de producción, sino agentes del proceso de producción mismos (los Directores y sus subordinados, hasta los capataces, y también la mayoría de los ingenieros y de los técnicos superiores). Este personal puede poner en sus funciones todo el «tacto» imaginable y utilizar todas las técnicas de «vanguardia» de las *public relations* o *human relations,* es decir, de la psicología y de la psicosociología; tener todos los escrúpulos y refinamientos «morales» que se quiera, incluidas crisis y tomas de consciencia adecuadas para, en ciertos casos, hacerlos propender, si no bascular, del lado de los proletarios: mas pertenecen no menos objetivamente al personal represivo interno del funcionamiento de las relaciones de producción.

---

[48] Esta tesis se demostrará en otro lugar. *[N. del A.]* – Cfr. Apéndice. *[N. del E.]*

2. El juego de los efectos de las diferentes ideologías, ante todo de la ideología jurídico-moral, que desemboca en este resultado de que, en la inmensa mayoría de los casos, «cada cual cumple con su deber» en su puesto, incluidos los proletarios con el suyo, por «conciencia profesional» del trabajo bien hecho, incluidos los proletarios cuando cumplen con su «deber político» (burgués) de proletarios aceptando la ideología burguesa jurídico-moral de su salario como representante del «valor de su trabajo», la ideología tecnológica burguesa de que «ha de de haber directores, ingenieros, capataces, etc. para que la cosa marche» y toda la pesca.

En la producción, el funcionamiento de las relaciones de producción lo asegura una combinación de represión y de ideología en la que es la ideología la que desempeña el papel dominante.

La Superestructura se reagrupa por entero en torno al Estado. Comprende, al servicio de los representantes de la clase (o de las clases) en el poder, los aparatos del Estado. El aparato represivo y los aparatos ideológicos de Estado.

El papel fundamental de la Superestructura, esto es, de todos los aparatos de Estado, es asegurar la perpetuación de la explotación de los proletarios y otros trabajadores asalariados, es decir, asegurar la perpetuación, esto es, la reproducción, de las relaciones de producción, que son al mismo tiempo relaciones de explotación.

El aparato represivo de Estado asegura varias funciones. Una parte (el destacamento especializado en las sanciones pronunciadas por el aparato ideológico jurídico) asegura la prevención de las infracciones, la captura de los contraventores y la sanción material de los juicios de contravención jurídica. Esta misma parte + los destacamentos especializados en la lucha de clase violenta (CRS, etc.) + el Ejército aseguran una función general de garantía política material de las condiciones del funcionamiento de los aparatos ideológicos de Estado.

Son, pues, los aparatos ideológicos de Estado los que asumen la función fundamental de la reproducción de las relaciones de producción… y de las relaciones que de ahí derivan (incluso en el seno mismo de su propio «personal», que también debe ser reproducido). Ahora bien, acabamos de ver que esta función, aunque supera ampliamente la función puramente interior en el ejercicio normal del juego de las relaciones de producción, se ejerce en el seno mismo del juego de las relaciones de producción. Vimos que el «Derecho» era un aparato ideológico de Estado especializado ante todo en la garantía del funcionamiento de las relaciones de producción. Ahora constatamos que nos es menester extender esta proposición y decir que *los demás aparatos ideológicos de Estado no aseguran la reproducción de las relaciones de producción más que a condición de asegurar al mismo tiempo, para una parte de su propia intervención, el juego mismo de las relaciones de producción.*

De ahí se sigue que la imbricación, no general y vaga, sino sumamente precisa, entre la Superestructura y la Infraestructura se ejerce ante todo mediante los aparatos ideológicos de Estado, los cuales no figuran en la superestructura más que en la medida en que la mayor parte de su «actividad» se ejerce en el juego mismo de las relaciones de producción para asegurar la reproducción de las relaciones de producción.

Con esta nueva precisión no se vuelve a poner en tela de juicio nada de lo que la Topografía nos mostraba, es decir, la determinación en última instancia de la Superestructura por la Infraestructura. Muy por el contrario, este principio capital es no solamente salvaguardado, sino aun reforzado por nuestros análisis. A cambio, conseguimos pasar de una teoría todavía demasiado descriptiva a una teoría más «teórica», que nos hace patente la complejidad precisa de la imbricación entre la Superestructura y la Infraestructura por el juego de los aparatos ideológicos de Estado y el hecho de que estos aseguran la reproducción de las relaciones de producción en gran parte asegurando el juego de las relaciones mismas de producción.

X. Un ejemplo concreto

¿Se ha de añadir, para no quedarse en nociones también precisas, pero asimismo abstractas, que esto puede verificarse empíricamente en la vida cotidiana de los sujetos individuales, cualquiera que sea el puesto que ocupen en la «División del trabajo» social-técnica (producción) o social a secas (explotación, represión, ideologización) y científica?

Concretamente, esto quiere decir, por no poner más que estos ejemplos que todo lector podrá extender por sí mismo hasta el infinito, que:

1. Un proletario no trabajaría si no se viera forzado a ello por la «necesidad», pero también si no estuviera sujeto por la ideología jurídica (he de trabajar a cambio de mi salario), por una ideología económico-moral del trabajo (cfr. la burla verídica de René Clair: «el trabajo es obligatorio porque el trabajo es la libertad»[49]) o, si «no alcanzara», por una ideología religiosa del trabajo (hay que sufrir para merecer la salvación, Cristo fue obrero, la «comunidad» del trabajo es el esbozo de la «comunidad» de los Espíritus), etcétera.

2. Un capitalista dejaría de ser capitalista si sus «necesidades» y sobre todo la competencia (en el límite, la competencia de los capitales que se enfrentan sobre la base de la tasa de ganancias medias) no lo forzaran a ello, pero además si no estuviera sostenido por la idea que se hace de sí mismo en función de una buena ideología jurídico-moral de la propiedad, de las ganancias y de los beneficios que dispensa,

---

[49] René Clair (1898-1981): cineasta y escritor francés. La frase citada por Althusser la dicta un maestro de escuela a sus alumnos en la película por él dirigida en 1931 *À nous la liberté* (conocida en español como *¡Viva la libertad!*) [N. del T.]

gracias a su capital, a sus obreros (yo pongo mi dinero, ¿no? ¿Yo lo arriesgo? Entonces se me debe algo *a cambio:* las ganancias. Por lo demás, hace falta un patrono para dirigir a los obreros: ¿y sin mí de qué vivirían?).

3. Un funcionario del Ministerio de Hacienda... un profesor de instituto, un profesor de universidad, un investigador, un psicólogo, un sacerdote, un oficial, un Ministro, el jefe de Estado mismo... un padre de familia, una madre, un estudiante, etc. (complétese la ilustración para cada categoría).

Para poner otro tipo de ejemplo y para ver cómo los efectos de diferentes ideologías se combinan, se agregan, cohabitan o se contradicen, veamos qué pasa en algunos rituales prácticos de un obrero (recuerdo al lector que la ideología existe, en definitiva, en estos rituales y los actos que determinan en las prácticas en las que figuran).

Consideremos solamente los rituales de la contratación o, más simplemente aún, el ritual de la salida de la fábrica al final de la jornada. (Lo que sigue es la transcripción fiel de las declaraciones que me hizo un día un camarada, tornero en Citroën.)

El proletario, acabada la jornada de trabajo (ese momento esperado desde la mañana), cuando suena la sirena, abandona todo, «también abruptamente», y se dirige hacia el lavabo y los vestuarios. Se lava, se cambia, se peina: se convierte en otro hombre. El que va a entrar en casa a encontrarse con la mujer y los niños. Una vez de vuelta en casa, está en un mundo totalmente distinto: nada que ver ya con el infierno de la fábrica y los ritmos. Pero al mismo tiempo, sin transición, ahí está metido en otro ritual: el ritual de las prácticas y de los actos (libres, naturalmente) de la ideología *familiar,* las relaciones con la mujer, los chicos, los vecinos, los parientes, los amigos, y luego, el domingo, se ve inmerso en otros rituales, los de sus fantasías o manías (siempre libres): el fin de semana en el bosque de Fontainebleau o el jardincillo en las afueras (en algunos casos), el deporte, la tele, la radio, Dios sabe qué; luego las vacaciones, más rituales (la pesca, el camping, turismo y Trabajo, Pueblo y Cultura[50], Dios sabe qué).

Atrapado en estos otros «sistemas», añadía mi camarada, ¿cómo quieres que en ciertas circunstancias no se convierta en un hombre distinto del de la fábrica, por ejemplo un hombre totalmente distinto de, digamos, el militante sindical o el afiliado a la CGT que es? Este otro «sistema» es, por ejemplo (este es muy frecuentemente el caso), el ritual de la ideología pequeñoburguesa de la Familia. Entonces el

---

[50] «Turismo y trabajo» y «Pueblo y cultura» fueron creados en los años cuarenta por comunistas y otros miembros activos de la Resistencia, los últimos para dar a obreros y campesinos acceso al conocimiento y la cultura en su tiempo libre, los primeros para proporcionar a los obreros vacaciones a precios asequibles mientras se promovía su «fraternidad» y el acceso a la cultura. En los años sesenta, «Pueblo y cultura» se concentró en el alquiler de casas de vacaciones baratas para obreros en zona turísticas. *[N. del T.]*

proletario, «consciente y organizado» cuando está con sus camaradas de trabajo en el sindicato, ¿estaría por casualidad atrapado en otro sistema ideológico pequeñoburgués, una vez de vuelta en casa? ¿Por qué no? Esto sucede, y puede explicar muchas cosas. No solamente todas las historias con los chicos que plantean problemas «escolares», por supuesto, sino también muchas historias políticas singulares que pueden acabar en resultados electorales «inesperados». Pues ya se sabe cómo pasan las cosas cuando se vota. Se ha oído, como por casualidad, a De Gaulle en la tele o en la radio (jugando el muy astuto la baza del nacionalismo y de la reconciliación de los franceses, de la Grandeza de Francia y toda la música conveniente). Se va a votar en familia el domingo, una papeleta de voto anónima en la urna después de pasar por la cabina, ni visto ni conocido. Basta con un instante de vértigo conformista para que uno ceda a la ideología electoral política pequeñoburguesa, ante todo nacionalista: vota a De Gaulle. El sindicato había, sin embargo, proclamado que no había que votar a De Gaulle. Al día siguiente, uno está seguro de encontrar en *Le Monde* el artículo (otro ritual) de J. Fauvet[51] hablando de la ley del «péndulo» en los resultados electorales.

Evidentemente. Pero al día siguiente el proletario regresa a su fábrica, se reencuentra con los compañeros. A Dios gracias, no todos han tenido la misma reacción. Pero no es fácil ser toda la vida, toda la vida, toda la vida de uno, un militante sindical ni con mayor razón un militante revolucionario. Sobre todo cuando «no pasa nada».

Cuando no pasa nada es que los aparatos ideológicos de Estado han funcionado perfectamente. Cuando dejan de funcionar, de reproducir en la «conciencia» de todos los sujetos las relaciones de producción, entonces pasan «acontecimientos», como se dice, más o menos grandes, como en Mayo, el comienzo de un primer ensayo general. Con al final, un día u otro, tras una larga marcha, la Revolución.

A modo de conclusión provisional

Detengo aquí, al final de este tomo I, el análisis emprendido.
Lo proseguiré en un tomo II, que aparecerá ulteriormente.
En él examinaré sucesivamente las cuestiones siguientes:
1. las clases sociales
2. la lucha de clases
3. las ideologías

---

[51] Jacques Fauvet (1914-2002): periodista francés. En 1960 fue nombrado editor del periódico francés *Le Monde,* que, bajo su dirección, se volvió más favorable a la izquierda representada por el PCF y el Partido Socialista. *[N. del T.]*

4. las «ciencias»

5. la filosofía

6. el punto de vista de la clase proletaria en filosofía

7. la intervención filosófica revolucionaria en la práctica científica y en la práctica de la lucha de clase proletaria.

De este modo volveremos al «objeto» del que hemos partido, la filosofía, y podremos responder a nuestra pregunta inicial: ¿qué es la filosofía marxista-leninista? Pero, mientras tanto, nuestra pregunta inicial se habrá modificado «ligeramente».

Marzo-abril del 69

Apéndice
De la primacía de las relaciones de producción sobre las fuerzas productivas

Sobre esta tesis absolutamente fundamental y que ha sido la clave de una parte de la historia del Movimiento Socialista y luego Comunista Internacional es preciso que las cosas estén *tan claras como sea posible*.

¿Por qué tan claras como sea posible y no perfectamente claras? ¿Por qué esta limitación y esta clase de reserva? Porque:

1/ Las cosas no están claras y no son fáciles de aclarar en la cabeza de muchos marxistas y militantes comunistas mismos a causa de la Historia que han vivido.

2/ Porque, más allá de las confusiones producidas por esta historia, están expuestos a la influencia de la ideología burguesa, que es fundamentalmente «economista» y no cesa de insinuarles (y hasta imponerles) la falsa evidencia de que todo depende en última instancia de las Fuerzas Productivas, en particular del «impetuoso desarrollo de las Ciencias y las Técnicas», de la «prodigiosa mutación» (sic) de la que nosotros seríamos testigos.

3/ Porque, desafortunadamente, existen textos de Marx muy ambiguos, por no decir más, ante todo un texto entre ellos, el célebre «Prefacio» a la *Crítica* de 1859, texto que ha sido la Biblia de la II Internacional y de Stalin.

4/ Porque la cuestión es teóricamente muy difícil de enunciar de una forma perfectamente elaborada, y requerirá esfuerzos y tiempo.

Dicho esto, he aquí la Tesis en cuestión, a la cual doy la siguiente forma precisa: «*En la unidad específica de las Fuerzas de Producción y de las Relaciones de Producción que constituye un modo de Producción, las que, sobre la base y dentro de los límites objetivos fijados por las Fuerzas Productivas existentes, desempeñan el papel determinante son las Relaciones de Producción*».

La polémica se desencadena enseguida. Voy a desencadenarla yo mismo.

Van, en efecto, a oponerse enseguida a esta Tesis unos textos de Marx. En primer lugar, las famosas frases de *Miseria de la filosofía* (1847)[1] en las que Marx dice: con el molino de agua tenéis el Feudalismo, con la máquina de vapor tenéis el capitalismo. Son, pues, las Fuerzas Productivas las que, según su «nivel de desarrollo», dan en cierto modo *sus* Relaciones de Producción, entiéndase las Relaciones de producción correspondientes, adecuadas a estas Fuerzas Productivas. Toda revolución en las Fuerzas Productivas que comporte una no correspondencia con las Relaciones de Producción antiguas provoca una revolución en las Relaciones de Producción que pone las nuevas Relaciones de Producción en nueva (y adecuada) correspondencia con las nuevas Fuerzas productivas.

Esto se dice claramente en el famoso «Prefacio» (publicado por Marx mismo en 1859, esto es, reconocido por él mismo como justo) a la *Contribución a la crítica de la economía política*. Traduzco el pasaje esencial de este *Prefacio* basándome en el texto alemán de la edición Dietz (*Zur Kritik...*, pp. 13-14)[2]:

«En la producción social de su vida, los hombres entran en relaciones determinadas, necesarias e independientes de su voluntad, Relaciones de producción que corresponden a un grado de desarrollo determinado de sus Fuerzas productivas materiales. El conjunto de estas Relaciones de producción representa la estructura económica de la sociedad, la base real sobre la que se eleva una superestructura jurídica y política, y a la cual corresponden formas de conciencia social determinadas. El modo de producción de la vida material condiciona en general el proceso de vida social, política y espiritual. No es la conciencia de los hombres la que determina su ser, sino, a la inversa, su ser social el que determina su conciencia. *En un cierto grado de su desarrollo, las Fuerzas productivas materiales de la sociedad entran en contradicción con las Relaciones de producción existentes* o, lo que no es más que una expresión jurídica para designarlas, con las Relaciones de propiedad *en cuyo seno se habían movido hasta entonces. De formas de desarrollo de las Fuerzas productivas, estas Relaciones se invierten en trabas de las mismas Fuerzas productivas.* Se entra entonces en una época de revolución social. Con el cambio de la base económica, toda la prodigiosa Superestructura se viene abajo más o menos rápidamente... *Una formación social no desaparece jamás antes de que todas las Fuerzas productivas que ella es lo bastante vasta para contener se hayan desarrollado; y Relaciones de producción nuevas y superiores no ocupan jamás el lugar de las antiguas antes de que sus condiciones materiales de existencia no hayan madurado-eclosionado en el seno de la antigua sociedad. Por eso la Humanidad no se propone nunca más que tareas que puede cumplir, pues, considerando las cosas de más cerca, se encuentra cons-*

---

[1] Ed. cast. cit., p. 126 *[N. del T.]*
[2] Ed. cast. cit.: pp. 37-38. *[N. del T.]*

tantemente que la tarea misma no surge más que cuando las condiciones materiales de su cumplimiento están ya presentes o al menos atrapadas en el proceso de su devenir. A grandes rasgos, los modos de producción asiático, antiguo, feudal y moderno-burgués pueden designarse como épocas progresivas de la formación social económica. Las relaciones de producción burguesas son la última forma antagonista del proceso de producción social, antagonista no en el sentido del antagonismo individual, sino de un antagonismo nacido de las condiciones sociales de vida de los individuos; pero las Fuerzas productivas que se desarrollan en el seno de la sociedad burguesa crean al mismo tiempo las condiciones materiales para la resolución de este antagonismo. *Esta formación social cierra por consiguiente la prehistoria de la sociedad humana».*

Un detalle: las cursivas del texto no son de Marx, sino mías, se va a ver por qué dentro de un instante.

Y una observación: no es cuestión de hacer un proceso fuera de lugar a un texto tan corto, por fuerza sumamente condensado. Nótese, sin embargo, que en este texto no se hace explícitamente mención ni del Estado ni de las clases sociales, ni siquiera implícitamente de la *lucha de clases,* que no obstante desempeñan, lo había afirmado el *Manifiesto,* el papel «motor» en toda la historia humana y en particular en las «revoluciones sociales», aquí sólo invocadas por mor de la contradicción entre Fuerzas productivas y Relaciones de producción. Este extraño silencio tal vez no se deba solamente a las exigencias de la condensación de la exposición.

Otra observación: este texto es prácticamente el único texto de Marx que contiene una exposición de los principios fundamentales del Materialismo Histórico. Por eso se ha convertido en clásico. Stalin lo reprodujo casi palabra por palabra en su artículo «Materialismo dialéctico y materialismo histórico». En cambio, hasta donde yo sé (que es limitado), Lenin no lo puso nunca en el centro de su reflexión ni de su acción, ni lo propuso como la Biblia, por más que sumamente abreviada, del materialismo histórico. De él solamente cita los pasajes incontestables.

Una última observación, en fin: sabemos, por su correspondencia con Engels, que por casualidad en 1858 Marx había «releído» con admiración la *Gran lógica*[3] de Hegel. La influencia hegeliana, manifiesta en los *Grundrisse*[4], que datan del periodo 57-59, me parece palmaria en este Prefacio. Recuerdo que *El Capital,* que suena muy diferente, data de *8 años más tarde.*

Ahora bien, esta es mi demostración.

---

[3] Ed. cast.: *Ciencia de la lógica,* Buenos Aires, Solar, 1970. [N. del T.]
[4] Ed. cast.: *Elementos fundamentales para la crítica de la economía política,* 3 vols., Madrid, Siglo XXI, 2013. [N. del T.]

El conjunto de los términos que he puesto en cursiva pertenece a la filosofía hegeliana, como cualquiera que haya leído un poco a Hegel (y en particular su *Filosofía de la historia*[5], sobre todo su *Introducción*) puede constatar y debe reconocer. Preciso: no se trata simplemente de un préstamo de la terminología hegeliana, sino de una recuperación de la *concepción* hegeliana misma, con una diferencia importante, pero que no cambia nada en el fondo. El conjunto de estos términos hegelianos forma, en efecto, un sistema que funciona en el texto de Marx según la concepción hegeliana misma.

Esta concepción es la de la alienación, que se expresa en la dialéctica de la correspondencia y de la no correspondencia (o «contradicción», «antagonismo») entre la Forma y el Contenido. La dialéctica de la no contradicción («correspondencia») y de la contradicción («no correspondencia») entre *la Forma* y *el contenido,* así como la dialéctica de los *grados* de desarrollo de las Fuerzas productivas (en Hegel los *momentos* del desarrollo de la Idea), son hegelianos al cien por cien.

Lo que es de Marx en este texto son los conceptos de Fuerzas productivas, Relaciones de producción, base y superestructura, y de formación social. Estos conceptos ocupan el lugar de las siguientes nociones hegelianas: contenido del momento de la Idea, interioridad-objetivación, formas de desarrollo de este contenido, «pueblo». Las nociones hegelianas son simplemente sustituidas por los nuevos conceptos marxistas. El conjunto *funciona con la dialéctica hegeliana* de la alienación no contradictoria y luego contradictoria entre *el Contenido* y *la Forma,* esto es, sobre la base teórica de la concepción hegeliana misma.

Según esta concepción hegeliana, cada «pueblo histórico» representa un momento (grado) en el desarrollo de la Idea; el contenido de este grado se ha formado en el seno del antiguo momento desarrollado en el antiguo «pueblo» como el hueso de una almendra, y en un momento dado el nuevo contenido (la almendra) entra en contradicción con la antigua forma (la corteza) y la hace estallar para darse sus propias formas de desarrollo (su nueva corteza)[6]. Este proceso Hegel lo piensa bajo la forma de la exteriorización-alienación del contenido en sus propias formas: en el seno de estas formas se constituye de nuevo, como germen al principio, luego cada vez más consistente, un nuevo núcleo, una nueva almendra (un nuevo «grado», «superior», en el «desarrollo» de la Idea), que va a entrar en contradicción con la Forma (corteza) existente, y el proceso continúa hasta el final de la Historia, cuando la última contradicción se resuelve (para Hegel en la unidad de la Revolución francesa y de la religiosidad alemana consagrada por su propia filosofía).

---

[5] Ed. cast.: *Lecciones sobre la filosofía de la historia universal,* Madrid, Revista de Occidente, 1974. [N. del T.]

[6] La imagen es de Hegel.

De vuelta al texto de Marx, se encuentra palabra por palabra el mismo esquema, con el desarrollo de las Fuerzas productivas materiales en grados progresivos, «superiores», en lugar del desarrollo de los «grados» o momentos del desarrollo de la Idea. También se encuentra ahí la tesis de que cada grado (del desarrollo) de las Fuerzas productivas debe desarrollar todos sus recursos en el espacio que le reservan las Relaciones de producción existentes antes de que intervenga la contradicción fatal en las relaciones de producción, que entonces no son ya «bastante vastas» para contener, como su forma, el nuevo contenido, etc. Se encuentra también esta finalidad que hace que en todo momento esté en gestación en una formación social el futuro que va a sustituir al pasado, lo cual fundamenta esta tesis famosa de que «la Humanidad (extraño concepto "marxista") no se plantea nunca más que las tareas que puede cumplir», pues los medios de su cumplimiento ya están cada vez, como providencialmente, a disposición y al alcance de la mano. Se encuentra asimismo esta finalidad que hará las delicias del evolucionismo de la II Internacional (adoptado por Stalin): la sucesión regulada y «progresiva» de los modos de producción que tiende al final de las sociedades de clase. ¿Sorprende entonces la ausencia de toda mención de la *lucha de clases,* pues todo, aparentemente, se regula mediante el juego de la «correspondencia» y subsiguiente contradicción entre el contenido (las Fuerzas productivas) y la forma (las relaciones de producción)?

Una vez más, no se trata de llevar a Marx [a juicio] por haber escrito estas líneas muy equívocas, ni siquiera por haberlas publicado (cuando no publicó otros textos aún más dudosos –como los *Manuscritos del 44* o incluso *La ideología alemana*). Pues *El capital* entero protesta contra este hegelianismo en su espíritu más profundo y, salvo algunas fórmulas desafortunadas pero raras, en su letra. En *El capital,* en efecto: 1/ la unidad de las Fuerzas productivas y de las Relaciones de producción no se piensa más en absoluto como la relación de un Contenido con su Forma; y 2/ el acento se pone en las Relaciones de producción, cuya primacía se afirma sin contestación.

Debemos, sin embargo, levantar acta de un hecho histórico de grandísima importancia para la historia del Movimiento obrero. Aquí no presento más que un elemento, el cual no es después de todo más que un síntoma, pero creo que lo bastante serio para merecer reflexión.

Se constata que en la historia del Movimiento obrero marxista este famoso y desafortunado «Prefacio» del 59 constituyó la Ley y los Profetas para algunos, y fue completamente dejado de lado por otros. Dicho de otro modo, la Historia del Movimiento obrero marxista se podría escribir considerando la respuesta dada a la pregunta: en la unidad de las Fuerzas productivas / Relaciones de producción, ¿a qué elemento otorgar teórica y políticamente la *primacía*?

Unos respondieron (en sus textos y sus actos): la primacía hay que otorgársela a las Fuerzas productivas. Son la mayor parte de los líderes de la II Internacional, con Bernstein[7] y Kautsky[8] a la cabeza por una parte, y Stalin por la otra.

Los otros respondieron (en sus textos y sus actos): la primacía hay que otorgársela a las Relaciones de producción. Son Lenin y Mao. No por casualidad, Lenin y Mao condujeron a sus Partidos comunistas a la victoria de la Revolución.

Yo simplemente planteo la siguiente pregunta. ¿Cómo, si Lenin y Mao hubieran adoptado por un solo instante la tesis central del Prefacio –«una formación social no desaparece jamás antes de que todas las Fuerzas productivas que ella es lo bastante vasta para contener se hayan desarrollado; y Relaciones de producción nuevas y superiores no ocupan jamás el lugar de las antiguas antes de que sus condiciones materiales de existencia no hayan madurado-eclosionado en el seno de la antigua sociedad»–, cómo podrían Lenin y Mao haberse puesto por un solo instante al frente del Partido y de las Masas, y hacer triunfar la Revolución socialista?

Esta era la misma tesis de Kautsky contra Lenin, acusándolo de haber «hecho la Revolución demasiado pronto» en un país atrasado, en el que las Fuerzas productivas estaban a mil leguas de hallarse lo bastante desarrolladas para «merecer» recibir (por aquel redomado golpista-voluntarista que era Lenin…) Relaciones de producción evidentemente «prematuras». Kautsky habría podido incluso añadir (y tal vez lo hizo: habría que leerlo) que las fuerzas productivas de la Rusia capitalista, una vez desembarazada de aquel estorbo que era Nicolás II, estaban muy lejos de haber desarrollado *todos* sus recursos en las nuevas relaciones de producción capitalistas, ya muy desarrolladas antes de la caída del zarismo…

¿Y qué decir entonces de China, cuyo desarrollo de las fuerzas productivas estaba por debajo de las fuerzas productivas rusas del 17 en el momento de su revolución del 49? De haber estado aún vivo, Kautsky habría podido vituperar aún mejor el «golpismo-voluntarismo» de Mao… Dejemos estas cuestiones, aún candentes, no solamente debido a lo que de lejos podemos percibir que estaba en juego en China durante el Gran Salto Adelante, luego en el desalojo de Mao y en su retorno al poder en la Revolución Cultural Proletaria. A mí me parece que esta cuestión de la prima-

---

[7] Eduard Bernstein (1850-1932): político alemán. Militante del Partido Socialdemócrata Alemán desde 1870, evolucionó desde la ortodoxia marxista hasta un socialismo reformista que acabó imponiéndose en ese partido. [N. del T.]

[8] Karl Kautsky (1854-1938): Político alemán. Teórico del Partido Socialdemócrata Alemán, en 1891 lideró la tendencia marxista que se impuso sobre el reformismo de Bernstein y la II Internacional. Pero la idea de la inevitabilidad de la evolución (no revolución) que llevaría al socialismo fue conduciéndolo hacia posiciones reformistas. Cuando los nazis tomaron el poder emigró primero a Checoslovaquia y luego a Holanda, donde murió. [N. del T.]

cía de las fuerzas productivas o de las Relaciones de producción debió de desempeñar de nuevo un cierto papel.

Pero hablemos de lo que nos es más próximo y de lo que conocemos mejor, no del «culto a la personalidad», sino de la política de Stalin tal como se diseña en torno a los años treinta y se aplicará con una tenacidad sin tregua. No creo que sea casual que Stalin haya asumido palabra por palabra en 1938 las tesis del «Prefacio» de 1859.

La política de Stalin se puede caracterizar incontestablemente (en la medida en que, a partir del «giro» de los años 30-32, él fue el único en decidir en última instancia) diciendo que fue *la política consecuente de la Primacía de las Fuerzas productivas sobre las relaciones de producción*. A este respecto sería interesante examinar a la vez la política de planificación de Stalin, su política campesina, el papel que hizo desempeñar al Partido y hasta ciertas fórmulas estupefacientes como la que, calificando «al hombre del más precioso *capital*», trata manifiestamente del hombre bajo el único aspecto de la fuerza de trabajo, es decir, como un puro y simple elemento de las fuerzas productivas (piénsese en el tema relacionado del estajanovismo).

Desde luego, esta política se puede justificar por la necesidad absolutamente urgente de dotar a la Rusia soviética, amenazada por el cerco y la agresión imperialistas, de Fuerzas productivas y de una industria pesada que le permitieran afrontar la prueba previsible, por cuanto casi inevitable, de la guerra. Desde luego, también se puede decir que la acumulación primitiva socialista no podía, con esta urgencia, hacerse más que sobre los hombros de la clase campesina, y casi «por todos los medios», etc. Desde luego, se puede asimismo añadir que el grueso de la clase obrera que había hecho la Revolución del 17 había sido masacrada en la guerra civil abierta y en la guerra civil larvada que imperó durante años en el campo, en las que tantos militantes obreros se hicieron simplemente matar, y que el Partido de Stalin no podía ser ya el Partido de Lenin tras estas masacres y años de hambruna. Estoy de acuerdo.

Pero no puedo evitar plantear la pregunta que me atormenta… pues nos atormenta a todos: ¿no habría vuelto Stalin, como hace su texto de 1938, más acá de la política de Lenin, hacia la tradición de la política de la II Internacional, la de la primacía de las Fuerzas productivas sobre las Relaciones de producción? ¿Es que, a pesar de todas las dificultades objetivas, no era posible otra política, no lo ha sido *durante mucho tiempo*, hasta el momento en que la lógica de la política escogida ha sido más fuerte que todo y ha provocado lo que sabemos: a la vez la victoria sobre el nazismo, pero también masacres sistemáticas cuyos métodos y amplitud dejan estupefacto… por no decir otra cosa?

Y puesto que estoy ahí, sumamente consciente a la vez de lo poco que propongo con respecto a acontecimientos aún desmesurados para nuestra inteligencia y del riesgo que corro, para volver a la URSS tras el XX Congreso y a todos los espinosos problemas debatidos sobre la cuestión de la planificación, de la «liberalización», etc., *¿no lleva a cabo* a este respecto *la URSS actual,* una vez suprimidos los abusos policiales de la política de Stalin, *la misma política de la Primacía de las Fuerzas productivas*? Todo lo que es posible leer procedente de la URSS, todas las conversaciones que se pueden mantener con soviéticos, la inverosímil tesis enunciada por Kruschev (no desmentida desde entonces) según la cual la Dictadura del Proletariado estaba superada en la URSS, y la URSS entraba en el periodo de la construcción del… comunismo, la otra tesis de que la competición *económica* con los EEUU debe decidir el destino del socialismo en el resto del mundo (la famosa historia del «socialismo gulash»: cuando «ellos» vean lo que *producimos,* ¡serán ganados para el socialismo!), todo esto da que pensar y no puede evitar que se nos venga a la boca la pregunta: *¿hacia dónde va la Unión Soviética? ¿Lo sabe ella?*

Vuelvo a mi proposición sobre la primacía de las Relaciones de producción sobre las Fuerzas productivas. Un inmenso trabajo de elaboración teórica se ha de efectuar para pronunciarse sobre esta cuestión: saber qué son las Fuerzas productivas y las Relaciones de producción, no solamente en un modo de producción dado, sino también en una formación social en la que existen varios modos de producción bajo la dominación de uno de ellos; saber qué sucede con esta unidad en una formación social capitalista *en el estadio del imperialismo,* el cual añade determinaciones suplementarias no secundarias, sino esenciales, a la cuestión de esta «unidad». ¿Cómo no ver, por ejemplo, que si la Revolución del 17 y la revolución china estallaron tras guerras mundiales allí donde estaban «los eslabones más débiles», estos eslabones más débiles eran los de una cadena que se llama el *Imperialismo*? ¿Cómo no ver que, si estas revoluciones triunfadoras en países tecnológicamente atrasados pudieron y pueden recuperar el atraso de sus Fuerzas productivas en un tiempo relativamente corto, es en función del estado mismo de las Fuerzas productivas mundiales, en particular del estado mundial muy avanzado de la *tecnología?*

Por eso, considerándolo todo, y para no dar la impresión de que cedo a una tendencia teórica aventurista-voluntarista, he escrito y repito que la Primacía de las Relaciones de producción sobre las Fuerzas productivas no puede invocarse indiscriminadamente, sino *sobre la base y dentro de los límites de las Fuerzas de producción objetivas existentes,* teniendo en cuenta el hecho, cuyos límites son también precisos, es decir, dependientes de condiciones precisas, de que lo esencial de las Fuerzas productivas modernas, a saber, la tecnología en su nivel más elevado, está ahora a disposición de todo país que, habiendo consumado su Revolución, pueda recuperar en condiciones entonces inimaginables el atraso de sus Fuerzas productivas. La URSS constituye la prueba, entre 1917 y 1941. China constituye la prueba, aunque sólo fuera por el indicio que representa su bomba atómica.

Cabría desarrollar muchas otras consideraciones, en el plano teórico, sobre la diferencia de las revoluciones que conocemos. La burguesía francesa había desarrollado no solamente sus Fuerzas productivas, sino también una buena parte de sus relaciones de producción *antes* de la Revolución de 1789.

La burguesía capitalista rusa también lo había hecho antes de la Revolución de Febrero. Y la misma observación para la Revolución china. En el caso de la Revolución rusa y de la Revolución china, la Revolución burguesa no la hizo posible más que la participación de inmensas masas populares que enseguida la superaron como Revolución proletaria. No sucede lo mismo entre nosotros: la revolución burguesa tuvo lugar. En el seno de las Formaciones sociales capitalistas occidentales, contrariamente a lo que pasó con las formaciones sociales feudales «en el seno de las cuales» habían efectivamente «empujado» elementos muy fuertes de las relaciones de producción del modo de producción capitalista, no se desarrollan en ninguna parte –y con razón– elementos, ni siquiera poco serios, de relaciones de producción socialistas. Tampoco existen ni en Rusia ni en China. La Revolución adoptará, pues, necesariamente entre nosotros otra forma, *sin el menor concurso o asentimiento de la burguesía,* sino sólo con el concurso de sus víctimas, agrupadas en torno al proletariado.

Nota sobre los AIE

I

El reproche que con más frecuencia se ha dirigido a mi ensayo del 69-70 sobre los AIE ha sido el de *«funcionalismo»*. Se ha querido ver en mi esbozo teórico un intento de recuperar, en favor del marxismo, una interpretación que define los órganos sólo por sus funciones inmediatas, *fijando* así a la sociedad en unas instituciones ideológicas encargadas de ejercer funciones de sujeción: en el límite, una interpretación no dialéctica, cuya lógica profunda excluía toda posibilidad de lucha de clase.

Ahora bien, yo creo que no se han leído con bastante atención las notas finales de mi ensayo, que subrayaban el carácter «abstracto» de mi análisis y ponían explícitamente en el centro de mi concepción la lucha de clase.

Se puede decir, en efecto, que lo propio de la teoría que se puede extraer de Marx sobre la ideología es afirmar la *primacía de la lucha de clases* sobre las funciones y el funcionamiento del aparato de Estado, de los aparatos ideológicos de Estado. Primacía que es, evidentemente, incompatible con todo funcionalismo.

Está claro, pues, que el sistema de «dirección» ideológica de la sociedad por la clase dominante –es decir, los efectos de consenso de la ideología dominante («que es la ideología de la clase dominante», véase Marx)– no se puede concebir como un puro y simple *dato, un sistema de órganos definidos* que redoblan *automáticamente* la dominación violenta de la misma clase o que son implantados por la clara consciencia política de esta clase con fines definidos por sus funciones. La ideología dominante no es nunca, en efecto, un *hecho consumado de la lucha de clases* que escaparía a la lucha de clases.

La ideología dominante, que existe en el complejo sistema de los Aparatos ideológicos de Estado, es ella misma, de este modo, el resultado de una muy larga y dura lucha de clase mediante la cual la burguesía (para poner este ejemplo) no puede lograr sus fines más que con la doble condición de luchar *a la vez* contra la antigua ideología dominante que sobrevive en los antiguos Aparatos y contra la ideología de la nueva clase explotada, que busca sus formas de organización y de lucha. Y esta misma ideología por la cual la burguesía llega a establecer su hegemonía sobre la antigua aristocracia terrateniente y sobre la clase obrera no se constituye solamente por una lucha *externa* contra estas dos clases, sino también, y al mismo tiempo, por una lucha *interna* para superar las contradicciones de las fracciones de clase burguesas y materializar la unidad de la burguesía como clase dominante.

Es en este sentido como se ha de concebir la reproducción de la ideología dominante. Formalmente, la clase dominante debe reproducir las condiciones materiales, políticas e ideológicas de su existencia (existir es reproducirse). Pero la reproducción de la ideología dominante no es la simple repetición, una reproducción simple, ni siquiera una reproducción ampliada automática, mecánica, de instituciones *dadas,* definidas de una vez por todas por su función: es el combate por la unificación y la renovación de *elementos ideológicos anteriores,* disparejos y contradictorios dentro de una unidad conquistada en y por la lucha de clase contra las formas anteriores y las nuevas tendencias antagonistas. La lucha por la reproducción de la ideología dominante es un combate inacabado que se ha de reanudar una y otra vez y siempre bajo la ley de la lucha de clase.

Que este combate por la unificación de la ideología dominante esté siempre «inacabado» y se haya de reanudar «siempre» se debe a diversas causas. No solamente a la *persistencia* de las formas ideológicas y de los aparatos ideológicos de Estado de la antigua clase dominante, que ejercen una forma terrible de resistencia (el «hábito» del que hablaba Lenin). No solamente a la exigencia vital de constituir la *unidad* de la clase dominante, consecuencia de la fusión contradictoria de diferentes fracciones de clase (el capitalismo mercantil, el capitalismo industrial, el capitalismo financiero, etc.) y a la exigencia de hacerle reconocer sus *«intereses generales» de clase* más allá de las contradicciones de los «intereses particulares» de los capitalistas individuales. No solamente a la lucha de clase que se ha de llevar a cabo contra las formas nacientes de la *ideología de la clase dominante.* No solamente a la transformación histórica del modo de producción que impone la *«adaptación»* de la ideología dominante en la lucha de clases (la ideología jurídica de la burguesía clásica cede actualmente el paso a una ideología tecnocrática). Sino también a la *materialidad y a la diversidad de las prácticas,* cuya ideología «espontánea» se trata de unificar. Esta inmensa y contradictoria tarea no llega nunca completamente a buen término y se puede dudar de que exista nunca el modelo del «Estado ético» cuyo utópico ideal

Gramsci había tomado prestado de Croce[1]. Así como la lucha de clase no cesa nunca, así el combate de la clase dominante por unificar los elementos y las formas ideológicas existentes no cesa nunca. Lo cual equivale a decir que la ideología dominante, aunque esa sea su función, *nunca llega a resolver totalmente sus propias contradicciones,* que son el reflejo de la lucha de clases.

Por eso de esta tesis de *la primacía de la lucha de clase sobre la ideología dominante y los aparatos ideológicos de Estado* se puede extraer otra tesis, que es su consecuencia directa: los aparatos ideológicos de Estado son necesariamente la liza y la baza de una lucha de clase que prolonga en los aparatos de la ideología dominante la lucha de clase general que domina la formación social. Si los AIE tienen por función inculcar la ideología dominante es que hay resistencia; si hay *resistencia* es que hay lucha; y esta lucha es, en definitiva, el eco directo o indirecto –a veces próximo o, lo más frecuente, lejano– de la lucha de clases. Los acontecimientos de Mayo del 68 han arrojado una luz meridiana sobre este hecho y vuelto visible una lucha hasta entonces sorda y apagada. Pero al hacer patente una lucha de clase *inmediata,* bajo la forma de la revuelta, en los aparatos ideológicos de Estado (en particular el aparato escolar, luego el aparato médico, arquitectónico, etc.), estos acontecimientos han obnubilado un poco el fenómeno fundamental que inspiraba tales acontecimientos *inmediatos,* a saber, el carácter de lucha de clase inherente a la *constitución* histórica y a la *reproducción* contradictoria de la ideología dominante. Mayo del 68 se «vivió» sin perspectiva histórica ni política en el sentido fuerte. Por eso creí mi deber recordar que, para comprender los hechos de la lucha de clases en los aparatos ideológicos de Estado y devolver la revuelta a su justa medida, había que colocarse en *«el punto de vista de la reproducción»,* que es el punto de vista de la lucha de clases como *proceso de conjunto* y no como una suma de enfrentamientos puntuales o limitados a tal o cual «esfera» (economía, política, ideología); además de como *proceso histórico,* y no como episodios de represión o de revuelta *inmediatos.*

Al recordar estas perspectivas, me parece verdaderamente difícil imputarme una interpretación «funcionalista» o «sistémica» de la superestructura y de la ideología que soslayaría la lucha de clase en beneficio de una concepción mecanicista de las instancias.

---

[1] Benedetto Croce (1866-1952): crítico literario, historiador, filósofo y político italiano. Atraído en un primer momento por el marxismo (que luego criticará acerbamente), luego por las teorías históricas y estéticas de Giambattista Vico, fue finalmente en el idealismo hegeliano donde encontró el punto de partida para una filosofía del espíritu propia, que concebía la historia como la afirmación progresiva de la libertad y la actividad creativa. Como político nunca transigió con el fascismo: ministro de Instrucción Pública en 1920-1921, en 1944 presidió el Partido Liberal. *[N. del T.]*

II

Se me han dirigido otras objeciones a propósito de la naturaleza de los partidos políticos y sobre todo del *partido político revolucionario:* para decirlo brevemente, se ha tenido con frecuencia tendencia a adjudicarme la idea de que yo consideraba a *cada* partido político por separado como un aparato ideológico de Estado, lo cual podía tener por efecto encerrar radicalmente a cada partido político en el «sistema» de los aparatos ideológicos de Estado, someterlo a la ley del «sistema» y excluir de este «sistema» la posibilidad de un partido revolucionario. Si todos los partidos son AIE y sirven a la ideología dominante, un partido revolucionario, reducido a esta «función», resulta impensable.

Ahora bien, yo no he escrito jamás que un partido político fuera un aparato ideológico de Estado. Incluso he dicho (brevemente, lo reconozco) *algo muy distinto,* a saber, que los partidos políticos no eran más que las *«piezas»* de un aparato de Estado específico: el aparato ideológico de Estado *político,* el cual «materializa» la ideología política de la clase dominante, digamos, en su «régimen constitucional» (las «leyes fundamentales» bajo la monarquía del Antiguo Régimen, el Parlamento, etc., el régimen representativo parlamentario bajo la burguesía en sus periodos «liberales»).

Me temo que no se ha captado lo que yo proponía pensar bajo el término de aparato ideológico de Estado *político.* Para comprenderlo mejor hay que distinguir con cuidado el aparato ideológico de Estado *político del aparato de Estado* (represivo).

¿Qué constituye el *aparato de Estado* (represivo), cuya unidad, incluso cuando es contradictoria, es infinitamente más fuerte que la del conjunto de los aparatos ideológicos de Estado? El aparato de Estado comprende la Presidencia del Estado, el Gobierno y la administración, medio del poder ejecutivo, las fuerzas armadas, la policía, la justicia, los tribunales y sus dispositivos (cárceles, etc.).

En el interior de este conjunto hay que distinguir entre lo que yo llamaría el *Aparato político de Estado,* que comprende al Jefe del Estado, el Gobierno que dirige directamente (régimen actual en Francia y en muchos países) y la administración (que *ejecuta* la política del Gobierno). El jefe del Estado representa la unidad y la voluntad de la clase dominante, la autoridad capaz de hacer triunfar los intereses generales de la clase dominante sobre los intereses particulares de sus miembros o de sus fracciones. Giscard d'Estaing ha «anunciado» muy conscientemente sus intenciones al declarar que, si la izquierda ganara las elecciones del 78, él se mantendría en su puesto «para defender las libertades de los franceses», entiéndase las de la clase burguesa. El gobierno (a las órdenes directas, actualmente, del jefe del Estado) ejecuta la política de la clase dominante, y la administración, a las órdenes del gobierno, la aplica en el detalle. Esta distinción, que hace evidente la existencia del *aparato político de Estado,* indica que la administración forma parte de este a pesar de la ideología, de la cual se nutre en la escuela del Estado burgués, de «servir al interés general» y de desempeñar el papel del «servicio público». No se trata de intenciones individuales ni de excepciones: la función de la administración es en su conjunto inseparable de la aplicación de la política del gobierno burgués, que es una política de clase. Encargada de aplicarla en el detalle, la alta administración desempeña un papel directamente político, y la administración en su conjunto desempeña cada vez más un papel de «reticulación». La política del gobierno burgués no puede aplicarla sin estar también encargada de controlar su ejecución por los particulares y los grupos, y de señalar o de entregar a la represión a quienes no la respetan.

Así entendido (Jefe del Estado, Gobierno, administración), el *aparato político de Estado* es una parte del aparato de Estado (represivo): se lo puede aislar legítimamente en el interior del aparato de Estado.

Y este es el punto sensible: hay que distinguir el *aparato político de Estado* (el Jefe del Estado, el Gobierno, la administración) del *aparato ideológico de Estado político.* El primero pertenece al aparato de Estado (represivo), mientras que el segundo pertenece a los aparatos ideológicos de Estado.

¿Qué se puede entonces entender bajo la denominación de aparato ideológico de Estado *político*? El «sistema político» o la «constitución» de una formación social dada. Por ejemplo, incluso si se dota de otros regímenes en situaciones de lucha de clase peligrosas para ella (el bonapartismo I y II, la monarquía constitucional de la Restauración, el fascismo de Pétain), la burguesía francesa, como todas las burguesías contemporáneas de los países capitalistas, se ha en general reconocido en el sistema político de la *representación parlamentaria,* que ha materializado la ideología burguesa en un aparato ideológico de Estado *político*.

Este AIE puede definirse como un modo de representación (electoral) de la «voluntad popular» mediante diputados elegidos (en sufragio más o menos universal) ante los cuales se supone «responsable» de su política al Gobierno, escogido por el Jefe del Estado o el Parlamento mismo. Ahora bien, se sabe que de hecho (esa es la ventaja burguesa de este aparato) el Gobierno dispone de una cantidad impresionante de medios para desviar y eludir esta «responsabilidad», comenzando por el comienzo, es decir, aparte todas las formas de presión concebibles, las trampas con el sufragio llamado universal, y continuando por las disposiciones parlamentarias en vigor (sistema censitario, exclusión del voto de las mujeres y de los jóvenes, sufragio en varios niveles, cámara doble con base electoral diferente, «división» de los poderes, prohibición de los partidos revolucionarios, etc.). Esa es la realidad de los *hechos*. Pero lo que permite en último término hablar del «sistema político» como de un «aparato *ideológico* de Estado» es la *ficción,* que corresponde a una «cierta realidad», de que las piezas de este sistema, lo mismo que su principio de funcionamiento, se basan en la *ideología de la «libertad»* y de la «igualdad» del individuo elector, en la «libre elección» de los representantes del pueblo por los individuos que «componen» el pueblo en función de la *idea* que cada individuo se hace de la política que debe seguir el Estado. Es en base a esta ficción (pues la política del Estado la determinan en último término los intereses de la clase dominante en la lucha de clase) como se crearon los *«partidos políticos»,* los cuales se supone que expresan y representan las grandes elecciones divergentes (o convergentes) de una política de la nación. Cada individuo puede entonces expresar «libremente» su opinión al votar por el partido político de su elección (si no está condenado a la ilegalidad).

Nótese que en los partidos políticos *puede* haber alguna realidad. En líneas generales, *si la lucha de clases está bastante desarrollada* pueden *grosso modo* representar los intereses de las clases y fracciones de clases antagonistas en la lucha de clases o de capas sociales que intentan hacer prevalecer sus intereses particulares en el seno de los conflictos de clase. Y es a través de esta realidad como *puede* acabar por arrojarse luz, a pesar de todos los obstáculos y las imposturas del «sistema», sobre el antagonismo fundamental entre las clases. Digo «puede» porque conocemos países burgueses (EEUU, Gran Bretaña, la Alemania Federal, etc.) en los que el desarrollo político de las luchas de clases *no llega a franquear el umbral de la representación electoral:* los antagonismos parlamentarios no son entonces más que indicios muy remotos y hasta completamente deformados de los antagonismos de clase reales. Y la burguesía está entonces perfectamente al abrigo en ellos, protegida por un régimen parlamentario que gira en redondo o en el vacío. A cambio, pueden darse casos en los que la lucha de clases económica y política de la clase obrera adquiere tal potencia que la burguesía puede temer «el veredicto del sufragio universal» sobre ella (Francia, Italia), aunque ella también dispone de considerables recursos para revocarlo o reducirlo a la nada. Piénsese en la Cámara del Frente Popular en Francia: la burguesía no necesitó más que dos años para romper su mayoría antes de entregársela, *voluntariamente,* a Pétain.

Yo creo que, al confrontar los «principios» del régimen parlamentario con los hechos y los resultados, nadie podrá dudar de su carácter *ideológico.*

Toda la ideología, desde la ideología jurídica hasta la ideología moral, pasando por la ideología filosófica, difundidas desde hace siglos, sostiene esta «evidencia» de los «derechos del Hombre», que en política cada individuo es libre de escoger tanto sus ideas como su bando (su partido), y sobre todo sostiene la idea subyacente a la primera idea y que en el límite no es más que una impostura: *que una sociedad se compone de individuos* (Marx: «la sociedad no se compone de individuos», sino de clases enfrentadas en la lucha de clases), que la *voluntad general* sale del escrutinio mayoritario en las urnas y que es esta voluntad general, representada por los diputados de los partidos, la que hace la *política de la nación…* en definitiva, entonces, nunca hace otra cosa que la política de una clase, de la clase dominante.

Que esta ideología política es una parte de la ideología dominante y es homogénea con ella está harto claro: la misma ideología se encuentra por doquier dentro de la ideología burguesa (la cual, advirtámoslo, está en vías de modificarse desde hace 10 años). Y esto no es sorprendente cuando se sabe que la «matriz» de esta ideología dominante es la *ideología jurídica*, indispensable para el funcionamiento del derecho burgués. Que *se pueda encontrar por doquier* indica que se trata de la ideología *dominante*. Y es *de esta remisión perpetua de una «evidencia» a la otra,* de la «evidencia» de la ideología jurídica a la «evidencia» de la ideología moral, de esta a la «evidencia» de la ideología filosófica y de esta última a la «evidencia» de la ideología política, de donde *toda* «evidencia» ideológica deriva su *confirmación inmediata* y se impone, a través de las diferentes prácticas de los AIE, a cada individuo. Esta ideología de los derechos del hombre, la libertad, la igualdad, la libertad de elegir las ideas y al representante, o la igualdad ante la urna, ha terminado por producir, no por la fuerza de las «ideas», sino como resultado de la lucha de clases, este *aparato* ideológico en el que la ideología política de los derechos del hombre ha cobrado cuerpo y se ha convertido, salvo para la crítica marxista, en una «evidencia» aceptada sin coacción visible por los electores, en todo caso por una grandísima mayoría de los electores. Nos las vemos con un aparato, pues supone todo un dispositivo material y reglamentario, dado el censo electoral, la papeleta de voto y la cabina, las campañas electorales, el Parlamento que de ello resulta, etc. Pero también nos las vemos con un aparato *ideológico,* pues funciona sin violencia, «completamente solo», «con la ideología» de sus actores, los cuales aceptan sus reglas y las practican respetándolas, convencidos de que hay que «cumplir con el deber electoral» y de que eso es «normal». La sujeción y el consenso son una y la misma cosa. Esta «evidencia», impuesta por la ideología burguesa, es aceptada como «evidencia» por los electores: estos se consideran electores y entran en el sistema. «Respetan las reglas del juego.»

Si este análisis es correcto, resulta que no se puede bajo ningún concepto declarar, como algunos han extraído de ello la «apresurada» conclusión para encerrarme en una teoría que negaría toda posibilidad de acción revolucionaria, que todos los partidos, esto es, también los partidos de la clase obrera, *son, en cuanto partidos, otros tantos aparatos ideológicos de Estado,* integrados en el sistema burgués y por este hecho incapaces de llevar a cabo su lucha de clase.

Si lo que acabo de decir es exacto, se ve, por el contrario, que la existencia de los partidos políticos, lejos de negar la lucha de clases, se basa en ella. Y si la burguesía intenta perpetuamente ejercer su hegemonía ideológica y política sobre los partidos de la clase obrera, eso es también una forma de la lucha de clases, y la burguesía lo consigue en la medida en que los partidos obreros se dejan atrapar en su trampa, sea que sus dirigentes se dejen intimidar (la unión sagrada del 14-18), sea que se dejen simplemente «comprar», sea que la base de los partidos obreros se deje desviar de su tarea revolucionaria a cambio de ventajas materiales (la aristocracia obrera), sea que esta ceda a la influencia de la ideología burguesía (el revisionismo).

III

Estos efectos de la lucha de clases pueden verse aún más claramente si se considera los partidos obreros revolucionarios, por ejemplo, los partidos comunistas. Como son las organizaciones de la lucha de la clase obrera, son, *en principio* (pues también ellos pueden caer en el reformismo y el revisionismo), totalmente *extraños* tanto a los intereses de la clase burguesa como a su sistema político. Su ideología (en base a la cual reclutan a sus afiliados) es antagonista de la ideología burguesa. Su forma de organización (el centralismo democrático) los distingue de los partidos burgueses e incluso de los partidos socialdemócratas y socialistas. Su objetivo no es limitar su acción a la competencia parlamentaria, sino extender la lucha de clase al conjunto de los trabajadores, de la economía a la política y a la ideología, en *formas de acción* que les pertenecen en exclusiva y que, evidentemente, no tienen nada que ver con la introducción de una papeleta electoral, cada cinco años, en una urna. Conducir la lucha de clase obrera *en todos los dominios, mucho más allá de sólo el Parlamento,* tal es la tarea de un partido comunista. *Su vocación última* no es «participar» en el gobierno, sino darle la vuelta y destruir el poder de Estado burgués.

Hay que insistir en este punto, pues que la mayor parte de los partidos comunistas occidentales se declaran hoy en día «partidos de gobierno». *Aunque llegue a participar en un gobierno* (y hacerlo puede ser correcto en ciertas circunstancias dadas), *un partido comunista no puede, bajo ningún concepto, definirse como «partido de gobierno»,* ya se trate de un gobierno dominado por la clase burguesa o de un gobierno dominado por la clase proletaria («dictadura del proletariado»).

Este punto es crucial. Pues un partido comunista no debería entrar en el gobierno de un Estado burgués (incluso si este gobierno es un gobierno de «izquierdas», unitario, decidido a llevar a cabo reformas democráticas) *para «gestionar» los asuntos* de un Estado burgués. En este caso entra en él para *dar más amplitud* a la lucha de clase y preparar la caída del Estado burgués. Pero no debería entrar en un gobierno de la dictadura del proletariado considerando que su vocación última es *«gestionar» los asuntos de este Estado mientras debe preparar su extinción y final.* Si, en efecto, dedica todas sus fuerzas a esta «gestión», es decir, si el partido se confunde prácticamente con el Estado, como se ve en los países del Este, no podrá contribuir a destruirlo. Bajo ningún concepto puede, por tanto, comportarse un partido comunista como un «partido de gobierno» al uso, pues ser un partido de gobierno es ser *un partido de Estado,* lo cual equivale bien a servir al Estado burgués, bien a perpetuar el Estado de la dictadura del proletariado, que, por el contrario, tiene por misión contribuir a destruir.

Se ve que, aunque reivindique su lugar en el aparato ideológico de Estado *político,* para llevar los ecos de la lucha de clase hasta el Parlamento, e incluso si «participa» en el gobierno, en circunstancias favorables, para acelerar el desarrollo de la lucha de clases, un partido revolucionario no se define ni por su lugar en un Parlamento elegido ni por la ideología materializada en el aparato ideológico *político* burgués. En verdad, un partido comunista tiene una «práctica política» totalmente distinta a la de los partidos burgueses.

Un partido burgués dispone de los recursos y del apoyo de la burguesía establecida, de su dominación económica, de su explotación, de su aparato de Estado, de sus aparatos ideológicos de Estado, etc. Para existir no tiene necesidad, *como prioridad,* de unir a las masas populares a las que quiere persuadir de sus ideas: es en primer lugar el orden social de la burguesía misma el que se encarga de este trabajo de convicción, de propaganda y de reclutamiento, y el que asegura a los partidos burgueses su *base de masas.* Por parte de la burguesía, la influencia política e ideológica es tal, está tan bien establecida y desde hace tanto tiempo, que las elecciones son, en periodo «normal», casi automáticas, salvo por las variaciones que afectan a los partidos de las diferentes fracciones de la burguesía. Las más de las veces, a los partidos burgueses les basta con organizar bien su campaña electoral, durante la cual se movilizan rápida y eficazmente, para cosechar los frutos de esta dominación convertida en convicción electoral.

Por eso, además, un partido burgués no tiene necesidad de doctrina científica ni de doctrina a secas para subsistir: le basta con tener algunas ideas, extraídas del acervo de la ideología dominante, para persuadir a partidarios de antemano convencidos por interés o por miedo.

Un partido obrero, por el contrario, no tiene nada que ofrecer a sus afiliados: ni las prebendas ni las ventajas materiales con las que los partidos burgueses compran a su clientela cuando esta vacila. Se presenta como lo que es: una organización de la lucha de clase obrera, cuya sola fuerza consiste en el instinto de clase de los explotados, una doctrina científica y la libre voluntad de sus afiliados, comprometidos con las bases de los estatutos del partido. A sus afiliados los organiza con vistas a llevar a cabo la lucha de clase en todas sus formas: económica (en conexión con las organizaciones sindicales), política e ideológica. Su línea y sus prácticas las define no solamente en base a la *revuelta* de los trabajadores explotados, sino en base a las *relaciones de fuerzas* entre las clases, analizadas de manera «concreta» gracias a los principios de su doctrina científica, enriquecida con toda la experiencia de la lucha de clases. Tiene, por tanto, sumamente en cuenta las formas y la fuerza de la lucha de clase de la clase dominante, no solamente a escala nacional, sino a escala mundial. Y es en función de esta «línea» como en un momento dado puede juzgar útil y «correcto» entrar en un gobierno de izquierdas para en el seno de este llevar a cabo su lucha de clase, con sus objetivos propios. En todos los casos, siempre subordina los intereses inmediatos del movimiento a los intereses futuros de la clase obrera. Somete su táctica a la estrategia del comunismo, es decir, a la estrategia de la sociedad sin clases. Tales son al menos los «principios».

En estas condiciones, los comunistas tienen razón cuando hablan de su partido como de un «partido de nuevo tipo», totalmente diferente de los partidos burgueses, y de ellos mismos como «militantes de un nuevo tipo», totalmente diferentes de los políticos burgueses. Su práctica de la política, ilegal o legal, parlamentaria o «extraparlamentaria», no tiene nada que ver con la práctica política burguesa.

Se dirá, sin duda, que también el partido comunista, como todos los partidos, se constituye sobre la base de una *ideología,* a la que por lo demás él mismo llama la *ideología proletaria.* Cierto. También en él la ideología desempeña el papel de «cemento» (Gramsci) de un grupo social definido, al que *unifica* en su pensamiento y en sus prácticas. También en él esta ideología «interpela a los individuos en cuanto sujetos», muy precisamente en cuanto sujetos-*militantes:* basta con tener alguna experiencia concreta de un partido comunista para ver funcionar este mecanismo y esta dinámica que *en principio* no sella el destino de un individuo más que cualquier otra ideología, dado el «juego» y las contradicciones que existen entre las diferentes ideologías. Pero lo que se llama la ideología proletaria no es la ideología puramente «espontánea» del proletariado, en la que los «elementos» (Lenin) proletarios se combinan con elementos burgueses y las más de las veces están sometidos a estos. Porque, para existir como clase consciente de su unidad y activa en su organización de lucha, el proletariado tiene necesidad no solamente de experiencia (la de las luchas de clase que lleva a cabo desde hace más de un siglo), sino de *conocimientos objetivos,* cuyos principios le proporciona la teoría marxista. Es sobre la doble base de estas experiencias iluminadas por la teoría marxista como se constituye la ideología proletaria, la ideología de masas capaz de unificar la vanguardia de la clase obrera en sus organizaciones de lucha de clase. *Es, por tanto, una ideología muy particular:* ideología, puesto que en el nivel de las masas funciona como toda ideología (interpelando a los individuos en cuanto sujetos), pero imbuida de experiencias históricas iluminadas por principios de análisis científico. Tal como se presenta constituye una de las formas de la fusión del Movimiento Obrero y de la teoría marxista, fusión que no carece ni de tensión ni de contradicciones, ya que entre la ideología proletaria, tal como existe en un momento dado, y el partido en el que se materializa puede existir una forma de unidad *opaca* a la teoría marxista misma, la cual, sin embargo, es parte integrante de esta unidad. La teoría marxista se ve entonces tratada como un simple argumento de autoridad, es decir, como un signo de reconocimiento o un dogma, y en el límite, aunque se la proclame la teoría del Partido, puede simplemente *desaparecer* en beneficio de una ideología pragmática y sectaria que ya no sirve más que a los intereses de partido o de Estado. No se necesita un largo discurso para que se reconozca aquí la situación presente, que impera en los partidos marcados por el periodo estalinista, y para concluir de ello que también la «ideología proletaria» es la baza de una lucha de clase que afecta al proletariado en sus propios principios de unidad y de acción cuando la ideología dominante burguesa y la práctica política burguesa penetran en las organizaciones de lucha de clase obrera.

Ideología, ciertamente. Pero la ideología proletaria no es cualquier ideología. Cada clase se reconoce, en efecto, en una ideología particular y no arbitraria, la que está *enraizada en su práctica estratégica,* que es capaz de unificarla y de orientar su lucha de clase. Se sabe que la clase feudal se reconocía, así, en la *ideología religiosa* del cristianismo por razones que habría que analizar, y que la clase burguesa se reconocía igualmente, al menos en los tiempos de su dominación clásica, antes de todos los desarrollos recientes del imperialismo, en la *ideología jurídica*. La clase obrera, aunque sea sensible a elementos de ideología religiosa, moral y jurídica, se reconoce sobre todo en una ideología de naturaleza política, no en la ideología política burguesa (dominación de clase), sino en la ideología política proletaria, la de la lucha de clases por la supresión de las clases y por la instauración del comunismo. Es esa ideología, espontánea en sus primeras formas (el socialismo utópico), luego instruida tras la fusión del Movimiento Obrero y la teoría marxista, la que constituye el «núcleo» de la ideología proletaria.

Se duda de que una ideología así no haya sido el resultado de una *enseñanza* dispensada por unos «intelectuales» (Marx y Engels) al Movimiento Obrero, el cual la habría adoptado porque se habría reconocido en ella: habría entonces que explicar cómo unos intelectuales burgueses han podido producir este milagro, una teoría a la medida del proletariado. Tampoco fue, como quería Kautsky, «introducida desde fuera en el Movimiento Obrero», pues Marx y Engels no habrían podido concebir su teoría si no la hubiesen edificado sobre posiciones teóricas de clase, efecto directo de su pertenencia orgánica al movimiento obrero de su tiempo. En realidad, la teoría marxista la concibieron, ciertamente, intelectuales provistos de una vasta cultura, pero *en el interior y desde el interior del Movimiento obrero*. Maquiavelo decía que «para comprender a los Príncipes hay que ser pueblo». Un intelectual que no nace pueblo debe convertirse en pueblo para comprender a los Príncipes, y no puede hacerlo más que compartiendo las luchas de este pueblo. Eso es lo que hizo Marx: se convirtió en «intelectual orgánico del proletariado» (Gramsci) como militante de sus primeras organizaciones, y es desde las posiciones políticas y teóricas del proletariado como pudo «comprender» el Capital. La falsa cuestión de la inyección de la teoría marxista desde el exterior se convierte entonces en la cuestión de la difusión en el interior del Movimiento obrero de una teoría concebida desde el interior del Movimiento obrero. Naturalmente, esta «difusión» ha sido el resultado de una muy larga lucha de clase, con duras vicisitudes... y perdura todavía a través de las dramáticas escisiones determinadas por la lucha de clase del imperialismo.

Para resumir lo esencial de este análisis sobre la naturaleza del partido revolucionario, se puede volver a la tesis de la primacía de la lucha de clases sobre el aparato de Estado y los aparatos ideológicos de Estado. *Formalmente,* un partido como el partido comunista puede parecer un partido como los demás cuando goza del derecho a hacerse representar, por el juego de las elecciones, en el Parlamento. *Formalmente,* puede parecer que «respeta las reglas del juego» del aparato ideológico de Estado *político* cuando interviene en el Parlamento o incluso «participa» en un gobierno de unión popular. *Formalmente* puede incluso parecer aceptar esta «regla del juego» y, con ella, todo el sistema ideológico que se materializa en ella: el sistema ideológico político burgués. Y la historia del movimiento obrero ofrece bastantes ejemplos en los que el partido revolucionario, «jugando el juego», ha sido efectivamente «atrapado por el juego» y ha abandonado la lucha de clase por la colaboración de clase bajo la influencia de la ideología burguesa dominante. Lo «formal» puede por tanto hacerse «real» bajo el efecto de la lucha de clases.

Este riesgo, siempre actual, nos recuerda la condición a la que ha estado sometido, para su constitución, el Movimiento obrero: *la dominación de la lucha de clase burguesa sobre la lucha de clase obrera.* Uno se hace una falsa idea de la lucha de clase al considerar que sería *el hecho de la revuelta de la clase obrera* contra la injusticia social, la desigualdad y hasta la explotación capitalista; en suma, reduciendo la lucha de clase a la lucha de clase obrera contra unas condiciones de explotación *dadas* y a la réplica de la burguesía a esta lucha. Esto es olvidar que las condiciones de explotación existen antes, que el proceso de constitución de las condiciones de la explotación obrera es la forma fundamental de la lucha de clase burguesa, esto es, que la explotación es ya lucha de clase y que *la lucha de clase burguesa es anterior.* Toda la historia de la acumulación primitiva puede considerarse como *la producción de la clase obrera por la clase burguesa,* en un proceso de lucha de clase que crea las condiciones de la explotación capitalista.

Si esta tesis es exacta, se ve claramente cómo la lucha de clase burguesa domina desde los orígenes a la lucha de clase obrera, por qué la lucha de la clase obrera tardó tanto tiempo en tomar forma y en encontrar sus formas de existencia, por qué la lucha de clase es fundamentalmente *desigual,* por qué no se lleva a cabo con las mismas prácticas del lado de la burguesía y del proletariado, y por qué la burguesía impone, en los aparatos ideológicos de Estado, *formas* destinadas a *prevenir* y a sujetar la acción revolucionaria de la clase obrera.

La gran reivindicación estratégica de la clase obrera, su *autonomía,* expresa esta condición. Sometida a la dominación del Estado burgués y al efecto de intimidación y de «evidencia» de la ideología dominante, la clase obrera no puede conquistar su autonomía más que a condición de liberarse de la ideología dominante, de desmarcarse de ella, para darse formas de organización y de acción que realicen su propia ideología, la ideología proletaria. Lo propio de esta ruptura, de este distanciamiento radical, es que no pueden materializarse más que en una lucha de larga duración que por fuerza ha de tener en cuenta las *formas* de la dominación burguesa y combatir a la burguesía *en el seno de sus propias formas de dominación,* pero sin jamás «dejarse atrapar por el juego» de estas formas, las cuales no son simples «formas» neutras, sino *aparatos* que materializan la *existencia* de la ideología dominante.

Como yo decía en mi nota de 1970: «Si bien es verdad que los AIE representan la *forma* en la que la ideología de la clase dominante debe materializarse (para ser políticamente activa) y la forma con la que la ideología de la clase dominada debe *necesariamente* medirse y enfrentarse, las ideologías no "nacen" en los AIE, sino de las clases sociales atrapadas en la lucha de clases: de sus condiciones de existencia, de sus prácticas, de sus experiencias de lucha, etc.».

Las condiciones de existencia, las prácticas (productivas y políticas), las formas de la lucha de clase proletaria no tienen nada que ver con las condiciones de existencia, las prácticas (económicas y políticas) y las formas de la lucha de clase capitalista e imperialista. Resultan de ello ideologías antagonistas que, lo mismo que las luchas de clase (burguesa y proletaria), son *desiguales.* Esto significa que la ideología proletaria no es lo directamente contrario, la inversión, el reverso de la ideología burguesa... sino una *ideología totalmente distinta,* portadora de otros «valores», «crítica y revolucionaria». Y es porque la ideología proletaria, a pesar de todas las vicisitudes de su historia, es portadora de estos valores, materializados ya en las organizaciones y las prácticas de la lucha obrera, que anticipa lo que serán los aparatos ideológicos del Estado de la transición socialista, y anticipa por eso mismo la supresión del Estado y la supresión de los aparatos ideológicos de Estado bajo el comunismo.

Ideología y aparatos ideológicos de Estado
(Notas para una investigación)

Sobre la reproducción de las condiciones de la producción[1]

Debemos ahora hacer patente algo que como un relámpago hemos entrevisto en nuestro análisis al hablar de la necesidad de renovar los medios de producción para que la producción sea posible. Era una indicación de pasada. Ahora vamos a considerarla por sí misma.

Como decía Marx, hasta un niño sabe que si una formación social no reproduce las condiciones de la producción al mismo tiempo que produce, no sobrevivirá ni un año[2]. La condición última de la producción es, pues, la reproducción de las condiciones de la producción. Esta puede ser «simple» (reproduciendo nada más que las condiciones de la producción anterior) o «ampliada» (extendiéndolas). Dejemos de lado por el momento esta última distinción.

¿Qué es, pues, *la reproducción de las condiciones de la producción?*

Nos adentramos aquí en un dominio a la vez muy familiar (desde el Libro II del *Capital*) y singularmente mal conocido. Las tenaces evidencias (evidencias ideológi-

---

[1] Este texto lo constituyen dos extractos de un estudio entonces en curso. El subtítulo «Notas para una investigación» es del autor. Las ideas aquí expuestas no constituyen, pues, a su parecer más que un momento de la reflexión. *[N. del E.]*

[2] Carta a Kugelmann del 11 de julio de 1868, en *Lettres sur le Capital,* París, Éditions Sociales, 1964, p. 229 [ed. cast.: *Cartas a Kugelmann,* Barcelona, Península, 1974, p. 74].

cas de tipo empirista) desde el punto de vista de la sola producción, y hasta de la simple práctica productiva (ella misma abstracta con respecto al proceso de producción), se confunden hasta tal punto con nuestra «consciencia» cotidiana que es sumamente difícil, por no decir casi imposible, elevarse al *punto de vista de la reproducción*. Sin embargo, fuera de este punto de vista todo resulta abstracto (más que parcial: deformado)... incluso en el nivel de la producción y, con más razón aún, de la simple práctica.

Probemos a examinar las cosas con método.

Para simplificar nuestra exposición, y si consideramos que toda formación social es el resultado de un modo de producción dominante, podemos decir que el proceso de producción pone en marcha las fuerzas productivas existentes en y bajo relaciones de producción definidas.

Se sigue que, para existir, toda formación social debe, al mismo tiempo que produce, y para poder producir, reproducir las condiciones de su producción. Debe por tanto reproducir:

1/ las fuerzas productivas,
2/ las relaciones de producción existentes.

Reproducción de los medios de producción

Todo el mundo (incluidos los economistas burgueses que trabajan en la contabilidad nacional o los «teóricos macroeconomistas» modernos) reconoce ahora, porque Marx lo demostró irrefutablemente en el Libro II del *Capital,* que no hay producción posible sin que esté asegurada la reproducción de las condiciones materiales de la producción: la reproducción de los medios de producción.

Cualquier economista, que en esto no se distingue de cualquier capitalista, explica que hay que prever, cada año, con qué reemplazar lo que se agota o se usa en la producción: materia prima, instalaciones fijas (edificios), instrumentos de producción (máquinas), etc. Nosotros decimos: cualquier economista = cualquier capitalista, por cuanto que ambos expresan el punto de vista de la empresa y se contentan con simplemente comentar los términos de la práctica financiera contable de la empresa.

Pero nosotros sabemos, gracias al genio de Quesnay, que fue el primero en plantear este problema que «salta a la vista», y al genio de Marx, que lo resolvió, que no es en el nivel de la empresa donde puede pensarse la reproducción de las condiciones materiales de la producción, pues no es ahí donde existe en sus condiciones reales. Lo que ocurre en el nivel de la empresa es un efecto que solamente da idea de la necesidad de la reproducción, pero en absoluto permite pensar sus condiciones y mecanismo.

Basta con un simple instante de reflexión para convencerse: el señor X..., capitalista, que produce en su hilandería tejidos de lana, debe «reproducir» su materia prima, sus máquinas, etc. Ahora bien, no es él quien los produce para su producción, sino otros capitalistas, un gran ovejero de Australia, señor Y..., un gran metalúrgico productor de máquinas-herramientas, señor Z..., etc., etc..., los cuales también deben, para producir estos productos que condicionan la reproducción de las condiciones de la producción del señor X..., reproducir las condiciones de su propia producción, y así hasta el infinito... todo en proporciones tales que, en el mercado nacional, cuando no en el mercado mundial, la demanda de medios de producción (para la reproducción) pueda ser satisfecha por la oferta.

Para pensar este mecanismo, que desemboca en una especie de «tornillo sin fin», hay que adoptar el enfoque «global» de Marx y estudiar especialmente las relaciones de circulación del capital entre el Sector I (producción de los medios de producción) y el Sector II (producción de los medios de consumo), así como la materialización de la plusvalía, en los Libros II y III del *Capital*.

No entraremos en el análisis de esta cuestión. Nos basta con haber mencionado la existencia de la necesidad de la reproducción de las condiciones materiales de la producción.

Reproducción de la fuerza de trabajo

Hay sin embargo algo que al lector no habrá dejado de chocarle. Hemos hablado de la reproducción de los medios de producción... pero no de la reproducción de las fuerzas productivas. Hemos, pues, pasado por alto la reproducción de lo que distingue a las fuerzas productivas de los medios de producción, a saber, la reproducción de la fuerza de trabajo.

Si la observación de lo que ocurre en la empresa, en particular el examen de la práctica financiero-contable de las previsiones de amortización-inversión, podía darnos una idea aproximada de la existencia del proceso natural de la reproducción, ahora entramos en un dominio en el que la observación de lo que ocurre en la empresa es, si no totalmente, sí al menos casi por entero ciega, y por una buena razón: la reproducción de la fuerza de trabajo ocurre esencialmente fuera de la empresa.

¿Cómo se asegura la reproducción de la fuerza de trabajo?

Se asegura dándole a la fuerza de trabajo el medio material para su reproducción: el salario. El salario figura en la contabilidad de cada empresa, pero como «capital mano de obra»[3] y en absoluto cono condición de la reproducción material de la fuerza de trabajo.

Sin embargo, así es como «actúa», pues el salario solamente representa, del valor producido por el gasto de la fuerza de trabajo, la parte indispensable para su reproducción: entiéndase indispensable para la reconstitución de la fuerza de trabajo del asalariado (con la cual pagar el alojamiento, la ropa y la comida; en suma, con la cual hallarse en estado de volverse a presentar mañana –todos los mañanas que Dios quiera– en el portillo de la empresa); y añadamos: indispensable para la crianza y la educación de los hijos en los que el proletario se reproduce (en x ejemplares, donde x puede ser igual a 0, 1, 2, etc…) como fuerza de trabajo.

Recordemos que esta cantidad de valor (el salario) necesaria para la reproducción de la fuerza de trabajo la determinan no únicamente las necesidades de SMIG[4] «biológico», sino las necesidades de un mínimo histórico (Marx señalaba: los obreros ingleses necesitan cerveza y los proletarios franceses vino), es decir, históricamente variable.

Indiquemos también que este mínimo es doblemente histórico, por cuanto no lo definen las necesidades históricas de la clase obrera «reconocidas» por la clase capitalista, sino las necesidades históricas impuestas por la lucha de la clase proletaria (lucha de clase doble: contra el aumento de la jornada laboral y contra la disminución de los salarios).

Sin embargo, no basta con asegurarle a la fuerza de trabajo las condiciones materiales de su reproducción para que se reproduzca como fuerza de trabajo. Hemos dicho que la fuerza de trabajo disponible debía ser «competente», es decir, apta para funcionar en el complejo sistema del proceso de producción. El desarrollo de las fuerzas productivas y el tipo de unidad históricamente constitutivo de las fuerzas productivas en un momento dado producen este resultado de que la fuerza de trabajo debe ser (diversamente) cualificada y por tanto reproducida como tal. Diversamente: según las exigencias de la división social-técnica del trabajo en sus diferentes «puestos» y «empleos».

Ahora bien, ¿cómo se asegura en un régimen capitalista esta reproducción de la cualificación (diversificada) de la fuerza de trabajo? A diferencia de lo que sucedía en las formaciones sociales esclavistas y servilistas, esta reproducción de la cualificación de la fuerza de trabajo tiende (se trata de una ley tendencial) a asegurarse no ya «en el tajo» (aprendizaje en la producción misma), sino cada vez más fuera de la producción: por medio del sistema escolar capitalista y de otras instancias e instituciones.

---

[3] Es a Marx a quien se debe su concepto científico: *el capital variable*.
[4] SMIG: siglas de Salario Mínimo Interprofesional Garantizado. [N. del T.]

Ahora bien, ¿qué se aprende en la Escuela? Uno llega más o menos lejos en los estudios, pero de todos modos aprende a leer, escribir, contar..., esto es, algunas técnicas, y no pocas cosas más aún, incluidos elementos (que pueden ser rudimentarios o, por el contrario, profundos) de «cultura científica» o «literaria» directamente utilizables en los diferentes puestos de la producción (una instrucción para los obreros, otra para los técnicos, una tercera para los ingenieros, una última para los cuadros superiores, etc.). Se aprenden, pues, «destrezas».

Pero, además y a la vez que estas técnicas y conocimientos, en la Escuela se aprenden las «reglas» del buen uso, es decir, de la actitud que se debe observar, según el puesto que esté «destinado» a ocupar en ella, todo agente de la división del trabajo: reglas de la moral, de la conciencia cívica y profesional, lo cual quiere decir, claramente, reglas del respeto de la división social-técnica del trabajo y en definitiva reglas del orden establecido por la dominación de clase. En ella también se aprende a «hablar francés bien», a «redactar» bien, es decir, de hecho (para los futuros capitalistas y sus servidores), a «mandar bien», es decir (solución ideal), a «hablar bien» a los obreros, etcétera.

Para enunciar este hecho en un lenguaje más científico diremos que la reproducción de la fuerza de trabajo exige no solamente una reproducción de su cualificación, sino, al mismo tiempo, una reproducción de su sumisión a las reglas del orden establecido; es decir, una reproducción de su sumisión a la ideología dominante para los obreros y una reproducción de la capacidad de manejar bien la ideología dominante para los agentes de la explotación y de la represión, a fin de que aseguren también «mediante la palabra» la dominación de la clase dominante.

En otros términos, la Escuela (pero también otras instituciones de Estado como la Iglesia, u otros aparatos como el Ejército) enseña «destrezas», pero bajo formas que aseguran la *sujeción a la ideología dominante* o el dominio de su «práctica». Todos los agentes de la producción, de la explotación y de la represión, no digamos los «profesionales de la ideología» (Marx), deben estar de un modo u otro «imbuidos» de esta ideología para cumplir concienzudamente su tarea... sea de explotados (los proletarios), sea de explotadores (los capitalistas), sea de auxiliares de explotación (los cuadros), sea de sumos sacerdotes de la ideología dominante (sus «funcionarios»), etcétera.

La reproducción de la fuerza de trabajo hace, pues, patente, como su condición *sine qua non,* no solamente la reproducción de su «cualificación», sino también la reproducción de su sujeción a la ideología dominante o de la «práctica» de esta ideología, con esta precisión de que no basta con decir «no solamente, sino también», porque es evidente que *es en las formas y bajo las formas de la sujeción ideológica como se asegura la reproducción de la cualificación de la fuerza de trabajo.*

Pero con ello reconocemos la presencia eficaz de una nueva realidad: la *ideología*.

Vamos a presentar dos observaciones.

La primera servirá para redondear nuestro análisis de la reproducción.

Acabamos de estudiar rápidamente las formas de la reproducción de las fuerzas productivas, es decir, de los medios de producción, por una parte, y de la fuerza de trabajo, por otra.

Pero todavía no hemos abordado la cuestión de la *reproducción de las relaciones de producción*. Ahora bien, esta cuestión es *una cuestión crucial* en la teoría marxista del modo de producción. Pasarla por alto es una omisión teórica…, peor aún, una falta política grave.

Vamos, pues, a hablar de ella. Pero para procurarnos los medios de hablar de ella hemos de dar, una vez más, un gran rodeo.

La segunda observación se refiere a que, para dar este rodeo, nos vemos obligados a replantear nuestra vieja pregunta: ¿qué es una sociedad?

Infraestructura y Superestructura

Hemos tenido ocasión[5] de insistir en el carácter revolucionario de la concepción marxista del «todo social» en lo que lo distingue de la «totalidad» hegeliana. Hemos dicho (y esta tesis no hacía sino repetir proposiciones célebres del materialismo histórico) que Marx concibe la estructura de toda sociedad como constituida por los «niveles» o «instancias» articulados por una determinación específica: la *infraestructura* o base económica («unidad» de las fuerzas productivas y las relaciones de producción), y la *superestructura*, que comporta a su vez dos «niveles» o «instancias»: el jurídico-político (el Derecho y el Estado) y la ideología (las diferentes ideologías, religiosas, morales, jurídicas, políticas, etc.).

Aparte su interés teórico-pedagógico (que hace ver la diferencia que separa a Marx de Hegel), esta representación ofrece la siguiente ventaja teórica capital: permite incluir en el dispositivo teórico de sus conceptos esenciales lo que hemos llamado su *índice de eficacia respectivo*. ¿Qué entender por eso?

Cualquiera puede fácilmente convencerse de que esta representación de la estructura de toda sociedad como un edificio que comporta una base (infraestructura) sobre la cual se elevan los dos «pisos» de la superestructura es una metáfora, muy

---

[5] En *Pour Marx* y *Lire le Capital,* eds. cit. [eds. cast. cits., respectivamente: *La revolución teórica de Marx* y *Para leer El capital*].

precisamente una metáfora espacial: la de una topografía[6]. Como toda metáfora, esta metáfora sugiere, hace ver algo. ¿Qué? Pues justamente esto: que los pisos superiores no podrían «mantenerse» (en el aire) solos si no se sostuvieran precisamente sobre su base.

La metáfora del edificio tiene, pues, por objeto representar ante todo la «determinación en última instancia» por la base económica. Esta metáfora espacial tiene, pues, por efecto asignar a la base un índice de eficacia conocido por los célebres términos: determinación en última instancia de lo que sucede en los «pisos» (de la superestructura) por lo que sucede en la base económica.

A partir de este índice de eficacia «en última instancia», a los «pisos» de la superestructura se les asignan, evidentemente, índices de eficacia diferentes. ¿Qué clase de índices?

Se puede decir que los pisos de la superestructura no son determinantes en última instancia, sino que están determinados por la eficacia de base; que si son determinantes a su manera (aún no definida), lo son en cuanto determinados por la base.

Su índice de eficacia (o de determinación), en cuanto determinado por la determinación en última instancia de la base, en la tradición marxista se *piensa* bajo dos formas: 1/ hay una «autonomía relativa» de la superestructura con respecto a la base; 2/ hay una «acción de reflujo» de la superestructura sobre la base.

Podemos, pues, decir que la gran ventaja teórica de la topografía marxista, esto es, de la metáfora espacial del edificio (base y superestructura) es a la vez la de hacer ver que las cuestiones de determinación (o de índice de eficacia) son capitales; hacer ver que es la base la que determina en última instancia todo el edificio; y, como consecuencia, obligar a plantear el problema teórico del tipo de eficacia «derivada» propia de la superestructura; es decir, obligar a pensar lo que la tradición marxista designa con los términos conjuntos de autonomía relativa de la superestructura y de acción de reflujo de la superestructura sobre la base.

El mayor inconveniente de esta representación de la estructura de toda sociedad en la metáfora espacial del edificio es, evidentemente, que es metafórica; es decir, que no deja de ser *descriptiva*.

Ahora nos parece deseable y posible representar las cosas de otro modo. Entiéndasenos bien: no recusamos en modo alguno la metáfora clásica, pues es ella misma la que nos obliga a superarla. Y no la superamos para rechazarla como caduca. Simplemente querríamos intentar pensar lo que nos da en la forma de una descripción.

---

[6] *Topografía* [*topique* en el original], del griego *topos:* lugar. Una *topografía* representa, en un espacio definido, los lugares respectivos ocupados por tal o cual realidad: así, el económico está abajo (la base); la superestructura, arriba.

Nosotros pensamos que *es a partir de la reproducción* como es posible y necesario pensar lo que caracteriza lo esencial de la existencia y la naturaleza de la superestructura. Basta con adoptar el punto de vista de la reproducción para que se aclaren varias de las cuestiones cuya existencia la metáfora espacial del edificio indicaba sin darles respuesta conceptual.

Nuestra tesis fundamental es que estas cuestiones no es posible plantearlas (ni por tanto responder a ellas) *más que desde el punto de vista de la reproducción*.

Vamos a analizar brevemente el Derecho, el Estado y la ideología *desde este punto de vista*. Y vamos a hacer patente a la vez lo que sucede desde el punto de vista de la práctica y de la producción, por una parte, y de la reproducción, por otra.

El Estado

La tradición marxista es categórica: desde el *Manifiesto* y *El Dieciocho Brumario* (y en todos los textos clásicos ulteriores, ante todo de Marx sobre la Comuna de París, y de Lenin en *El Estado y la Revolución*), el Estado se concibe explícitamente como aparato represivo. El Estado es una «máquina» de represión que permite a las clases dominantes (en el siglo XIX a la clase burguesa y a la «clase» de los grandes propietarios terratenientes) asegurar su dominación sobre la clase obrera a fin de someterla al proceso de extorsión de la plusvalía (es decir, a la explotación capitalista).

El Estado es entonces, ante todo, lo que los clásicos del marxismo llamaron el *aparato de Estado*. Bajo este término se incluyen no solamente el aparato especializado (en el sentido estricto), cuya existencia y necesidad hemos reconocido a partir de las exigencias de la práctica jurídica, a saber, la policía - los tribunales - las cárceles; sino también el ejército, el cual (el proletariado ha pagado con su sangre esta experiencia) interviene directamente como fuerza represiva de apoyo en última instancia cuando la policía y sus cuerpos auxiliares especializados se ven «desbordados por los acontecimientos»; y, por encima de este conjunto, el jefe del Estado, el gobierno y la administración.

Presentada de esta forma, la «teoría» marxista-leninista del Estado va a lo esencial, y en todo momento se ha de ser consciente de que es lo esencial. El aparato de Estado, que define al Estado como fuerza de ejecución y de intervención represiva «al servicio de las clases dominantes» en la lucha de clase llevada a cabo por la burguesía y sus aliados contra el proletariado, es cabalmente el Estado, y define cabalmente su «función» fundamental.

De la teoría descriptiva a la teoría a secas

Sin embargo, también ahí, como hemos señalado a propósito de la metáfora del edificio (infraestructura y superestructura), esta presentación de la naturaleza del Estado no deja de ser en parte descriptiva.

Como tendremos a menudo ocasión de emplear este adjetivo (descriptivo), para evitar todo equívoco, es necesaria una pequeña explicación.

Cuando, al hablar de la metáfora del edificio o al hablar de la «teoría» marxista del Estado, decimos que estas son concepciones o representaciones descriptivas de su objeto, no tenemos una segunda intención crítica. Por el contrario, tenemos todos los motivos para pensar que los grandes descubrimientos científicos no pueden evitar pasar por la fase de lo que llamaremos una «teoría» descriptiva. Esta sería la primera fase de toda teoría, al menos en el dominio que nos ocupa (el de la ciencia de las formaciones sociales). Como tal, esta fase se podría –y a nuestro juicio se debe– abordar como una fase transitoria, necesaria para el desarrollo de la teoría. Que sea transitoria lo incluimos en nuestra expresión «*teoría descriptiva*» al hacer aparecer, en la conjunción de los términos que empleamos, el equivalente de una especie de «contradicción». En efecto, el término teoría «choca» en parte con el adjetivo «descriptiva» que se le adjunta. Eso quiere decir, muy precisamente: 1/ que la «teoría descriptiva» es, sin ninguna duda posible, el comienzo irreversible de la teoría; pero 2/ que la forma «descriptiva» en la que la teoría se presenta exige, por efecto mismo de esta «contradicción», un desarrollo de la teoría que supere la forma de la «descripción».

Precisemos nuestro pensamiento volviendo a nuestro objeto presente: el Estado.

Cuando decimos que la «teoría» marxista del Estado de la que disponemos no deja de ser en parte «descriptiva», eso significa de entrada y ante todo que esta «teoría» descriptiva es, sin ninguna duda posible, el comienzo mismo de la teoría marxista del Estado y que el comienzo nos da lo esencial, es decir, el principio decisivo de todo desarrollo ulterior de la teoría.

Diremos, en efecto, que la teoría descriptiva del Estado es correcta porque se puede hacer corresponder perfectamente con la definición que da de su objeto la inmensa mayoría de los hechos observables en el dominio del que se ocupa. Así, la definición del Estado como Estado de clase, que existe en el aparato de Estado represivo, ilumina de manera fulgurante todos los hechos observables en los diversos órdenes de la represión, sean cuales sean sus dominios: desde las masacres de junio del 48 y de la Comuna de París, del domingo sangriento de mayo de 1905 en Petrogrado, de la Resistencia, de Charonne, etc… hasta las simples (y relativamente) anodinas intervenciones de una «censura» que prohíbe *La religiosa* de Diderot o una obra de Gatti sobre Franco, cualquiera de ellos evidencia todas las formas directas o indirectas de la explotación y del exterminio de las masas populares (las guerras imperialistas); así como evidencia esta sutil dominación cotidiana en la que estalla, por ejemplo en las formas de la democracia política, lo que Lenin llamó, siguiendo a Marx, la dictadura de la burguesía.

No obstante, la teoría descriptiva del Estado representa una fase de la constitución de la teoría que exige, a su vez, la «superación» de esta fase. Pues está claro que, si la definición en cuestión permite identificar y reconocer los hechos de opresión conectándolos con el Estado, concebido como aparato represivo de Estado, esta «conexión» da lugar a una clase de evidencia muy particular, de la cual algo tendremos ocasión de decir dentro de unos instantes: «¡sí, así es, es muy cierto!...»[7]. Y la acumulación de los hechos en la definición del Estado, si bien multiplica su ilustración, no hace avanzar realmente la definición del Estado, es decir, su teoría científica. Toda teoría descriptiva corre así el riesgo de «bloquear» el desarrollo, sin embargo indispensable, de la teoría.

Por eso pensamos que es indispensable, para desarrollar esta teoría descriptiva como teoría a secas, es decir, para comprender mejor los mecanismos del Estado en su funcionamiento, *añadir* algo a la definición clásica del Estado como aparato de Estado.

Lo esencial de la teoría marxista del Estado

Precisemos en primer lugar un punto importante: el Estado (y su existencia en su aparato) no tienen sentido más que en función del *poder de Estado*. Toda la lucha de clases política gira en torno al Estado. Entiéndase en torno a la detentación, es decir, a la toma y la conservación del poder de Estado por una cierta clase o por una alianza de clases o de fracciones de clases. Esta primera precisión nos obliga, pues, a distinguir entre el poder de Estado (conservación del poder de Estado o toma del poder de Estado), objetivo de la lucha de clases política, por una parte, y el aparato de Estado, por otra.

Sabemos que el aparato de Estado puede seguir en pie, como prueban las «revoluciones» burguesas del siglo XIX en Francia (1830, 1848), o los golpes de Estado (el 2 de diciembre, mayo de 1958), o los hundimientos y colapsos del Estado (caída del Imperio en 1870, caída de la III República en 1940), o el ascenso político de la pequeña burguesía (1890-1895 en Francia), etc., [...] sin que el aparato de Estado se vea afectado o modificado: puede seguir en pie pese a los acontecimientos políticos que afectan a la detentación del poder de Estado.

---

[7] Cfr. *infra*, A propósito de la Ideología, pp. 292 ss.

Incluso tras una revolución social como la de 1917, una gran parte del aparato de Estado siguió en pie tras la toma del poder de Estado por una alianza del proletariado y el campesinado pobre: Lenin lo repitió bastante.

Se puede decir que esta distinción entre el poder de Estado y el aparato de Estado forma parte de la «teoría marxista» del Estado, de manera explícita y desde *El Dieciocho Brumario* y *Las luchas de clases en Francia*[8] de Marx.

Para resumir la «teoría marxista del Estado» sobre este punto, podemos decir que los clásicos del marxismo siempre han afirmado:

1/ el Estado es el aparato (represivo) de Estado;

2/ se ha de distinguir el poder de Estado del aparato de Estado;

3/ el objetivo de la lucha de clases tiene que ver con el poder de Estado y, en consecuencia, con la utilización, por las clases (o alianza de clases, o de fracciones de clases) detentadoras del poder de Estado, del aparato de Estado en función de sus objetivos de clase; y

4/ el proletariado debe conquistar el poder de Estado para destruir el aparato de Estado burgués existente y, en una primera fase, reemplazarlo por un aparato de Estado completamente diferente, proletario, y luego, en las fases ulteriores, emprender un proceso radical, el de la destrucción del Estado (final del poder de Estado y de todo aparato de Estado).

Desde este punto de vista, por consiguiente, lo que propondríamos añadir a la «teoría marxista» del Estado ya figura en ella con todas las letras. Pero nos parece que esta teoría, así completada, aún sigue siendo en parte descriptiva, si bien ahora comporta elementos complejos y diferenciales, cuyos funcionamiento y juego no pueden comprenderse sin recurrir a una profundización teórica suplementaria.

Los Aparatos ideológicos de Estado

Lo que se ha de añadir a la «teoría marxista» del Estado es, pues, otra cosa.

Aquí debemos avanzar con prudencia por un terreno en el que, de hecho, los clásicos del marxismo nos precedieron hace mucho tiempo, pero sin haber sistematizado, bajo una forma teórica, los progresos decisivos que sus experiencias y sus enfoques implican. Sus experiencias y enfoques, en efecto, se quedaron ante todo en el terreno de la práctica política.

De hecho, es decir, en su práctica política, los clásicos del marxismo trataron el Estado como una realidad más compleja que la definición que de él se da en la «teo-

---

[8] Cfr. K. Marx: *Las luchas de clases en Francia*, Madrid, Ciencia Nueva, 1967. *[N. del T.]*

ría marxista del Estado». Esta complejidad la reconocieron, pero sin expresarla en una teoría correspondiente[9].

Querríamos intentar esbozar muy esquemáticamente esta teoría correspondiente. A tal fin proponemos la tesis siguiente.

Para hacer progresar la teoría del Estado es indispensable tener en cuenta no solamente la distinción entre *poder de Estado* y *aparato de Estado,* sino también otra realidad manifiestamente del lado del aparato (represivo) de Estado, pero que no se confunde con este. Llamaremos a esta realidad por su concepto: *los aparatos ideológicos de Estado.*

¿Qué son los aparatos ideológicos de Estado (AIE)?

No se confunden con el aparato (represivo) de Estado. Recordemos que en la teoría marxista el Aparato de Estado (AE) comprende el Gobierno, la Administración, el Ejército, la Policía, los Tribunales, las Cárceles, etc., que constituyen lo que en adelante llamaremos el Aparato Represivo de Estado. Represivo indica que el Aparato de Estado en cuestión «funciona con la violencia»… al menos en el límite (pues la represión, por ejemplo administrativa, puede revestirse de formas no físicas).

Con Aparatos Ideológicos de Estado designamos un cierto número de realidades que se presentan al observador inmediato bajo la forma de instituciones distintas y especializadas. Proponemos una lista empírica, que naturalmente exigirá que se examine en detalle, se ponga a prueba, rectifique y reorganice. Con todas las reservas que implica esta exigencia, por el momento podemos considerar como Aparatos Ideológicos de Estado las siguientes instituciones (el orden en el que las enumeramos no tiene significación particular):

- el AIE religioso (el sistema de las diferentes Iglesias),
- el AIE escolar (el sistema de las diferentes «Escuelas», públicas y privadas),
- el AIE familiar[10],
- el AIE jurídico[11],
- el AIE político (el sistema político, sus diferentes Partidos),

---

[9] Gramsci es el único, hasta donde sabemos, que avanzó por la ruta que nosotros emprendemos. Él tuvo esta idea «singular» de que el Estado no se reducía al aparato (represivo) de Estado sino que comprendía, como él decía, un cierto número de instituciones de la *«sociedad civil»:* la Iglesia, las Escuelas, los sindicatos, etc. Por desgracia, Gramsci no sistematizó sus intuiciones, que se han quedado en el estado de observaciones agudas pero parciales (cfr. A. Gramsci, *Œuvres choisies,* París, Éditions Sociales, 1959, pp. 290, 291 [nota 3], 293, 295, 436. Cfr. *Lettres de la Prison,* París, Éditions Sociales, 1975, p. 313).

[10] La Familia cumple manifiestamente «funciones» distintas de la de un AIE. Interviene en la reproducción de la fuerza de trabajo, por lo que es, según los modos de producción, unidad de producción y (o) unidad de consumo.

[11] El «Derecho» forma parte a la vez del Aparato (represivo) de Estado y del sistema de los AIE.

- el AIE sindical,
- el AIE de la información (prensa, radio-televisión, etcétera),
- el AIE cultural (Letras, Bellas Artes, deportes, etcétera).

Decimos que los AIE no se confunden con el Aparato (represivo) de Estado. ¿En qué consiste su diferencia?

En un primer momento podemos observar que, si bien existe *un* Aparato (represivo) de Estado, existe una *pluralidad* de Aparatos ideológicos de Estado. Suponiendo que exista, la unidad que constituye esta pluralidad de AIE como un cuerpo no es inmediatamente visible.

En un segundo momento podemos constatar que, mientras que el Aparato (represivo) de Estado, unificado, pertenece por entero al dominio *público,* la mayor parte de los Aparatos ideológicos de Estado (en su aparente dispersión) procede, por el contrario, del dominio *privado*. Privados son las Iglesias, los Partidos, los sindicatos, las familias, algunas escuelas, la mayoría de los periódicos, de las empresas culturales, etc., etcétera.

Dejemos por el momento de lado nuestra primera observación. Pero no se dejará de tomar en cuenta la segunda, para preguntarnos con qué derecho podemos considerar como Aparatos ideológicos *de Estado* instituciones que en su mayoría no poseen estatuto público, sino que son simplemente instituciones *privadas*. Como marxista consciente, Gramsci había anticipado esta objeción. La distinción entre lo público y lo privado es una distinción interior al derecho burgués, y válida en los dominios (subordinados) en los que el derecho burgués ejerce sus «poderes». El dominio del Estado se le escapa, pues está «más allá del Derecho»: el Estado, que es el Estado *de* la clase dominante, no es ni público ni privado; es, por el contrario, la condición de toda distinción entre público y privado. Digamos esta vez lo mismo al hablar de nuestros Aparatos Ideológicos de Estado. Poco importa si las instituciones que los materializan son «públicas» o «privadas». Lo que importa es su funcionamiento. Hay instituciones privadas que pueden «funcionar» perfectamente como Aparatos ideológicos de Estado. Bastará con un análisis un poco a fondo de cualquiera de los AIE para mostrarlo.

Pero vamos a lo esencial. Lo que distingue a los AIE del Aparato (represivo) de Estado es la siguiente diferencia fundamental: el Aparato represivo de Estado «funciona con la violencia», mientras que los Aparatos ideológicos de Estado *funcionan «con la ideología»*.

Podemos precisar, rectificando esta distinción. Diremos, en efecto, que todo Aparato de Estado, sea represivo o ideológico, «funciona» a la vez con la violencia y con la ideología, pero con una diferencia muy importante, que prohíbe confundir los Aparatos ideológicos de Estado con el Aparato (represivo) de Estado.

Se trata de que, por su cuenta, el Aparato (represivo) de Estado funciona de manera masivamente prevalente *con la represión* (incluso física), mientras que secundariamente funciona con la ideología. (No existe aparato puramente represivo.) Ejemplos: el Ejército y la Policía funcionan también con la ideología, a la vez para asegurar su propia cohesión y reproducción, y por los «valores» que proponen hacia fuera.

De la misma manera, pero a la inversa, se debe decir que, por su cuenta, los Aparatos ideológicos de Estado funcionan de modo masivamente prevalente *con la ideología,* pero funcionan secundariamente con la represión, por más que lo hagan en el límite, en el límite solamente, de forma muy atenuada, disimulada y hasta simbólica. (No existen aparatos puramente ideológicos.) Así, la Escuela y las Iglesias «adiestran» con métodos apropiados de sanciones, de exclusiones, de selección, etc., no solamente a sus oficiantes, sino también a su grey. Así, la Familia… Así, el Aparato IE cultural (la censura, por no mencionar más que a esta), etcétera.

¿Es útil mencionar que esta determinación del doble «funcionamiento» (de modo prevalente, de modo secundario) con la represión y con la ideología, según se trate del Aparato (represivo) de Estado o de los Aparatos ideológicos de Estado, permite comprender que se tejan constantemente muy sutiles combinaciones explícitas o tácitas entre el juego del Aparato (represivo) de Estado y el juego de los Aparatos ideológicos de Estado? La vida cotidiana nos ofrece innumerables ejemplos que habrá, en todo caso, que estudiar en detalle para ir más allá de esta simple observación.

Este comentario nos encamina, sin embargo, hacia la comprensión de lo que constituye la unidad del cuerpo aparentemente disparejo de los AIE. Si los AIE «funcionan» de modo masivamente prevalente con la ideología, lo que unifica su diversidad es este funcionamiento mismo, en la medida en que la ideología con la cual funcionan está siempre de hecho unificada, a pesar de su diversidad y sus contradicciones, *bajo la ideología dominante,* que es la de «la clase dominante». Si queremos considerar que en principio la «clase dominante» detenta el poder de Estado (de una forma franca o, lo más frecuente, por medio de alianzas de clases o de fracciones de clases) y dispone, por tanto, del Aparato (represivo) de Estado, podremos admitir que la misma clase dominante es activa en los Aparatos ideológicos de Estado en la medida en que es, en definitiva, a través de sus contradicciones mismas, la ideología dominante la que se materializa en los Aparatos ideológicos de Estado. Por supuesto, son cosas muy distintas actuar mediante leyes y decretos en el Aparato (represivo) de Estado y «actuar» por intermediación de la ideología dominante en los Aparatos ideológicos de Estado. Habrá que entrar en el detalle de esta diferencia… pero ello no debería enmascarar la realidad de una profunda identidad. Hasta donde sabemos, *ninguna clase puede detentar duradera-*

mente el poder de Estado sin ejercer al mismo tiempo su hegemonía sobre y dentro de los Aparatos ideológicos de Estado. De ello me quedo un solo ejemplo y prueba: la lancinante preocupación de Lenin por revolucionar el Aparato ideológico de Estado escolar (entre otros) para permitir al proletariado soviético, que había conquistado el poder de Estado, asegurar simplemente el futuro de la dictadura del proletariado y el paso al socialismo[12].

Esta última observación nos pone en condiciones de comprender que los Aparatos ideológicos de Estado pueden ser no solamente la *baza,* sino también el *lugar* de la lucha de clases, y con frecuencia de formas encarnizadas de la lucha de clases. La clase (o alianza de clases) en el poder no dicta tan fácilmente la ley en los AIE como en el aparato (represivo) de Estado, no solamente porque en este las antiguas clases dominantes pueden conservar durante mucho tiempo posiciones fuertes, sino también porque la resistencia de las clases explotadas puede encontrar en él el medio y la ocasión de expresarse, sea utilizando las contradicciones existentes en él, sea conquistando mediante la lucha posiciones de combate en él[13].

Recapitulemos nuestros comentarios.

Si la tesis que hemos propuesto está fundamentada nos vemos conducidos a retomar, aunque precisándola en un punto, la teoría marxista clásica del Estado. Diremos que hay que distinguir el poder de Estado (y su detentación por…), por una parte, y el Aparato de Estado, por otra. Pero añadiremos que el Aparato de Estado comprende dos cuerpos: el cuerpo de las instituciones que representan el Aparato represivo de Estado, por una parte, y el cuerpo de las instituciones que representan el cuerpo de los Aparatos ideológicos de Estado, por otra.

---

[12] En un texto patético, fechado en 1937, Kroupskaia contó la historia de los desesperados esfuerzos de Lenin y de lo que ella consideraba como su fracaso *(El camino recorrido).*

[13] Lo que aquí se dice, con algunas palabras rápidas, de la lucha de clases en los AIE está, evidentemente, lejos de agotar la cuestión de la lucha de clases.

Para abordar esta cuestión hay que tener presentes dos principios.

El primer principio lo formuló Marx en el «Prefacio» a la *Contribución:* «Al considerar tales trastornos [una revolución social], siempre se ha de distinguir entre el trastorno material –que se puede constatar de manera científicamente rigurosa– de las condiciones económicas de producción, y las formas jurídicas, políticas, religiosas, artísticas o filosóficas en las que los hombres toman consciencia de este conflicto y le ponen fin» [cfr. ed. cast. cit., pp. 37-38]. La lucha de clase se expresa y se ejerce, por tanto, en las formas ideológicas, esto es, también en las formas ideológicas de los AIE. Pero la lucha de clases desborda ampliamente estas formas, y es debido a que las *desborda* por lo que la lucha de las clases explotadas puede también ejercerse en las formas de los AIE, esto es, volver contra las clases en el poder el arma de la ideología.

Esto en virtud del *segundo principio:* la lucha de clases desborda los AIE porque no está enraizada más que en la ideología, en la infraestructura, en las relaciones de producción, las cuales son relaciones de explotación y constituyen la base de las relaciones de clase.

Pero si es así no puede dejar de plantearse la siguiente cuestión, aun en el estado, muy sumario, de nuestras indicaciones: ¿cuál es exactamente la medida del papel de los Aparatos ideológicos de Estado? ¿Cuál puede ser el fundamento de su importancia? En otros términos: ¿a qué corresponde la «función» de estos Aparatos ideológicos de Estado que no funcionan con la represión, sino con la ideología?

Sobre la reproducción de las relaciones de producción

Podemos entonces responder a nuestra pregunta central, dejada durante muchas páginas en suspenso: *¿cómo se asegura la reproducción de las relaciones de producción?*

En el lenguaje de la topografía (Infraestructura, Superestructura) diremos: en una grandísima parte[14], la aseguran la superestructura jurídico-política e ideológica.

Pero, puesto que hemos considerado como indispensable superar este lenguaje aún descriptivo, diremos: en una grandísima parte la asegura el ejercicio del poder de Estado en los Aparatos de Estado, el Aparato represivo de Estado, por una parte, y los Aparatos Ideológicos de Estado, por otra.

Téngase muy en cuenta lo que se ha dicho precedentemente y que ahora reunimos en los tres trazos siguientes:

1. Todos los Aparatos de Estado funcionan a la vez con la represión y con la ideología, con la diferencia de que el Aparato (represivo) de Estado funciona de manera masivamente prevalente con la represión, mientras que los Aparatos Ideológicos de Estado funcionan de manera masivamente prevalente con la ideología.

2. Mientras que el Aparato (represivo) de Estado constituye un todo organizado cuyos diferentes miembros están centralizados bajo una unidad de mando, la de la política de lucha de clases aplicada por los representantes políticos de las clases dominantes que detentan el poder de Estado, los Aparatos ideológicos de Estado son múltiples, distintos, «relativamente autónomos» y susceptibles de ofrecer un campo objetivo a contradicciones que, bajo formas unas veces limitadas, otras extremas, expresan los efectos de los choques entre la lucha de clases capitalista y la lucha de clases proletaria, así como sus formas subordinadas.

3. Mientras que la unidad del Aparato (represivo) de Estado la asegura su organización centralizada unificada bajo la dirección de los representantes de las clases

---

[14] En una grandísima parte. Pues las relaciones de producción las reproduce en primer lugar la materialidad del proceso de producción y del proceso de circulación. Pero no se debe olvidar que las relaciones ideológicas están inmediatamente presentes en estos mismos procesos.

en el poder que ejecutan la política de lucha de clases de las clases en el poder, la unidad entre los diferentes Aparatos Ideológicos de Estado la asegura la ideología dominante, la de la clase dominante.

Si se tienen en cuenta estas características, entonces la reproducción de las relaciones de producción[15] puede representarse de la manera siguiente, según una especie de «división del trabajo».

El papel del Aparato represivo de Estado consiste esencialmente, en cuanto aparato represivo, en asegurar por la fuerza (física o no) las condiciones políticas de la reproducción de las relaciones de producción, que son en última instancia *relaciones de explotación*. El aparato de Estado no solamente contribuye en grandísima medida a reproducirse a sí mismo (en el Estado capitalista existen dinastías de hombres políticos, dinastías militares, etc.), sino que también, y sobre todo, el aparato de Estado asegura mediante la represión (desde la fuerza física más brutal hasta las simples órdenes y prohibiciones administrativas, la censura abierta o tácita, etc.) las condiciones políticas del ejercicio de los Aparatos Ideológicos de Estado.

Son estos los que, en efecto, aseguran, en una grandísima parte, la reproducción misma de las relaciones de producción tras el «escudo» del Aparato represivo de Estado. Es aquí donde ejerce masivamente su papel la ideología dominante, la de la clase dominante que detenta el poder de Estado. Pues es por intermedio de la ideología dominante como se asegura la «armonía» (a veces chirriante) entre el Aparato represivo de Estado y los Aparatos Ideológicos de Estado, así como entre los diferentes Aparatos Ideológicos de Estado.

Nos vemos así conducidos a considerar la hipótesis siguiente, en función incluso de la diversidad de los aparatos ideológicos de Estado en su papel único, puesto que común, de la reproducción de las relaciones de producción.

Hemos en efecto enumerado, en las formaciones sociales capitalistas contemporáneas, una cantidad relativamente elevada de aparatos ideológicos de Estado: el aparato escolar, el aparato religioso, el aparato familiar, el aparato político, el aparato sindical, el aparato de la información, el aparato «cultural», etcétera.

Ahora bien, en las formaciones sociales del modo de producción «servilista» (comúnmente llamado feudal) constatamos que, si bien existe un Aparato represivo de Estado único, formalmente muy parecido no solamente desde la Monarquía absoluta, sino también desde los primeros Estados antiguos conocidos, el número de los Aparatos ideológicos de Estado es menos elevado y su individualidad diferente. Constatamos, por ejemplo, que en la Edad Media la Iglesia (Aparato ideoló-

---

[15] Para la parte de la reproducción a la cual *contribuyen* el Aparato represivo de Estado y los Aparatos ideológicos de Estado.

gico de Estado religioso) acumulaba entonces numerosas funciones hoy en día transferidas a varios aparatos ideológicos de Estado distintos, nuevos en relación con el pasado que evocamos, en particular funciones escolares y culturales. Junto a la Iglesia existía el Aparato Ideológico de Estado familiar, que desempeñaba un papel considerable, inconmensurable con el que desempeña en las formaciones sociales capitalistas. La Iglesia y la Familia no eran, pese a las apariencias, los únicos Aparatos Ideológicos de Estado. Existía también un Aparato Ideológico de Estado político (los Estados Generales, el Parlamento, las diferentes facciones y Ligas políticas, precursoras de los partidos políticos modernos, y todo el sistema político de las Comunas francas y luego de las Ciudades). Existía también un poderoso aparato ideológico de Estado «presindical», si se nos permite esta expresión por fuerza anacrónica (las poderosas cofradías de comerciantes, de banqueros, y también las asociaciones de oficiales, etc.). La Edición y la Información conocieron asimismo un desarrollo incontestable, al igual que los espectáculos, al principio parte integrante de la Iglesia, luego cada vez más independientes de esta.

Ahora bien, en el periodo histórico precapitalista que a muy grandes rasgos estamos examinando es absolutamente evidente *que existía un aparato ideológico de Estado dominante, la Iglesia,* el cual concentraba en sí no solamente las funciones religiosas, sino también escolares y una muy buena parte de las funciones de información y de «cultura». Si toda la lucha ideológica de los siglos XVI a XVIII, desde el primer embate de la Reforma, *se concentró* en una lucha anticlerical y antirreligiosa, esto no es por casualidad, sino que está en función misma de la posición dominante del Aparato ideológico de Estado religioso.

La Revolución francesa tuvo ante todo por objetivo y resultado no solamente traspasar el poder de Estado de la aristocracia feudal a la burguesía capitalista-comercial, romper en parte el antiguo Aparato represivo de Estado y reemplazarlo por uno nuevo (ej., el Ejército nacional popular), sino también atacar al aparato ideológico de Estado número uno: la Iglesia. De ahí la constitución civil del clero, la confiscación de los Bienes de la Iglesia y la creación de nuevos aparatos ideológicos de Estado para sustituir al aparato dominante de Estado religioso en su papel dominante.

Naturalmente, las cosas no ocurrieron solas: como prueba, el Concordato, la Restauración y la larga lucha de clase entre la Aristocracia terrateniente y la burguesía industrial durante todo el siglo XIX por el establecimiento de la hegemonía burguesa sobre las funciones cumplidas hasta poco antes por la Iglesia: ante todo por la Escuela. Puede decirse que la burguesía se apoyó en el nuevo aparato ideológico de Estado político, democrático-parlamentario, implantado en los primeros años de la Revolución y luego restaurado, tras largas luchas violentas, durante algunos meses de 1848 y a lo largo de decenas de años tras la caída del Segundo Imperio, a fin de llevar a cabo la lucha contra la Iglesia y apoderarse de sus funciones ideológicas; en suma, para asegurar no solamente su hegemonía política, sino también su hegemonía ideológica, indispensable para la reproducción de las relaciones de producción capitalistas.

Por eso nos creemos autorizados a postular la Tesis siguiente, con todos los riesgos que eso comporta. Nosotros pensamos que el aparato ideológico de Estado que se ha colocado en posición *dominante* en las formaciones capitalistas maduras, como resultado de una violenta lucha de clase política e ideológica contra el antiguo aparato ideológico de Estado dominante, es el *aparato ideológico escolar.*

Esta tesis puede parecer paradójica, y es cierto que a la mayoría –es decir, en la representación ideológica que la burguesía pretendía darse a sí misma y a las clases que explota– no le parece que el aparato ideológico de Estado dominante en las formaciones sociales capitalistas sea la Escuela, sino el aparato ideológico de Estado político, a saber, el régimen de democracia parlamentaria cimentado en el sufragio universal y las luchas de los partidos.

Sin embargo, la historia, incluso reciente, muestra que la burguesía pudo y puede adaptarse muy bien a aparatos ideológicos de Estado políticos diferentes de la democracia parlamentaria: el I y II Imperio, la Monarquía Constitucional (Luis XVIII, Carlos X), la Monarquía parlamentaria (Luis Felipe), la democracia presidencialista (De Gaulle), por no hablar más que de Francia. En Inglaterra, las cosas son aún más manifiestas. La Revolución fue allí particularmente «exitosa» desde el punto de vista burgués porque, a diferencia de Francia, donde la burguesía, debido además a la estupidez de la baja nobleza, hubo de aceptar dejarse llevar al poder por «jornadas revolucionarias», campesinas y plebeyas, que le salieron terriblemente caras, la burguesía inglesa pudo «arreglarse» con la Aristocracia y «compartir» con esta la detentación del poder de Estado y el uso del aparato ideológico de Estado durante mucho tiempo (¡paz entre todos los hombres de buena voluntad de las clases dominantes!). En Alemania, las cosas son aún más chocantes, pues fue bajo un aparato ideológico de Estado político, en el que los *Junkers* imperiales (simbolizados por Bismarck), su ejército y su policía le servían de escudo y de personal dirigente, como la burguesía imperialista hizo su estrepitosa entrada en la Historia antes de «pasar» por la República de Weimar y confiarse al nazismo.

Creemos, pues, tener fuertes razones para pensar que, detrás de los juegos de su Aparato Ideológico de Estado político, que ocupaba el primer plano, lo que la burguesía implantó como su aparato ideológico de Estado número uno, esto es, dominante, fue el aparato escolar, que de hecho reemplazó en sus funciones al antiguo aparato ideológico de Estado dominante, a saber, la Iglesia. Se puede incluso añadir que la pareja Escuela-Familia reemplazó a la pareja Iglesia-Familia.

¿Por qué el aparato escolar es, de hecho, el aparato ideológico de Estado dominante en las formaciones sociales capitalistas, y cómo funciona? Baste por el momento con decir:

1. Todos los aparatos ideológicos de Estado, sean cuales sean, concurren al mismo resultado: la reproducción de las relaciones de producción, es decir, de las relaciones de explotación capitalistas.

2. Cada uno de ellos concurre a este único resultado de la manera que le es propia. El aparato político sujetando a los individuos a la ideología política de Estado, la ideología «democrática», de forma indirecta (parlamentaria) o directa (plebiscitaria o fascista). El aparato de información atiborrando, a través de la prensa, la radio o la televisión a todos los «ciudadanos» con dosis cotidianas de nacionalismo, chovinismo, liberalismo, moralismo, etc. Lo mismo ocurre con el Aparato cultural (el papel del deporte en el chovinismo es de primer orden), etc. Y el aparato religioso lo hace recordando en los sermones y otras grandes ceremonias del Nacimiento, del Matrimonio y de la Muerte que el hombre no es más que ceniza, salvo si sabe amar a sus hermanos hasta ofrecer la otra mejilla a quien abofetea la primera. El aparato familiar... mas no insistamos.

3. Este concierto está dominado por una partitura única, ocasionalmente perturbada por contradicciones (las de los restos de las antiguas clases dominantes, las de los proletarios y sus organizaciones): la partitura de la ideología de la clase actualmente dominante, que integra en su música los grandes temas del Humanismo de los Grandes ancestros que obraron, antes del Cristianismo, el Milagro griego y, luego, la Grandeza de Roma, la Ciudad eterna, así como los temas del Interés, particular y general, etc. Nacionalismo, moralismo y economismo.

4. Sin embargo, en este concierto, un aparato ideológico de Estado desempeña cabalmente el papel dominante, aunque no se preste apenas oídos a su música: ¡es tan silenciosa! Se trata de la Escuela.

Esta coge a los niños de todas las clases sociales desde la Guardería, y desde la Guardería, con los nuevos tanto como con los antiguos métodos, les inculca, durante años (los años en los que el niño, acorralado entre el aparato de Estado Familia y el aparato de Estado Escuela, es más «vulnerable»), «destrezas» envueltas en la ideología dominante (francés, cálculo, historia natural, ciencias, literatura), o simplemente la ideología dominante en estado puro (moral, instrucción cívica, filosofía). En algún punto hacia los dieciséis años, una enorme masa de niños cae «en la producción»: son los obreros o los pequeños campesinos. Otra parte de la juventud escolarizable continúa y, bien que mal, recorre un tramo de camino para bajarse en marcha y cubrir los puestos de los cuadros bajos y medios, empleados, funcionarios bajos y medios, pequeños burgueses de todas las clases. Una última parte llega a las cimas, sea para caer en el semidesempleo intelectual, sea para suministrar, además de los «intelectuales del trabajador colectivo», los agentes de la explotación (capitalistas, empresarios), los agentes de la represión (militares, policías, políticos, administradores, etc.) y los profesionales de la ideología (sacerdotes de todas clases, la mayoría de los cuales son «laicos» convencidos).

Cada contingente que cae en el camino está prácticamente provisto de la ideología que conviene al papel que debe cumplir en la sociedad de clases: papel de explotado (con «conciencia profesional», «moral», «cívica», «nacional» y apolítica altamente «desarrollada»); papel de agente de la explotación (saber mandar y hablar a los obreros: las «relaciones humanas»), de agentes de la represión (saber mandar y hacerse obedecer «sin discutir» o saber manejar la demagogia de la retórica de los dirigentes políticos) o de profesionales de la ideología (que sepan tratar las conciencias con el respeto, es decir, el desprecio, el chantaje, la demagogia que convienen, adaptados a los acentos de la Moral, de la Virtud, de la «Trascendencia», de la Nación, del papel de Francia en el Mundo, etcétera).

Por supuesto, muchas de estas Virtudes contrarias (modestia, resignación, sumisión por una parte; cinismo, desprecio, altivez, seguridad, grandeza y hasta facilidad de palabra y habilidad, por otra) se aprenden también en las Familias, en la Iglesia, en el Ejército, en los Buenos Libros, en las películas e incluso en los estadios. Pero ningún aparato ideológico de Estado dispone durante tantos años de la audiencia obligatoria (y, eso es lo de menos, gratuita…), de 5 a 6 días de 7 a razón de 8 horas al día, de la totalidad de los niños de la formación social capitalista.

Ahora bien, es con el aprendizaje de algunas destrezas envueltas en la inculcación masiva de la ideología de la clase dominante como se reproducen en una gran parte *las relaciones de producción* de una formación social capitalista, es decir, las relaciones de explotados con explotadores y de explotadores con explotados. Los mecanismos que producen este resultado vital para el régimen capitalista están naturalmente recubiertos y disimulados por una ideología de la Escuela universalmente imperante, pues es una de las formas esenciales de la ideología burguesa dominante: una ideología que representa la Escuela como un medio neutro, desprovisto de ideología (en tanto que… laica), donde maestros respetuosos de la «conciencia» y de la «libertad» de los niños que les son confiados (con toda confianza) por sus «padres» (los cuales son también libres, es decir, propietarios de sus hijos) les hacen acceder a la libertad, la moralidad y la responsabilidad de adultos mediante su propio ejemplo, los conocimientos, la literatura y las virtudes «liberadoras» de estos.

Pido perdón a los maestros que, en condiciones espantosas, intentan volver contra la ideología, contra el sistema y contra las prácticas en las que están presos las pocas armas que pueden encontrar en la historia y el saber que «enseñan». Son una especie de héroes. Pero son muy raros, y cuántos (la mayoría) no tienen ni la más remota sospechan del «trabajo» que el sistema (que los sobrepasa y aplasta) les obliga a hacer; peor aún, ponen todo su corazón y su ingenio en realizarlo del modo más concienzudo (¡los famosos nuevos métodos!). Dudan tan poco de él que con su entrega contribuyen incluso a mantener y alimentar esta representación ideológica de la Escuela que hace hoy en día a la Escuela tan «natural» e indispensable-útil, e incluso benéfica, para nuestros contemporáneos como la Iglesia era «natural», indispensable y generosa para nuestros ancestros de hace algunos siglos.

De hecho, hoy en día la Iglesia ha sido reemplazada por la Escuela en su papel de *Aparato ideológico de Estado dominante*. Está emparejada con la Familia, lo mismo que antaño la Iglesia estaba emparejada con la Familia. Puede entonces afirmarse que la crisis, de una profundidad sin precedentes, que en todo el mundo socava el sistema escolar de tantos Estados, a menudo conjuntamente con una crisis (ya anunciada en el *Manifiesto*) que zarandea el sistema familiar, cobra un sentido político si se considera que la Escuela (y la pareja Escuela-Familia) constituye el Aparato ideológico de Estado dominante, Aparato que desempeña un papel determinante en la reproducción de las relaciones de producción de un modo de producción amenazado en su existencia por la lucha de clases mundial.

A propósito de la Ideología

Al proponer el concepto de Aparato ideológico de Estado, al decir que los AIE «funcionan con la ideología», invocamos una realidad de la que hay que decir algunas palabras: la ideología.

Es sabido que la expresión «ideología» la forjaron Cabanis, Destutt de Tracy y los amigos de estos, que le asignaban por objeto la teoría (genética) de las ideas. Cuando, 50 años más tarde, Marx retoma el término, le da, en sus *Obras de juventud,* un sentido totalmente distinto. La ideología es entonces el sistema de las ideas, de las representaciones que dominan el espíritu de un hombre o de un grupo social. La lucha ideológico-política llevada a cabo por Marx desde sus artículos de la *Gaceta renana* debía enfrentarlo rápidamente a esta realidad y obligarlo a profundizar sus primeras intuiciones.

Sin embargo, tropezamos aquí con una paradoja bastante sorprendente. A Marx todo parecía llevarlo a formular una teoría de la ideología. De hecho, *La ideología alemana* nos ofrece, después de los *Manuscritos del 44,* una teoría explícita de la ideología, si bien… no es marxista (veremos esto dentro de un momento). En cuanto al *Capital,* aunque contiene numerosas indicaciones para una teoría de las ideologías (la más visible, la ideología de los economistas vulgares), él mismo no contiene esta teoría, que depende en gran parte de una teoría de la ideología en general.

Querría correr el riesgo de proponer un primer y muy esquemático esbozo de esta. Las tesis que voy a postular no son, ciertamente, improvisadas, pero no las pueden sostener y probar, es decir, confirmar o rectificar, más que profundos estudios y análisis.

La ideología no tiene historia

Unas palabras en primer lugar para exponer la razón de principio que me parece, si no fundamentar, sí al menos autorizar el proyecto de una teoría de la ideología *en general* y no una teoría de *las* ideologías particulares, las cuales siempre expresan, sea cual sea su forma (religiosa, moral, jurídica, política), *posiciones de clase*.

Habrá, evidentemente, que emprender una teoría de *las* ideologías, bajo el doble respecto que se acaba de indicar. Se verá entonces cómo una teoría de *las* ideologías se basa en último término en la historia de las formaciones sociales, esto es, de los modos de producción combinados en las formaciones sociales y de las luchas de clases que en ellas se desarrollan. En este sentido, está claro que no puede tratarse de una teoría de *las* ideologías *en general*, pues *las* ideologías (definidas bajo el doble respecto más arriba indicado: regional y de clase) tienen una historia cuya determinación en última instancia se encuentra, evidentemente, situada *fuera* de las ideologías exclusivamente, aunque afectándolas.

En cambio, si puedo plantear el proyecto de una teoría de *la* ideología *en general*, y si esta teoría es uno de los elementos de los que dependen *las* teorías de *las* ideologías, esto implica una proposición de apariencia paradójica que enunciaré en los términos siguientes: *la ideología no tiene historia.*

Es sabido que esta fórmula figura con todas sus letras en un pasaje de *La ideología alemana.* Marx la enuncia a propósito de la metafísica, la cual, dice, no tiene más historia que la moral (sobreentendido: y las demás formas de la ideología).

En *La ideología alemana,* esta fórmula figura en un contexto francamente positivista. La ideología se concibe allí como pura ilusión, puro sueño, es decir, nada. Toda su realidad está fuera de ella misma. La ideología es, pues, pensada como una construcción imaginaria cuyo estatuto es sumamente similar al estatuto teórico del sueño entre los autores anteriores a Freud. Para estos autores, los sueños eran el resultado puramente imaginario, es decir, nulo, de «residuos diurnos», presentados en una composición y un orden arbitrario, a veces además «inverso», en suma, «en el desorden». Para ellos los sueños eran lo imaginario vacío y nulo «parcheado» arbitrariamente, con los ojos cerrados, con residuos de la única realidad plena y positiva, la del día. Tal es exactamente el estatuto de la filosofía y de la ideología (puesto que la filosofía es ahí la ideología por excelencia) en *La ideología alemana.*

La ideología es entonces para Marx un parcheado imaginario, un puro sueño, vacío y vano, constituido por los «residuos diurnos» de la única realidad plena y positiva, la de la historia concreta de los individuos concretos, materiales, que producen materialmente su existencia. Es por eso por lo que, en *La ideología alemana,* la ideología no tiene historia, pues su historia está fuera de ella, allí donde existe la única historia que existe, la de los individuos concretos, etc. En *La ideología alemana,* la tesis de que la ideología alemana no tiene historia es, por tanto, una tesis puramente negativa, pues significa a la vez:

1. La ideología no es nada en cuanto puro sueño (fabricado por no se sabe qué poder, acaso por la alienación de la división del trabajo, pero esa es también una determinación *negativa*).

2. La ideología no tiene historia, lo cual no quiere decir en absoluto que no tenga historia (al contrario, pues no es más que el pálido reflejo vacío e invertido de la historia real), sino que no tiene historia *propia.*

Ahora bien, la tesis que yo querría defender, aunque formalmente recupera los términos de *La ideología alemana* (la ideología no tiene historia), es radicalmente diferente de la tesis positivista-historicista de *La ideología alemana.*

Pues por una parte creo poder sostener que *las* ideologías *tienen una historia propia* (por más que determinada en última instancia por la lucha de clases); y por otra parte creo poder sostener al mismo tiempo que la ideología *en general no tiene historia,* no en un sentido negativo (su historia está fuera de ella), sino en un sentido absolutamente positivo.

Este sentido es positivo si es verdad que lo propio de la ideología es estar dotada de una estructura y de un funcionamiento tales que hacen de ella una realidad no histórica, es decir, omnihistórica, en el sentido de que esta estructura y este funcionamiento están, bajo una misma forma inmutable, presentes en lo que se llama la historia entera, en el sentido en el que el *Manifiesto* define la historia como la historia de la lucha de clases, es decir, la historia de las sociedades de clases.

Para señalar aquí un punto de referencia teórico, diré, volviendo a nuestro ejemplo del sueño, esta vez en la concepción freudiana, que nuestra proposición, la ideología no tiene historia, puede y debe (de una manera que no tiene absolutamente nada de arbitraria, sino que es, muy por el contrario, teóricamente necesaria pues entre ambas proposiciones hay un nexo orgánico) ponerse en relación directa con la proposición de Freud según la cual *el inconsciente es eterno,* es decir, no tiene historia.

Si eterno quiere decir no trascendente a toda historia (temporal), sino omnipresente, transhistórico, esto es, inmutable en su forma en toda la extensión de la historia, yo llegaré palabra por palabra hasta la expresión de Freud y escribiré: *la ideología es eterna,* lo mismo que el inconsciente. Y añadiré que este enfoque me parece teóricamente justificado por el hecho de que la eternidad del inconsciente no carece de relación con la eternidad de la ideología en general.

Por eso me creo autorizado, al menos presuntivamente, a proponer una teoría de *la* ideología en general, en el sentido en el que Freud presentó una teoría del inconsciente en general.

Para simplificar la expresión, convéngase, teniendo en cuenta lo que se ha dicho de las ideologías, en emplear el término de ideología a secas para designar la ideología en general, de la cual acabo de decir que no tiene historia o, lo que viene a ser lo mismo, que es eterna, es decir, omnipresente, bajo su forma inmutable, en toda la historia (= la historia de las formaciones sociales que incluyen clases sociales). Me limito provisionalmente, en efecto, a las «sociedades de clases» y a su historia.

La ideología es una «representación» de la relación imaginaria de los individuos con sus condiciones reales de existencia

Para abordar la tesis central sobre la estructura y el funcionamiento de la ideología voy en primer lugar a presentar dos tesis, una de ellas negativa y la otra positiva. La primera atañe al objeto «representado» bajo la forma imaginaria de la ideología, la segunda atañe a la materialidad de la ideología.

Tesis I: la ideología representa la relación imaginaria de los individuos con sus condiciones reales de existencia.

Se dice comúnmente de la ideología religiosa, de la ideología moral, de la ideología jurídica, de la ideología política, etc., que son otras tantas «concepciones del mundo». Por supuesto, se admite, a menos de vivir una de estas ideologías como la verdad (por ejemplo, si se «cree» en Dios, en el Deber, en la Justicia, etc.), que la ideología de la que entonces se habla desde un punto de vista crítico, examinándola como un etnólogo los mitos de una «sociedad primitiva», que estas «concepciones del mundo» son en gran parte imaginarias, es decir, no «corresponden a la realidad».

No obstante, aun admitiendo que no corresponden a la realidad, esto es, que constituyen una ilusión, se admite que hacen alusión a la realidad y que basta con «interpretarlas» para encontrar, bajo su representación imaginaria del mundo, la realidad misma de este mundo (ideología = *ilusión/alusión*).

Existen diferentes tipos de interpretación, de las cuales las más conocidas son el tipo *mecanicista* corriente en el siglo XVIII (Dios es la representación imaginaria del

Rey real) y la interpretación «*hermenéutica*», inaugurada por los primeros Padres de la Iglesia y reanudada por Feuerbach y la escuela teológico-filosófica nacida con él, por ejemplo el teólogo Barth y el filósofo Ricoeur (para Feuerbach, por ejemplo, Dios es la esencia del Hombre real). Voy a lo esencial al decir que, a condición de interpretar la transposición (y la inversión) imaginaria de la ideología, se desemboca en la conclusión de que en la ideología «los hombres se representan de una forma imaginaria sus condiciones de existencia reales».

Esta interpretación deja, por desgracia, en suspenso un pequeño problema: ¿por qué los hombres «tienen necesidad» de esta transposición imaginaria de sus condiciones reales de existencia para «representarse» sus condiciones de existencia reales?

La primera respuesta (la del siglo XVIII) propone una solución simple: por culpa de los Curas y los Déspotas. Estos «fraguaron» Hermosas Mentiras para que, creyendo obedecer a Dios, los hombres obedezcan de hecho a los Curas o a los Déspotas, las más de las veces aliados en su impostura, los Curas al servicio de los Déspotas o viceversa, según las posiciones políticas de dichos teóricos. Hay, pues, una causa para la transposición imaginaria de las condiciones de existencia real: esta causa es la existencia de un pequeño número de cínicos que asientan su dominación y su explotación del «pueblo» en una representación falseada del mundo por ellos imaginada, a fin de esclavizar los espíritus dominando su imaginación.

La segunda respuesta (la de Feuerbach, repetida palabra por palabra por Marx en sus *Obras de juventud*) es más «profunda», es decir, igual de falsa. También ella busca y encuentra una causa para la transposición y para la deformación imaginaria de las condiciones de existencia reales de los hombres, en suma, para la alienación en la imaginación de la representación de las condiciones de existencia de los hombres. Esta causa no son ya ni los Curas ni los Déspotas, ni su propia imaginación activa y la imaginación pasiva de sus víctimas. Esta causa es la alienación material que impera en las condiciones de existencia de los hombres mismos. Así es como Marx defiende en *La cuestión judía* y en otras partes la idea feuerbachiana de que los hombres se forman una representación alienada (= imaginaria) de sus condiciones de existencia porque estas condiciones de existencia mismas son alienantes (en los *Manuscritos del 44,* porque estas condiciones están dominadas por la esencia de la sociedad alienada: el *«trabajo alienado»*).

Todas estas interpretaciones toman, por tanto, al pie de la letra la tesis que suponen y en la que se basan, a saber, que lo que se refleja en la representación imaginaria del mundo que se encuentra en una ideología son las condiciones de existencia de los hombres, esto es, su mundo real.

Ahora bien, retomo aquí una tesis que ya he postulado: no son sus condiciones de existencia reales, su mundo real, lo que «los hombres» «se representan» en la ideología, sino que en ella se les representa ante todo su *relación* con estas condiciones de existencia. Es esta relación la que está en el centro de toda representación ideológica, esto es, imaginaria del mundo real. Y es en esta relación donde se encuentra contenida la «causa» que debe dar cuenta de la deformación imaginaria de la representación ideológica del mundo real. O, más bien, para dejar en suspenso el lenguaje de la causa, hay que postular la tesis de que es *la naturaleza imaginaria de esta relación* la que sostiene toda la deformación imaginaria que se puede observar (si no se vive en la verdad) en toda ideología.

Para hablar en un lenguaje marxista, si bien es verdad que la representación de las condiciones de existencia real de los individuos que ocupan puestos de agentes de la producción, de la explotación, de la represión, de la ideologización y de la práctica científica depende en última instancia de las relaciones de producción y de las relaciones derivadas de las relaciones de producción, nosotros podemos decir esto: en su deformación necesariamente imaginaria, toda ideología representa no las relaciones de producción existentes (y las demás relaciones que de estas derivan), sino ante todo la relación (imaginaria) de los individuos con las relaciones de producción y con las relaciones que de estas derivan. En la ideología se representa, por tanto, no el sistema de las relaciones reales que gobiernan la existencia de los individuos, sino la relación imaginaria de estos individuos con las relaciones reales en las cuales viven.

Si es así, la pregunta por la «causa» de la deformación imaginaria de las relaciones reales en la ideología decae y debe ser sustituida por otra pregunta: ¿por qué la representación dada a los individuos de su relación (individual) con las relaciones sociales que gobiernan sus condiciones de existencia y su vida colectiva e individual es necesariamente imaginaria? ¿Y cuál es la naturaleza de este imaginario? Así planteada, la pregunta soslaya la solución mediante la «camarilla»[16] formada por un grupo de individuos (Curas o Déspotas) autores de la gran mistificación ideológica, así como la solución mediante el carácter alienado del mundo real. Vamos a ver por qué en la continuación de nuestra exposición. Por el momento, no vamos más lejos.

Tesis II: La ideología tiene una existencia material.

Ya hemos apuntado esta tesis al decir que las «ideas» o «representaciones», etc., de las que parece compuesta la ideología no tenían existencia ideal, de ideas, espiritual, sino material. Hemos incluso sugerido que la existencia ideal, de ideas, espiritual de las «ideas» dependía exclusivamente de una ideología de la «idea» y de la ideología y, añadamos, de una ideología de lo que parece «fundamentar» esta concepción desde la aparición de las ciencias, a saber, lo que quienes practican las ciencias se representan,

---

[16] Empleo adrede este término muy moderno. Pues, incluso en medios comunistas, la «explicación» de tal desviación política (oportunismo de derechas o de izquierdas) por la acción de una «camarilla» (*«clique»*) es, por desgracia, moneda corriente.

en su ideología espontánea, como «ideas» verdaderas o falsas. Por supuesto, presentada bajo la forma de una afirmación esta tesis no es demostrada. Pedimos simplemente que se le conceda, digamos en nombre del materialismo, un juicio previo simplemente favorable. Para su demostración serían necesarios largos desarrollos.

Esta tesis presuntiva de la existencia no espiritual, sino material de las «ideas» u otras «representaciones», no es, en efecto, necesaria para avanzar en nuestro análisis de la naturaleza de la ideología. O, más bien, nos es simplemente útil para mejor hacer patente lo que todo análisis un poco serio de cualquier ideología muestra inmediata, empíricamente, a todo observador, por poco crítico que sea.

Hemos dicho, al hablar de los aparatos ideológicos de Estado y de sus prácticas, que cada uno de ellos era la materialización de una ideología (la unidad de cuyas diferentes ideologías regionales –religiosa, moral, jurídica, política, estética, etc.– es asegurada por su subsunción en la ideología dominante). Retomamos esta tesis: una ideología siempre existe en un aparato y su práctica o sus prácticas. Esta existencia es material.

Por supuesto, la existencia material de la ideología en un aparato y sus prácticas no posee la misma modalidad que la existencia material de un adoquín o de un fusil. Pero, a riesgo de que se nos trate de neoaristotélicos (y señalemos que Marx tenía en muy alta estima a Aristóteles), diremos que «la materia se dice en múltiples sentidos» o, más bien, que existe en diferentes modalidades, todas enraizadas en última instancia en la materia «física».

Dicho esto, vamos al grano y veamos qué pasa en los «individuos» que viven en la ideología, es decir, en una determinada representación del mundo (religiosa, moral, etc.) cuya deformación imaginaria depende de su relación imaginaria con sus condiciones de existencia; es decir, en última instancia con las relaciones de producción y de clase (ideología = relación imaginaria con relaciones reales). Diremos que esta relación imaginaria está dotada ella misma de una existencia material.

Ahora bien, constatamos lo siguiente.

Un individuo cree en Dios, en el Deber o en la Justicia, etc. Esta creencia depende (para todo el mundo, es decir, para todos los que viven en una representación ideológica de la ideología, que reduce la ideología a ideas dotadas por definición de existencia espiritual) de las ideas de dicho individuo, esto es, de él en cuanto sujeto que tiene una conciencia en la cual se contienen las ideas de su creencia. Mediante lo cual, es decir, mediante el dispositivo «conceptual» perfectamente ideológico así implantado (un sujeto dotado de una consciencia en la que forma libremente o reconoce libremente ideas en las que cree), el comportamiento (material) de dicho sujeto deriva naturalmente de él.

El individuo en cuestión se conduce de tal o cual manera, adopta tal o cual comportamiento práctico y, lo que es más, participa en ciertas prácticas reguladas, que son las del aparato ideológico del que «dependen» las ideas que él ha escogido libremente, con toda consciencia en cuanto sujeto. Si cree en Dios, va a la Iglesia para asistir a Misa, se arrodilla, reza, se confiesa, hace penitencia (penitencia que antes era material en el sentido corriente del término) y naturalmente se arrepiente, y sigue así, etc. Si cree en el Deber, tendrá los comportamientos correspondientes, inscritos en prácticas rituales «conformes a las buenas costumbres». Si cree en la Justicia, se someterá sin discutir a las reglas del Derecho y podrá incluso protestar cuando estas sean violadas, firmar peticiones, tomar parte en una manifestación, etcétera.

En todo este esquema constatamos, por tanto, que la representación ideológica misma de la ideología se ve forzada a reconocer que todo «sujeto» dotado de una «conciencia» y que crea en las «ideas» que su «conciencia», le inspire y acepte libremente debe «*actuar* según sus ideas», esto es, debe traducir en los actos de su práctica material sus propias ideas de sujeto libre. Si no lo hace, «eso no está bien».

En verdad, si no hace lo que debería hacer en función de lo que cree es que hace otra cosa, lo cual, siempre en función del mismo esquema idealista, da a entender que tiene en la cabeza ideas distintas de las que proclama y que actúa según estas otras ideas, como hombre bien «inconsecuente» («nadie es malvado voluntariamente»), bien cínico o perverso.

En todos los casos, la ideología de la ideología reconoce por tanto, a pesar de su deformación imaginaria, que las «ideas» de un sujeto humano existen en sus actos o deben existir en sus actos, y si este no es el caso le presta otras ideas correspondientes a los actos (incluso perversos) que cumple. Esta ideología habla de los actos: nosotros hablaremos de actos insertos en prácticas. Y observaremos que estas *prácticas* las regulan *rituales* en los que dichas prácticas se inscriben, en el seno de la *existencia material de un aparato ideológico,* siquiera de una muy pequeña parte de este aparato: una pequeña misa en una pequeña iglesia, un entierro, un pequeño partido en una sociedad deportiva, un día de clase en una escuela, una reunión o un mitin de un partido político, etcétera.

Debemos además a la «dialéctica» defensiva de Pascal la maravillosa fórmula que nos va a permitir invertir el orden del esquema nocional de la ideología. Pascal dijo, poco más o menos: «Poneos de rodillas, moved los labios rezando *y creeréis*». Invierte por tanto escandalosamente el orden de las cosas, trayendo, como Cristo, no la paz sino la división, y por añadidura, lo cual es muy poco cristiano (pues ¡ay de aquel por quien el escándalo venga al mundo!), el escándalo mismo. Bendito escándalo, que, por desafío jansenista, le hace emplear un lenguaje que designa la realidad en persona.

Permítasenos dejar a Pascal con sus argumentos de lucha ideológica en el seno del aparato ideológico de Estado religioso de su tiempo. Y permítasenos emplear un lenguaje más directamente marxista, si es posible, pues avanzamos por dominios aún mal explorados.

Diremos por tanto, no considerando más que a un sujeto (tal individuo), que la existencia de las ideas de su creencia es material por cuanto *sus ideas son sus actos materiales insertos en prácticas materiales, reguladas por rituales materiales ellos mismos definidos por el aparato ideológico material del que derivan las ideas de este sujeto*. Naturalmente, los cuatro adjetivos «materiales» que nuestra proposición incluye deben estar dotados de modalidades diferentes: la materialidad de un desplazamiento para ir a misa, de una genuflexión, de un gesto de santiguamiento o de *mea culpa*, de una frase, de un rezo, de una contrición, de una penitencia, de una mirada, de un apretón de manos, de un discurso verbal externo o de un discurso verbal «interno» (la conciencia) no es una sola y misma materialidad. Dejamos ahora en suspenso la teoría de la diferencia entre las modalidades de la materialidad.

Por lo demás, en esta presentación de las cosas invertidas no nos las vemos en absoluto con una «inversión», pues constatamos que ciertas nociones han pura y simplemente desaparecido de nuestra nueva presentación, mientras, por el contrario, en ella subsisten otras y aparecen nuevos términos.

Ha desaparecido: el término *ideas*.
Subsisten: los términos *sujeto, conciencia, creencia, actos*.
Aparecen: los términos *prácticas, rituales, aparato ideológico*.

No es, por tanto, una inversión (salvo en el sentido en que se dice que un gobierno o un vaso vuelcan, sino un reajuste (de tipo no ministerial) bastante extraño, pues obtenemos el resultado siguiente.

Las ideas han desaparecido en cuanto tales (en cuanto dotadas de una existencia ideal, espiritual), en la medida misma en que ha aparecido que su existencia estaba inscrita en los actos de las prácticas reguladas por los rituales definidos en última instancia por un aparato ideológico. Aparece, por tanto, que el sujeto actúa en cuanto es actuado por el siguiente sistema (enunciado en su orden de determinación real): ideología existente en un aparato ideológico material que prescribe prácticas materiales reguladas por un ritual material, las cuales prácticas existen en los actos materiales de un sujeto que actúa con toda consciencia según su creencia.

Pero esta misma presentación pone de manifiesto que hemos conservado las nociones siguientes: sujeto, conciencia, creencia, actos. De esta secuencia extraemos en seguida el término central, decisivo, del que todo depende: la noción del *sujeto*.

Y enunciamos inmediatamente dos tesis conjuntas:
1- no hay práctica más que por y bajo una ideología;
2- no hay ideología más que por el sujeto y para sujetos.

Ahora podemos pasar a nuestra tesis central.

La ideología interpela a los individuos en cuanto sujetos

Esta tesis viene simplemente a explicitar nuestra última proposición: no hay ideología más que por el sujeto y para sujetos. Entiéndase: no hay ideología más que para sujetos concretos, y este destino de la ideología no es posible más que por el sujeto; entiéndase: *por la categoría de sujeto* y su funcionamiento.

Con ello queremos decir que, aunque con esta denominación (el sujeto) que aparece con el advenimiento de la ideología burguesa, ante todo con el advenimiento de la ideología jurídica [17], la categoría de sujeto (que puede funcionar bajo otras denominaciones: por ejemplo, en Platón el alma, Dios, etc.) es la categoría constitutiva de toda ideología, sea cual sea la determinación (regional o de clase) y sea cual sea la fecha histórica... puesto que la ideología no tiene historia.

Decimos que la categoría de sujeto es constitutiva de toda ideología, pero al mismo tiempo y enseguida añadimos *que la categoría de sujeto no es constitutiva de toda ideología más que en cuanto toda ideología tiene por función (que la define) «constituir» a individuos concretos en cuanto sujetos.* Es en este juego de doble constitución donde existe el funcionamiento de toda ideología, pues la ideología no es nada más que su funcionamiento en las formas materiales de la existencia de este funcionamiento.

Para ver claro en lo que sigue hay que tener bien presente que tanto quien escribe estas líneas como el lector que las lee son ellos mismos sujetos, esto es, sujetos ideológicos (proposición tautológica); es decir, que tanto el autor como el lector de estas líneas viven «espontánea» o «naturalmente» en la ideología en el sentido en el que hemos dicho que «el hombre es por naturaleza un animal ideológico».

Que el autor, en la medida en que escribe las líneas de un discurso que pretende ser científico, esté completamente ausente, como «sujeto», de «su» discurso científico (dado que todo discurso científico es por definición un discurso sin sujeto, no hay «Sujeto de la ciencia» más que en una ideología de la ciencia) es otra cuestión que por el momento dejaremos de lado.

Como decía admirablemente san Pablo, es en el *«Logos»*, entiéndase en la ideología, donde tenemos «el ser, el movimiento y la vida». Se sigue que, para usted como para mí, la categoría de sujeto es una «evidencia» primera (las evidencias son siempre primeras): está claro que usted y yo somos sujetos (libres, morales, etc.). Como todas las evidencias, incluidas las que hacen que una palabra «designe una cosa» o «posea un significado» (incluidas, por tanto, las evidencias de la «transparencia» del lenguaje), esta «evidencia» de que usted y yo somos sujetos –y que esto

---

[17] Que toma prestada la categoría jurídica de «sujeto de derecho», para hacer de ella una noción ideológica: el hombre es por naturaleza un sujeto.

no constituye un problema– es un efecto ideológico, el efecto ideológico elemental[18]. Es, en efecto, lo propio de la ideología imponer (sin parecerlo, puesto que son «evidencias») las evidencias como evidencias que no podemos dejar de *reconocer* y ante las cuales tenemos la inevitable y tan natural reacción de exclamar (en voz alta o en el «silencio de la conciencia»): «¡es evidente! ¡Eso es! ¡Es verdad!».

En esta reacción se ejerce la función de *reconocimiento* ideológico, que es una de las dos funciones de la ideología como tal (su envés es la función de *desconocimiento*).

Para poner un ejemplo altamente «concreto», todos tenemos amigos que, cuando llaman a nuestra puerta y nosotros preguntamos a través de la puerta cerrada «¿Quién es?», responden (pues es «evidente»): «¡Soy yo!». De hecho, nosotros reconocemos que «es ella» o «es él». Abrimos la puerta y «es verdad que es ella quien estaba allí». Para poner otro ejemplo, cuando reconocemos en la calle a alguien de nuestro (re) conocimiento, le hacemos saber que lo hemos reconocido (y que hemos reconocido que él nos ha reconocido) diciéndole: «¡Buenos días, mi querido amigo!» y estrechándole la mano (práctica ritual material del reconocimiento ideológico de la vida cotidiana, en Francia al menos: en otras partes, otros rituales).

Con esta observación preliminar y sus ilustraciones concretas, solamente quiero resaltar que usted y yo *siempre* somos *ya* sujetos y, como tales, practicamos sin interrupción los rituales del reconocimiento ideológico que nos garantizan que somos cabalmente sujetos concretos, individuales, inconfundibles y naturalmente insustituibles. La escritura a la que procedo actualmente y la lectura a la que usted se entrega actualmente[19] son también, a este respecto, rituales del reconocimiento ideológico, incluida la «evidencia» con la que puede imponérsele a usted la «verdad» de mis reflexiones o su «error».

Pero reconocer que somos sujetos y que funcionamos en los rituales prácticos de la vida cotidiana más elemental (el apretón de manos, el hecho de llamarle por su nombre, el hecho de saber, incluso si lo ignoro, que usted «tiene» un nombre propio que hace que se le reconozca como sujeto único, etc.), este reconocimiento nos da solamente la «consciencia» de nuestra práctica incesante (eterna) del reconocimiento ideológico –su consciencia, es decir, *su reconocimiento*–, pero no nos da en absoluto el *conocimiento* (científico) del mecanismo de este reconocimiento ni del reconocimiento de este reconocimiento. Ahora bien, es a este conocimiento al que hay

---

[18] Los «lingüistas» y quienes se refugian en la lingüística con diferentes fines tropiezan con dificultades debidas a que desconocen el juego de los efectos ideológicos en todos los discursos... incluidos los discursos científicos mismos.

[19] Nótese: este doble «actualmente» es una vez más la prueba de que la ideología es «eterna», pues estos dos *«actualmente»* están separados por el intervalo que sea: estas líneas las escribo el 6 de abril del 69, usted las leerá cuando quiera que sea.

que llegar si se quiere, al hablar en la ideología y desde el seno de la ideología, esbozar un discurso que intente romper con la ideología para arriesgarse a ser el comienzo de un discurso científico (sin sujeto) sobre la ideología.

Así pues, para representar por qué la categoría de sujeto es constitutiva de la ideología, la cual no existe más que constituyendo los sujetos concretos (usted y yo), voy a emplear un modo de exposición particular: bastante «concreto» para que sea reconocido, pero bastante abstracto para que sea pensable y pensado, dando lugar a un conocimiento.

En una primera fórmula, yo diría: *toda ideología interpela a los individuos concretos en cuanto sujetos concretos* mediante el funcionamiento de la categoría de sujeto.

Es esta una proposición que implica que distingamos, por el momento, a los individuos concretos, por una parte, y a los sujetos concretos, por otra, aunque, en este nivel, no hay ningún sujeto concreto que no esté sustentado por un individuo concreto.

Sugerimos entonces que la ideología «actúa» o «funciona» de tal modo que «recluta» sujetos entre los individuos (los recluta a todos) o «transforma» a los individuos en sujetos (los transforma a todos) mediante esta operación muy precisa que llamamos la *interpelación,* la cual se puede representar sobre el tipo mismo de la más banal interpelación policial (o no) de todos los días: «¡Eh, usted!»[20].

Si suponemos que la escena teórica imaginada pasa en la calle, el individuo interpelado se vuelve. Con este simple giro físico de 180 grados se convierte en sujeto. ¿Por qué? Porque ha reconocido que la interpelación se dirigía «realmente» a él y que «era *realmente él* el interpelado» (y no otro). La experiencia muestra que las telecomunicaciones prácticas de la interpelación son tales que la interpelación no deja prácticamente nunca de acertar con su hombre: apelación verbal o toque de silbato, el interpelado reconoce siempre que era realmente él el interpelado. Este es, sin embargo, un fenómeno extraño y que no se explica solamente, a pesar del gran número de los que «tienen algo que reprocharse», por el «sentimiento de culpabilidad».

Naturalmente, en aras de la comodidad y la claridad de la exposición de nuestro pequeño teatro teórico hemos tenido que presentar las cosas bajo la forma de una secuencia, con un antes y un después, esto es, bajo la forma de una sucesión temporal. Hay individuos que se pasean. En alguna parte (generalmente a sus espaldas) se oye la interpelación: «¡Eh, usted!». Un individuo (en el 90 por 100 de los casos es siempre el apostrofado) se vuelve creyendo-sospechando-sabiendo que se trata de él, esto es, conociendo que «es realmente él» el apostrofado por la interpelación.

---

[20] La interpelación, práctica cotidiana, sometida a un ritual preciso, adopta una forma absolutamente «especial» en la práctica policial de la interpelación, en la que de lo que se trata es de interpelar a «sospechosos».

Pero en la realidad las cosas pasan sin ninguna sucesión. La existencia de la ideología y la interpelación de los individuos en cuanto sujetos son una y la misma cosa.

Podemos añadir: lo que parece pasar, así, fuera de la ideología (muy precisamente en la calle) pasa en realidad en la ideología. Lo que pasa en realidad en la ideología parece, por tanto, pasar fuera de ella. Por eso los que están en la ideología se creen por definición fuera de la ideología: uno de los efectos de la ideología es la *negación* práctica del carácter ideológico de la ideología por la ideología: la ideología nunca dice «yo soy ideológica»; hay que estar fuera de la ideología, es decir, en el conocimiento científico, para poder decir: yo estoy en la ideología (caso del todo excepcional) o (caso general): yo estaba en la ideología. Es bien sabido que la acusación de estar en la ideología no vale más que para los otros, jamás para sí (a menos de ser verdaderamente spinozista o marxista, lo que sobre este punto es exactamente la misma posición). Lo cual equivale a decir que la ideología *no tiene fuera* (para ella), pero al mismo tiempo que *ella no es más que fuera* (para la ciencia y la realidad).

Esto Spinoza lo había explicado perfectamente doscientos años antes de Marx, que lo practicó sin explicarlo con detalle. Pero dejemos este punto, cargado sin embargo de consecuencias no sólo teóricas, sino directamente políticas, pues, por ejemplo, toda la teoría *de la crítica y de la autocrítica,* regla de oro de la práctica de la lucha de clases marxista-leninista, depende de él.

Así pues, la ideología interpela a los individuos en cuanto sujetos. Como la ideología es eterna, ahora debemos suprimir la forma de la temporalidad en la que hemos representado el funcionamiento de la ideología y decir: la ideología ha interpelado siempre-ya a los individuos en cuanto sujetos, lo cual equivale a precisar que los individuos son siempre-ya interpelados por la ideología en cuanto sujetos, lo cual nos conduce necesariamente a una última proposición: *los individuos son siempre-ya sujetos.* Por tanto, los individuos son «abstractos» en relación con los sujetos que siempre-ya son. Esta proposición puede parecer una paradoja.

Que un individuo es siempre-ya sujeto, antes incluso de nacer, es sin embargo la simple realidad, accesible a todos y en absoluto una paradoja. Que los individuos son siempre «abstractos» en relación con los sujetos que *siempre-ya* son Freud lo mostró al observar simplemente el ritual ideológico que rodeaba la espera de un «nacimiento», ese «feliz acontecimiento». Todos saben cuánto y cómo se espera a un niño que va a nacer. Lo cual equivale a decir muy prosaicamente que si convenimos en dejar de lado los «sentimientos», es decir, las formas de la ideología familiar, paternal / maternal / conyugal / fraternal, en las que se espera al niño que va a nacer, se tiene de antemano por seguro que llevará el nombre de su padre, tendrá por tanto una identidad, y será insustituible. Antes de nacer, el niño es por tanto siempre-ya sujeto, destinado a serlo en y por la configuración ideológica familiar específica en la que se lo «espera» tras haberlo concebido. Huelga decir que esta configuración ideológica familiar está, en su unicidad, terriblemente estructurada y que es en esta estructura implacable más o menos «patológica» (suponiendo que este término tenga un sentido asignable) donde el antiguo futuro-sujeto debe «encontrar» «su» lugar, es decir, «convertirse» en el sujeto sexual (varón o hembra) que ya es de antemano. Se comprende que esta coacción y esta preasignación ideológicas, así como todos los rituales de la crianza y luego de la educación familiares, guardan alguna relación con lo que Freud estudió en las formas de las «etapas» pregenitales y genitales de la sexualidad, esto es, en la «captura» de lo que Freud identificó, por sus efectos, como el inconsciente. Pero dejemos también este punto.

Demos un paso más. Lo que ahora va a ocupar nuestra atención es la manera en que los «actores» de esta puesta en escena de la interpelación y sus papeles respectivos se reflejan en la estructura misma de toda ideología.

Un ejemplo: la ideología religiosa cristiana

Como la estructura formal de toda ideología es siempre la misma, nos contentaremos con analizar un solo ejemplo accesible a todos, el de la ideología religiosa, precisando que la misma demostración puede reproducirse a propósito de la ideología moral, jurídica, política, estética, etc.

Consideremos, por tanto, la ideología religiosa. Vamos a emplear una figura retórica y a «hacerla hablar», es decir, recoger en un discurso ficticio todo lo que ella «dice» no solamente en sus dos Testamentos, sus teólogos, sus Sermones, sino también a través de sus prácticas, sus rituales, sus ceremonias y sus sacramentos. La ideología religiosa cristiana dice aproximadamente esto.

Dice: Me dirijo a ti, individuo humano llamado Pedro (todo individuo es llamado por su nombre, en sentido pasivo; nunca es él quien se da su Nombre), para decir que Dios existe y que tú debes rendirle cuentas. Añade: es Dios quien se dirige a ti por mi voz (la Escritura ha recogido la Palabra de Dios, la tradición la ha transmitido y la Infalibilidad Pontificia la ha fijado para siempre sobre sus puntos «delicados»). Dice: este es quien eres: ¡tú eres Pedro! Este es tu origen, has sido creado por Dios desde toda la eternidad, ¡aunque hayas nacido en 1920 después de Cristo! ¡Este es tu lugar en el mundo! ¡Esto es lo que debes hacer! Mediante lo cual, si observas la «ley del amor», serás salvado tú, Pedro, y ¡formarás parte del Cuerpo Glorioso de Cristo!, etcétera…

Ahora bien, ese es un discurso del todo conocido y banal, pero al mismo tiempo del todo sorprendente.

Sorprendente, pues nosotros consideramos que la ideología religiosa se dirige a los individuos[21] para «transformarlos en cuanto sujetos», interpelando al individuo Pedro para hacer de él un sujeto libre de obedecer o de desobedecer a la llamada, es decir, las órdenes de Dios; si los llama por su Nombre, reconociendo así que son siempre-ya interpelados en cuanto sujetos que tienen una identidad personal (hasta el punto de que el Cristo de Pascal dice: «Es por ti por quien he vertido esta gota de sangre»); si los interpela de tal forma que el sujeto responde: «¡sí, soy yo!»; si obtiene de ellos el *reconocimiento* de que ocupan el lugar que les asigna como el suyo en el mundo, una residencia fija: «¡es verdad, yo estoy aquí, obrero, patrono, soldado!», en este valle de lágrimas; si obtiene de ellos el reconocimiento de un destino (la vida o la condena eterna), según el respeto o el desprecio con que traten los «mandamientos de Dios», la Ley convertida en Amor; si todo esto pasa así (en las prácticas de los conocidos rituales del bautismo, de la confirmación, de la comunión, de la confesión y de la extremaunción, etc…), debemos señalar que todo este «procedimiento» que pone en escena a sujetos religiosos cristianos está dominado por un fenómeno extraño: no existe una tal multitud de sujetos religiosos posibles más que a condición *absoluta* de que haya *Otro Sujeto:* Único, Absoluto, a saber, Dios.

Convengamos en designar a este nuevo y singular *Sujeto* escribiendo Sujeto con mayúscula para distinguirlo de los sujetos corrientes, sin mayúscula.

Resulta entonces que la interpelación a los sujetos en cuanto sujetos supone la «existencia» de Otro Sujeto, Único y central, en Nombre del cual la ideología religiosa interpela a todos los individuos en cuanto sujetos. Todo esto está claramente escrito[22] en lo que justamente se llama la Escritura: «En aquel tiempo, el Señor-Dios (Yahveh) habló a Moisés en la nube, y el Señor llamó a Moisés: "¡Moisés!"; "¡Ese soy (realmente) yo!", dijo Moisés, "¡yo soy Moisés, tu servidor, habla y te escucharé!". Y el Señor habló a Moisés y le dijo: *Yo soy El que Soy*"».

Dios se define, pues, a sí mismo como el Sujeto por excelencia, el que es por sí y para sí («Yo soy el que soy»), y el que interpela a su sujeto, el individuo sujeto a él por su interpelación misma, a saber, el individuo denominado Moisés. Y Moisés, interpelado-llamado por su Nombre, habiendo reconocido que era «realmente» él el llamado por Dios, reconocía, ¡pues sí!, reconoce que él es sujeto, sujeto *de* Dios, sujeto sujeto a Dios, *sujeto por el Sujeto y sujeto al Sujeto.* La prueba: obedece y hace que su pueblo obedezca las órdenes de Dios.

---

[21] Por mucho que sepamos que un individuo es siempre ya sujeto, continuamos empleando este término, cómodo por el efecto de contraste que produce.

[22] Cito de una manera combinada, no literalmente, sino «en espíritu y en verdad».

Dios es, pues, el sujeto, y Moisés y los innumerables sujetos del pueblo de Dios sus interlocutores-interpelados: sus *espejos,* sus *reflejos.* ¿No han sido creados los hombres *a imagen* de Dios? Como toda la reflexión teológica prueba, aunque «podría» perfectamente haberse pasado sin ellos…, Dios tiene necesidad de los hombres, el Sujeto tiene necesidad de los sujetos, lo mismo que los hombres tienen necesidad de Dios, los sujetos tienen necesidad del Sujeto. Mejor: Dios tiene necesidad de los hombres, el gran Sujeto de los sujetos, hasta en la horrorosa inversión de su imagen en ellos (cuando los sujetos se revuelcan en el desenfreno, es decir, el pecado).

Mejor aún: Dios se desdobla a sí mismo y envía a su Hijo a la tierra, como simple sujeto «abandonado» por él (el largo lamento del Huerto de los Olivos que termina en la Cruz), sujeto pero Sujeto, hombre pero Dios, para consumar aquello mediante lo cual se prepara la Redención final, la Resurrección de Cristo. Dios tiene por tanto necesidad de «hacerse» él mismo hombre, el Sujeto tiene necesidad de convertirse en sujeto, como para mostrar empíricamente, de forma visible a los ojos, tangible a las manos (véase Santo Tomás), a los sujetos que, si son sujetos, sujetos al Sujeto, es únicamente para volver a entrar finalmente, el día del Juicio Final, en el seno del Señor, como Cristo, es decir, en el Sujeto[23].

Descifremos en lenguaje teórico esta admirable necesidad de desdoblamiento del *Sujeto en sujetos* y del *Sujeto mismo en sujeto-Sujeto.*

Constatamos que la estructura de toda ideología, que interpela a los individuos en cuanto sujetos en nombre de un Sujeto Único y Absoluto, es *especular,* es decir, en espejo, y *doblemente* especular, y que este redoblamiento especular es constitutivo de la ideología y asegura su funcionamiento. Lo cual significa que toda ideología está *centrada,* que el Sujeto Absoluto ocupa el lugar único del centro, e interpela en torno a él a la infinidad de los individuos en cuanto sujetos, en una doble relación especular tal que sujeta a los sujetos en cuanto Sujeto, dándoles, en el Sujeto en el que todo sujeto puede contemplar su propia imagen (presente y futura), *la garantía* de que es de ellos de quienes se trata y de que es de Él de quien se trata, y de que, pasando todo en familia (la Sagrada Familia: la Familia es por esencia santa), «Dios *reconocerá* en ella a los suyos»; es decir, los que hayan reconocido a Dios y sean reconocidos en él, esos se salvarán.

Resumamos lo que hemos averiguado sobre la ideología en general.

La estructura doblemente especular de la ideología asegura, pues, a la vez:

1/ la interpelación de los «individuos» en cuanto sujetos,

2/ su sujeción al Sujeto;

---

[23] El dogma de la Trinidad mismo es la teoría del desdoblamiento del Sujeto (el Padre) como sujeto (el Hijo) y de su relación especular (el Espíritu Santo).

3/ el reconocimiento mutuo entre los sujetos y el Sujeto, y entre los sujetos mismos, y finalmente el reconocimiento del sujeto por él mismo[24]; y

4/ la *garantía* absoluta de que todo está bien así y de que, a condición de que los sujetos reconozcan lo que son y se conduzcan en consecuencia, todo irá bien: *¡Así sea!*

Resultado: atrapados en este cuádruple sistema de interpelación de los sujetos, de sujeción al Sujeto, de reconocimiento universal y de garantía absoluta, los sujetos «marchan», «marchan solos» en la inmensa mayoría de los casos, a excepción de los «malos sujetos», que de vez en cuando provocan la intervención de tal o cual destacamento del aparato (represivo) de Estado. Pero la inmensa mayoría de los (buenos) sujetos marchan bien «solos», es decir, con la ideología (cuyas formas concretas se materializan en los Aparatos ideológicos de Estado). Se insertan en las prácticas gobernadas por los rituales de los AIE. «Reconocen» el estado de cosas existente (*das Bestehende*[25]), que «es verdad que es así y no de otro modo», que hay que obedecer a Dios, a la conciencia de uno, al cura, a De Gaulle, al patrono, al ingeniero, que hay que «amar al prójimo como a sí mismo», etc. Su conducta concreta, material, no es más que la inscripción en la vida de las admirables palabras de su plegaria: *¡Así sea!*

Sí, los sujetos «marchan solos». Todo el misterio de este efecto reside en los dos primeros momentos del cuádruple sistema del que se acaba de hablar o, si se prefiere, en la ambigüedad del término *sujeto*. En la acepción corriente del término, sujeto significa, en efecto 1) una subjetividad libre: un centro de iniciativas, autor y responsable de sus actos; 2) un ser sujeto, sometido a una autoridad superior, esto es, privado de toda libertad salvo la de aceptar libremente su sumisión. Esta última acepción nos da el sentido de esta ambigüedad, la cual no refleja más que el efecto que la produce: el individuo *es interpelado en cuanto sujeto (libre) para que se someta libremente a las órdenes del Sujeto, esto es, para que acepte (libremente) su sujeción*, esto es, para que «realice solo» los gestos y actos de su sujeción. *No hay sujetos más que por y para su sujeción.* Por eso «marchan solos».

«*¡Así sea!*» Estas palabras, que registran el efecto que se ha de obtener, prueban que no es «naturalmente» así («naturalmente»: fuera de esta plegaria, es decir, fuera de la intervención ideológica). Estas palabras prueban que *ha de* ser así para que las cosas sean lo que deben ser, digámoslo ya: para que la reproducción de las relaciones de producción esté, hasta en los procesos de producción y de circulación, ase-

---

[24] Hegel es (sin él saberlo) un teórico admirable «de la ideología» en cuanto «teórico» del Reconocimiento Universal, que por desgracia termina en la ideología del Saber Absoluto. Feuerbach es un «teórico» sorprendente de la relación especular, que por desgracia termina en la ideología de la Esencia Humana. Para encontrar con qué desarrollar una teoría de la garantía hay que volver a Spinoza.

[25] *Das Bestehende:* en alemán, «lo que existe». [N. del T.]

gurada cada día, a cada segundo, en la «conciencia», es decir, en el comportamiento material de los individuos-sujetos al ocupar los puestos que la división social-técnica del trabajo les asigna en la producción, la explotación, la represión, la ideologización y la práctica científica, etc. ¿De qué se trata efectiva, realmente, en este mecanismo del reconocimiento especular del Sujeto y de los individuos interpelados en cuanto sujetos, así como de la garantía dada por el Sujeto a los sujetos si aceptan libremente su sujeción a las «órdenes» del Sujeto? La realidad de la que se trata en este mecanismo, la que es necesariamente *desconocida* en las formas mismas del reconocimiento (ideología = *reconocimiento / desconocimiento*), es en efecto, en último término, la reproducción de las relaciones de producción y de las relaciones que derivan de estas.

Enero-abril de 1969

P. S. – Si bien permiten aclarar ciertos aspectos del funcionamiento de la Superestructura y de su modo de intervención en la Infraestructura, estas pocas tesis esquemáticas son, evidentemente, *abstractas* y dejan necesariamente en suspenso importantes problemas, de los cuales se ha de decir algo:

1/ El problema del *proceso de conjunto* de la materialización de la reproducción de las relaciones de producción.

Los AIE *contribuyen,* como elemento de este proceso, a esta reproducción. Pero el punto de vista de su simple contribución sigue siendo abstracto.

Solamente en el seno mismo de los procesos de producción y de circulación es donde se *materializa* esta reproducción. La materializa el mecanismo de estos procesos, donde se «consuma» la formación de los trabajadores, donde se les asignan puestos, etc. En el mecanismo interno de estos procesos es donde viene a ejercerse el efecto de diferentes ideologías (ante todo la ideología jurídico-moral).

Pero este punto de vista aún sigue siendo abstracto. Pues en una sociedad de clases las relaciones de producción son relaciones de explotación, esto es, relaciones entre clases antagonistas. La reproducción de las relaciones de producción, objetivo último de la clase dominante, no puede, por tanto, ser una simple operación técnica que forma y distribuye a los individuos en los diferentes puestos de la «división técnica» del trabajo. En verdad no hay, salvo en la ideología de la clase dominante, ninguna «división técnica» del trabajo: toda división «técnica», toda organización «técnica» del trabajo es la forma y la máscara de una división y de una organización *sociales* (= de clase) del trabajo. La reproducción de las relaciones de producción no puede entonces ser más que una empresa de clase. Se materializa a través de una lucha de clase que opone la clase dominante a la clase explotada.

El proceso de conjunto de la materialización de la reproducción de las relaciones de producción sigue siendo, por tanto, abstracto, por cuanto no adopta el punto de vista de esta lucha de clase. Situarse en el punto de vista de la reproducción es por tanto, en última instancia, situarse en el punto de vista de la lucha de clases.

2/ El problema de la naturaleza de clase de *las* ideologías existentes en una formación social.

El «mecanismo» de la ideología *en general* es una cosa. Se ha visto que se reducía a algunos principios contenidos en algunas palabras (tan «pobres» como las que definen, según Marx, *la* producción *en general* o en Freud el inconsciente *en general*). Si tiene alguna verdad, este mecanismo es *abstracto* con respecto a toda formación ideológica real.

Se ha propuesto la idea de que las ideologías se *materializaban* en las instituciones, en sus rituales y sus prácticas, los AIE. Se ha visto que en cuanto tales concurrían a esta forma de la lucha de clases, vital para la clase dominante, que es la reproducción de las relaciones de producción. Pero este mismo punto de vista, por real que sea, sigue siendo abstracto.

En efecto, el Estado y sus Aparatos no tienen sentido más que desde el punto de vista de la lucha de clases, como aparato de lucha de clases que asegura la expresión de clase y garantiza las condiciones de la explotación y de su reproducción. Pero no hay lucha de clases sin clases antagonistas. Quien dice lucha de clase de la clase dominante dice resistencia, revuelta y lucha de clase de la clase dominada.

Por eso los AIE no son la materialización de la ideología *en general,* ni siquiera la materialización sin conflictos de la ideología de la clase dominante. La ideología de la clase dominante no se convierte en dominante por la gracia de Dios, ni siquiera en virtud de la simple toma del poder de Estado. Es por la implantación de los AIE, en los cuales esta ideología es materializada y se materializa, como se convierte en dominante. Ahora bien, esta implantación no se hace sola; por el contrario, es la baza de una muy dura lucha de clase ininterrumpida: en primer lugar, contra las antiguas clases dominantes y sus posiciones en los antiguos y los nuevos AIE, luego contra la clase explotada.

Pero este punto de vista de la lucha de clase en los AIE aún sigue siendo abstracto. En efecto, la lucha de clases en los AIE es un aspecto de la lucha de clases, a veces importante y sintomático: por ejemplo, la lucha antirreligiosa en el siglo XVIII, o la «crisis» del AIE escolar en todos los países capitalistas hoy en día. Pero la lucha de clase en los AIE no es más que un aspecto de una lucha de clases que desborda a los AIE. La ideología que una clase en el poder hace dominante en los AIE se «materializa» en estos AIE, pero los desborda, pues viene de otra parte. Igualmente, la ideología que una clase dominada consigue defender en y contra los AIE los desborda, pues viene de fuera.

Solamente desde el punto de vista de las clases, es decir, de la lucha de clases, se puede dar cuenta de *las* ideologías que existen en una formación social. No solamente a partir de ahí se puede dar cuenta de la materialización de la ideología dominante en los AIE y de las formas de lucha de clase de las que los AIE son la liza y la baza. Pero también, y sobre todo, a partir de ahí se puede comprender de dónde provienen las ideologías que se materializan en los AIE y en ellos se enfrentan. Pues si bien es verdad que los AIE representan la *forma* en la que la ideología de la clase dominante debe materializarse y la forma con la que la ideología de la clase dominada debe *necesariamente* medirse y enfrentarse, las ideologías no «nacen» en los AIE, sino de las clases sociales atrapadas en la lucha de clases: de sus condiciones de existencia, de sus prácticas, de sus experiencias de lucha, etcétera.

Abril de 1970

Índice

Prefacio. Althusser y los «aparatos ideológicos de Estado» (Étienne Balibar).. 5
Introducción. Una invitación a releer a Althusser (Jacques Bidet) 17
Nota editorial (Jacques Bidet) 27

LA REPRODUCCIÓN DE LAS RELACIONES DE PRODUCCIÓN

Advertencia al lector.. 33

    I. ¿Qué es la filosofía? 43
   II. ¿Qué es un modo de producción? 53
  III. De la reproducción de las condiciones de la producción 81
  IV. Infraestructura y Superestructura 89
   V. El Derecho 93
  VI. El Estado y sus aparatos 107
 VII. Breves observaciones sobre los AIE político y sindical de la formación social capitalista francesa 131
VIII. Los Aparatos Ideológicos de Estado político y sindical 141
  IX. De la reproducción de las relaciones de producción 179
   X. Reproducción de las relaciones de producción y revolución... 187

XI. DE NUEVO SOBRE EL «DERECHO». SU REALIDAD: EL APARATO
IDEOLÓGICO DE ESTADO JURÍDICO 203

XII. DE LA IDEOLOGÍA 209

*Apéndice. De la primacía de las relaciones de producción sobre las fuerzas
productivas* 247
Nota sobre los AIE 257
Ideología y aparatos ideológicos de Estado (Notas para una investigación) 271